A. T. Mann

DAS GEHEIMNIS DER JAHRTAUSENDWENDE

Der astrologische Schlüssel zur Wandlung des Menschen, der sich niemand mehr entziehen kann

Aus dem Amerikanischen von Mascha Rabben

WILHELM HEYNE VERLAG
MÜNCHEN

HEYNE SACHBUCH
19/691

Titel der Originalausgabe
THE DIVINE PLOT
erschien 1991 bei Element Books Ltd.,
Longmead, Shaftesbury, Dorset, Großbritannien

Umwelthinweis:
Dieses Buch wurde auf
chlor- und säurefreiem Papier gedruckt.

Taschenbuchausgabe 9/99

http://www.heyne.de
Printed in Germany 1999
Umschlagillustration: Tony Stone Images/Warren Bolster, München
Umschlaggestaltung: Atelier Bachmann & Seidel, Reischach
Gesamtherstellung: Ebner Ulm

ISBN 3-453-16352-4

★ Inhalt ★

⋆ Widmung ⋆

Für vergangene und zukünftige Generationen von Wahrheitssuchern

⋆ Dank ⋆

Der Autor möchte Margo Russell für die scharfsichtigen und unerläßlichen Korrekturen danken. Ebenso Painton Cowen für seine anfängliche Unterstützung beim Errechnen der Tabellen und Geschichtszeiten. Dank an bestimmte geschichtliche Personen, die den Autor inspiriert haben, wie Plato, Pythagoras, Giordano Bruno, Nietzsche, Gurdjieff und Rodney Collin.

★ Papyrus Anana ★

»Siehe, es steht geschrieben in dieser Schriftrolle. Leset Ihr, die Finder, in noch ungeborenen Tagen, sofern Eure Götter Euch das Verständnis verleihen.

Leset, o Kinder der Zukunft, und erfahrt die Geheimnisse der Vergangenheit, die Euch so fern, wenngleich die Wahrheit so nah.

Der Mensch lebt nicht nur einmal, um für immer von hier zu scheiden; er lebet viele Male, an vielen Orten und nicht nur in dieser Welt.

Zwischen jedem Leben liegt der Schleier der Dunkelheit. Die Tür wird sich irgendwann auftun und uns alle Kammern zeigen, die unsere Füße von Beginn an durchwanderten.

Unsere Religion lehrt, daß wir ewig leben … jetzt, in Ewigkeit, kein Ende und daher kein Anfang; es ist ein Kreis. Deshalb, wenn es wahr sein soll, daß wir für immer leben, so muß das andere auch wahr sein … namentlich, daß wir schon immer gelebt haben.

In den Augen des Menschen hat Gott viele Gesichter, und jeder schwört, daß das von ihm Erblickte, das einzig Wahre ist, doch irren sich alle, denn alle Gesichter sind wahr.

Unser Ka, welches unser spirituelles Selbst ist, offenbart sich uns auf mannigfache Weise. Aus dem unversiegbaren Brunnen der Weisheit schöpfend, welcher im Sein jedes Menschen verborgen, gibt das Ka dem Verständigen Einblick in die Wahrheit und gibt ihm die Kraft, Wunder zu tun.

Unter den Ägyptern ist der Skarabäus-Käfer nicht Gott, sondern ein Bild für den Schöpfer, weil er Schlamm zwischen seinen Füßen zum Ball rollt und dort seine Eier zur Brut hineinlegt, ebenso wie der Schöpfer die Welt umherrollt, was, wie es scheint, sie veranlaßt, Leben zu gebären.

Alle Götter senden das Geschenk ihrer Liebe zur Erde, ohne welche sie aufhören würde zu sein. Mein Vertrauen lehrt mich, klarer vielleicht als Eures, daß Leben nicht im Tode endet und deshalb die Liebe, welche die Seele des Lebens ist, für alle Ewigkeit besteht.

Die Kraft der Unsichtbaren Zeit wird Seelen aneinander binden, noch lange nach dem Vergehen der Welt. Am Ende jedoch werden alle einzelnen Vergangenheiten offenbart.«

— Anana, Oberhaupt der Schriftgelehrten und Gefährte des Pharao Jentle Leti II; circa 1320 vor Christus.

★ Einführung ★

Die apokalyptische Gewalt des ›letzten‹ Weltkriegs folgte dem globalen ökologischen Zusammenbruch, der das Ende des Weltalters bereits andeutete. Die gesamte Menschheit wurde von Schockwellen erschüttert, die unablässig anrollten. In den letzten fünfzig Jahren des Entsetzens und des Chaos wurden alle früheren Jahrtausende der Zivilisation zunichte gemacht.

Die Menschheit in ihrer Ignoranz war zum Kampf gegen die Natur angetreten und wurde dafür mit der Vertreibung aus dem Garten Eden bestraft. Die Erdbevölkerung bestand nur mehr aus ausgehungerten Horden, die alle Länder auf ihrer frenetischen Suche nach Nahrung verwüsteten und alles Leben vernichteten. Die Erdatmosphäre ließ gerade noch ein paar bleiche Sonnenstrahlen in die eben entstehende Eiszeit vordringen. Die endgültige Ausbeutung der globalen Rohstoffe und gleichzeitige radioaktive Vergiftung durch defekte Atomreaktoren führte zum Zusammenbruch der Technologie und vollendete den Kreislauf des Unwiederbringlichen. Das katastrophale Ereignis, vor dem sich alle seit langem gefürchtet hatten, war tatsächlich eingetroffen.

Die zivilisierte Welt hatte sich selbst vernichtet. Panik breitete sich von Kontinent zu Kontinent aus. Die zivilisierten Menschen starben zuerst — schreiend vor Angst, in Betonwüsten verbarrikadiert, umgeben von machtlosen Geräten, die einst der Unterhaltung oder Zerstörung gedient hatten. Haustiere und arme Leute ernährten sich von Menschenleichen. Schulden, die seit Menschengedenken nicht beglichen worden waren, wurden nun unfreiwillig bezahlt. Die Menschheit hatte ihren wüstesten Alptraum verwirklicht: die kollektive Rückkehr ins Unbewußte, zum Ursprung, und ging diesen Weg mit einer selbstsüchtigen Brutalität, die sowohl natürlich als auch organisch war.

Wer überlebte, irrte durch das verlorene Paradies und ließ die Fantasie von einer Menschheit als Gipfelpunkt der kosmischen Evolutionspyramide ordungsgemäßen, wissenschaftlich nachvollziehbaren Fortschritts endgültig hinter sich. Prähistorisch primitive Verhaltensweisen wurden mit einer geradezu absurd anmutenden Sicherheit und Selbstverständlichkeit adoptiert. Von altersher bestehende kulturelle, religiöse und rassenbedingte Trennungen beschleunigten den kollektiven Sturz in den Abgrund, der bald Vater von Mutter, Bruder von Bruder, und Eltern von Kindern trennen würde, bis die Verwirrung kein Maß mehr kannte. Das höchste Ziel des Menschen in der Endzeit war die Befriedigung des körperlichen Hungers.

Der Kampf ums nackte Überleben wurde zunächst von den Unzivilisierten gewonnen, da sie von Beginn an nichts anderes gekannt hatten. Aber kaum ein Völkerstamm hatte sich dem globalen Zivilisationsprozeß über die Jahrzehnte hin entziehen können. Eingeborene waren entweder ausgerottet oder von Dokumentarfilmern berühmt gemacht worden, was dazu führte, daß ihr Land als exotisches Urlaubsziel angeboten und folgerichtig ›zivilisiert‹ worden war. Die Zahl der Erdbevölkerung fiel sehr rasch von ihrer Höhe von über fünf Milliarden auf wenige Millionen Menschen weltweit. Die Überlebenschancen des einzelnen lagen unter eins zu tausend. Das Gesamtbild ergab eine Art Science-Fiction-Horror-Fantasie der Plagen und Pestilenzen: Heuschrecken, Ameisen und menschenfressende Bestien in quasimenschlichen Körpern. Die Grausamkeiten früherer Kriege, Hungersnöte und Gewaltherrschaften begannen vergleichsweise kindisch und verspielt zu wirken.

Wer überlebte, mußte sich vor allen anderen Überlebenden schützen, sich isolieren, distanzieren. Klassische Textbuch-Psychosen wurden zu dominanten Verhaltensformen, denn es gab kein Entrinnen aus diesem Alptraum, dieser Hölle auf Erden. ›Töte oder stirb‹ war das einzige Spiel, das nun noch gespielt wurde.

Die politische und ökonomische Struktur der Welt vor dem Fall gibt uns Hinweise auf ihre spätere Anthropologie. Die Protagonisten der letzten Schlachten waren Mitglieder der Minderheit des industrialisierten Zehntels der Menschheit und kamen aus Ländern wie Amerika, Rußland, Japan und Westeuropa, welche erfolglos gegen die Scharen der Einwanderer aus ›unterentwickelten‹ Kontinenten wie Südamerika, Afrika, dem Mittleren Osten und Asien kämpfte. Vier Milliarden ausgehungerte Habenichtse fielen über die zivilisierten Reichen her und vernichteten ihre Errungenschaften. Nachdem der Staub sich etwas gelegt hatte, waren die kaukasischen Rassen so gut wie ausgerottet worden. Die Situation erinnerte an anthropologische Beschreibungen der Jahrtausende vor der Moderne, in denen nur die Stärksten und Brutalsten überleben konnten.

Der Rest der industrialisierten Rassen wurden dann von selbsterzeugten Auswucherungen vernichtet, vom sauren Regen, der Seen und Flüsse unfruchtbar machte und Bäume entnadelte, chemieverseuchten Nahrungsmitteln, sexuellen Krankheiten und genetischen oder sonstigen medizinischen Experimenten — in den letzten Jahren vermehrte der Mensch sich nur noch durch künstliche Befruchtung. Die Menschheit degenerierte zum vorsintflutlichen Neandertaler, zum Jäger und Sammler, der ziellos über das Land wanderte, immer auf der Suche nach dem wenigen, was nach dem Abklingen der Radioaktvität noch eßbar war. Mutationen, verursacht durch Umweltvergiftung und Radioaktivität, ließen wildwuchernde Abweichungen bei den meisten Rassen auftreten. Extreme Klimaveränderungen trugen ihrerseits dazu bei, die Erde in eine Art ›Planet der Affen‹ zu verwandeln.

Nicht viel später wurde die Erde dann von einer Serie von Vulkanausbrüchen und Erdbeben erschüttert, wobei umwälzende Landmassen die Erdoberfläche einem monumentalen Erneuerungsprozeß unterzogen. Der Vorstoß und Rückzug von Eiswänden spielte Katz und Maus mit geborstenen Kontinenten. ›Für die Ewigkeit gebaute‹ Metropolen zerfielen zu Schuttbergen, die unter neu entstehenden Ozeanen begraben oder zwischen den Falten der sich aufbäumenden Riesengebirge pulverisiert wurden.

Das Ausmaß und die Geschwindigkeit der Vernichtung bleibt weiterhin kaum vorstellbar. Später, während das Gleichgewicht sich allmählich wieder einstellte, war keine Spur eines vorangegangenen Weltalters übriggeblieben; alles Gewesene, mit all seiner Herrlichkeit und seinem Schrecken, existierte nur noch in der Erinnerung einer Handvoll von Menschen, die wie durch ein Wunder überleben konnten.

Die oben beschriebenen Ereignisse erinnern an die Geschichten vom Untergang altertümlicher Zivilisationen, doch hinkt dieser Vergleich. Die technologisierte Welt vor der Apokalypse, mit all ihren Träumen und ihrem kindlich-wahnhaften Glauben an ewig fortschreitende Weiterentwicklung ohne Eigenverantwortung, versank, ohne Spuren zu hinterlassen.

Nur wenige, entlegene Orte entkamen der Massenvernichtung, dennoch gab es ein paar Inseln der Zuflucht, wo der Geist überleben konnte; Plätze, an denen naturbedingte Stabilität oder Isolation dafür sorgten, daß existierende Lebensformen erhalten blieben. Keine dieser Zufluchtsstätten war immun gegen das Chaos, wie es in Sagen und Fabeln von ›versunkenen Kontinenten‹ beschrieben wird, doch einige unzugängliche Talmulden, versteckt zwischen den Gipfeln hoher Bergmassive, und ein paar fruchtbare, vom Meeresboden emporgehobene Inseln bargen das, was sich gerade noch lebend retten konnte. Die Natur selbst tat das Ihrige, begann den Reinigungsprozeß der Erdatmosphäre und Grundstoffe und sorgte für eine Neuetablierung des Lebens auf diesen ›Inseln der Zuflucht‹. Hinweise auf solche Orte finden sich in allen mythischen Überlieferungen, wie in der Geschichte vom Garten Eden, Walhalla, der Arche Noah, Mount Meru und den islamischen Erzählungen vom Paradies.

Diese natürlichen Festungen befanden sich unweigerlich an Plätzen, die bereits vom vorherigen Zeitalter als ›spirituelle Zentren‹ bezeichnet wurden. Die Eigenschaften solcher Zentren sind nicht unbedingt rational definierbar, doch üben sie eine Anziehung aus, die man vielleicht am besten ›kosmisch‹ nennen sollte. Sie strahlen eine schnell schwingende, feinstoffliche Energie aus und ziehen damit immer die empfindsamsten und verständnisvollsten Menschen in ihre Nähe. Im Verlauf des globalen Zusammenbruchs sandten derartig empfindsame

Menschen einen subtilen Warnruf aus, der viele Gleichgesinnte auf der Welt erreichte, und so war es, als griffe die Hand des Schicksals selbst helfend ein, um die Grundsubstanz der Weltordnung am Ende eines Zeitalters zu erhalten.

Kleine Enklaven von erleuchteten Weisen existierten fort, im Zustand des inneren Friedens und der äußeren Harmonie, aber zugleich all den Beschränkungen, die schon Adam und Eva im Paradies auferlegt wurden, unterworfen. Die isolierte Umgebung gestattete den Überlebenden ein Zusammensein in vollkommener Eintracht, aber keinen Kontakt mit der verseuchten Außenwelt jenseits der Grenzen ihres Paradieses. Der Fortbestand der utopischen Gartenkommunen konnte also nur durch vollkommene Isolation von jeglichen Fremdeinflüssen gesichert werden, was zu zahlreichen Verboten und Restriktionen führte, unter anderem der Tabuisierung des sexuellen Kontakts mit Außenseitern über Generationen hinweg. Und unterdessen wuchs der Baum der Erkenntnis von Gut und Böse — das Wissen um vergangene Weltalter — immer am Rande der Gärten und lockte mit seiner Frucht.

Obwohl die ursprünglichen Gründer der Kommunen vom Schicksal der Welt wußten und ihre Mission darin sahen, für den Fortbestand der Zivilisation zu sorgen, konnten später folgende Generationen nur mehr Vermutungen über die (scheinbar übertriebenen) Schreckenslegenden von grausamen Kriegen mit ›primitiven Untermenschen‹ anstellen, die das Land jenseits von Eden einst bevölkert haben sollten. Die Gründer hatten den Tod und die Neugeburt eines Weltalters erfahren, aber nicht ohne selbst radikal davon verändert und transformiert zu werden. Der extreme Schock hatte den psycho-physischen Organismus veranlaßt, bestimmte Bereiche des rationalen Verstandes schlichtweg auszuschalten oder wenigstens vorübergehend stillzulegen. Obwohl erleuchtet, war das Bewußtsein der Überlebenden wie das von unschuldigen Kindern: geschichtslos, vergangenheitslos, frei von der Rückverbindung mit dem geistigen Erbe des vergangenen Zeitalters, und ohne jedes Streben nach zukünftigen Errungenschaften. Die Unvorstellbarkeit des Untergangs einer Zivilisation hatte sie der logisch-konsequenten Denkfähigkeit soweit beraubt, daß sie sich in die Gefilde des grenzenlosen Geistes zurückzogen.

Es war, als wären die Überlebenden einer kosmischen frontalen Lobotomie unterzogen worden, die sie zu unwissenden Kindmenschen im Garten Eden machte — unkorrumpierbar, naiv, bis zum Stadium der Einfältigkeit. Sie befanden sich in dem Zustand, der von ekstatischen Mystikern seit Menschengedenken erstrebt worden war: die vollkommene Einheit mit der Natur.

Die Beschreibung der Endzeit des heutigen Weltalters gleicht den Beschreibungen der letzten Endzeit vor fünfzigtausend Jahren, die als ›Untergang von Atlantis‹ zum geschichtlichen Mythos gemacht wurden. Wie man sieht, ist alles schon einmal dagewesen.

Erstes Kapitel
★ The Divine Plot ★ Der Göttliche Plan ★

»Die Welt ist durch und durch heilig, doch paradoxerweise erkennt man die Heiligkeit der Welt erst, wenn man entdeckt, daß alles ein göttliches Spiel ist.«

Mircea Eliade

Was ich den ›Divine Plot‹ nenne, den ›Göttlichen Plan‹, ist der übergeordnete und gleichzeitig allem unterliegende Gesamtplan des Universums, der — wie das Thema eines Musikstücks — durch den Mechanismus der Zeit Gestalt annimmt. Ein Göttlicher Plan setzt einen Planer voraus — ein bewußt operierendes, absolutes Subjekt, also ›Gott‹. Gott manifestiert sich durch das innerhalb von Zeit existierende Universum, aber ›Gott‹ ist jenseits von Zeit. Ohne Zeit gäbe es keinen Raum, und ohne Zeit-Raum kein Universum. Alle bedeutenden Schöpfungsmythen sprechen vom simultanen Entstehen von Raum und Zeit.

Der Göttliche Plan ist das ›große Weltgeheimnis‹. Das englische Wort *plot* beinhaltet vielschichtigere Bedeutungen als der ›Plan‹ im Deutschen und wird wie folgt definiert:

plot, Substantiv

- Stück(chen), Land, Grundstück, Parzelle.
- Lage- oder Bauplan, Grundriß.
- Diagramm, geografische Darstellung.
- Handlung eines Theaterstücks, Romans, Films.
- Zielort, Radar-Standort.
- (Geheimer) Plan, Komplott, Anschlag, Verschwörung, Intrige.

to plot, Tätigkeitswort

- planen, entwerfen, aufzeichnen, Kurs abstecken, setzen, ermitteln.
- Land parzellieren. Verschwörung planen, aushecken, anzetteln. Ränke oder ein Komplott schmieden, intrigieren, sich verschwören.

Wie aus der Verbindung der Worte ›göttlich‹ und *Plot* hervorgeht, ist Schöpferkraft göttliche Natur und die Zeit das Mittel, mit dem alles Geschaffene, vom winzigsten Elementarteilchen bis hin zum gigantischsten Sternensystem, geordnet wird. Jeder Teil unterliegt der gleichen Ordnungsstruktur wie jeder andere Teil; alles ist lebendig, vom scheinbar reglosen Blei bis hin zum ungehindert hin- und herflitzenden Elektron; alles ist jederzeit und auf jede Weise miteinander verknüpft, und jede Komponente des Universums ist auch im menschlichen Wesen enthalten. Der Mikrokosmos ist der Makrokosmos. Wie oben, so auch unten.

Die Kosmologen der Moderne suchen nach dem Ursprung der Schöpfung in immer dichter werdenden Energiestrahlungen von immer kürzerer Lebensdauer oder in den Mikrowellen nebulöser Gase am Rande des heute erforschbaren Weltalls. Aber woher kommt das Universum an sich und überhaupt? Manchen Theorien zufolge wird es schon komplett, mitsamt seiner ganzen Entstehungsgeschichte geboren. Das Universum kann nicht anders sein als es ist. Also gibt es entweder ein früheres Universum, das irgendwann zerstört wurde, um daraufhin die Keimzelle des von uns erfahrbaren Universums zu bilden, oder es gibt so etwas wie eine ›einmalige Schöpfung‹, einen Schöpfungsvorgang im Sinne permanent stattfindender göttlicher Tätigkeit. Der Disput wird von den Wissenschaftlern auf der einen Seite und christlichen Fundamentalisten am anderen Extrem eifrig fortgeführt.

Wir, als im Universum existierende Menschen, rekapitulieren die gesamte Schöpfungsgeschichte des Universums im Zeitraffer, beginnend mit unserer Zeugung-Empfängnis und endend mit unserem physischen Tod. Die im Zeugungsakt ausgelöste Energieexplosion verlängert das subjektive Zeitgefühl. Das weiße Licht des Lebensfunkens ist grenzenlos und ewig, also ist der Lebensfunke in jedem von uns auch heute noch nichts anderes als das Licht, das beim ›Urknall‹ der Geburt des Universums freigesetzt wurde. Dieses Licht kann nur im Schöpfungsakt entstehen, nicht vorher und zu keinem späteren Zeitpunkt. Zeugung-Empfängnis ist Schöpfung. Unsere Entwicklung im Mutterleib rekapituliert die Entwicklungsstadien allen Lebens in rascher Folge, um sich danach zu verlangsamen, aber die subjektive Seele nimmt diesen Reifeprozeß als einen Vorgang wahr, der 15 Milliarden Jahre anhält. Zum Zeitpunkt unserer Geburt schwimmen wir in einem Bewußtsein, wie es vor etwa 50.000 Jahren auf Erden existierte. Zum Zeitpunkt unseres Todes endet das Universum. Nur so kann es sein und nicht anders.

Die Sterne sind der Schlüssel zum großen Weltgeheimnis. Wenn ein Weltalter seinem Ende entgegengeht, wie Tausende vor und nach ihm, können wir uns nur noch an den Planeten und ihren Bahnen orientieren. Astrologie, das vermutlich älteste Wissenssystem der Welt, diente ursprünglich nicht der Zukunftsdeutung, sondern wurde als Mittel eingesetzt, um die psychische Struktur des Menschen besser zu verstehen. Die Sterne speichern alles projizierte Wissen, um es zu irgendeinem Zeitpunkt an geeignete Empfänger abzugeben. Solche »Himmelsmagie‹ wurde in der Renaissance praktiziert, in dem Versuch, Wissen über die Zeit aus Himmelskörpern abzurufen, was letzten Endes nichts anderes ist als das Streben nach Einblick in die Gottesnatur. Gott ist in allem, bewegt alles und erschafft alles. Freiheit wird nur dem zuteil, der sich nicht länger mit der Welt der Dinge identifiziert, sondern seine unverwandte Konzentration über viele Leben hinweg auf den Prozeß ewigwährender Schöpfung jetzt und hier richtet.

Kreisförmige Zeitläufe

Die Einführung beschreibt das Ende eines Weltalters. Viele Einzelheiten beschwören das jetzige Jahrhundert herauf und könnten zugleich auch Zustände in prähistorischer Zeit vor etwa fünfzigtausend Jahren schildern. Das Ende und der Beginn von Weltaltern bildet den Ausgangspunkt aller religiösen

Geschichten, Mythen, Philosophien, Kosmologien und Wissenschaften. Die Sehnsucht nach einer Utopie, Weltrevolution oder der Rückkehr ins Paradies ist eine Reflektion des universellen Strebens nach der Reinheit des Urzustands allen Seins.

Bevor sich das Darwinistische Konzept einer linearen, mechanistischen Evolution durchsetzen konnte, glaubten viele Kulturen an eine ewige Wiederholung von Zeit- und Geschichtsläufen und bauten ihre Kosmologien und Mythen auf dem Konzept solcher kreisförmig wiederkehrender Zeiten auf. Die Ägypter, Buddhisten, Stoiker, Hindus, das jüdische Volk, die Anhänger von Zarathustra und die Ismaeliten gingen davon aus, daß sowohl individuelle Zyklen als auch weltgeschichtliche Zyklen eine Tatsache sind. Die Dauer solcher ›Großen Jahre‹ wurde verschieden eingeschätzt, von 7000 Jahren bis hin zu nicht mehr vorstellbaren Längen von 864.000.000.000 Jahren.

Auch der ›Göttliche Plan‹ ist eine Schöpfungstheorie der ewigen Wiederkehr, in der Zeitläufe sich kreisförmig wiederholen. Das Gewebe der Zeit besteht aus vielen unterschiedlichen Strängen — historische Ereignisse, Mythologien, Mystik, Religion, Wissenschaften, Psychologie, Mathematik, Philosophie, Kunst und Medizin — alles verwebt sich zu einer ›einheitlichen Feldtheorie‹ des Lebens im Universum und bildet ein Denkmodell das von der Kunstwissenschaft Astrologie geordnet wird. Indem wir historisch-archetypische Konzepte mit biologisch fundierter Lebensastrologie verbinden, entdecken wir unsere relative Geschichte.

Das Spiralmuster einer Milchstraße auf ihrer Bahn durch das All gleicht der Form des genetischen Kode, der die Muster des späteren Wachstums eines Menschen oder Tiers enthält. Genauso, wie man planetarische Verhaltensmuster auf die Vergangenheit projizieren kann, kann man die Reinkarnationen jedes Wesens aus seinen Erbanlagen ablesen. Die astrologische Mathematik ist der Schlüssel zur Entzifferung des genetischen Kode, und so sind alle früheren Inkarnationen aus den entsprechenden Tabellen ablesbar. Der gegenwärtige Moment ist die Kulmination und die Summe aller vergangenen und zukünftigen Erfahrungen.

Die Menschheit wird von der Vernichtung bedroht, und

die Entdeckung eines Realitätsmodells, das unsere Wirklichkeit einleuchtender als unsere destruktiven Wissenschaften oder irgendwelche obskuren Philosophien erklärt, ist von kritischer Bedeutung. Die meisten Leute nehmen fraglos hin, daß die heutige Weltsituation einzigartig und nie dagewesen sein muß, aber es gibt Beweise dafür, daß nahezu identische Umstände bereits in früheren Weltaltern geherrscht haben.

Die weltweiten Meinungsverschiedenheiten erstrecken sich auch auf den Bereich der Zukunftsprojektionen. Es gibt eine ganze Subkultur von Leuten, die fest daran glauben, daß mit dem Beginn des Wassermannzeitalters nichts als Liebe und Frieden in das Herz jedes Menschen einkehren wird — und ohne jede Übergangsschwierigkeiten. Andere meinen, daß jeder Versuch, die Destruktion allen Lebens auf der Erde aufzuhalten, bereits zu spät kommt. Worin beide übereinstimmen, ist, daß uns eine dramatische Transformation bevorsteht.

Rückverbindung

Jeder heute auf der Erde lebende Mensch ist das Ergebnis eines hundertprozentig erfolgreichen Evolutionsexperiments, schon allein deshalb, weil er Eltern gehabt hat, die sich erfolgreich vermehrt haben, und diese wiederum Eltern gehabt haben, die sich erfolgreich vermehrt haben, und so fort, bis hin zu den ersten Menschen, zum ersten Leben schlechthin, und zurück zum Ursprung des gesamten Universums. An keinem Punkt konnte irgend jemand von außen in dieses System eindringen, denn es gibt nichts außerhalb dieses Systems. Wer heute lebt, ist nicht unbedingt der Stärkste, Lebenstüchtigste, Intelligenteste oder Erfolgreichste in dieser Kette — aber er hat überlebt. Wir sind Glieder einer Kette, die bis zum Ursprung zurückreicht, eine Kette von Genen, physischer Materie, von Gehirnstrukturen, Zeitsträngen und tieferer, geistiger Ur-Realität. Viele Religionen entstanden, weil die Erkenntnis der tieferen spirituellen Realität von einem Erleuchteten oder Propheten auf den nächsten übertragen wurde. (Abbildung 1)

Um unseren Weg vom Ursprung an nachvollziehen zu können, müssen wir die Entwicklung allen Lebens in der Zeit rekonstruieren. Der für uns sinnvollste Ausgangspunkt ist die Entwicklung des menschlichen Embryos. Wir verkörpern die universellen kreativen Mechanismen, die hinter unserer Psychologie, Philosophie, Mystik und Wissenschaft liegen. Das alte Wort für den Einfluß früherer Ereignisse auf die Welt ist ›Reinkarnation‹. Jede Person enthält spezielle prototypische Elemente biologischer, mythologischer und individueller Natur, die mathematisch errechnet, datiert und entschlüsselt werden können.

Das Universum beginnt mit der Empfängnis und endet mit dem Tod ... nicht nur als Metapher, sondern buchstäblich. Die Universalität des menschlichen Lebens macht jeden von uns von Anfang an zum Teilnehmer im kosmischen Drama und damit zum Teilnehmer an seinem Schlußakt. Die Mysterien des Daseins werden von jedem erfahren, der je gelebt hat. Mircea Eliade bezeichnete die Faszination mit unserer Geschichte als ein herausragendes Charakteristikum der modernen Gesellschaft. »Noch bis zum vorigen Jahrhundert wurde die Menschheitsgeschichte als allgemeiner Verhaltenskodex verstanden und zu diesem Zweck gelehrt, während heute die Geschichtskunde *per se* ein hochgeachtetes Wissensgebiet ist. Diese Besessenheit mit unserer Vergangenheit reflektiert große Sorge um die Weltlage. In vielen Volkslegenden kommt der Glaube zum Ausdruck, daß unsere gesamte Vergangenheit im Augenblick des Todes noch einmal bis ins kleinste Detail wiedererlebt wird und daß wir den Körper nicht verlassen können, bevor wir uns an die persönliche und kollektive Geschichte erinnert haben. Diese ›panoramische Erinnerung‹ ist das Jüngste Gericht der Buddhisten und Christen, Hindus, Ägypter und anderer Kulturen. Unter diesem Gesichtswinkel betrachtet, mag die Faszination unterzieht?« Eine Initiation bedeutet, einen rituellen Tod Tod der Menschheit sein. Sehen wir nicht überall jenen Terror, ähnlich der Angst des Stammesmitglieds, das sich einer Initiation unterzieht?« Eine Imitation bedeutet, einen rituellen Tod zu sterben und dabei eine Auslöschung des persönlichen Egos zu erfahren. Es ist ein Abstieg in die Hölle, eine Läuterung in ihrem Feuer und schließlich die Wiedergeburt als neuer Mensch.

Die weibliche Initiation dramatisiert den Vorgang der

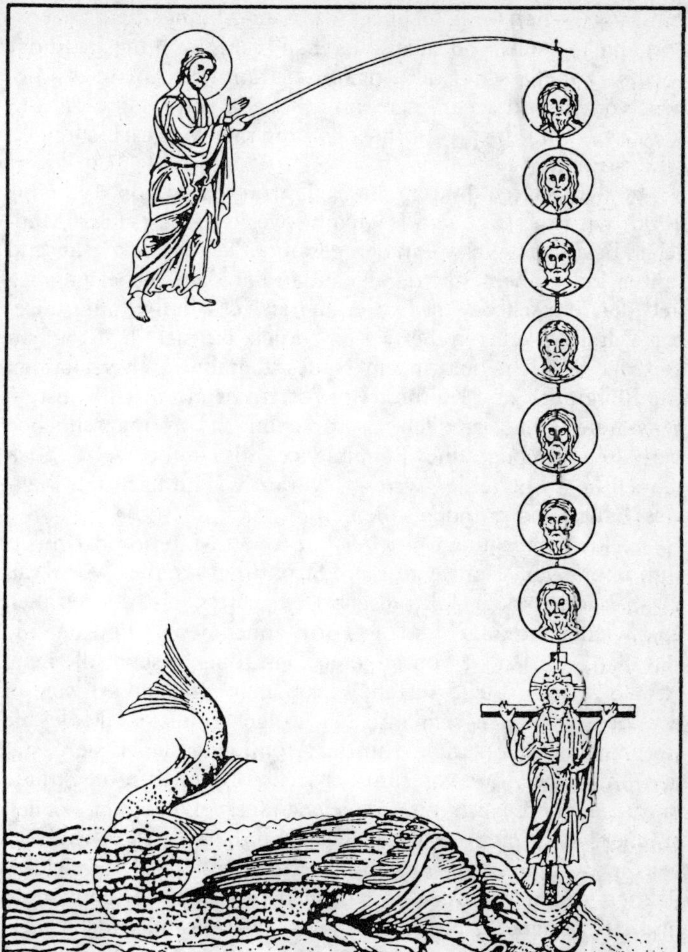

Abbildung 1: Christliche Ahnenlehre
Die mystische Abstammung von David, der das Urmonster der Zeit am Haken seiner Angel gefangen hat und das Kruzifix dabei als Köder benutzt. Die Kette der sieben Heiligenbilder repräsentiert unter anderem die sieben Planeten und die Sequenz ihrer transformierenden Einflüsse. (Herrad, *Hortus delicarum*, 12. Jahrhundert.)

Schwangerschaft und Geburt, während Männer den Lebensvorgang bis zum Tod abstrahieren. Ein Einweihungskandidat wird so zutiefst schockiert, daß er sich an den Ablauf des Lebens von Beginn an erinnert, an das Ende von Weltaltern und die Zeit, wenn die Gesamtbevölkerung ihre Vorgeschichte neu rekonstruiert.

In den letzten Jahren dieses Jahrtausends, von 1950 bis 2000, wird die Erde von schätzungsweise ebenso vielen Menschen bevölkert sein wie in den gesamten letzen fünfzigtausend Jahren zusammen, seit der Neandertaler dem Nebel entstieg und der Mensch Bewußtheit erlangte. Jedes Individuum unseres Weltalters kehrt in dieser Zeit zurück, um sich die Möglichkeit der Wiedergeburt in ein Neues Zeitalter zu verschaffen. Die Religionen und Kulturen des Altertums mit ihren Kunstgegenständen und rituellen Entsprechungen im menschlichen Verhalten erleben eine Renaissance, als müßte jetzt noch schnell herausgefunden werden, worauf wir im nächsten Weltalter bauen und gründen sollen.

Elektronen können in jeder Form von Materie im Universum überleben, weil sie atomare Strukturen schaffen, die dann für Sekunden oder Jahrtausende existieren, bis sie zerfallen und wieder die ungebundene Form annehmen. Kaum daß sie zerfallen, werden sie von anderen Elektronen ersetzt, die neue Atome an ihre Stelle setzen. Elektronen erzeugen Muster in der Zeit, in denen sich ihre Nachfolger einnisten. Moleküle sterben ebenfalls (zerfallen in die Atome, aus denen sie bestehen), mit einer Rate von fünf bis sechs Millionen pro Sekunde und regenerieren sich mit der gleichen Geschwindigkeit. Zellen erneuern sich mit einer derartigen Exaktheit, daß der Zellkörper die Veränderungen in seiner Erscheinung nur allmählich reflektiert. Viele Millionen von Zellgenerationen müssen sterben und sich erneuern, bevor eine merkliche Veränderung in den Atomen und Zellen stattfindet. Das gleiche gilt für Sterne und Galaxien. Auch sie unterliegen dem Gesetz der Wiederkehr und reproduzieren fast identische Stadien der Entwicklung. Die Ähnlichkeiten zwischen Atomen und Galaxien sind unübersehbar. Atome befinden sich in einem unaufhörlichen Prozeß des Absterbens und neu Entstehens, und Galaxien explodieren, um sich irgendwann neu zu formen. Alles im Universum Existierende, vom Atom bis zur Milchstraße, ist nichts anderes als eine Zusammenballung von Energiefeldern, die im Lauf der Zeit wiederkehren. Ein ewiger Energiefluß untermalt sämtliche Vorgänge im universellen Zeitraum auf jeder Ebene, von der subatomarischen bis zur galaktischen, was bedeutet, daß jedes Fragment zu jeder Zeit eine Reflektion der Gesamtheit ist. Paradoxerweise akzeptieren wir wiederkehrende Prozesse als gesetzmäßig im gesamten Universum, nur nicht bei uns selbst — eine Verleugnung, die uns den Schlüssel zur Transzendenz aus der eigenen Tasche lügt. Um frei zu werden, müssen wir die kreisförmige und zyklische Natur unseres eigenen Daseins im Zusammenhang mit dem gesamten Universum akzeptieren.

In den letzten Jahren hat sich das Weltbild der Physik radikal gewandelt. Das Universum von Euklid und Newton war linear; Zeit galt als etwas Absolutes, und Uhren überall auf der Welt tickten im gleichen Rhythmus. Aber in Einsteins relativem Universum gibt es keine bevorzugten Orientierungspunkte; Zeit ist variabel und das Universum bogenförmig gekrümmt. Mit anderen Worten, Zeit ist zyklisch, nicht linear! Der Schwerpunkt der modernen Physik liegt längst nicht mehr auf der Beobachtung von Partikeln, sondern auf den sich wiederholenden Mustern subatomarer Prozesse. Ohne von vornherein bevorzugte Orientierungspunkte müssen heutige Physiker die mögliche Interaktion zwischen ihnen selbst als Beobachter und den von ihnen beobachteten Vorgängen in Betracht ziehen. Und damit schließen wir den Kreis: Jeder Mensch ist der Mittelpunkt seines eigenen Universums — eine Erkenntnis, die schon in den mystischen Realitätsmodellen der Antike ausgedrückt oder vorgefühlt wurde.

Eine vergleichbare Revolution wurde im Bereich der Biologie ausgelöst, als man begann, die herkömmliche Praxis in Frage zu stellen, nach der Körper in ihre Einzelteile zerlegt werden müssen, wenn man herausfinden will, was sie belebt. Müssen wir sämtliches Leben auf der Erde vernichten, um den Ursprung des Lebens zu erfassen? Das Unnennbare, das alles Leben möglich macht, ist in keinem bestimmten Teil des Gehirns zu finden, höchstens in den morphogenetischen Feldern, die alles Lebendige durchdringen und die sehr wohl das unsichtbare Medium sein mögen, aus dem Erbanlagen, Körperformen und selbst außersinnliche Wahrnehmungen von Individuum zu Individuum und von Generation auf Generation übertragen werden. Die Schlüssel zum Verständnis der universellen Strukturen und ihrer Ordnung liegen in jedem von uns.

Das Wesen solcher all-unterliegenden Strukturen ist der Wissenschaft derzeit noch unbekannt. Um unser destruktives Bild vom Universum in ein ausgewogeneres und alleinschließlicheres zu verwandeln, müssen wir jedoch annehmen, daß kreisförmige, sich wiederholende Muster alles Sein regieren, einschließlich das des Menschen. In der ältesten Kunstwissenschaft der Erde, der Astrologie, wird seit Jahrtausenden von dieser Prämisse ausgegangen. Die Astrologie beschreibt ein Zeitmuster, das den Forderungen der Wissenschaft, Psychologie, Geschichtskunde und Mythologie gerecht wird. Mit dieser Orientierungshilfe wurde von Anbeginn der Menschheit gearbeitet, und viele Geheimnisse des Universums wurden auf diese Weise entschlüsselt. Sobald man die Geschichte des Universum nach astrologischen Richtlinien rekonstruiert, wird nicht nur die Identifikation von zyklischen Vorgängen auf jeder Seinsebene möglich, sondern zum erstenmal bietet sich auch ein Einblick in den Ursprung des Universums. Allein dies mag schon die Aufgabe des intelligenten Lebens in der nächsten Entwicklungsphase sein.

Die Einheit der Geschichte

Um die Einheit der Geschichte erkennen zu können, muß man eine Vielfalt unterschiedlicher Glaubenssysteme mit mathematischer Präzision miteinander verknüpfen. Die daraus folgende Synthese erweist sich als akkurat, sowohl in ihrer zeitlichen Gliederung, als auch im Sinne der subjektiven, persönlichen Erfahrungen, die als geschichtliche Überlieferungen über Generationen hinweg weitervermittelt wurden. Ein solches Unternehmen ist nichts geringeres, als die Verknüpfung des Universums mit seinem unsichtbaren Gegenstück, dem Anti-Universum; es ist die Verbindung der rechten Gehirnhälfte mit der linken, der Wissenschaft mit der Mythologie, von weiß mit schwarz, männlich mit weiblich; die Vereinigung des Westens mit dem Osten. Die Vereinigung dieser Gegensätze integriert das gesamte Spektrum der im Universum vorhandenen Eigenschaften. Unterteilungen und Unterscheidungen dienen uns, solange wir die Realität kategorisieren und strukturieren wollen. Träume werden aus einem Zustand der Einheit heraus geträumt, in dem es keine Zeit gibt, aber um einen erinnerten Traum ausdrücken zu können, muß man zeitliche Sequenzen und zeitgebundene Ordnungen auf den Hintergrund der Zeitlosigkeit projizieren. Das gleiche Prinzip gilt für das Individuum, in dessen Wahrnehmung historische Ereignisse stattfinden. Wir sind Wesen in der Zeit und existieren gleichzeitig jenseits von Zeit.

Das individuelle Horoskop ist ein Bezugspunkt, mit dessen Hilfe wir sowohl Lebensmuster wie auch den transpersonalen Bereich beschreiben können. In meinen Büchern ›*The Round Art: The Astrology of Time and Space*‹ (1979), und ›*Life ★ Time Astrology*‹ (1984) finden sich genaue Erklärungen zu diesem Thema. Life ★ Time Astrologie ist ein Werkzeug, das Wissen um die Mysterien von Zeit, Psyche und Weltordnung erschlüsselt. Anstatt Zeit additiv und linear zu ordnen, reflektiert meine logarithmische Zeitskala die Relativität aller Wahrnehmungen in der Zeit. Mit zunehmendem Alter ändert sich das Zeitgefühl des Menschen. Die ersten Entwicklungsstadien im Mutterleib werden überaus rasch durchlaufen, und mit dem Alter scheint die Zeit immer schneller zu vergehen. Die Tage unserer Kindheit vergingen viel langsamer als die Tage der späteren Reifejahre — ein vom Stoffwechsel bedingter Mechanismus, der das Zeitgefühl determiniert. Mit anderen Worten, der Körper hat einen biologischen Zeitsinn. Erst wenn man eine Lebensspanne logarithmisch einteilt, erkennt man zwölf Entwicklungsstadien im Leben jedes Individuums, von der Zeugung-Empfängnis bis zum Tod. Die Position der Planeten offenbart bestimmte Ereignisse, archetypische Verhaltensmuster und die Rollenbesetzung im Leben.

Schopenhauer und Freud glaubten, daß die Entwicklungsprozesse allen Lebens vom einzelnen Lebewesen in irgendeiner Form rekapituliert werden. Der Mikrokosmos ist der Makrokosmos. Jeder von uns ist gewissermaßen ein wandelndes Archiv der kollektiven Vergangenheit, und die Symbolsprache dieses Archivs kann verständlich gemacht werden. Der ›Göttliche Plan‹ ist ein symbolisches Entschlüsselungssystem, das mit einer logarithmischen Zeitskala und Serien von wiederkehrenden Zyklen arbeitet, angefangen mit der universellen Urexplosion bis hin zum Auftauchen subatomarer Partikel — die längste und die kürzeste uns bekannte Zeitspanne. Die Zyklen dazwischen werden kontinuierlich unterteilt und die Enden miteinander verbunden, wie bei der Urschlange, die sich selbst in den Schwanz beißt — ein Symbol für die Ewigkeit. Das Resultat ist eine Beschreibung der universellen Zeit.

Jedes Individuum ist ein Träger der Schöpfungsgeschichte und bleibt als latentes Energiemuster bis zum Ende aller Zeit bestehen. Jedes Wesen ist ewig und unsterblich. Aber jedes fühlende Wesen muß die transzendente Realität verstehen und zur Gänze akzeptieren. Im Verlauf des Übergangs von einem Weltalter zum nächsten entstehen natürliche Schockpunkte, die den Einzelwesen eine einzigartige Gelegenheit verschaffen, über mondäne Realitätsbilder hinauszugehen und höhere Ebenen der Realität zu betreten. Mit dem Dämmern des Jahres 2000 kann jeder auf Erden existierende Mensch persönlich erfahren, was das Jüngste Gericht ist und die Auferstehung, wenn er die einmalige Chance wahrnimmt und den undurchdringlichsten aller Schleier von seinen Augen nimmt, den Schleier der *Zeit*.

> *»Und ich sah die Toten, wie sie vor Gott standen, die Mächtigen, wie die Geringen ... und ein anderes Buch wurde aufgetan, welches das Buch des Lebens war, und die Toten wurden gerichtet, nach ihren Gedanken und Werken, die in dem Buch enthalten waren.«*
>
> *Biblische Offenbarung*

Das Buch des Lebens ist in uns!

Zweites Kapitel
★ Geschichte des Lebens ★

Sämtliche Theorien über die Natur des in der Zeit existierenden Universums müssen sich notgedrungen in den Rahmen des allgemein bekannten geschichtlichen Zusammenhangs einfügen. Jede Theorie ist insofern vorprogrammiert, als sie das Resultat der Geisteshaltung, gesellschaftlichen Prägung, Sprache und Bewußtseinsstufe ihres Urhebers ist. Selbst wenn Ideen einem archetypischen oder transzendenten Bewußtsein entspringen, müssen sie in das Medium der Umgangssprache oder ein anderweitiges Symbolsystem übertragen werden. Ist eine Idee ihrer Zeit voraus oder zu tiefschürfend, um von der Allgemeinheit verstanden zu werden, wird sie entweder empört abgelehnt oder schlicht ignoriert. Wenn eine Zivilisation ihren Höhepunkt überschreitet und stirbt, sterben ihre Ideen und Realitätsvorstellungen mit ihr. Nur selten transzendiert eine Idee die Gesellschaft, aus der sie hervorging, um weitere Epochen nach ihr zu beeinflussen.

Der buddhistische Prophet Nichiren beschrieb diesen Umstand, als er sagte:

»Ein einziges wahres Wort kann zur Erkenntnis des rechten Weges führen, sofern es zur rechten Zeit gesprochen und dem Fassungsvermögen des Schülers entspricht. Tausend Schriften und zehntausend Theorien sind nutzlos, solange die Zeit und das Verständnis des Volkes nicht reif dafür sind.«

Ganz gleich, um welche Botschaft es sich handelt, der Zeitpunkt ihrer Bekanntgabe ist von kritischer Bedeutung. Um unsere Geschichte verstehen zu können, müssen wir alle Zeit auf ihren Ausgangspunkt, die ewige Gegenwart, zurückführen. Es gibt keine ›objektive‹ Geschichte — alles Historische existiert nur mit dem Individuum, das sich daran erinnert. Alle Zeit ist in diesem gegenwärtigen Moment enthalten. Aber um Zeit verstehen zu können, müssen wir zunächst ihren Mechanismus definieren.

Soweit wir wissen, wurde die Zeit von alters her in die Zyklen von Tag und Nacht aufgeteilt, die sich aus der Erdumdrehung um die Sonne ergeben. Der Mondzyklus beginnt mit der Sichel (der Beginn des hebräischen und mohammedanischen Monats) und folgt ihrer Zunahme bis zum Vollmond, welcher wieder abnimmt und für drei Tage völlig verschwindet, bis er ›aus der Unterwelt‹ neu emporsteigt. Das Sonnenjahr besteht aus dem Zyklus der Jahreszeiten Frühling, Sommer, Herbst und der Todesphase, dem Winter. Die grundlegenden Naturzyklen unterliegen astronomischen Gesetzmäßigkeiten.

Sekunden, Minuten, Stunden, Tage, Jahre, Jahrzehnte und Jahrhunderte sind von der Gesellschaft festgelegte Zeiteinteilungen, also ein Produkt allgemeiner Übereinkunft. Der heute weltweit gültige Zeitstandard basiert auf der Vibrationsrate von Cäsiumatomen, deren Schwingungen bis zur Tausendstelsekunde genau gemessen werden. Die Weltraumforschung arbeitet mit der sogenannten ›Universalzeit‹. Trotz der Akkuratheit all dieser Messungen ist Zeit also nichts Absolutes, wie die Mystiker und seit neuestem auch die Atomphysiker bestätigen können, sondern variabel, relativ und letzten Endes wahrscheinlich illusionär.

In den prärelativistischen Theorien von Descartes war der Raum ein geradliniges Raster, in dem Zeit nur eine andere Dimension darstellte, aber seit der Relativitätstheorie ist die Geschwindigkeit, mit der Licht sich in einem Vakuum fortbewegt, die universelle Konstante. Raum und Zeit können in einer bogenförmig gekrümmten Raum-Zeit-Konstante nicht mehr voneinander getrennt werden. Die Zeit dehnt sich aus und schrumpft zusammen, je nach der Geschwindigkeit, mit der der Beobachter sich fortbewegt, und da alle Himmelskörper mit einer kaum vorstellbaren Geschwindigkeit durch das Universum jagen, hat jedes im Universum existierende Phänomen sowohl ein eigenes Zeitgefühl als auch eine eigene, relative Geschichte. Ein Eichenbaum existiert nicht anders als ein Mensch, nur über einen weitaus längeren Zeitraum hinweg.

Dennoch wird Geschichtskunde an Schulen und Universitäten gelehrt, als handle es sich um allgemeingültige Tatsachen, obwohl jeder inzwischen weiß, daß geschichtliche Überlieferungen immer von den Siegermächten verfaßt und dementsprechend entstellt werden. Goethe nannte die Geschichte einen verlogenen Mischmasch von brutaler Gewalt und erklärte, daß jeder Mensch von Wert immer am Anfang aller Zeit steht.

Jede Zivilisation assimiliert die Geschichte ihrer Vorfahren und begreift sich als die Kulmination alles bisher Dagewesenen, was in gewisser Hinsicht auch stimmt, da das Frühere die Wurzel einer späteren Kulturblüte darstellt. Auch Religionen, wissenschaftliche Einstellungen und Individuen werden von vererbten Strukturen und Vorstellungen geprägt, und dennoch halten wir unsere derzeitige Realitätsvorstellung für die einzig gültige und unseren Glauben für erleuchtete Erkenntnis.

Die Geschichte des einzelnen Menschen wird mit zunehmendem Alter modifiziert, wenn nicht gar entstellt. Unsere frühesten Kindheitserlebnisse bestehen zumeist aus Bruchstükken von irgendwelchen Geschichten, die uns Eltern und Verwandte erzählt haben, wobei man davon ausgehen muß, daß diese Geschichten im Lauf der Jahre immer mehr ausgeschmückt und verzerrt werden. Teile werden vergessen, übertrieben oder unterschlagen, bis die Vergangenheit zu einer Kollage von Anekdoten wird. Wissentlich oder unwissentlich zensieren die meisten Eltern alles, was sie in ein ungünstiges Licht rücken könnte. Die Qualität derartiger Überlieferungen hängt in hohem Maße vom jeweiligen Realitätsbild der Eltern ab, und dennoch geht eine Generation nach der anderen davon aus, daß geschichtliche Überlieferungen unverzerrte Tatsachenberichte sein müssen.

So gut wie alles, was wir über uns selbst wissen, basiert demnach auf Erzählungen und Ammenmärchen. Jedem neuen Bekannten werden diese Geschichten früher oder später in irgendeiner Form aufgetischt; wir machen uns bekannt, indem wir Fremden ausgewählte Geschichten in vorzensierter Reihenfolge über uns selbst erzählen, um einen von uns selbst vorbestimmten Eindruck zu machen.

Auf die gleiche Weise werden Weltanschauungen konstruiert. Familien, Schulen und Kulturgruppen wählen bestimmte Informationen aus dem derzeit zugänglichen Angebot und tragen diese dann vor, als handle es sich um objektive Realitäten. Geschichte wird als absolute Tatsache gelehrt. Schon als Heranwachsende sind wir damit von Wertvorstellungen besetzt, die uns unumstößlich vorkommen. Die Weltanschauung eines Menschen und seine Beziehung zur Gesellschaft hängt von seiner Anpassungsfähigkeit an kollektive Wertvorstellungen ab. Die Weigerung oder Unfähigkeit, sich anzupassen, wird als rebellisches oder geistesgestörtes Verhalten betrachtet und dementsprechend bestraft.

Freud sprach von »exemplarischen, immer wiederkehrenden Erfahrungen, die von der gesamten Menschheit gemacht werden und sich im individuellen Leben in Form von mythischen, romantischen oder tragischen Ereignissen bemerkbar machen«, wobei die individuelle Berichterstattung unweigerlich den Charakter fiktiver Rekonstruktionen annimmt. Das Kontinuum unseres individuellen Lebens kann nur im Zusammenhang mit der kollektiven Realität der Menschheit verstanden werden, dem ›kollektiven Unbewußten‹, wie Jung es nannte. Mircea Eliade schrieb zu diesem Thema: »Die Welt der Archetypen von Jung entspricht dem platonischen Reich der Ideen insofern, als die Archetypen unpersönliche Charaktere sind und nicht an individuellen Leben teilnehmen, sondern am Dasein der Rasse — oder am Dasein organischen Lebens als solches.« Das kollektive Unbewußte ist in diesem Sinne kein Sammelsurium von unterdrückten Inhalten wie bei Freud, sondern vielmehr eine tiefere Schicht der universellen Strukturen, die jedem Individuum innewohnen und jenseits von Zeit und Raum existieren. Was für die gesamte Rasse gültig ist, wird zur Basis individueller Psychologie und führt damit zwangsläufig zu dem Verständnis, daß die Menschheitsgeschichte und individuelle Lebensgeschichten einem einheitlichen Grundthema folgen.

Alles, was wir Geschichte nennen, ist mit egoistischen und persönlichen Interpretationen befrachtet und sollte besser als eine Serie von Stadien verstanden werden, die, wie Oswald Spengler sagt, so fundamental sind; wie die Stadien von Geburt/Tod, Jugend/Alter usw. deren »striktester Sinn bisher von keinem erklärt werden konnte«.

Mythische Realitätsbilder

Man kann die Welt auf jede erdenkliche Weise interpretieren, kommt aber selbst bei Interpretationen jenseits des historischen Zusammenhangs nicht umhin, eine ganz bestimmte Haltung der Geschichte gegenüber einzunehmen.

Die ersten Menschen hatten keine Geschichte. Sie lebten von Moment zu Moment, wie Kinder, als enthielte dieser Tag die ganze Zeit der Welt. Die größte Angst war die, daß die Sonne nach ihrem abendlichen Untergang nicht wieder aufgehen würde. Die Sonne wurde von vielen Völkern als der Schöpfer allen Lebens verehrt. Eine der ältesten Mythen ist die Legende von der ägyptischen Göttin Nut oder Nuth (Nacht), die jeden Abend die Sonne verschluckte und sie am Morgen neu gebar. (Abbildung 2). Ein Mythos ist die Beschreibung von Naturereignissen in Form von überlieferten Erzählungen.

Mit der Entwicklung der Sprache erweiterte sich die menschliche Perspektive. Erfahrungen beim Jagen beispielsweise wurden in Form von Erzählungen weitergegeben und übten beträchtlichen Einfluß auf kommende Generationen aus, da es sich hierbei nicht nur um sinnlose Anekdoten handelte, sondern um Überlebensstrategien zum Nutzen des Volkes. So entstand ein Wissensschatz, der jeder nachfolgenden Generation vermacht wurde, und, obwohl sich diese Jagdgeschichten einst innerhalb der Zeit abgespielt hatten, transzendierten die mit ihnen assoziierten Mythen alle historischen Zusammenhänge; sie geschahen sozusagen außerhalb der Zeit, in einer heiligen Überwelt. Die Geschichtenerzähler nahmen eine einflußreiche und verantwortungsvolle Position im sozialen Gefüge ein, denn nur sie konnten den gewöhnlichen Sterblichen Zugang zu der zeitlosen Welt der Götter und Helden verschaffen.

In Thomas Manns *›Joseph und seine Brüder‹* bemerkt Joseph, daß das Ich seines alten Hauslehrers Eliezer »sich nicht

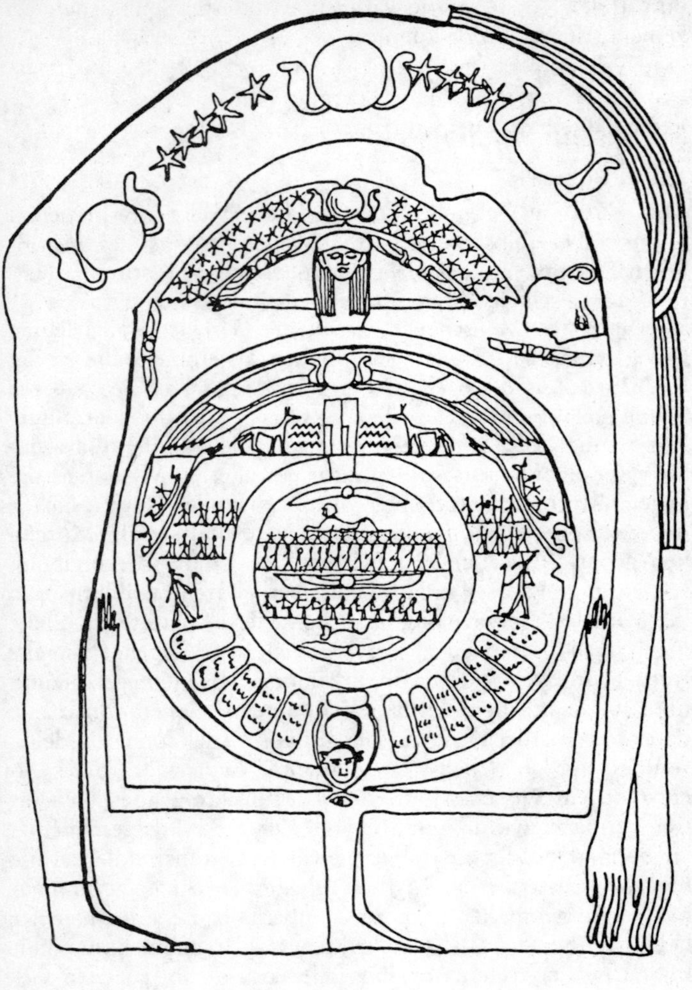

Abbildung 2: Die ägyptische Himmelsgöttin Nuth.
Nuth, die Himmelsgöttin, verschlingt die Sonne jeden Abend und bringt sie am nächsten Morgen wieder hervor. In der Zwischenzeit regiert die Mondgöttin Hathor und erschafft die irdische Vegetation.

als ganz fest umzirkt erwies, sondern gleichsam nach hinten offenstand, ins Frühere, außer seiner eigenen Individualität Gelegene überfloß und sich Erlebnisstoff einverleibte, dessen Erinnerung und Wiedererzeugungsform eigentlich und bei Sonnenlicht betrachtet die dritte Person statt der ersten hätte sein müssen«. Eliezer erinnert sich an frühere Geschichtspersonen, deren gesammelte Erfahrungen er teleskopisch anzapft und in seine eigene Geschichte und Gegenwart inkorporiert. Eine ganze Ahnengalerie von Lehrern, Knechten und Meistern findet ihren summarischen Höhepunkt in Eliezer, dem heute Lebenden, und verleiht der Geschichte damit fleischlichen Ausdruck im jetzigen Augenblick. Geschichte ist dem Menschen innerlich eingegrabene Vergangenheit. In ihren tiefsten Schichten transzendiert sie alles sprachlich Überlieferte, Egoistische und überdauert die Vergänglichkeit der physischen Form.

Die Abstammungslehre der frühesten Eingeborenenstämme wurde in Form von Märchen, Heldensagen oder religiösen Mythen überliefert und findet im Bereich der Zeitlosigkeit statt. Obwohl die ungeheuren Zeitspannen zwischen uns und dem Beginn der Menschheit von der gewöhnlichen Erinnerung nicht überbrückt werden können, steht jeder von uns doch in direkter Verbindung mit diesem Urwissen. Im Elektron, den Partikeln, der Erbmasse und dem physischen Körper jedes Wesens leben die Daten der Entwicklungsgeschichte allen Lebens auch heute noch fort. Die chinesische Kultur basiert auf der Ahnenverehrung und reflektiert den Versuch einer Rückverbindung mit unserem Ursprung.

Im Mittelpunkt der meisten Mythen steht die Erschaffung und Vernichtung der Welt. Beides findet in spirituellen Bereichen statt und ist untrennbar miteinander verknüpft. Die heiligen Momente einer Geburt, eines Todes, einer Einweihung, Geistheilung oder Opfers sind Prüfungen, bei denen die primären Ereignisse von Schöpfung und Zerstörung zelebriert werden und das Weltliche am Heiligen oder Übersinnlichen teilhat.

Die uralte Sehnsucht nach dem Ursprung lebt auch heute noch fort, auch wenn unsere Mythen neu verpackt worden sind, wie in den Theorien vom Urknall, der genetischen Abstammungslehre, der psychoanalytischen Reise in die Mythenwelt unserer frühen Kindheit und der Zurück-zur-Natur-Bewegung; allerorts wird nach dem Ursprung der Dinge gefahndet, als bestünde eine unmittelbare Chance, in das Paradies vor dem Sündenfall zurückzukehren. Die Degeneriertheit der modernen Lebensweise und die damit verbundene Angst verleiht dieser instinktiven Suche ständig neue Antriebskraft.

Die allgemeine Empfindung ist, daß unsere Welt im Sterben liegt und sich auf eine andere Art zu existieren vorbereitet. Nur, wenn wir verstehen, was Schöpfung in Wahrheit ist, sind wir imstande, diese kaum vorstellbare Zukunft für uns zu deuten. Die Psychotherapie bereitet einzelne auf diese Heimkehr vor, und die Gesellschaft ist als Kollektiv mit dem Thema der Rückverbindung beschäftigt. Bei traditionellen Einweihungszeremonien wird ein symbolischer Tod und die darauffolgende Neugeburt ausagiert. »Um uns vom Zwang der Zeit und des Karmas zu befreien und unsterblich zu werden, müssen wir erneut in den Mutterleib der größeren Natur eingehen. Wer zum Meister seines Schicksals werden will, muß sich an frühere Leben erinnern und den Ursprung der Welt erneut erfassen.« (Eliade: ›*Mythen, Träume und Mysterien*‹). »Im Mutterleib sah und erkannte ich die Geburten aller Götter.« (Abbildung 3).

Die ersten Menschen schrieben ihre Geschichte nieder, um folgenden Generationen Kulturmodelle und Verhaltensmuster zu vermitteln, aber seit dem letzten Jahrhundert wird der Versuch unternommen, die gesamte geschichtliche Vergangenheit des Menschen zu rekonstruieren, um sie uns bewußt zu machen.

»Betrachten wir dieses leidenschaftliche Interesse an der Geschichte einmal von einem Standpunkt außerhalb unserer kulturellen Perspektive. In vielen Religionen und selbst den folkloristischen Überlieferungen europäischer Völker wird der Glaube vertreten, daß der Mensch zum Zeitpunkt seines Todes alle vergangenen Leben bis ins kleinste Detail nachvollzieht und daß niemand von dieser Welt scheiden kann, ohne sich zuvor an seine gesamte persönliche Geschichte zu erinnern. Die Leinwand des Gedächtnisses spielt dem Sterbenden noch einmal den Film seiner Vergangenheit vor. Nimmt man diesen Standpunkt ein, so könnte die ›Geschichtsbesessenheit‹ der modernen Kultur als ein Zeichen für ihren unmittelbar bevorstehenden Tod interpretiert werden.« (Zitat von Mircea Eliade).

Die Menschen des Altertums glaubten, daß nur der im Ursprung verwurzelte Mensch ein ›gottnaher‹ Mensch ist und daß eine ursprüngliche Lebensweise die universelle Ordnung reflektiert. Fest steht, daß Gestalten wie der Gottvater, die Heilige Mutter oder der sagenhafte Ritter und Held jeweils Verkörperungen einer transzendentalen Realität sind, nach der sich die moderne Gesellschaft sehnt. Die Menschheit des

Abbildung 3: Die Alchemistische Gebärmutter
In der Alchemie bildete der Brandofen die Basis aller Transformationsarbeit. Der Brandofen hat hier die Form der Gebärmutter des Merkur, die eine Nachbildung des kugelförmigen Kosmos ist, so daß die Sterne im Himmelsrund zum Gelingen des Werkes beitragen. (Barchausen, *Elementa chemicae*, 1718)

zwanzigsten Jahrhunderts sucht im Atomkern, im Weltall, in den Tiefen der Ozeane und auf den Gipfeln der Berge nach dem Ursprung und damit dem Sinn des Lebens und vergißt darüber den Ursprung, der von jedem von uns verkörpert wird.

Die eigentliche Natur von Zeit, und besonders vorgeschichtlicher Zeit, ist eins der größten Mysterien. Der Geschichtsforscher geht in der Zeit zurück, bis er an den Punkt kommt, wo Wissen zum Mythos, zur Vision und zur Ahnung verschwimmt, kaum anders als der Quantenphysiker, der in eine scheinbar irrationale Welt von Partikeln und Quanten eintaucht, oder wie der Psychologe, der sich in kaum definierbare Bereiche des Seelenlebens begibt. Man erforscht Welten, in denen intuitives Feingefühl und sich wiederholende Verhaltensmuster die einzigen Anhaltspunkte bilden. Der Sinn der menschlichen Psyche ist ebenso unklar wie der Sinn und die Bedeutung eines Atomkerns. Die Komplexität unserer Schöpfungsmythen spiegelt das Unfaßliche an unseren wissenschaftlichen Theorien vom Urknall wider — das Element des Unfaßlichen existiert im familiären Bereich, ebenso wie im grenzenlosen Weltall, es kann niemals genau beschrieben werden.

Da Schöpfungsmythen ständig nacherzählt werden, wird man wohl niemals mit Sicherheit wissen, wann das auslösende und musterbildende Ereignis tatsächlich stattgefunden hat. Mit jeder Nacherzählung wird die Magie des Mysteriums eher noch vertieft. In der Frühzeit war der Mensch weniger mit kalkulierbaren Zeitfolgen beschäftigt als mit der »Aufhebung und Auflösung der Zeit«, wie Thomas Mann sagt. Das Zeitgefühl schwankte zwischen Tradition und Prophetie, was der Phrase »Es war einmal« einen zugleich vergangenen und zukünftigen Sinn verleiht und das Schwergewicht auf die Potenz der ewigen Gegenwart verlagert. Die ältesten überlieferten Mythen erzeugen starke Zukunftsvisionen, als wären unsere frühesten Erinnerungen zugleich auch Prophezeiungen. Frühere Ereignisse wiederholen sich so lange, bis sie als prototypisch akzeptiert werden. Wiederholungen zeigen uns, daß die Vergangenheit nicht minder mysteriös ist als die Zukunft und daß beide untrennbar miteinander verbunden, wenn nicht gar identisch sind.

Paradox ist das gleichzeitige Vorhandensein der Sehnsucht

nach Freiheit von jeglicher Zeitgebundenheit und dem menschlichen Streben nach kontinuierlicher Identität von einem Leben zum anderen. Natürlich kann man nicht beides zugleich haben. Wenn man die Zeit als eine unendlich lange gerade Linie versteht, beraubt man sich der Möglichkeit einer eventuellen Erlösung, denn Freiheit wird erst mit der Annahme möglich, daß die Zeit einen kreisförmigen Bogen beschreibt, wie ein Rad also, von dem man unter bestimmten Voraussetzungen abspringen kann.

Die Griechen glaubten, daß die Seele nach dem Tode vom Lethe-Fluß fortgetragen wird, vom Strom des Vergessens, in dem sie gewaschen und gereinigt wird. Der Tod bedeutet die Auslöschung des an Gedächtnis und Zeit gebundenen Bewußtseins. Im Todesmoment wird die Seele der individuellen Welt enthoben und kehrt in die Ganzheit zurück, wird also in das Reich des reinen Geistes aufgenommen. Der Tod ist kein Ende, sondern die Heimkehr der Seele in den grenzenlosen Geist. Ursprüngliche und universelle Ereignisse haben ihre Entsprechung im Leben der Sterblichen, wie in den Momenten der Geburt, des Todes und der Heilung.

Nach dem Todesmoment durchläuft jede Seele eine Reihe von Zuständen in verschiedenen Bereichen des Bewußtseins, angefangen mit ihrem Eingehen in eine Welt des reinen Lichts und des allumfassenden Gottesbewußtseins, bis hin zu dem Zustand komprimierter Grobstofflichkeit eines Felsbrockens. Vielen Mythen zufolge sinken ungenügend purifizierte Seelen in eine Unterwelt hinab und begeben sich fortan in immer dunklere und reglosere Bereiche, in denen nichts mehr lebendig ist und sich das Zeitgefühl bis zum scheinbar vollkommenen Stillstand verlangsamt.

In Dantes *›Inferno‹* und dem *›Tibetanischen Totenbuch‹* finden Seelen sich in solchen Steinwelten wieder; sie fühlen sich in finsteren Höhlen gefangen, werden unerträglicher Hitze ausgeliefert, in Stücke zerhackt und mit geschmolzenen Metallen übergossen — was eine durchaus akkurate Beschreibung des Lebens im Mineralreich sein könnte. Die ungeheuren Zeitspannen, die scheinbar endlos langsam vergehen, der Druck, die Hitze und die Gewalttätigkeit der Kristallisierungsvorgänge würden sich kaum anders anfühlen. Die Lebensdauer eines Minerals übersteigt das menschliche Fassungsvermögen so weit, daß wir meinen, es könnte keinerlei Bewußtsein in solchen Bereichen vorhanden sein, aber dem *›Tibetanischen Totenbuch‹* zufolge besteht alles, was es gibt, in der letzten Analyse aus reinem Bewußtsein.

Der Abstieg in diese Bereiche verfolgt die menschliche Entwicklungsgeschichte bis hin zur geologischen Materie und geht damit definitionsgemäß bis zum Ursprung des Universums zurück. Der menschliche Körper enthält alle heute bekannten Elemente, und so ist diese Kette nicht nur eine theoretische, sondern eine hier und jetzt greifbare. Der Körper und die Psyche sind sowohl lebende Träger der Geschichte des Universums als auch die Lösung des Rätsels seiner Herkunft.

Zyklische Weltalter

»Alle in meßbaren Zyklen stattfindenden Zeitformen imitieren die Ewigkeit.«

Plato

(Aus Collins *›The Theory of Eternal Life‹* 1950)

Dem heutigen Standpunkt zufolge sind Zeit, Geschichte und Evolution lineare Abläufe, die sich unwiederholbar in eine einzige Richtung fortbewegen. Das Einfache entwickelt im Lauf der Zeit immer größere Komplexität, was bedeutet, daß der Mensch die höchste Stufe einer solchen Entwicklungskette ist. Die Menschheit kann sich demzufolge immer nur weiterentwickeln und allmählich weiser werden.

Aus der Weltraumforschung ergibt sich jedoch ein anderes Bild: zyklische Verhaltensmuster sind die Regel, sowohl im Makrokosmos als auch im Mikrokosmos, weil Moleküle, Zellformen, einfache Organismen, Planeten, Monde, Sonnen, Milchstraßen (und den Mystikern zufolge das Universum selbst); im Lauf der Zeit sterben und neu entstehen. Ist es möglich, daß die Menschheit als einzige Lebensform von diesen Kreisläufen ausgenommen ist?

Eine frühe Formulierung des linearen Zeitkonzepts findet

sich in den Schriften von St. Augustin, der etwa im fünften Jahrhundert n. Chr. das Christliche Dogma übernahm, demzufolge die Welt sechstausend Jahre früher von Gott geschaffen wurde. Nach Sankt Augustin ist Geschichte unwiederholbar; Christus starb nur einmal in der Person des Jesus von Nazareth für unsere Sünden. Da Augustin bis weit in die Renaissance hinein hohes Ansehen genoß, repräsentiert er den Wendepunkt, an dem frühere zyklische Weltanschauungen vom linearen Weltbild verdrängt wurden.

Heraklit, Pythagoras und Plato vertraten eine zyklische und astrale Kosmologie, die später auch von Albert Magnus, Thomas von Aquin, Roger Bacon und Dante übernommen wurde, bis die Philosophen der Renaissance die Tradition fortsetzten, insbesondere Joachim De Floris, Galileo, Tycho Brahe, Kepler, Cardan, Bruno und Dee. Man ging grundsätzlich von der Annahme aus, daß »die Zyklen und Phasen der Weltgeschichte dem Einfluß der Sterne unterliegen, sei es, daß diese dem Willen Gottes folgen und Gottes historisches Werkzeug sind, oder sei es — eine Hypothese, die derzeit immer mehr Anhänger findet — daß eine dem Kosmos innewohnende Kraft in zyklisch wiederkehrenden Phasen am Werk ist.« (Eliade). Selbst die Übernahme des heliozentrischen Weltbilds konnte das Interesse der größten Freidenker an den Grundsätzen der zyklischen Theorie nicht mindern.

Leibnitz versetzte der zyklischen Theorie dann den Todesstoß, indem er seinen Glauben an einen grenzenlosen Fortschritt proklamierte — eine Theorie, die von den späteren darwinistisch-materiellen Wissenschaften popularisiert wurde. Heutzutage sind selbst Hinweise auf zyklische Theorien rar. Aber das erneute Aufgreifen der Idee einer ewigen Wiederkehr, wie es bei Nietzsche, Spengler, Toynbee, Haldane, Gurdjieff, Collin, Ouspensky und Eliade zu finden ist, zeigt, daß die zyklische Theorie sich auf ihre öffentliche Auferstehung vorbereitet.

Die Zyklen der frühesten Kosmologien wurden anhand von periodisch auftretenden Kataklysmen berechnet — eine Erweiterung des traditionellen Tag-und-Nacht-Zyklus unserer prähistorischen Vorfahren. Die Bauernkulturen, deren Leben vom Mondzyklus und den Sonnenwenden regiert wurde, hielten den ›Kreislauf aller Dinge‹ schon immer für das natürlichste und offensichtlichste Phänomen auf der Welt.

Wichtiger als exakte Chronologien ist ein intuitives Gespür für den tieferen Wahrheitsgehalt der überlieferten Legenden vom Untergang einer Welt und der daraus entstandenen neuen Zivilisation. Das Studium buchstäblicher historischer Zeitfolgen erzeugt nur immer weitere illusionäre Theorien; erst wenn man die Welt der Zeit und der Geschichte transzendiert, begibt man sich in das Reich des Geistes, der spontan erkennt und den Zusammenhang versteht.

Der Mythos einer ewigen Wiederkehr findet sich in allen bedeutenden Kulturen und Religionen der Frühzeit: bei den Ägyptern, Chinesen, Hindus, Buddhisten, Jainas, den Ismaeliten, Hebräern, Römern, Mexikanern; auf den Inseln von Hawaii, in Polynesien, Island, Skandinavien und Griechenland; bei den Inkas, Azteken, den Indianern und insbesondere in den schamanistischen Kulturen Nordamerikas und Rußlands.

Veränderlich ist jeweils die Dauer der Zyklen und die Art, wie ein Zyklus in den anderen übergeht. Bei der Festlegung der Daten ging es um mehr als eine quantitative Mengenbestimmung; es ging um die mathematische Beziehungsformel zwischen Mensch und Gott. Jede Kultur definierte ihre Vorgeschichte anhand der Dauer der bereits vergangenen Weltalter, angefangen mit dem 700-Jahre-Zyklus der Juden, über die Jahrtausende währenden *Yugas* der Hindus, bis hin zu den buddhistischen *Paras,* die Hunderte von Jahrmilliarden dauern.

Hindus und Buddhisten unterteilten den Schöpfungsprozeß in Zyklen mit eigenen, sehr unterschiedlichen Funktionen. Jedes Weltalter umfaßt die Erschaffung und spätere Vernichtung bestimmter Teile der Welt. Die Dauer und Qualität sukzessiver Weltalter nimmt bei den Indern immer mehr *ab,* ebenso wie die Lebensspanne der Wesen in jedem sukzessiven Weltalter. Das heißt, daß die Schöpfung mit der Zeit von einem ursprünglich perfekten Zustand in immer größeres Chaos sinkt, ganz im Gegensatz zum modernen Standpunkt einer progressiven Evolution, aber im Einklang mit dem Konzept der Entropie (ständig fortschreitender Zerfall). Nach dem Zerfall eines Universums entsteht ein neues und mit ihm erneut jene kreisförmige Natur, die sich in Zyklen innerhalb von Zyklen bemerkbar macht, beginnend mit der Lebensdauer eines Universums bis hin zum Fragment eines einzelnen Atemzugs.

Die Dauer des hinduistischen Universums wird der Lebensspanne von Brahma (der Schöpferkraft) gleichgesetzt. Nach dem Nichts, das einem universellen Untergang folgt, wird Brahma aufgrund seines Karmas zuallererst wiedergeboren. Er fühlt sich allein und wünscht sich Spielgefährten, also entstehen andere Wesen spontan aus ihm selbst heraus, aber Brahma unterliegt dem Irrtum, daß er (als ein vom Universum getrenntes Wesen) diese anderen Wesen geschaffen hat, obwohl Schöpferkraft immer nur sich selbst schafft. Angefangen mit dieser Illusion begreift Brahma sich als ›Ich‹: Urheber von Wesen innerhalb der Zeit, also sterblich, und leidet unter diesem egoistischen Wahn.

Der kürzeste Zeitzyklus der Hindus ist die Fünftelsekunde eines Augenblinkens; diesem Zyklus folgt die *Muhurta* von 48 Minuten. Dreißig *Muhurtas* ergeben einen Tag, und dreißig Tage bilden die *Pitura* eines ›Tages der Väter‹. Ein Jahr ist ein ›Tag der Götter‹, und 360 Erdenjahre müssen vergehen, bevor ein ›Göttliches Jahr‹ vergeht. Derartige Proportionen untermalen die Flüchtigkeit des menschlichen Daseins auf Erden. Generell wird die Zeit von den Hindus in *Yugas* gemessen. Vier Yugas ergeben ein *Mahayuga,* oder großes Yuga von 12.000 Göttlichen Jahren, was einer Dauer von 4.320.000 Erdenjahren entspricht (12.000 x 360). Die vier Yugas innerhalb eines Mahayugas werden ihrer Reihenfolge nach immer kürzer. Das Krita Yuga ist das Goldene Zeitalter von 4000 Göttlichen Jahren, in dem die Menschen sehr alt werden und in vollkommener Harmonie und Weisheit leben. Das Goldene Zeitalter beginnt mit einer ›Dämmerung‹ von vierhundert Jahren und endet mit einer Phase des ›Zwielichts‹ von ebenfalls vierhundert Jahren. Dem Untergang des Krita Yuga folgt das Treta Yuga, welches 3000 Göttliche Jahre dauert, mit einer Dämmerungs- und Zwielichtphase von jeweils dreihundert Jahren. Dem folgt das Dvarupa Yuga von 2000 Göttlichen Jahren mit entsprechenden Dämmerungs- und Zwielichtphasen von zweihundert Jahren. Und schließlich gelangen wir zum gegenwärtigen Kali Yuga, das eintausend Göttliche Jahre dauert (360.000 Erdenjahre), mit einer Dämmerungs- und Zwielichtphase von einhundert Jahren. Wir befinden uns demnach gerade im Zwielicht des Kali Yuga, das von den Hindus die ›Ära des Leidens‹ genannt wird, weil die Lebensspannen der Wesen die kürzesten und die Zustände die dekadentesten aller Yugas sind. Am Ende des ›Zwielichts‹ jedes Kali Yugas steht die Auflösung des Universums, des *Pralaya,* wie die Hindus es nennen.

Um die Ausmaße dieser Konzepte zu illustrieren, sollte man hinzufügen, daß 1000 Yugas ein *Kalpa* ergeben: einen Tag und eine Nacht im Leben Brahmas. Ein Kalpa dauert 8.640.000.000 Erdenjahre, und Brahma überlebt mindestens hundert solcher Kalpas in einer einzigen Lebenszeit — eine Ziffer, die 864.000.000.000 Erdenjahren entsprechen würde. Manchen hinduistischen Schriften zufolge müßte Brahma soeben seinen fünfzigsten Geburtstag gefeiert haben.

Die wahrhaft astronomische Länge solcher Zyklen wird von den Hindus, Buddhisten und Jainas mit einem Rad verglichen, das sich unaufhörlich dreht. Das ›Rad des Samsara‹ mit seinen zwölf Speichen symbolisiert die Herrschaft ewig wiederkehrender Zeitläufe über das menschliche Dasein. Die einzige Befreiung liegt in der stillen Mitte — der unbeweglichen Nabe im Zentrum jedes sich drehenden Rades. (Siehe Abbildung 4)

Die sorgfältig ausgearbeiteten Kosmologien des Ostens entstammen Zivilisationen und Religionen, deren Erkenntnisse von Weltalter zu Weltalter neu aufgegriffen wurden. Die Tatsache, daß die von den Indern beschriebenen Zyklen immer kürzer werden und die Zeitalter einem Degenerationsprozeß unterliegen, weist auf Einsichten in kosmische Gesetze hin, wie sie heute in dem wissenschaftlichen Konzept der Entropie bestätigt werden. Die Seher und Weisen des Ostens verstanden Brahma, den Schöpfer, nicht als Person, sondern als ein Sinnbild für die immense Geisteskraft des Universums, die sich über Jahrmilliarden der Selbstschöpfung hinweg zwar augenscheinlich verringert und stirbt, aber nach ›einer gewissen Atempause‹ neu geboren wird. Brahma ist das manifestierte Universum, also ist Brahma alle Geschöpfe und alles jemals Geschaffene.

Wenn ein Universum endet, zieht Brahma sich für einen unermeßlichen Zeitraum in das Nichts vor der Schöpfung zurück und schläft, bis er wieder erwacht:

Abbildung 4: Das Rad des Karma
Die tibetischen Lamas im äußeren Kreis repräsentieren den Verlauf menschlicher Existenz als zentral beeinflußt vom Hahn der Geschlechtlichkeit, der Schlange des Hasses und dem Schwein der Ignoranz. Freiheit vom Kreislauf des Rades wird durch Erkenntnis und Erwachen erlangt.

»Wenn eine Weltnacht vergangen ist, erwacht Brahma und erzeugt die Welt aus sich heraus. Zuerst entsteht das Große Sein in ihm, welches als noch undifferenziert betrachtet wird. Vom Großen Sein entspringt Denken (Manas), welches bereits zum Bereich der Differenziertheit gehört. Denken ist daraufhin der Auslöser der Elemente. Denken erzeugt den Äther und der Äther den Wind, der Wind das Feuer, das Feuer das Wasser, und vom Wasser kommt Erde. Damit ist die Erzeugung der Essenzen abgeschlossen, aus denen alle Dinge bestehen, und nun beginnt die Erschaffung der lebenden Kreaturen und Welten. Zuerst entsteht göttliche Schöpferkraft als Brahma, auch Prajapati genannt. Sie erschafft alle Gottwesen und Menschheiten und dazu die Welten mit allem, was in ihnen existiert ... Am Ende erzeugt sie die Vedas und Lehren, die Gesellschaftsordnungen und die Phasen des Lebens.« (Aus der indischen Weisheitsschrift ›*Mahabharata*‹).

Die Reihenfolge der oben beschriebenen Schöpfungsvorgänge weist bedeutende Ähnlichkeiten mit den modernen Theorien von einem Urknall anfänglicher Schöpfungsexplosion auf.

»Am Anfang war Dunkelheit, verborgen im Dunkel — untrennbar; alles war wie Wasser. Was entstand, entsprang der Leere; das Sein entstand durch die Kraft der Erhitzung (›*Rig Veda*‹).

Der Geist regt sich im Wasser, welches ein Symbol für die Zeit ist, und der Schöpfungsakt ist ein feuriger Same, der die im Wasser schlummernden Lebenskräfte befruchtet.

Das mystische Weltei ist eine Metapher für das Universum. Die einzelnen Schichten des Eis werden von den verschiedenen Sekten unterschiedlich interpretiert, aber das Grundkonzept bleibt dasselbe. Die äußerste Schicht des Welteis besteht aus undifferenzierter Materie; die nächste Schicht ist die der universellen Intelligenz; dahinter liegt eine Schicht der Egozentrizität innerhalb derer sich Schichten von Äther, Wind und Feuer befinden; im Zentrum ist Wasser (Zeit). Jede Schicht ist zehnmal so dick wie die folgende, und insgesamt gibt es sieben Schichten in dieser Eischale. Es ist bedeutsam, daß die Gesamtstruktur den Schalen von Elektronen ähnelt. In der hebräischen Mystik werden die verschiedenen Schichten der Realität tatsächlich ›Qulipthoth‹ genannt, was wörtlich übersetzt ›Schalen‹ bedeutet.

Der Kosmos, wie er in den heiligen Puranas der Hindus beschrieben wird, besteht aus zweimal sieben Schichten. Die oberen sieben sind die Gottwelten des immer umfassender werdenden Bewußtseins, und die unteren sieben sind die Höllenwelten des zunehmend verengten Bewußtseins. Der irdische Seinsbereich liegt genau in der Mitte. Die Schlange ist ein weitverbreitetes Symbol für das in der Zeit gefangene Bewußtsein, sie wird häufig gemeinsam mit dem Weltei abgebildet (Abbildung 5).

Der Kosmos der indischen Jaina-Sekte besteht aus konzentrischen Kreisen, die von dem sich ewig drehenden Rad der Zeit ausgehen. Die Lebensspanne der Welt wird in zwölf Zeitalter eingeteilt, welche wiederum in eine Reihe von steigenden und sinkenden Entwicklungsphasen unterteilt werden. Das Konzept ähnelt den Beschreibungen von Ken Wilber in *›Up from Eden‹* und denen von Arthur M. Young in *›The Reflexive Universe‹* (siehe Kapitel 8).

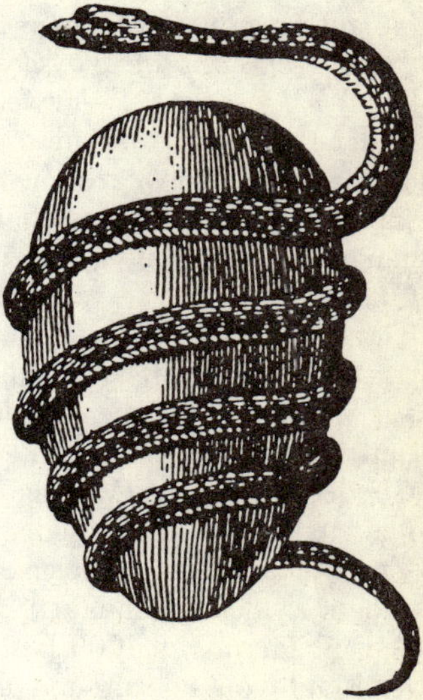

Abbildung 5:
Die Schlange der Zeit umringt das Weltei
Ein alchemistisches Sinnbild für die Dominanz der Zeitvorstellung während des irdischen Lebens.

Alle frühgeschichtlichen Kosmologien sprechen von periodischen Entwicklungs- und Vernichtungsphasen, von kreis- oder spiralförmigen Schichten der Realität und von universellen Strukturen, die sich in immer gleich bleibenden Mustern wiederholen.

Im babylonischen und sumerischen Schöpfungsepos wird erzählt, daß am Anfang nur Alala (die Erde) und Belili (die Zeit) existierten, und Anu (der Himmel) aus ihnen hervorging

— eine Darstellung, die an die Raum-Zeit-Konstante der modernen Physik erinnert. Die Welt wurde als ein kosmisches Spiel verstanden, das im Lauf des Lebens vieler Welten wieder und wieder aufgeführt wird.

Die großen, zyklischen Weltalter der Mandäer gleichen denen der Hindus und Buddhisten, welche wiederum kaum übersehbare Gemeinsamkeiten mit den wissenschaftlichen Erkenntnissen der letzten Jahre aufweisen, obwohl die meisten Wissenschaftler diese Ähnlichkeiten weiterhin von der Hand weisen, da ihnen die antike Rechnungsweise allzu absurd vorkommt. Herausragende Ausnahmen bilden Wissenschaftler wie Fritjof Capra (*›Das Tao der Physik‹*) und Gary Zukov (*›Die Tanzenden Wu Li Meister‹*) — zwei berühmte Physiker, die offenbar in der Lage sind, über die Eigentümlichkeiten frühgeschichtlicher Sprache hinwegzusehen und die Akkuratheit und Relevanz einer poetischen Annäherungsweise an universelle Vorgänge zu erkennen, ganz zu schweigen von der spirituellen Qualität solcher Texte, die den modernen Beschreibungen gänzlich abgeht.

Die ›Schemitah‹, ein jüdisches Zeitkonzept, basiert auf einer Sequenz von sieben Zyklen, die jeweils 6000 Jahre dauern und einem tausendjährigen Sabbath — eine Aufteilung, die der Gliederung unserer Woche gleicht und sich ebenfalls an den Planeten orientiert. In jedem 7000jährigen Zyklus wird eine Variante der Thora (Universelles Gesetz) ausagiert. Sieben vollendete Zyklen kulminieren in 49.000 Jahren mit einem ›Großen Jubiläum‹ von 1000 Jahren. Alle 50.000 Jahre beginnt der Kreislauf von neuem und spielt sich auf nahezu identische Weise noch einmal ab.

Das große Jahr

Die Kulturen der Frühgeschichte suchten Bestätigung für zyklische Theorien, indem sie versuchten, den Beginn und das Ende von Weltaltern genau festzulegen. So gab es zum Beispiel den Glauben, daß der Anfang eines Weltalters von einer ungewöhnlichen Konstellation der sieben bekannten Planeten im Zeichen Widder angezeigt wird. Kalkulationen von astronomischen Ausmaßen mußten angestellt werden, um zu berechnen, wann eine derartige Konstellation auftreten würde, und so waren selbst die fortgeschrittensten Kulturen letzten Endes auf Schätzungen angewiesen. Man ging außerdem davon aus, daß die Position der Planeten menschliche Schicksale beeinflußt und daß wiederkehrende astronomische Zyklen identische und immer wiederkehrende Weltalter erzeugen.

Die griechischen Philosophen Zeno, Chrysippus und Eudemus erklärten, daß Weltalter sich bis ins kleinste Detail wiederholen. Auch Plato hielt diese Theorie für wahrscheinlich, da Welten dem Reich der ›reinen Idee‹ entspringen. In Platos ›*Timaeus*‹ sagen ägyptische Priester zu Solon von Sais: »Es gab und wird viele Katastrophen geben, welche die Menschheit vernichten, die furchtbarsten von ihnen durch Feuer und Wasser, die geringeren durch zahlreiche andere Mittel.« Plato erzählt daraufhin die Geschichte von Atlantis — eine wahre Geschichte und gleichzeitig eine Metapher für alle versunkenen Zeitalter der Vergangenheit und Zukunft. »Laßt uns die imaginären Bürger und ihre Stadt in die wirkliche Welt transferieren, die du (Sokrates) gestern beschrieben hast, und annehmen, daß deine Stadt nun die Stadt meiner Geschichte (von Atlantis) ist und deine Bürger unsere historischen Vorfahren, wie sie von den Priestern beschrieben wurden. Dann werden wir sehen, daß sie genau in unsere Zeit hineinpassen, ohne jede Disharmonie, obwohl diese Männer zu jenen (vergangenen) Zeiten gelebt haben.« Plato lehrte das Konzept ständig wiederkehrender Weltalter, in denen selbst die Charaktereigenschaften von Individuen wiederkehrende Elemente aufweisen.

Oswald Spengler zufolge glaubten Origen und Hipparchus an Große Jahre von jeweils 36.000jähriger Dauer und an ihre detailgenaue Wiederkehr, ebenso wie Bartholomeus Angelicus (ca. 1230) Siger von Brabant (ca. 1277) und Pietro d'Albano (1316). I Hsing postulierte im China des achten Jahrhunderts einen Zyklus von jeweils 96.961.740 Jahren, und der Philosoph Wu Lin Chuan (1249—1333) errechnete einen Zyklus von 129.000 Jahren. Der griechische Astronom Lindos von Rhodos glaubte an einen Zyklus von 290.000 Jahren, die Mandäer an Zyklen von 480.000 Jahren, mit untergeordneten Zyklen von 5.240 bis 60.000 Jahren. Heraklit postulierte einen

Weltzyklus von 10.800 Jahren, und Aristachus von Samos kam auf 2.484 Jahre.

Die Bibel beschreibt die Erschaffung und Zerstörung der vorsintflutlichen Welt. Das Alte Testament beginnt mit der siebentägigen Schöpfung und endet mit Elias' Prophezeiung, daß »ein Tag kommt, der als wie ein Brandofen lodert«. Das Neue Testament wiederholt das Thema, indem es das Leben, den Tod und die Auferstehung von Welten mit dem Leben, Tod und der Auferstehung des kosmischen Menschensohns Jesus Christus verknüpft. Das Mysterium der Auferstehung nach dem Tode reflektiert die offensichtlichen Zyklen in unserem täglichen Leben und auf kosmischer Ebene, denn universelle Kreisläufe werden von jedem Lebewesen Tag für Tag nachvollzogen.

Die christliche Kirche legte die Dauer von Weltaltern nach biblischen Anhaltspunkten fest. Einflußreiche Kirchenfürsten wie Clemens von Alexandria (ca. 150—220), Minucius Felix (ca. 175) und Arnobius (ca. 285—340) glaubten an ein Annus Magnus, eine großes Jahr, das mit der biblischen Schöpfungsgeschichte beginnt. Eine Reihe von christlichen Gelehrten arbeiteten zu verschiedenen Zeiten an der Aufstellung einer biblischen Abstammungslehre, in der selbst der Schöpfungsmoment zeitlich genau festgelegt wurde, was natürlich zu ungeheuren Abweichungen in den verschiedenen Rechnungssystemen führte. Septuagint behauptete, die Welt sei im Jahre 5960 vor Christus geschaffen worden; Josephus kam auf das Jahr 3952 vor Christus, und so fort. Ein Gelehrter gab sogar die genaue Uhrzeit des Schöpfungsmoments bekannt: sechs Uhr abends am 22. Oktober im Jahre 4004 vor Christus.

Das rücklaufende Äquinoktium

Der am häufigsten benutzte Zeitzyklus der Antike basierte auf der sogenannten ›Präzession der Äquinoktien‹, ein Phänomen, das zuerst von den Ägyptern entdeckt wurde und andernorts als ›rückläufiger Frühlingspunkt‹ bezeichnet wird. Die Erde rotiert nicht ganz gleichmäßig um ihre leicht schräge Achse, die wie ein Zeigestock in den Sternenhimmel weist und den Tierkreis, vom menschlichen Standpunkt betrachtet, von vorn nach hinten durchläuft. Der nördlichste Punkt der Erdachse scheint den wahren Nordpol der Ekliptik im Lauf von etwa 25.000 Jahren zu umkreisen — ein Zyklus, den die Griechen das platonische Jahr nannten und in zwölf platonische Monate von jeweils etwa 2.000 Jahren unterteilten. Ursprünglich wurde die Dauer des platonischen Jahres mit 36.000 Jahren bemessen, aber irgendwann wurden genauere Ziffern kalkuliert. Im Lauf verschiedener Zeitalter wurde die Dauer des platonischen Jahres wie folgt festgelegt:

Das ursprüngliche platonische Jahr:	36.000	Jahre
Ptolemäus (Erstes Jahrhundert AD):	28.800	Jahre
Mittelalter:	26.000	Jahre
Mensch und Zeit:	25.920	Jahre
Moderne Astronomie:	25.725,6	Jahre
Blackers Kosmologie:	25.411	Jahre
Tycho Brahe:	24.120	Jahre

Der ›äquinoktische Zeigestock‹ ist die Verlängerung des Standorts der Sonne zur Zeit des Frühlingsäquinoktiums, also der Tagundnachtgleiche am 21. März jedes Jahres. Könnte man zur Stunde des Sonnenaufgangs am Tag des Äquinoktiums einen Zeigestock in den Weltraum hineinprojizieren, so würde er unseren Tierkreis im vorangegangenen Zeichen durchqueren. Die Gottheiten der Frühzeit entsprachen den Eigenschaften der jeweils vorherrschenden rückläufigen Sternzeichen (Abbildung 6).

Im Zeitalter des Stiers, das von etwa 4000 bis 2000 vor Christus dauerte, wurden die bedeutendsten Gottheiten mit Elementen der Stierform versehen. Diese Stiergötter sind die Vorläufer von Apis und Hathor bei den Ägyptern, dem goldenen Kalb der Hebräer und dem Minotaurus von Kreta. Im Zeitalter des Widders, von etwa 2000 vor Christus bis zu Christi Geburt, wurde der ›Bocksgehörnte‹ verehrt, wie im ägyptischen Ammon-Kult und bei den Opferfesten des jüdischen Volks, wo Moses, der ›vom Bockshorn Gekrönte‹, Ziegenböcke opfern ließ. Im Zeitalter der Fische, von Christi Geburt bis etwa 2000 nach Christus, wurde das Motiv der Fische zum vorherrschenden Symbol der ersten Christen. *Ictheos,* das grie-

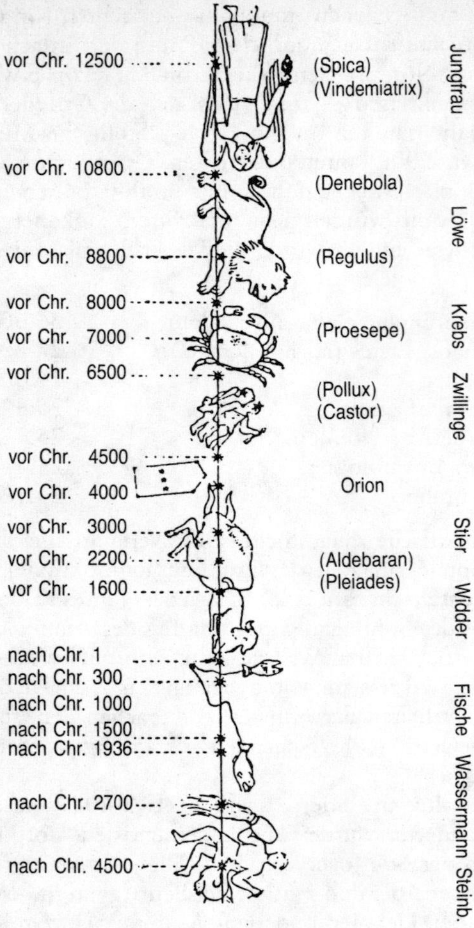

Abbildung 6: Rückläufige Sternzeichen
Die Symbole des ›rücklaufenden Tierkreises‹ zeigen an, in welcher historischen Periode das Äquinoktium in die entsprechenden Zeichen ein- und ausgetreten ist. Obwohl die Sternzeichen normalerweise in regelmäßige Abschnitte von jeweils 30 Grad eingeteilt werden, macht dieses Diagramm deutlich, daß die Konstellationen ungleichmäßig sind und die entsprechenden rückläufigen Perioden beträchtliche Zeitunterschiede aufweisen.

chische Wort für Fische, ist in der Tat ein anderes Wort für ›Christos‹.

Die zwölf Sternkonstellationen des Horoskops bilden am Nachthimmel keine genauen 30-Grad-Segmente, deshalb können die Daten des Ein-und Austritts in ein Zeichen nicht genau bestimmt werden. Der Eintritt in das kommende rückläufige Zeitalter des Wassermanns kann also jederzeit zwischen der Mitte des 19. Jahrhunderts bis zum Ende des 21. Jahrhunderts stattfinden.

Mythen von der Weltachse

In ›*Hamlets Mühle*‹ von Giorgio Santillana und Hertha von Dechand werden Mythen als die Urform aller Wissenschaften bezeichnet und erklärt, daß der Ursprung der bedeutendsten Weltmythen nicht in irdischen Bereichen, sondern in himmlischen oder übersinnlichen Bereichen gefunden werden kann. Vor der Erfindung der Schrift wurden mythische Themen in Zahlenkombinationen und Rechensystemen ausgedrückt. Die einflußreichsten Schöpfungsmythen, wie die vom Garten Eden, Mount Meru, der Weltachse, dem Lebensbaum, dem kosmischen Urwirbel, dem Weltenschmied der Schamanen und so weiter, sind Repräsentationen der rückläufigen Bewegung des Äquinoktiums. Die Vorstellung von einer Weltachse, um die sich alles dreht, tritt in verschiedenen Formen auf, und der griechische *Omphalos* (Nabel) ist nur ein bekannteres Beispiel für diese Idee. Die spiralförmigen Dekorationen auf dem Omphalos im Apollo-Tempel von Delphi zeigen deutlich, daß er ›ein Zentrum der Welt‹ darstellen soll (Abbildung 7).

Nabel, Mühlstein und Rad sind häufige Symbole für den sich drehenden, vorwärtstreibenden oder rückläufigen, aber unweigerlich abschleifenden Mechanismus der Zeit, und diese Motive tauchen immer wieder bei den Hindus, den Chinesen, Ägyptern, Babyloniern, Mayas und im zentralen skandinavischen Mythos von ›*Hamlets Mühle*‹ auf. In diesen Mythen liegt das Geheimnis der Herrschaft über die Zeit im Zentrum des Mühlsteins, Rades oder Nabels. Mount Meru ist ein hinduistisches Symbol für das Zentrum der Welt und repräsentiert

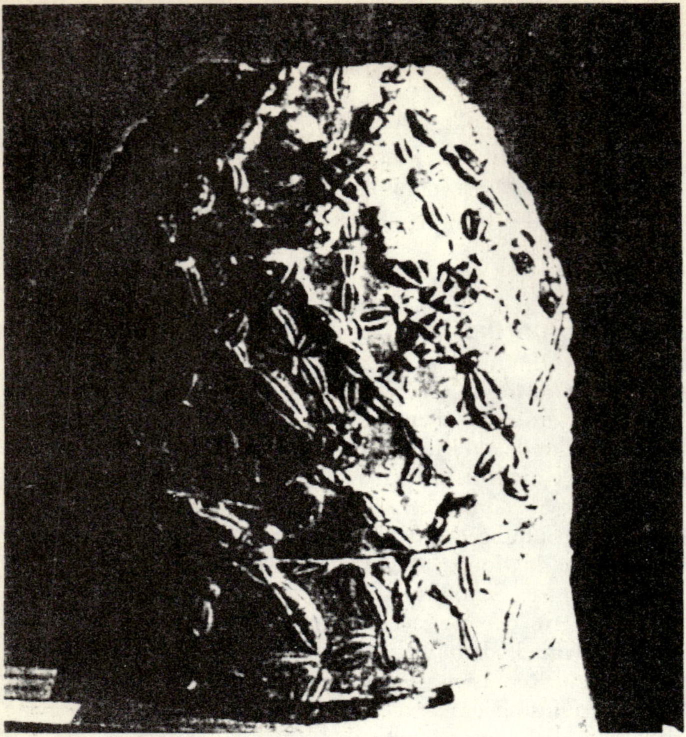

Abbildung 7: Der Omphalos von Delphi
Der steinerne *Omphalos* von Delphi steht an der Stelle des Landeplatzes der Arche des Deukalion (der Noah der Griechen) und weist Markierungen auf, die unverkennbar den Längen- und Breitengraden des Erdballs entsprechen. Dem Mythos zufolge erschlug der Sonnengott Apollo die Schlange Python an diesem Ort. Python ist ein Symbol für die Zeit, deren Geist zu Delphi auf die Erde verbannt wurde. (Foto von Margo Russell)

ein weiteres, oft wiederholtes Konzept: Erleuchtete Seelen steigen die Weltachse empor und zum Himmel auf.

In den Weisheitslehren der persischen Ismaeliten heißt es, daß es keine Zeit gab, in der die Welt nicht existierte. Die gegenwärtige Welt ist lediglich eine der vielen, nach 18.000 Jahren immer wiederkehrenden Welten. Adam ist kein einmaliges Phänomen, sondern immer der letzte Mensch nach einem Weltuntergang. Wenn sich die Symptome einer nahenden Endzeit bemerkbar machen, sind die Würdenträger des Korans verpflichtet, die ›geheime Disziplin der Auferstehung‹ zu lehren. Dieses Dogma bezieht sich nicht auf die äußerlichen Gepflogenheiten des Islam, sondern auf die innere, okkulte Transformation des letzten Imam (Adam) jedes endenden Zeitalters. Eva, das weibliche Gegenstück zu Adam, verkörpert die geheime spirituelle Bedeutung des esoterischen Gesetzes, das Adam im Paradies in die Einheit jenseits aller Dualität zurückführen wird.

Mythen von einem kataklysmischen Ende der Welt sind zahllos und weitverbreitet. Bertrand Russell sprach von 21 früheren Zivilisationen, deren Namen bis auf wenige Ausnahmen nicht mehr bekannt sind und deren Spuren Russell zufolge völlig ausgelöscht wurden.

Hier folgt eine notwendigerweise unvollständige Übersicht über Kulturen, in denen das Konzept zyklisch wiederkehrender Weltalter als allgemeingültig akzeptiert wurde:

Kulturen	*Momentan herrschendes Zeitalter*
1. Hindus	Fünftes Pralaya in einer Ära des Rückschritts
2. Buddhisten	Kali Yuga: das Zeitalter des Leidens, dem wiederum ein neues Goldenes Zeitalter folgt.
3. Mexikanisch	Das vierte Ixtilxochti
4. Römisch	Fünftes Weltalter nach Lucius Ampelius
5. Hebräisch	Achter Zyklus nach der Erschaffung um 3761 vor Christus.
6. Hawaii	Ende des Neunten Zeitalters.
7. Island	Ende des Neunten, Heraufdämmern des Zehnten.
8. Iranisch-Ismaelitisch	unbestimmtes Zeitalter in einem 18.000-jährigen Zyklus.
9. Mayas	Dritter Weltzyklus, der 3375 vor Christus begann

10.	Nord-Borneo	Achtes Zeitalter
11.	Chinesen	Die Neo-Konfuzianer akzeptieren das zyklische Weltbild
12.	Altnordische Kulturen	Momentanes Zeitalter unbekannt

In den Mythen vom Ende einer Welt wird fast immer auch die Wiedergeburt einer neuen erwähnt. Ein Beispiel ist die altnordische Volpuspa-Legende, in der eine blutige Schlacht zwischen degenerierten Göttern eine Heerschar von erdgebundenen Dämonen entfesselt, Berge einstürzen läßt, alles Festland im Meer versenkt. und die Menschheit durch Feuer und Wasser vernichtet. Obwohl die meisten Menschen und Götter umkommen, verschwindet die Welt jedoch nicht für immer. Dem großen Feuer von ›Ragnorak‹ folgt ein grausamer Winter, eine Eiszeit und Leere, nach der die übriggebliebenen Götter die Erde erneut aus dem Meer heben. Zwei Menschen haben ebenfalls überlebt, und diese erzeugen ein neues Menschengeschlecht.

Die Überlebenden nach einem Weltuntergang sind immer die einzigen und letzten Zeugen der tatsächlichen historischen Ereignisse. Über kommende Epochen hinweg nehmen ihre Augenzeugenberichte dann den Charakter von Mythen an und werden zum kosmischen Gleichnis, das niemand mehr wörtlich versteht. Jede Wiedererzählung macht die einstige Realität hochzivilisierter Kulturen ein wenig unwirklicher und rückt sie in eine Ferne, die vom rationalen Verstand nicht mehr überbrückt werden kann, denn genausowenig, wie heute Lebende behaupten können, daß sie die momentane Weltlage und ihre Implikationen überblicken, können wir unsere historische Herkunft zur Gänze überblicken.

Der skandinavische Schöpfungsmythos enthält Metaphern, die mit den Erzählungen grundverschiedener und weltweit verstreuter Kulturen, ja selbst astrologischer Beobachtungen übereinstimmen. Die Erschaffung der Erde vollzieht sich in einem eisigen, dunklen Reich der Leere (dem Nichts) und wird durch Feuer ausgelöst (Funken des Schöpfergeists). Das Feuer schmilzt das Eis und bringt den Riesen Ymir hervor (ein Gott des Widderzeitalters) und Audumbla, die Kuh (Erdmutter, die aus dem Stier hervorgeht), die den Riesen mit ihrer Milch ernährt. Der erste Mensch wurde von Audumblas Zunge aus Salz geformt (Zwillinge). Nach einiger Zeit werden zwei Riesenbrüder (Krebs) geboren, die Ymir töten; alle Lebewesen ertrinken in seinem Blut. Nur einer der Brüder überlebt mit seiner Familie und entrinnt der Vernichtung auf einem *Luor* — an verschiedenen Stellen als Wiege, Sarg, Bahre oder Schiff beschrieben (die Sintflut). Ymirs gigantischer Körper wird zu einer neuen Erde, nachdem er von den überlebenden Riesen zum Nabel der Welt getragen wird. Alle Seen und Flüsse entstehen aus Ymirs Blut, das Festland aus seinem Fleisch, der Himmel aus seinem Schädel, die Wolken aus seinem Gehirn, und die Sterne und Planeten aus den Funken der frühesten Feuerwelt. Der Verlauf all dieser Dinge wird von den Göttern bestimmt.

Die anthropomorphische Schöpfung, in der der Kosmos dem göttlichen Sein entspringt, ähnelt persischen und indischen Vorstellungen. Die Transformation von Riese und Kuh in ein menschliches Bruderpaar erinnert an folgenden Schöpfungsmythos der Hindus:

»Es (Atman, das Seelenbewußtsein) war so groß wie ein Mann und eine Frau zugleich; es teilte sich in zwei, und so wurden Mann und Frau geboren … Er vereinigte sich mit ihr, und so wurden Menschen geboren. Sie dachte: ›Wie kann er bei mir liegen, wenn er mich geschaffen hat? Ich werde mich vor ihm verstecken!‹ Da nahm sie die Gestalt einer Kuh an und er die Gestalt eines Stiers; sie vereinigten sich und brachten Rinder hervor. Sie wurde zur Mähre und er zum Hengst; sie wurde zur Eselin und er zum Esel; sie vereinigten sich und brachten die Huftiere hervor. So erschuf Es alles männliche und weibliche, bis hin zur Ameise … Und irgendwann wußte Es: ›Ich bin diese Schöpfung, denn ich erschuf alles aus mir selbst.‹ So trug sich die Schöpfung zu. Wer dieses Wissen hat, erschafft sein eigenes Sein in dieser Schöpfung.«

Die Evolution eines Mythos ist ein Transformationssymbol für die unterschwelligen psychologischen Prozesse, die der gesamten Menschheit gemeinsam sind. Für den bekanntesten skandinavischen Mythenerzähler Snorri (ca. 1179—1241), Verfasser der *›Edda‹*, war die Schöpfung nichts anderes als der erste Schritt nach *›Ragnarok‹* — dem Untergang.

Im Mittelpunkt der altnordischen Mythenwelt stand der

Baum Yggdrasil, der Baum des Schicksals, an dem die Götter jeden Tag Beratungen um das Wohlergehen des Universums halten. Der Baum wächst in den höchsten der Himmel hinein, und seine Zweige bedecken die ganze Welt. Die erste seiner drei Wurzeln reicht in das Reich der Toten hinab, die zweite in das Reich der Eisriesen und die dritte in das Reich der Menschen. Wotan erhängte sich an diesem Baum auf seiner Suche nach Weisheit, und dieser Baum spendet alle Lebenskraft. Aber kaum, daß er seine höchste Blüte erreicht, beginnt er schon wieder zu sterben. Das Schicksal des Yggdrasil-Baums ist das Schicksal jeder Welt.

Flutlegenden

Nahezu jede Kultur der Erde spricht in irgendeiner Legende von Überschwemmungen, Sturmfluten, Wassern, unter denen alles, sogar das Universum selbst, einstmals versank. Die bekannteste Flutlegende des Westens ist die biblische Geschichte von der Arche Noah. Hier folgt eine Liste der Kulturen und Völkerstämme, deren Legenden von Sintfluten erzählen:

1. Biblische Flutlegende von der Arche Noah
2. Griechische Legende von Deucalian und Phyrra
3. Babylonischer und sumerischer Gilgamesch-Epos
4. Chaldäer
5. Nordsyrische Sisthes
6. Hindus: Satyavarata Puranas; Rig-Vedas; Satapatha Brahmana; vier Legenden in den Upangas, drei im Matsya Purana.
7. Islands ›Edda von Bergelmir‹
8. Sibiriens Schamanenrituale
9. Skandinavische Sagen
10. Walisische Balladen von Dwyfan und Dwyfach
11. Die Massai in Afrika
12. Indianer, besonders Minabozho vom Stamm der Algonquin
13. Tarasca-Indianer in Mittelamerika
14. ›Nala und Nata‹ in Guatemala
15. Der toltekische Riese Scheluta

16. Hottentotten
17. Australische Ureinwohner
18. Eingeborene der Fiji-Inseln
19. Eskimos
20. Malaysia
21. Samoa
22. Burma
23. Kambodscha
24. Maori-Krieger
25. Dyaks auf Borneo
26. Chinesen
27. Die Arawakaner von Guyana, Nordbrasilien und Kolumbien
28. Die phönizische Kosmologie von Santchuniathon
29. Kuschiten
30. Der persische Held Jima im Zend-Avesta
31. Azteken im ›Chimalpopoca‹ von Nata und Nena
32. Mittelamerika, Legende von Popol Vuh
33. Chibchas von Bogota
34. Irokesen, Sioux, Okanaguas, Pimas und Mandan-Indianer
35. Nicaragua und andere.

Die meisten Flutlegenden weisen starke strukturelle Ähnlichkeiten auf und variieren das Thema der Rettung einiger Lebewesen im Zuge der weltweiten Vernichtung durch göttliches Eingreifen. Abbildung 9 bietet eine Übersicht über die Orte, an denen solche Legenden existierten und Einfluß auf die nachfolgenden Kulturen bis zur heute existierenden ausübten.

In den Erinnerungen an die Welt vor einem Kataklysmus wird immer wieder die korrumpierende Übermacht einer bedrohlichen, aber weltweit verbreiteten Technologie erwähnt. Die Legenden sprechen von gigantischen Städten aus schimmerndem Metall, deren Türme in die Wolken ragten, und von riesigen Erntefeldern, die über den Horizont hinausreichten. Rasende Metallvögel durchkreuzten den Himmel und hinterließen Feuerspuren; der Mensch ritt auf Luftschiffen in das Reich der Götter und zu den Sternen des Alls. Religiöse Massenspektakel stritten um die Gunst der Massen mit Orgien der

Lust und Völlerei, an denen ganze Städte teilnahmen. Die Menschheit wußte alles, was es in dieser Welt zu wissen gab, aber sie war dem Teufel anheimgefallen und wurde deshalb mit Vernichtung durch Feuer, Wasser und Schwefel bestraft. Der weltweite spirituelle Niedergang wurde von einer Reihe von brutalen, selbstsüchtigen Königen besiegelt, die das Menschengeschlecht mit dem Ideal der Habgier verführten. Anstand und Herzensgüte galt in diesen Zeiten als Dummheit, und alles Volk frönte den niedrigsten Gelüsten des Materialismus. Wer Reichtümer angehäuft hatte, wandte immer grausamere Mittel an, um die unterprivilegierten Schichten und Nationen davon fernzuhalten. Zwischen den dekadenten Ausbeuternationen und den Habenichtsen der Entwicklungsländer fanden unaufhörliche Kriege statt, wobei auf beiden Seiten eine korrupte Regierung die andere ersetzte.

Der Untergang eines Weltalters wurde von Luftschlachten begleitet: »Silberne Kriegsvögel kämpften mit feuerspeienden Himmelsdrachen und schleuderten Donnerkeile auf hilflose Erdbewohner herab. Explodierende Sonnen verbrannten alles Land, und nach dem Erlöschen der Sonnen herrschte Finsternis. Giftige Dämpfe erfüllten die Finsternis, und die Zerstörung nahm erst ein Ende, als die Götter wutentbrannt eine Feuersbrunst von solcher Gewalt erzeugten, daß Erde und Sterne aus ihrer Bahn gerieten. Das Böse endete erst, nachdem die ganze Welt sich selbst konsumiert hatte.«

Solche Visionen vom Ende der Welt wurden von den Stammesältesten weitergegeben; während ihre Zuhörer schutzsuchend näher an die Feuerstelle rückten. Die sogenannten ›Eden‹, wo die Überlebenden eines Holocaust Schutz fanden, waren entlegene Berggegenden, Inseln, Halbinseln oder Küstenstriche, und ihr weiterer Fortbestand hing unmittelbar davon ab, inwieweit man sich von der sterbenden, verseuchten Umwelt abriegeln konnte.

Abbildung 9: Landkarte der Flutlegenden und zyklischen Kataklysmen ▷
Ein **O**-Symbol auf dieser Weltkarte kennzeichnet Kulturen, deren Überlieferungen Flutlegenden enthalten. Das ●-Symbol zeigt Glauben an zyklisch wiederkehrende Weltuntergänge an. **A** ist das Symbol für die mutmaßlichen Grenzen von Atlantis.

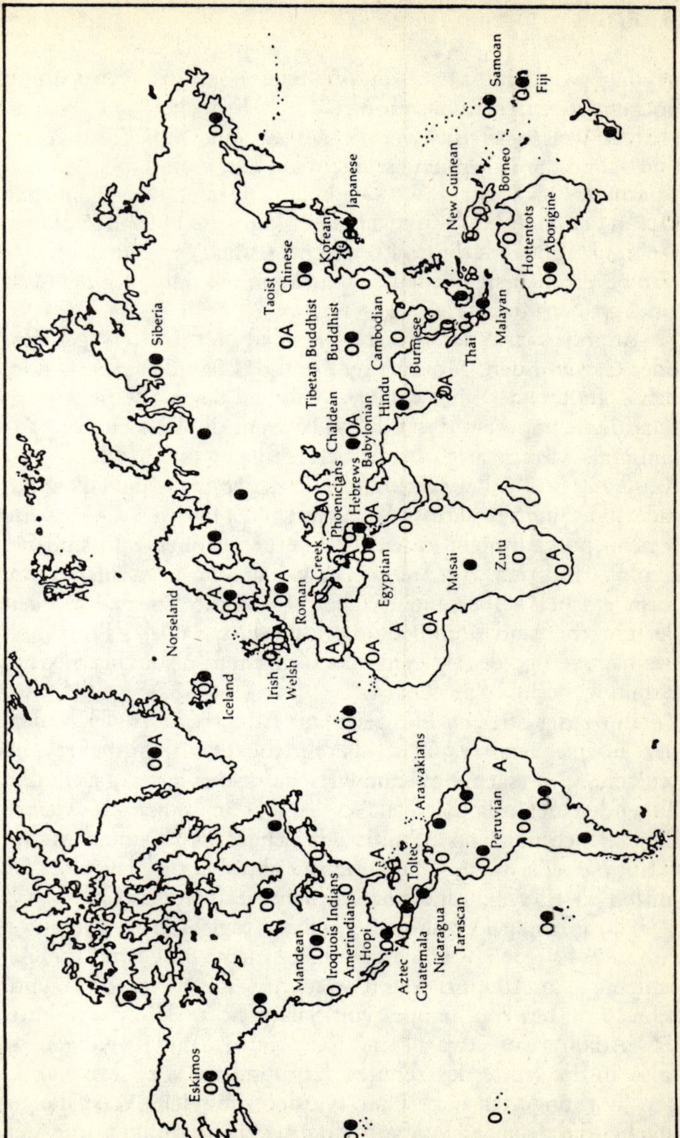
Eskimos
Mandean
Iroquois Indians
Amerindians
Hopi
Aztec
Guatemala
Nicaragua
Tarascan
Toltec
Arawakians
Peruvian
Iceland
Irish
Welsh
Norseland
Roman
Greek
Phoenicians
Hebrews
Babylonian
Chaldean
Egyptian
Masai
Zulu
Hindu
Tibetan Buddhist
Buddhist
Cambodian
Burmese
Thai
Malayan
Taoist
Chinese
Korean
Japanese
Siberia
New Guinean
Borneo
Hottentots
Aborigine
Samoan
Fiji

Atlantis

Mythen von Sintfluten, Kataklysmen oder der Vernichtung hochentwickelter Zivilisationen durch Erdbeben und Feuersbrünste weisen letztlich immer auf Atlantis hin. Europäische und asiatische Legenden erzählen von einem untergegangenen Kontinent ›im Westen‹, wo sich heute nur noch der Atlantische Ozean befindet. Nord- und südamerikanische Legenden plazieren die Hauptstadt dieses Kontinents östlich der eigenen Küste und bezeichnen sie als den einstmaligen ›Mittelpunkt der Welt eines großen Zeitalters‹.

Atlantis wird die ›irdische Heimat der Götter‹ genannt oder Garten Eden, Mount Meru und das Paradies des ›Goldenen Zeitalters der Menschheit‹. Während das moderne wissenschaftliche und historische Establishment die Existenz von Atlantis als schlichtweg absurd bezeichnet, wurden schätzungsweise 20.000 Bücher geschrieben, in denen die Möglichkeit auf mehr oder minder seriöse Weise untersucht wird. Alle Beweise bleiben notgedrungen offen für Interpretationen und sind bestenfalls Indizien, da Atlantis in keiner uns bekannten Form mehr existiert. Aber allein die Zahl und die Unermüdlichkeit der Forscher und Kommentatoren beweist, daß das Prinzip eines früheren goldenen Zeitalters wenigstens als archetypisches Urbild weiterhin plausibel ist.

Einer der ältesten Hinweise auf Atlantis ist zugleich auch der überzeugendste. Plato beschrieb die Architektur, Geschichte, Gesetzgebung, Landwirtschaft, sowohl wie Laster und Tugenden der atlantischen Gesellschaft in seinem *›Timaeus‹*. Die Vernichtung von Atlantis wird ebenfalls in einem Manuskript namens *›Critias‹* beschrieben, aber Plato bricht plötzlich mitten im Text ab, ohne die Geschichte je zu vollenden.

Plato zufolge erzählte der ehrwürdige Weise Solon von Athen (640—558 v. Chr.) dem Großvater von Critias die Geschichte von Atlantis. Solon wiederum hatte sie von ägyptischen Priestern im Tempel von Sais gehört. Solon erwähnte, daß Atlantis vor etwa neuntausend Jahren untergegangen sei (also in der Mitte des zehnten Jahrhunderts vor Christus). In den Jahrhunderten nach Plato wurden zahlreiche Versuche gemacht, die genaue Lage von Atlantis zu bestimmen und den

Einfluß dieser Zivilisation auf spätere Weltanschauungen, Sitten, Kunst und Architektur zu untersuchen. Rudolf Steiner und die Theosophen gelangten zu der Überzeugung, daß es sich bei Atlantis um den geistigen Vorläufer des momentanen Weltalters handelt.

Unterschiedlichen Kommentatoren zufolge wurde Atlantis aus folgenden Gründen zerstört:

- Ein Kometenhagel traf die Erde und löste eine Flutkatastrophe aus. (Ignatius Donnelly);
- Ein Vulkan explodierte auf der Kykladeninsel Thera im Jahre 1600 v. Chr. (Galanopulos und Professor Marinatos);
- Aus keinem geophysikalischen Grund, sondern aufgrund von natürlichem Zerfall (Lewis Spence);
- Eine Kollision der Erde mit einem Satelliten (Hoerbigers Kosmogonische Theorie und H. S. Bellamy);
- Verschiebungen der Erdachse (Immanuel Velikovsky).

Keine dieser Theorien ist bisher bestätigt worden. Beweise für die Existenz von Atlantis und noch älteren, legendären Zivilisationen, wie die von Lemurien oder Mu, deren Spuren von manchen Forschern noch in der heutigen Kunst, Architektur und Sprache vieler Völker gefunden werden, bleiben offen für Spekulationen. Desmond Lee, der Übersetzer des ›*Timaeus*‹ von Plato ins Englische, umgeht die Frage, indem er Plato als Science-Fiction-Erzähler darstellt und Atlantis als ein Produkt der Fantasie jeder hochentwickelten, materialistisch orientierten Zivilisation.

In vielen Geschichten von Atlantis wird das Thema der ewigen Wiederkehr aufgegriffen, wie auch von Madame Blavatsky, Gründerin der Theosophischen Gesellschaft im Jahre 1875, in ihrer ›*Geheimlehre*‹ und ›*Isis Unveiled*‹. Alle Befürworter der zyklischen Theorie entdecken eine Fundgrube an Beweisen für diese Hypothese in den Mythen vom Untergang von Atlantis. Eine weitere wichtige Annahme ergibt sich aus dem Glauben an zyklische Weltalter: Der Untergang von Atlantis kann nicht nur das Ende eines einzigen früheren Weltalters gewesen sein, sondern ist auch eine kollektive Erinnerung an den letzten großen Zyklus. Da die Doktrin der ewigen Wiederkehr davon ausgeht, daß alle Ereignisse sich grundsätzlich wiederholen, ist der Untergang von Atlantis durch Selbstsucht, Habgier und Machtkämpfe eine Warnung an alle Erdbewohner der gegenwärtigen Endzeit. Die Atlantis-Mythen vieler Zivilisationen bestätigen zyklische Wiederkehr ebenso, wie die kürzlich entdeckten Überreste antiker Ballsäle in alten Maya-Tempeln, deren Anlage den architektonischen Grundrissen viel späterer Gesellschaftsformen gleicht.

Platos Beschreibung der Hauptstadt von Atlantis entspricht in vielen Einzelheiten der Anordnung und Organisation von New York, obwohl die im vierten Jahrhundert vor Christus gebräuchliche Sprache erst modernisiert werden muß, um solche Deutungen zu erlauben. Im ›*Timaeus*‹ sagt einer der Priester von Sais zu Solon:

»Es gibt eine Geschichte, die auch deinem Volk überliefert wurde, nämlich die, daß Patheon, der Sohn von Helios, vor langer Zeit die Pferde des Sonnenwagens seines Vaters anspannte, aber nicht imstande war, sie entlang den Spuren des Weges seines Vaters zu lenken und darum alles, was auf Erden war, verbrannte und er selbst von einem Donnerkeil erschlagen wurde.« (Aus Donnellys ›*Atlantis: The Antediluvian World*‹).

Diese Geschichte ist eine Einführung in detaillierte Beschreibungen von Atlantis, aber symbolisch verstanden ist hier von einem Kind des Sonnengottes Helios (die Menschheit) die Rede, das versucht, die Pferde seines Vaters anzuspannen (Atomenergie, deren Gewalt jener der Sonne gleicht?) und sie im Zaum zu halten. Das Unvermögen des Kindes, diese Energie zu kontrollieren, resultiert in der Vernichtung der gesamten, aus ihrer Bahn geworfenen Erde. Die meisten Kommentatoren sehen in dieser Episode eine Metapher für planetarische Entgleisungen im Zuge von periodisch auftretenden Feuersbrünsten auf der frühgeschichtlichen Erde.

Der Priester von Sais erwähnt solche Feuersbrünste, die durch kosmische Ereignisse ausgelöst wurden und während derer man sich auf keinen Fall an hochgelegenen oder trockenen Orten aufhalten dürfte, sondern im Flachland oder am Meer, wohingegen bei Sturmfluten das Gegenteil der Fall ist. Er deutet an, daß Ägyptens besondere Lage und Beschaffenheit das ›heilige Land‹ bisher vor Kataklysmen beider Art geschützt habe. Weiterhin erklärt der ältere Priester dem jungen Solon, daß die Geschichtsschreibung anderer Zivilisationen lediglich aus einer Ansammlung von Staatspapieren besteht, aber Ägypten die Erinnerung an frühere, große Zeitalter von jeher in seinen Tempeln verwahrt hat.

»... Wenn es als Pestilenz vom Himmel strömt und nur die des Lesens und Schreibens Unkundigen unter euch verschont bleiben, dann müßt ihr von neuem beginnen, wie die Kinder, und werdet nichts mehr von dem wissen, was in früheren Zeiten geschah, weder bei uns noch bei euch. Was die Abstammungslehren betrifft, die du, Solon, uns erläutert hast, so sind sie nicht mehr als Ammenmärchen, denn erstens erinnerst du dich nur an eine einzige Sintflut, während viele vor ihr gewesen sind, und zweitens weißt du nicht, daß in deinem Land einst das anmutigste und ehrwürdigste aller Menschengeschlechter lebte, eine Gattung, von der du und deine ganze Stadt nur ein Überrest oder Saatkeim sind.« (Donnelly, *›Atlantis‹*).

Würde die moderne Zivilisation von heute einer Katastrophe ausgesetzt, so würden unsere Bücher und Computer, in denen der Großteil unseres Wissens gespeichert ist, mit großer Sicherheit zuerst auf den Schutthalden landen. Unsere Gesellschaft hat keine Monumente von Bestand errichtet oder sonstige Zeitkapseln geschaffen, die wenigstens die Rudimente unseres Allgemeinwissens nach einem Kataklysmus erhalten könnten. Und selbst wenn solche Versuche gemacht wurden, sind sie kläglich gescheitert, da kein normales Lebewesen die von unseren Wissenschaftlern zusammengestellten Botschaften an die Nachwelt entziffern kann. Ein Beispiel ist das Design der Plakette für die U.S.-Raumfähren Mariner 10 und 11. Ein Prototyp der Plakette wurde einem internationalen Gremium von Wissenschaftlern der Weltspitze vorgeführt, wobei sich herausstellte, daß nur ein Wissenschaftler ihren Inhalt auch nur halbwegs erfassen konnte. Für die moderne Gesellschaft ist ›Menschheitsgeschichte‹ etwas sehr Verschwommenes, und offenbar ist unser Wissen noch nicht so weit fortgeschritten, daß wir es in irgendeiner Form über einen Zusammenbruch unserer Zivilisation hinaus übermitteln können.

Selbst Platos Beschreibungen von Atlantis erinnern hin und wieder an den staunenden Unverstand eines Primitiven, der zum erstenmal New York besucht — wobei man sicher auch andere Metropolen der modernen Welt an New Yorks Stelle setzen könnte. Die folgenden Parallelen zwischen Platos Atlantis und dem heutigen New York sind interessant und kennzeichnend. Moderne Analogien werden jeweils in Klammern angegeben.

»Er selbst, da er ein Gott war, fand es nicht schwierig, der Hauptinsel besondere Merkmale zu verleihen, indem er zwei Ströme von Wasser unter die Erde leitete und sie veranlaßte, als Quellen emporzusteigen; eine davon spendete kaltes Wasser und eine heißes.« (Die alten Griechen kannten kein fließend heißes und kaltes Wasser.)

»... Sie gruben aus der Erde, was immer sie dort finden konnten, Minerale, sowohl wie Metalle, und das, was heute nur ein Name ist, aber damals mehr als ein Name war — Orichalcum —, wurde in vielen Teilen der Insel aus der Erde gegraben.« (›Orichalcum‹ hat die Forscher seit langem in Verwirrung gestürzt, aber der spätere Text erwähnt, daß alle Tempel diese wunderbare und wertvolle Substanz enthielten, bei der es sich zweifellos um Aluminium handelt!)

Nun folgt ein längerer Abschnitt, in dem die Vielzahl der Tiere, Pflanzen, Blumen und Früchte von Atlantis geschildert wird. Dann fährt Plato fort:

»Zuerst überbrückten sie die Teile des Meeres, welche die alte Metropole umgaben, und bauten Wege zum Königspalast; und dann begann die Konstruktion des Palastes, das Habitat des Gottes mit all seinen Vorfahren. Sie fuhren fort, diese auszuschmücken, in den kommenden Generationen, jeder König den Herrscher vor ihm nach bestem Vermögen übertreffend, bis sie das Bauwerk zu einem Wunder an Größe und Schönheit gemacht hatten.« (Eine treffende Beschreibung moderner Städte.)

»... sie konstruierten Brücken von solcher Weite, daß ein Durchgang für eine Hundertschaft offenstand ... und überdachten diese; und unter ihnen gab es Wege für die Schiffe.« (Die Insel von Manhattan ist durch Brücken mit dem Festland von New Jersey, New York und Long Island verbunden.)

»Auch hier stand Poseidons eigener Tempel, so lang wie ein Stadium in der Länge und ein halbes Stadium in der Breite und von entsprechender Höhe, und er hatte seine eigene barbarische Herrlichkeit.« (Eine Sportarena in New York).

»Im Inneren des Tempels ... überall mit Gold und Silber und Orichalcum verziert; sie hatten alle anderen Teile, die Wände, Säulen und den Boden mit Orichalcum bedeckt.« (Orichalcum oder Aluminium findet sich in jeder modernen Stadt und kann wie Gold oder Silber gefärbt werden.)

»... in beiden Inseln, von den Zonen geformt; und im Zentrum der größeren der zwei Inseln befand sich eine Rennstrecke von eines Stadiums Breite, das in seiner Länge die gesamte Insel umrundete, daß Pferde darin laufen konnten. Auch waren Wachthäuser in Abständen verteilt, für die Leibwächter.« (Die Pferderennbahn von Long Island im Vergleich zur Länge der Insel von Manhattan. Die von Pferden gezogenen Kutschen sind Autos, die auf den gebührenpflichtigen Straßen von Long Island und Manhattan an Wachthäusern haltmachen müssen.)

Plato beschrieb eine Regierungsform, in der alle Teile des Landes von Abgesandten vertreten werden und der Militärdienst eine Bürgerpflicht ist. Die Reichen des Landes müssen einen Teil ihres Lohns an den Staat geben, »um Kriegswagen zu finanzieren, zehntausend im Ganzen, und Tausende von seetüchtigen Schiffen dazu. Die Herrscher treffen sich alle fünf bis sechs Jahre, um die Gesetze zu überdenken.«

Die allgemeine Struktur von Atlantis ähnelt der modernen demokratischen Regierungsform so sehr, daß sogar von regelmäßigen Bürgerwahlen die Rede ist. Die Sitten und Gebräuche beruhen auf hohen Idealen und noblen Zielen, aber die wachsende Macht der Bürger von Atlantis verführte sie zu einer Überbewertung des materiellen Besitzes. Allmählich begannen sie, ihre Göttlichkeit aus den Augen zu verlieren:

»... dann, da sie ihr Glück nicht ertragen konnten, wurden sie unbescheiden, und im Auge dessen, der sehen konnte, schienen sie nun nach niederen Dingen zu trachten und die höchste ihrer kostbaren Gaben zu verlieren; aber für das Auge, welches wahres Glück nicht erkennt, erschienen sie weiterhin glorreich und über alle Maße begnadet, noch da sie erfüllt wurden von Habgier und Machtgelüsten. Zeus, der Gott der Götter und Gerechte, dessen Auge solche Dinge sieht, nahm den Niedergang dieses ehrwürdigen Valkes wahr und wollte es bestrafen, auf daß die Menschen gezüchtigt würden und verbessert; so versammelte er alle Götter in seinem Heiligtum in der Mitte der Welt, von dem aus alle Dinge auf Erden sichtbar sind. Und, nachdem er sie versammelt hatte, sprach er die folgenden Worte ...«

An diesem Punkt kommen wir zu dem abrupten Ende der Geschichte in Platos ›*Critias*‹. Ansonsten ist Platos Atlantis keineswegs märchenhaft, nicht bevölkert von Riesen und Dämonen, sondern eher rational, denn Plato berichtet von gewöhnlichen Menschen, die Städte und Schiffe bauen und ihr Ackerland bestellen, erstaunlicherweise in einem Ton, wie ihn moderne Berichterstatter wählen würden. Platos Atlantis ist zeitgeschichtliche Berichterstattung von einer Ära kurz vor dem Ende des letzten Weltalters.

Donnelly hat ebenfalls eine überaus detaillierte Beschreibung der Geschichte von Atlantis veröffentlicht. In ›*Atlantis: The Antediluvian World*‹ (die Welt vor der Sintflut), findet er Parallelen zwischen Atlantis und dem biblischen Garten Eden, den Elysischen Feldern, dem Garten der Hesperiden und dem Olymp der Griechen — ein Symbol für die kollektive Erinnerung an ein Land des Friedens und der Eintracht zwischen Gott und Mensch. Donnelly unterteilt die Frühzeit der Weltgeschichte in eine Epoche vor und eine Epoche nach der Sintflut, erkennt dabei aber nicht, daß die Welt von Atlantis auch seine eigene Welt von heute ist.

Der Hellseher und Prophet Edgar Cayce erwähnte Atlantis mit großer Regelmäßigkeit in seinen ›*Lebenslesungen*‹, bei denen er die früheren Inkarnationen von Klienten in Atlantis beschrieb. Cayce erklärte, daß Atlantis einst eine hochentwickelte Zivilisation war und durch eine globale Katastrophe vernichtet wurde. Weite Ebenen des Flachlands von Atlantis befanden sich nach Cayce einst nahe der jetzigen Ostküste von Nordamerika. Er sagte sogar voraus, daß man dort im Jahre 1968 oder '69 Beweise für die Existenz von Atlantis finden würde. Charles Berlitz und andere fanden dann auch tatsächlich Überreste von versunkenen Bauwerken am Meeresboden in der Nähe von Bimini bei Miami, Florida: Uralte gigantische Treppenaufgänge, Mauerreste, die aus kunstvoll behauenen, monumentalen Steinblöcken bestehen, ein Damm und sogar eine kreisförmige Formation von 44 Marmorsäulen. Obwohl Fotos von diesen Bauwerken gemacht wurden, konnte der Fund bisher noch nicht geborgen werden.

Beweise für Atlantis

Es ist durchaus denkbar, daß viele Aspekte unserer Zivilisation auch heute noch Spurenelemente von Atlantis enthalten, wie etwa das moderne Alphabet, moderne Sprachen, die Kunst der Aufzucht von Gemüse und Tieren und sonstige Dinge, die den Griechen zu Platos Zeiten in der Form noch unbekannt waren. Domestizierung ist ein geheimnisvoller Vorgang, der selbst heute nicht vollends verstanden wird. In Platos Geschichte werden zahllose technologische Errungenschaften beschrieben, die bis vor kurzem noch unerhört waren, wie der Kompaß, der Magnet, das Schießpulver, auch Papier und Seide und die Kunst des Navigierens mit den dazu gehörenden Instrumenten.

Donnelly schreibt, daß die Griechen den Ursprung der Astronomie auf Atlas und Herkules zurückführten, die für ihn in Wahrheit atlantische Könige oder Heldengestalten waren. Die Ägypter halten Toth (auch At-Hotes [Atlas] genannt), für den Erfinder der Astronomie und des Alphabets. Alle diese Einflüsse sind nicht nachweisbar, doch lassen sich dermaßen viele Parallelen zwischen beispielsweise den Kunstgegenständen der Mayas, Azteken, Tolteken, nordamerikanischen Indianern und anderen Zivilisationen finden; daß inzwischen unzählige Bücher darüber geschrieben wurden und der Strom der spekulativen Beweisführung wohl auch in Zukunft nie abreißen dürfte. In den letzten fünfzigtausend Jahren gab es genügend Vulkane auf der Erde, um den Mythos vom Untergang eines Kontinents wahrscheinlich zu machen und die Idee eines periodisch wiederkehrenden Kataklysmus zu rechtfertigen.

Zwischen 1600 und 1400 vor Christus explodierte ein Vulkan auf der griechischen Insel Thera (Santorini). Professor Marinatos vom Griechischen Institut für Archäologie sieht in Thera einen möglichen Standort des mediterranen Ausläufers von Atlantis, aber seine Beweise — ein paar kunstvolle Wandgemälde und Fresken — bleiben bestenfalls Indizien. Vor kurzem untersuchte Jacques Cousteaus Forschungsteam den Meeresboden bei Santorini und entdeckte Spuren von zwei Vulkanausbrüchen; einer davon wurde auf ein Datum von 2500 vor Christus zurückgeführt.

In Otto Mucks ›*Das Geheimnis von Atlantis*‹ (1976) werden wissenschaftliche Beweise für die Existenz von Atlantis präsentiert. Muck, ein Wissenschaftler von internationalem Ansehen, verlegt den Vulkanausbruch von Thera auf ein späteres Datum als die Geschichte von Plato und spekuliert, daß Thera sich am äußersten Zipfel des atlantischen Weltreichs befunden haben müsse, da man in der Nähe der Bahamas und Karibik schon Spuren des untergegangenen Kontinents gefunden habe. Er führt die Aussagen des russischen Wissenschaftlers N. F. Zhirov an, nach dessen Berechnungen eine beträchtliche Landmasse vor nicht allzu kurzer geologischer Zeit in der Mitte des Atlantik umgewälzt wurde. Muck gelangt zu dem Schluß, daß ein Asteroid im Jahre 8498 vor Christus im Bereich des sogenannten Bermuda-Dreiecks mit der Erde zusammengeprallt ist und die bestehende Zivilisation und damit den größten Teil der Erdbevölkerung vernichtet hat. Er führt Indizien aus dem Bereich der Anthropologie, kalendarische Rechnungssysteme, klimatische Verhältnisse, astronomische Erkenntnisse, archäologische Funde und technische Daten an und verwebt all diese einzelnen Stränge zu einer überzeugenden Beweiskette.

Lewis Spence geht von einem anderen Blickwinkel an das Rätsel von Atlantis heran. In seinem Buch ›*Wird Europa Atlantis folgen?*‹ vergleicht er die sozialen und moralischen Gegebenheiten der modernen Welt mit alten, überlieferten Mythen von Atlantis und findet dabei eine Reihe von überzeugenden Parallelen.

Die Schriften von Immanuel Velikovsky beschäftigen sich mehr mit den Beweisen für zyklisch wiederkehrende Kataklysmen als mit Beweisen für die Existenz von Atlantis. In seinen Werken wird die Idee der wiederholten Verschiebung der Erdachse durch Kollisionen mit Asteroiden oder Kometen präsentiert, wobei auch Velikovsky Beweise aus verschiedenen Wissensbereichen anführt und den Exodus im Zweiten Buch Mose als Beschreibung des letzten Kataklysmus versteht und dieses Thema in den Mittelpunkt seiner Arbeit stellt.

Bilder von Sintfluten, Kataklysmen und der einstigen Herrlichkeit von Atlantis scheinen die Imagination der Menschheit von jeher in ihren tiefsten Schichten berührt zu haben, was wahrscheinlich daran liegt, daß umwälzende Ereignisse einen unauslöschlichen Eindruck in der Erbmasse hinterlassen und so auf ewig im kollektiven Gedächtnis haften bleiben. Das sogenannte ›Zeitalter der Menschheit‹ beginnt und endet immer mit einem Untergang, und die hinterlassenen Schockpunkte sind das Vermächtnis einer vernichteten Zivilisation an alle folgenden Geschlechter. H. S. Bellamy erklärt in seinem *›Der Mythos von Atlantis‹*, daß jeweils zu verschiedenen Zeiten verfaßte Aussagen von biblischen Propheten wie Hesekiel, Jesajah und Jeremias über den Turmbau zu Babel in Wahrheit eine der Städte von Atlantis beschreiben. Das Bild eines himmelhoch ragenden Turms, die Verwirrung der Bürger, die plötzlich in verschiedenen Zungen sprechen und sich nicht mehr verstehen können; der Materialismus und die Dekadenz des Volkes und der schließliche Zusammenbruch des gesamten Gefüges beschwört zugleich auch Visionen der modernen Zivilisation herauf.

Drittes Kapitel
⋆ Ewige Wiederkehr ⋆

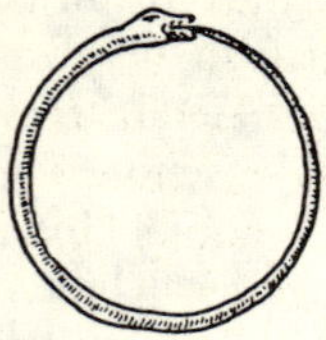

»Denn die Erde bringt wieder hervor,
was sie dereinst gezeugt.«
Goethe

Zyklisch wiederkehrende geschichtliche Phänomene führen ganz selbstverständlich zu dem Glauben an eine ewige Wiederkehr — der exakten Wiederholung von Ereignissen zu verschiedenen Zeiten. Auf der persönlichen Ebene wird Wiederkehr als sogenanntes Dejà-vu erfahren. Es ist das starke Gefühl, eine Situation genauso schon einmal erlebt zu haben oder schon einmal ›hier‹ gewesen zu sein — eine unerklärliche Wahrnehmung der Gleichzeitigkeit und absoluten Vertrautheit, die sich auf keine rationale Erklärung zurückführen läßt. Ein Geruch, Anblick, Geschmack oder sonstiger Sinneseindruck wird plötzlich als vergangene Erfahrung eingeordnet oder mit dem Gedächtnis gekoppelt. Fast jeder kennt solche Augenblicke des Dejàvu, und manche Menschen werden von solchen ›Einblicken in andere Welten‹ oft minutenlang bombardiert.

Die Vorstellung einer ewigen Wiederkehr aller Dinge ist uralt und wurde in der Antike durch die Schlange, die sich in den eigenen Schwanz beißt, symbolisiert. In der modernen Physik wird davon ausgegangen, daß sich die Krümmung der Zeit aus der zyklischen Natur des Universums ergibt und Wiederholungen auf vielen Ebenen der Realität stattfinden. Moleküle zerfallen in ihre atomaren Bestandteile, und diese formieren sich zu neuen Molekülen, sind also ständig mit der Herstellung eines neuen Molekülkörpers beschäftigt. Die Körperzellen sterben ab, um tagtäglich wieder ersetzt zu werden, so daß sich der gesamte Zellkörper ständig erneuert. Die Veränderungen von einem Zellkörper zum anderen sind so unmerklich, daß es scheint, als würden über längere Zeiträume hinweg keinerlei Formveränderungen stattfinden. Der Mechanismus einer derart erstaunlichen Kontinuität innerhalb nachweisbarer zyklischer Wiederkehr wurde unter anderem von P. D. Ouspensky, Rodney Collin und Maurice Nicoll untersucht und mit größeren ›Körpern‹ als dem menschlichen in Verbindung gebracht.

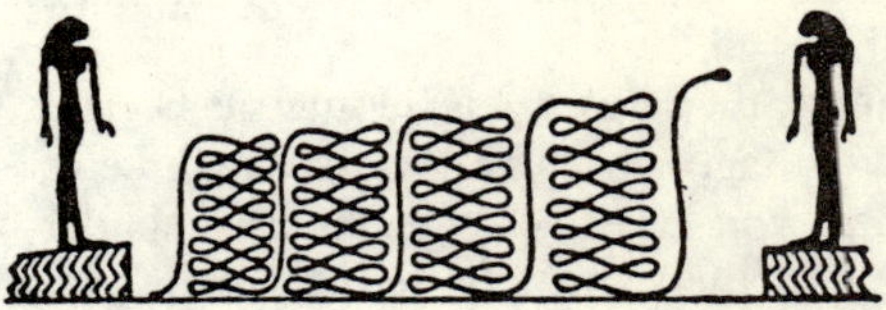

Abbildung 10: Die Wellenformation sukzessiver Lebenszeiten
Der schlangenhafte Fortschritt der Zeit, die sich spiralförmig voranbewegt und dabei Achten bildet, die innerhalb von größeren Achten eine Existenzform in die nächste übergehen lassen. (Nicoll, *Livina Time*)

Ouspensky illustriert das Prinzip der Wiederkehr anhand von Wellen, die jeweils einen Tag dauern und deren Sequenz ein Jahr ausmacht, das wiederum eine größere Welle innerhalb der individuellen Lebensspanne von etwa siebzig Jahren ist, welche ihrerseits nur eine Welle innerhalb der Lebenszeit der gesamten Menschheit darstellt. Vom Schwanzende aus betrachtet, ist jeder Zyklus ein Kreis, aber von der Seite her betrachtet und aus einer höheren Dimension, ergibt sich eine kontinuierliche Welle, ähnlich der Formation und Strahlung unseres Sonnensystems, wenn man es in einer zeitlichen Dimension betrachtet (Abbildung 10). Jede Welle scheint unabhängig von der Gesamtheit zu existieren, solange man nur einen einzelnen Wellenkreislauf betrachtet, aber jede Welle gehört einer kontinuierlichen Gesamtheit an und wiederholt die Bewegung der Wellen über und unter ihr. Alle Sinuskurven wirken wie Kreise, wenn man sie von oben oder von übergeordneter Warte her betrachtet.

Ein Punkt enthält eine grenzenlose Anzahl von Punkten. Eine Linie enthält eine grenzenlose Anzahl von Punkten, die durch einen Anfangs- und einen Endpunkt begrenzt werden. Der Umriß eines Kreises enthält eine grenzenlose Anzahl von Punkten ohne Anfang und ohne Ende. Eine Fläche enthält grenzenlos viele Linien und ein kompakter Würfel eine grenzenlose Anzahl von Flächen. Sobald man sich in höhere Dimensionen begibt, sieht man, daß jeder Augenblick in der Zeit eine grenzenlose Anzahl von Linien, mit grenzenlosen Anfängen und Enden enthält. Mit anderen Worten: dieser jetzige Moment enthält sämtliche möglichen Vergangenheiten und Zukünfte, die es gibt.

Der von Mathematik und Geometrie beeinflußte griechische Weise Pythagoras lehrte ewige Wiederkehr, ebenso wie Eudemus, der von zwei verschieden Ebenen der Wiederkehr sprach. Auf der einen Ebene finden die natürlichen Zyklen der Jahreszeiten und Mond- und Sonnenaufgänge statt, auf der anderen Ebene existieren identische Dinge in einer Vielzahl von gleichzeitigen Realitäten.

In Platos ›*Phaedo*‹ wird von einer »dreimaligen Wiederholung einer Lebenszeit« gesprochen. Wissen ist Erinnerung an etwas, das man vorher gelernt hat, und so nimmt Plato an, daß die Seele erstens unsterblich ist, zweitens in jede Lebenszeit früheres Wissen mitbringt, um sich dann für »dreimal tausend Jahre zu inkarnieren und wahre Weisheit und Liebe ohne Falsch« zu entfalten. Zum dritten erklärt Plato, daß die Seele danach ihre »Flügel ausbreitet, um endgültig von hinnen zu scheiden«.

Aus den Texten kann man entnehmen, daß die Seele sich viele hundertmal inkarniert und jedes nicht voll ausgelebte Leben dreifach wiederholt. Außerdem erklärt Plato, daß Seelen zwischen den verschiedenen Inkarnationen Jahrtausende in außerirdischen Bereichen verbringen und daß »wahre Weisheit der einzige Ausweg aus diesem Kreislauf ist«.

Die Stoiker hielten den Menschen für den Mikrokosmos eines universellen Riesenwesens, welches sich in regelmäßigen Abständen in eine zyklische Welt hineininkarniert. Nach der

Vernichtung einer Welt kehren diese nur scheinbar individuellen Seelen dann in das göttliche Reich ihrer Herkunft zurück. Das Leben des Kosmos ist eine unendlich fortschreitende Serie von einander exakt gleichenden Weltzyklen, die stets von denselben Seelen bevölkert werden.

Das Neue Testament enthält viele Aussagen, die das Konzept der Wiederkehr lehren. Die Kreuzigung und Auferstehung Jesu nach drei kosmischen Tagen ist nur ein Beispiel dafür. Jesus erzählt seinen Jüngern von einem kommenden Aufstieg in den Himmel, in dem er vorher bereits gewesen ist, und sagt an anderer Stelle, daß er wiederkommen würde, um seine Schäflein zu sich zu nehmen. Die spätere christliche Kirche eliminierte fast alle Hinweise auf Reinkarnation und Wiederkunft, aber die Gnostiker verwahrten den ursprünglichen Sinn der Texte. In ihrem ›*Traktat über die Auferstehung*‹ heißt es: »Glaubet nicht, daß Auferstehung eine Täuschung sei, denn sie ist etwas Wirkliches. Statt dessen solltet ihr annehmen, die Welt sei eine Täuschung, nicht aber die Auferstehung.« (Pagel, ›*Die Nag Hammadi Evangelien*‹).

Die Auferstehung ist der Augenblick der Erleuchtung, in dem die Wirklichkeit endgültig erkannt und erfahren wird. Im Moment der Erleuchtung wird der Mensch ›neu geboren‹, und so ist die Lehre von der Auferstehung eine psycho-spirituelle Geheimlehre, die die Meister nur den gereiften Schülern in direkter Übertragung vermitteln.

Nietzsche spricht von einer »kreisförmigen Bewegung absolut identischer Serien«, also von einer Welt als Kreislauf, die sich schon unzählige Male wiederholt hat und ihr Spiel *ad infinitum* forttreibt. Um die Welt von Ursache und Wirkung zu transzendieren und frei zu werden, muß man, wie Nietzsche sagt, diese Welt als »ein Spiel der Kräfte verstehen, als ein Meer des Kraftstroms, ewig wandelbar, zusammen- und auseinanderströmend, in gewaltigen Jahren der Wiederkehr, in einer Ebbe und Flut der Formen. Es ist eine dionysische Welt des sich ewig Selbstschaffenden und Selbstzerstörenden, jenseits von Gut und Böse, ohne Ziel, es sei denn, daß das Kreisen als solches ein Ziel ist; ohne Willen, es sei denn, ein Ring ist sich selbst gegenüber gutgewillt.«

Während die Logik und Rationalität der modernen Zivilisation die Idee der Wiederkehr ablehnt, sind Nietzsche, Pythagoras, Plato, Aristoteles und Christus überragende Zeugen für ihre Realität. Die Wiederkunft subatomarer Abläufe verleiht dem kreisförmigen Realitätsmodell noch mehr Gewicht, und die Implikationen solcher Forschungsergebnisse können von keinem gebildeten Menschen mehr von der Hand gewiesen werden. J. B. S. Haldane schrieb, daß selbst weltliche Ereignisse sich im großen und ganzen wiederholen müssen, da schlicht und einfach alles in der Natur wiederkehrt.

Die einzig bekannte Zeitfolge ist die von erster Hand in diesem Leben erfahrene, aber auch sie ist nur eine unter vielen Möglichkeiten. Die meisten Menschen kommen gar nicht erst auf den Gedanken, daß sie einer anderen Zeit- und Ereignisspur folgen könnten, weil sich ihr Bewußtsein ständig auf eine einzige Spur beschränkt, aber jeder gegenwärtige Moment enthält eine grenzenlose Anzahl von zukünftigen Möglichkeiten und historischen Vergangenheiten. Alles existiert bereits im Bereich der zeitlosen Ewigkeit und ist jedem Individuum in jedem Moment potentiell zugänglich. Ouspensky sagte, daß Zeit nicht existiert, genausowenig wie die Phänomene, die in der Zeitwahrnehmung auftauchen und verschwinden. Es gibt keinen unerschöpflichen Brunnen, aus dem Ereignisse herausströmen, um wieder zu vergehen. Alles existiert immer! Es gibt nur die eine ewige Gegenwart, das ewige Hier, das vom kleinen, begrenzten Menschenverstand jedoch niemals erfaßt oder mit Worten erklärt werden kann.

Während das All unbegrenzte Möglichkeiten enthält, folgt der Verstand jeweils nur einer der unbegrenzten Möglichkeiten. Alle Möglichkeiten werden zu jeder Zeit realisiert, aber man sieht und weiß nichts davon, weil der denkende Verstand nur selektiv realisiert.

Ouspensky arbeitete mit dem Konzept einer fünften Dimension, in der Zeit als Ewigkeit existiert und wahrgenommen wird. Diese Ewigkeit enthält alle erdenklichen Zeiten mitsamt ihrer Geschichte und wiederholt sie beliebig oft. Das zeitgebundene Universum ist also kein Objekt und keine objektive Realität, sondern ein Phänomen, das nur durch Gedanken an zeitgebundene Erscheinungen entsteht.

Ouspensky bezog die Prinzipien der ewigen Wiederkehr

auch auf das individuelle Leben und postulierte die These, daß unvollendete Energien im Moment des Todes in einen Bereich jenseits der linearen Zeit eingehen, um sich irgendwann erneut zeitlich zurückzubegeben und das frühere Leben noch einmal bei denselben Eltern zu wiederholen — immer in dem Streben, das Unvollständige dieses Mal zu vollenden. In diesem Sinne wäre alles Leben eine ewige Schlaufe von genau denselben zeitlichen und örtlichen Ereignissen.

Plato stellte nach dem Lesen des ›*Mythos von Er*‹ die Überlegung an, daß Seelen, obwohl sie eine freie Wahl haben, aus alter Gewohnheit die Erfahrungen des vorherigen Lebens noch einmal wiederholen. Unreine Seelen tauchen in den ›Fluß des Vergessens‹ ein, und können sich daher im nächsten Leben an nichts mehr erinnern, noch wissen sie nach diesem Reinigungsbad im Lethe-Fluß, warum ihnen manche Dinge im neuen Leben so seltsam bekannt vorkommen. In den Orphischen Mysterien wird den Seelen bei ihrer Einweihung ein Trank kalten Wassers aus dem ›See der Erinnerung‹ gereicht, worauf ihnen eine erneute Wiederholung früherer Taten erspart bleibt. Die Wahl, wenn es so etwas wie ein Wahl gibt, muß in diesem Leben getroffen werden, denn dieses Leben ist die Synthese und die Summe aller Lebenszeiten. Nur, wenn man sich an die persönliche Vergangenheit erinnert, die zugleich auch die Vergangenheit aller Individuen und des Universums ist, kann man erleuchtet werden und dem Kreislauf entrinnen. Collin stellte mit nüchterner Klarheit fest, daß man die Sinnlosigkeit des Kreislaufs voll und ganz erkannt haben muß, bevor man bewußt in die unbekannten und unvorstellbaren Dimensionen jenseits des dualistischen Verstands eingehen kann.

In Collins ›*Theory of Celestial Influence*‹ wird die Relativität und Subjektivität allen Zeitbewußtseins behandelt, da alles Zeitbewußtsein von der Lebensdauer des Subjekts abhängt, das die vergehende Zeit wahrnimmt. Das Wort ›Kosmos‹ umschreibt immer eine Gesamtheit, die sich zwar augenscheinlich fortentwickelt, aber jederzeit und in all ihren Teilen ganz, vollkommen und absolut vollständig ist. Solche ›Ganzheiten‹ oder ›Kosmosse‹ (Plural!) existieren überall und zu jedem Zeitpunkt im Universum; je größer die ›Kosmosse‹, desto höher ist auch ihr Bewußtseins- und Intelligenzgrad und ihre Fähigkeit, kleinere oder untergeordnete Ganzheiten aus sich selbst heraus zu gebären.

Die Hierarchie der Collin'schen ›Kosmosse‹ ist aus Abbildung 11 ersichtlich.

Die Gesamtheit des Universums ist das Absolute Sein (Gott), das sich in unterschiedlichen Dimensionen als Milchstraße, Sonne, Planet, Natur, Menschheit, Individuum, Molekül oder Elektron manifestiert und doch immer ganz bleibt und daher nur Ganzheit aus sich gebären kann. Der Eintritt in jede neue Dimension innerhalb der Ganzheit repräsentiert eine Bewegung in eine neue Richtung. Ein Punkt hat keine Dimension, während eine Linie eine Dimension darstellt, eine Fläche zwei, ein Würfel drei, eine Lebenszeit vier und ein sich ewig wiederholendes Leben fünf. Das All würde demnach eine sechste Dimension darstellen, die alle anderen beinhaltet. Die Dimensionen in jedem sukzessiven Kosmos befinden sich auf einer gleitenden Skala. Der Mensch nimmt eine Zelle als einen Punkt ohne Dimensionen wahr, während die Natur den einzelnen Menschen als dimensionslosen Punkt wahrnimmt, und die Sonne die Erde, und so fort. Der menschliche Körper besteht aus dem vierdimensionalen Würfel der Lebensspanne seiner Zellen, genauso wie die Menschheit aus dem vierdimensionalen Würfel der Leben aller Männer und Frauen der gesamten Menschheitsgeschichte besteht. Collin sagt: »Nur wenn der Mensch die Gesamtheit seines Lebens überblickt, sieht er sich, wie die Natur ihn sieht. Also ist das Gedächtnis der Schlüssel, der dem Menschen die Tür zu Wahrnehmungen öffnet, die höheren ›Kosmossen‹ zu eigen sind.«

Alle Lebewesen werden geboren, wachsen und sterben in der Dimension der Zeit, und das gleiche gilt für größere ›Kosmosse‹. Die Tatsache, daß eine Milchstraße eine bedeutend längere Lebensspanne als ein Mensch hat, ist noch kein Beweis dafür, daß sie nicht lebendig ist und innerhalb von Zeit geboren wird, reift und schließlich stirbt. Bestehen wir nicht aus Atomen, die in ihrer Anordnung den Sternensystemen gleichen und lebendig sind? Alle Dimensionen sind miteinander verwoben und voneinander auf mathematisch berechenbare Weise abhängig. Der Schlüssel ist folgender: Zeit entsteht durch periodisch meßbare Rotation um das Lebenszentrum einer größe-

1 Ionosphäre
2 Atmosphäre
3 Hydrosphäre
4 Biosphäre
5 Erdschichten
6 Lithosphäre
7 Barisphäre

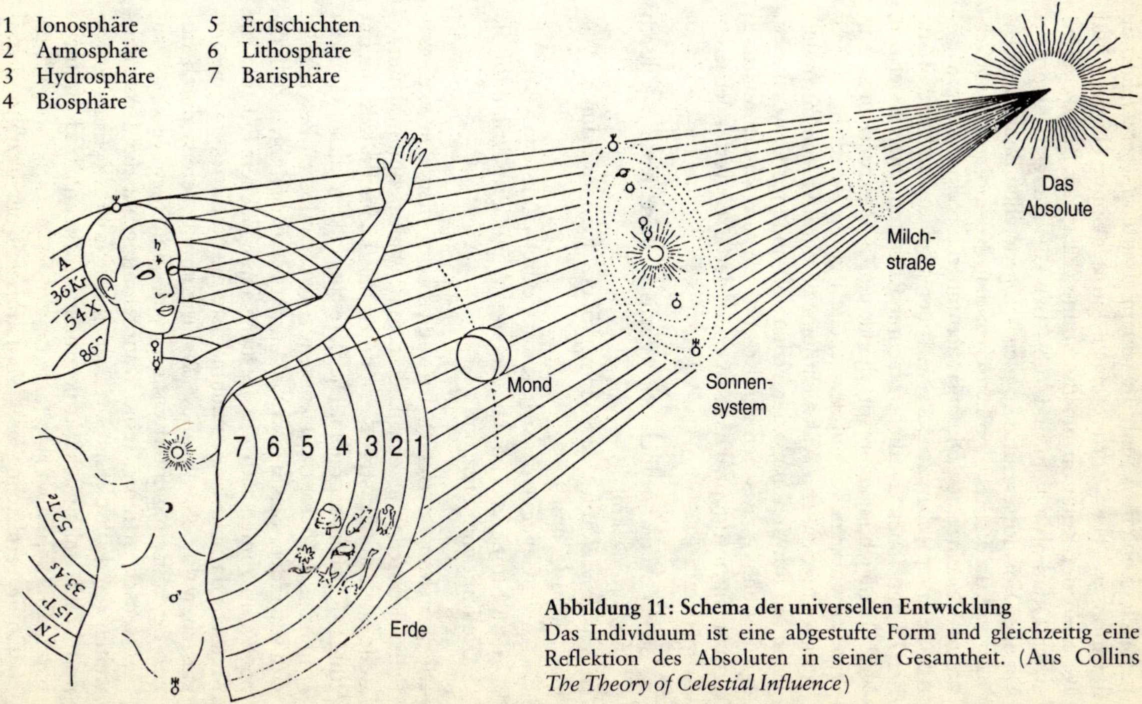

Abbildung 11: Schema der universellen Entwicklung
Das Individuum ist eine abgestufte Form und gleichzeitig eine Reflektion des Absoluten in seiner Gesamtheit. (Aus Collins *The Theory of Celestial Influence*)

ren Welt. Kepler erkannte in seinem ›Dritten Gesetz‹, daß die Relation zwischen Entfernungen von der Sonne (Linien) und Perioden der Rotation um die Sonne (Zeit) der Relation zwischen Quadratwurzeln und kubischen Gleichungen entspricht. Da alle ›Kosmosse‹ auf dem gleichen generellen Bauplan beruhen, und da die Relation zwischen den ›Kosmossen‹ dem Verhältnis der einzelnen Dimensionen innerhalb eines Kosmos genau zu entsprechen scheint, wird der größere Zusammenhang der Dimensionen deutlich. Linearer Raum entwickelt sich kubischen Gleichungen entsprechend, und Zeit entwickelt sich in Quadratwurzeln, wie auf der Tabelle 1 gezeigt wird.

Die menschliche Wahrnehmung beschränkt sich normalerweise auf nur drei unter den vielen vorhandenen Dimensionen. Die Beziehung zwischen den Kosmossen wird von drei Grundprinzipien bestimmt. Dieses ›Gesetz der Drei‹ verbindet jeden Kosmos mit:

a) seiner Vergangenheit (der nächstkleinere Kosmos) durch Anziehungskraft,
b) seiner Zukunft (der nächstgrößere Kosmos) durch Ausstrahlung, und
c) seiner Gegenwart (sich selbst) durch Zeitbewußtsein, in dem Erinnerung an das Vergangene und Projektion auf die Zukunft enthalten sind.

Die Beziehung zwischen den dreien entspricht den exponentiellen Kräften von zehn. Die normale Wahrnehmung kann jeweils nur den nächstgrößeren und nächstkleineren Kosmos mit einiger Klarheit begreifen. Die Bereiche jenseits dieser Grenzen können nur noch vom transzendenten (zeitlosen) Bewußtsein erfaßt werden. Beispielsweise können Menschen ihren Zellkörper wahrnehmen und die Tatsache ihrer eigenen Existenz als Mensch; darüber hinaus nehmen sie die Natur im großen und ganzen wahr, obwohl diese Wahrnehmung bereits durch das Ego-Bewußtsein gefiltert wird. Nur der außergewöhnlich sensible Mensch ist fähig, seine Wahrnehmung auf die Molekularwelten des Mikrokosmos auszudehnen oder die Erde, Sonne und Milchstraße im Makrokosmos mit direkter und unmittelbarer Wahrnehmung zu erfassen.

Collin vergleicht dieses Verhältnis mit der Beziehung zwi-

Kosmische Zeittabelle

Aus: Collin, *The Theory of Celestial Influence*

Kosmos	*Erkennungszeit*	*Atem*	*Minute*	*Stunde*	*Tag*	*Woche*	*Monat*	*Jahr*	*Lebenszeit*
Elektron	—	—	—	—	—	—	—	—	$^1/_{1500}$ Sek.
Molekül x 28.000	—	—	—	—	$^1/_{1500}$ Sek.	$^1/_{300}$ Sek.	$^1/_{50}$ Sek.	$^1/_4$ Sek.	18 Sek.
Blutzelle x 4800	—	$^1/_{1500}$ Sek.	$^1/_{90}$ Sek.	$^2/_3$ Sek.	18 Sek.	$1^3/_4$ Min.	7 Min.	$1^1/_2$ Std.	6 Tage
Mensch x 28.000	$^1/_{30}$ Sek.	3 Sek.	1 Min.	1 Std.	1 Tag	7 Tage	29 Tage	1 Jahr	76 Jahre
Natur x 365	$^1/_4$ Std.	1 Tag	18 Tage	$3^1/_4$ Jahre	76 Jahre	537 Jahre	2150 Jahre	25.800 Jahre	$2^1/_4$ Mio. Jahre
Erde x 7800	$3^1/_8$ Tage	1 Jahr	18 Jahre	1075 Jahre	25.800 Jahre	187.000 Jahre	750.000 Jahre	$9^1/_3$ Mio. Jahre	750 Mio. Jahre
Sonne x 100.000	75 Jahre	7000 Jahre	135.000 Jahre	8 Mio. Jahre	200 Mio. Jahre	—	—	—	$5{,}6^{12}$ Jahre
Milchstraße	$7^1/_2$Mio. Jahre	700 Mio. Jahre	13.500 Mio. Jahre	—	—	—	—	—	$5{,}6^{17}$ Jahre

schen einem Atemzug, einem Tag und einem Leben. Ein Atemzug dauert drei Sekunden, dauert also ein 28-Tausendstel eines Tages; ein Tag ist die Gegenwart, und ein Leben dauert etwa 77 Jahre, also 28.000 Tage. Da die Natur auf der nächsthöheren Wahrnehmungsebene existiert, ist ein Tag des Menschen wie ein Atemzug für die Natur, und die Lebensspanne der Erde das Äquivalent eines Atemzugs für die Milchstraße, und so fort, in immer größere, umfassendere Kosmosse hinein. Die Relativität der Zeit erlaubt dem Menschen, sich in Beziehung mit dem gesamten Universum zu setzen und alles zu verstehen.

Der darwinistische Kataklysmus

Zyklische Kataklysmen und die Evolution des Lebens auf der Erde sind untrennbar miteinander verbunden, wurden aber seit der Veröffentlichung von Darwins Abstammungslehre von kaum einem Wissenschaftler in einen nachvollziehbaren Bezug gesetzt. 1849 schrieb der Anthropologe D'Orbigny:

»Eine ›erste Schöpfung‹ taucht nach dem silurischen Zeitalter auf. Nach ihrer vollkommenen Vernichtung durch ein geologisches Desaster und nach Ablauf einer beträchtlichen Zeitspanne fand eine zweite Schöpfung im devonischen Zeitalter statt. Danach wurde die gesamte Erde in 27 sukzessiven Schöpfungen mit neuen Pflanzen und Tieren bevölkert, wobei geologische Umwälzungen jeweils der Grund für die Vernichtung der gesamten Natur waren. Dies sind feststehende, aber dennoch unglaubliche Tatsachen.«

Da D'Orbigny eindeutige Beweise für sukzessive geologische Zeitalter und ihre Vernichtung durch Weltkatastrophen fand, gelangte er zu dem Schluß, daß auch die Lebewesen jedes Zeitalters vernichtet und dann wieder neu erschaffen wurden. Und in der Tat: bis heute wurden erstaunlich wenige überzeugende Beweise für die Entwicklungstheorie von Darwin entdeckt. Die Idee einer kontinuierlichen, schrittweisen Evolution ist eigentlich längst hinfällig, denn es gibt zum Beispiel keinerlei Beweise für irgendwelche Zwischenstadien in der Entwicklung vom Affen zum Menschen. Man fragt sich, wie eine wissenschaftliche Hypothese einen derartigen Mangel an schlüssigen Beweisen so lange überleben kann! Der Anthropologe Hoffman bestätigt: »Die großen Katastrophen der Erdgeschichte geschahen nicht allmählich, sondern in einem Moment der Zerstörung. Die Pflanzen- und Tierwelt starb mit der plötzlichen Vernichtung ihrer Lebensbedingungen.«

Der geniale Wissenschaftler Georges Cuvier (1769—1832) klassifizierte das Pflanzen- und Tierreich nach heute noch gültigen Richtlinien und gelangte zu der Überzeugung, daß die verschiedenen Tierarten nicht unabhängig voneinander existieren, sondern engstens miteinander verbunden sind. »Jeder lebende Organismus bildet ein Ganzes. Kein Teil des Ganzen kann sich ändern, ohne andere Teile zu verändern.«

Cuvier postulierte eine statische Gattungsordnung, wobei jede Gattung zu einer bestimmten Zeit an einem bestimmten Ort existierte und dann durch weltweite Flutkatastrophen, Vulkanausbrüche und Erdbeben vernichtet wurde, ohne irgendwelche Spuren zu hinterlassen.

Cuviers Nachfolger, Charles Lyell (1797—1849), postulierte eine ›Uniforme Theorie‹, die davon ausgeht, daß einheitliche Naturgesetze über Raum und Zeit hinweg existieren — eine *a priori*-These, wie sie von jedem Forscher aufgestellt werden muß, bevor er seine Untersuchungen beginnt. Nach Lyell wird die Natur sich in der Zukunft genauso verhalten, wie sie es in der Vergangenheit getan hat, ohne jemals von ihrem Kurs abzuweichen. Mit einer Reihe von weiteren, allerdings höchst suspekten Thesen versuchte Lyell, die Katastrophen-Theorie endgültig niederzuschlagen, indem er behauptete, daß die Erde sich seit ihrer Entstehung nicht verändert hat und geologische Veränderungen nur langsam und kontinuierlich stattfinden. Das Faszinierendste an Lyells Theorien ist seine Überzeugung, daß die einzelnen Erdschichten jeweils nur einen Teil eines ›großen Jahres‹ repräsentieren, welches in großen Zyklen wiederkehrt, so daß die Erde eines Tages wiederum von Dinosauriern bevölkert sein könnte.

Louis Agassiz (1807—1873), akzeptierte Cuviers Vernichtungstheorie, kommentierte Lyells Schriften hingegen wie folgt: »Die Summierung der gegenwärtigen geologischen Forschungsergebnisse kann die Gewalt früherer Umwälzungen nicht hinreichend erklären.«

Darwins Abstammungslehre wurde 1859 veröffentlicht, und schon bald darauf wurden die damals akzeptierten Katastrophentheorien von vielen Experten als überholt bezeichnet, obwohl Darwins prominenteste Anhänger, Professor Gray, Thomas Huxley und Haeckel, die Idee der natürlichen Auslese ablehnten. Auch heute noch, fast hundertfünfzig Jahre später, gibt es keine Beweise für Darwins Vererbungstheorie, in der nur der jeweils Geeignetste überlebt. Dennoch wird Darwins Denkmodell weiterhin von der Mehrheit der Laien und sogar von Experten übernommen.

Darwins Theorie vom Überleben des Fähigsten oder Geeignetsten ist das Gesetz, demzufolge die Evolution jeweils nur den Geeignetsten einer Generation am Leben erhält und dafür sorgt, daß Überlebensfähigkeiten auf die Nachkommen übertragen werden. Charakteristika, die dem Überleben abträglich sind, werden im Lauf der Zeit von der Erbmasse eliminiert. Besonders im Hinblick auf den Menschen erweist sich die Theorie jedoch bestenfalls als lückenhaft und widersprüchlich, denn wenn die Idee ein allgemeingültiges Entwicklungsgesetz sein soll, fehlen sämtliche Nachweise für eine Zwischenstufe in der Entwicklung vom Affen zum Homo Sapiens. Wie man weiß, wurde dieses *›missing link‹* niemals gefunden. Die Fossilienschichten der Erde, in denen die notwendigen Beweise vorhanden sein müßten, weisen dermaßen große Lücken auf, daß die Theorie als absolut unhaltbar bezeichnet werden kann. Charles Fort, ein Sammler von wissenschaftlich unerklärlichen oder skurrilen Daten, schrieb folgenden amüsanten Kommentar zu Darwins Entwicklungstheorie:

»Was den Darwinismus anbelangt:
Nun ja, der Geeignetste überlebt.
Und was ist mit ›der Geeignetste‹ gemeint?
Nicht der Stärkste, nicht der Gescheiteste —
Schwäche und Dummheit überleben allerorts.
›Eignung‹ ist unbestimmbar, es sei denn anhand der Tatsache, daß irgend etwas überlebt.
›Geeignet‹ ist somit nur ein anderes Wort für Überlebensfähigkeit.
Darwinismus in einem Satz:
›Der zum Überleben Geeignetste überlebt.‹«

Nicht ein einziger Fossilienfund konnte Darwins Theorie bisher bestätigen, sondern im Gegenteil, die gesammelten Daten zeigen, daß im Lauf der letzten zehn Millionen Jahre keine bedeutenden Veränderungen stattgefunden haben. Eine andere Möglichkeit wäre die, daß klar definierte Gruppen von Lebewesen sich sporadisch fortentwickeln, um danach wieder über einen langen Zeitraum hinweg unverändert zu bleiben. Lücken in der Reihenfolge der Organismen werden von anpassungsfähigen Lebewesen ausgefüllt, die sich daraufhin nicht wieder verändern. Eine offensichtliche Analogie ist die Struktur der atomaren Hüllen. Wenn ein Elektron aus seiner Position im inneren Ring gestoßen wird, nimmt ein Elektron aus einem anderen Ring seinen Platz ein, wobei die generelle Struktur des Atoms aber dieselbe bleibt. Die Implikation ist die, daß die Reihenfolge entstehender Lebensformen festgelegt ist und die vorhandenen Kategorien von amorphen Entwicklungskräften ausgefüllt werden — eine Vorstellung, die sich wie Seelenwanderung anhört.

Der genetische Kode ist ein Archiv aller vergangenen Reproduktionen. Das große Problem dabei ist, daß das Programm des gegenwärtigen Organismus‹ einem Text gleicht, der sich über Jahrmilliarden hinweg immer wieder selbst korrigiert, verbessert, verfeinert und vervollständigt und all dies ohne einen Autor! Bei der ›natürlichen Auslese‹ wird nur mit bereits existierenden Organismen gearbeitet, aber wenn es, wie heute angenommen wird, wahr ist, daß jedes Molekül nach spezifischen Richtlinien geschaffen wurde, dann ist selbst unsere moderne genetische Technologie noch weit davon entfernt, den Ursprung des Lebens in der Zeit zu verstehen.

Bei der Genmanipulation im Labor werden ganz gewöhnliche Bakterienkulturen als Rohmaterial benutzt. Höchst interessant ist nun die Tatsache, daß derart unspezifische Organismen annähernd ähnliche Informationen enthalten, wie sie auch in der menschlichen Erbmasse enthalten sind. Jede Lebensform auf der Erde benutzt dieselbe genetische Struktur für ihre Fortentwicklung. Die Unterschiede ergeben sich aus der differentialen Anwendung des Grundprogramms in zeitlicher Reihenfolge. Genauso, wie in der Physik alle Partikel aus demselben Satz von vier Quarks in drei verschiedenen Erscheinungsformen bestehen (4 × 3 = 12), benutzt der genetische Kode die vier Säurebasen in ihren drei Formen (ebenfalls Kombinationen von 4 × 3 = 12).

Die Parallele zu den astrologischen vier Elementen mit ihren drei Erscheinungsformen ist unübersehbar. Der genetische Kode ist ein Widerhall der größeren Formationen von Himmelskörpern und Planetenbahnen und existierte als energetisches Grundmuster schon am Anfang der Erdgeschichte. Die Form eines Sonnensystems bestimmt die Form des in ihm hervorgerufenen Lebens.

So ist die esoterische Auffassung von der Schöpfung, wie sie von den Theosophen Alice Bailey, Steiner und den östlichen Religionen vertreten wird, von der Form her durchaus korrekt. Man geht generell von folgenden Grundsätzen aus:

- bevor eine Seele sich als Mensch inkarniert, durchläuft sie eine Reihe von planetarischen Existenzen,
- der genetische Kode war von Beginn an funktionsfähig,
- alle Lebensformen haben denselben Ursprung,
- es besteht eine physische und spirituelle Verbindung zwischen sämtlichen Lebewesen im Universum.

Der ›Göttliche Plan‹ benutzt die Sprache der Astrologie, um das Zeitmuster zu beschreiben, dem die nachweisbare Entwicklung in physischen, emotionalen (astralen), mentalen, spirituellen und kosmischen Bereichen folgt. Das größte Problem bei diesem Unterfangen ist die Definition der benutzten Begriffe, da die Wissenschaft die von früheren Kulturen erkannten Einsichten neu entdeckt hat und nun mit anderen Namen versieht. Ein Beispiel dafür ist die Idee der ›Reinkarnation‹, die heutzutage unter dem Begriff ›Genetik‹ geführt wird.

Katastrophentheorien

Aus den neuesten Entdeckungen der Astronomie ergibt sich eine unverkennbare Kosmologie der Weltkatastrophen. Die Physiker gehen von der Urknall-Theorie aus, und die Genetiker verwenden ähnliche Grundsätze bei ihrem Studium der evolutionären Prozesse. Veränderungen in den Gattungen werden nicht durch allmähliche Prozesse hervorgerufen, wie bei der ›natürlichen Auslese‹, sondern durch Katastrophen. Der genetische Kode des Menschen ist nahezu identisch mit dem der Schimpansen, und biochemische Vergleiche zwischen den 44 Proteinen und Enzymen beider Gattungen ergaben eine 99prozentige Identität — was wiederum die Frage aufwirft, welcher Mechanismus die Trennung zwischen Affen und Menschen verursacht haben könnte, falls eine solche Trennung überhaupt jemals stattgefunden hat. Die Gene von Menschen und Schimpansen sind einander so ähnlich wie die Erbanlagen von eng verwandten Gattungen bei anderen Organismen, und Unterschiede können nur mit Hilfe einer hochqualifizierten chemischen Analyse im Labor festgestellt werden.

Biologische Umwälzungen auf breiter Basis könnten also weit eher durch Katastrophen erklärt werden, wie durch Kometeneinschlag, Erdbeben oder radioaktive Verseuchung im Zuge von Atomkriegen. Die Vielzahl der Lebewesen könnte durchaus nicht nur durch zufällige Entwicklungsvarianten entstanden sein, sondern von Umständen hervorgerufen, wie sie heutzutage auf der Erde existieren. Velikovsky schreibt: »In unserer geologischen Vergangenheit müssen zahlreiche Katastrophen oder Strahlenverseuchungen stattgefunden haben, um die Lebensformen auf der Erde so radikal zu verändern, wie die Fossilienreste im Unterboden und in Lavabrocken bezeugen.«

Die Tatsache, daß Gattungen im Frühstadium ihres Lebens ähnliche Phasen und Formen durchlaufen, kann sogar auf eine rückläufige Evolution schließen lassen, bei der die Menschheit am Anfang steht und die Tiere vom Menschen abstammen.

»Die bevorzugte Form der Natur scheint immer der Kreis zu sein. Im selben Sinne, wie eine gerade Linie eine optische Illusion ist und sich im Weltraum irgendwann zum Bogen eines Kreises krümmt; wie Materie bei näherer Inspektion zu Stromwellen und Energiefunken auf kreisförmigen Umlaufbahnen verschwimmt; wie Raum und Zeit den sphärischen Eigenschaften des Universums gehorchen; wie Milchstraßen in majestätischem Walzer durch das Universum kreisen, das sich ohne Zweifel selber kugelt, noch während es sich ausdehnt — so folgen auch das Leben und die Bräuche des Menschen kreisförmigen Prinzipien. Die Zyklen von Leben und Tod, von Zerfall und erneutem Entstehen, der Untergang und Aufstieg von Dynastien, Nationen und Zivilisationen, von Gattungen und Rassen, bestätigt diese Sicht. Warum soll allein die Entwicklung des Menschen im Universum einem geraden Weg folgen, vom kaum differenzierten Einzeller bis zum Wunder an formgewordener Komplexität und Intelligenz, und fortan in gerader Linie bis in Ewigkeit fortschreiten? Ist es nicht wahrscheinlicher, daß auch der Mensch einer kreisförmigen Schicksalsbahn folgt, wie alle anderen Dinge, und daß er bei der Annäherung an einen Gipfelpunkt von den Kräften des Lebens zurückgedreht wird, wieder seinem Anfang entgegen?« (Aus ›*Manchild: A Study of the Infantilization of Man*‹ von Jonas und Klein.)

Der sogenannte ›Katastrophismus‹ ist eine neue, kontroverse Art über Veränderungen in verschiedenen Bereichen nachzudenken: Veränderungen im Ablauf der Ereignisse, Veränderungen in der Form eines Objekts, Veränderungen im Verhalten eines Systems oder selbst Veränderungen im Denken als solches. Professor Rene Thom vom ›*Institut für Fortgeschrittene Wissenschaftliche Studien*‹ in Frankreich fand eine mathematische Erklärung für den Vorgang der Veränderung. Die Wissenschaft kann allmähliche Veränderungen erklären, war aber noch nie in der Lage, spontane Veränderungen zu beschreiben, bei denen Diskontinuität die Regel ist. Veränderungen in der Form (von Abläufen sowohl wie bei Objekten) sind eine Realität, und das Ziel der Wissenschaft ist die Entschlüsselung dieses Rätsels der unentwegten Erschaffung, Evolution und Zerstörung der Formen im Universum. Die mathematischen und geometrischen Formeln der Katastrophentheorie sind keine quantitativen, sondern qualitative Gleichungen, was dem Mathematiker gestattet, Gemeinsamkeiten in der Art, wie Baumäste oder Nervenzellen sich verzweigen und ein Flußbett sich teilt, zu untersuchen. Thom glaubt, daß die qualitativen Eigenschaften aller Naturvorgänge ewig wiederkehren, eine Ansicht, die von der Wissenschaft im allgemeinen nicht geteilt wird. Thom erkennt die innewohnende Stabilität von physischen Systemen, die während ihrer Lebensdauer ständigen Veränderungen ausgesetzt sind. Er vergleicht die Erbanlagen jedes Individuums mit der ökologischen Stabilität der gesamten Rasse und sieht die Parallelen.

Viele Wissenschaftler gehen grundsätzlich davon aus, daß zwei verschiedene Experimente dasselbe quantitative Resultat ergeben, was aber nicht der Fall ist, weil die Umstände im Labor nie exakt genau reproduziert werden können, genauso wenig wie äußere Einflüsse voll und ganz eliminiert werden können. Die Erde bewegt sich jeden Tag über Hunderte von Meilen hinweg durch Zeit und Raum in einem sich ebenfalls fortbewegenden Sonnensystem. Reproduzierbarkeit ist eins der zentralen Irrtümer der modernen Wissenschaft, deshalb ging es für Rene Thom nur noch um die Beschreibung qualitativ wiederholbarer Beobachtungen und die Suche nach dem Ursprung aller Formen. Er nennt den von ihm entdeckten Entwicklungsprozeß ›Morphogenese‹, ein Begriff, der später auch von Rupert Sheldrake übernommen wurde. In der Morphogenese wird Verstand oder Bewußtsein als das System mit der größten Komplexität definiert, da das, was alle anderen Systeme wahrnimmt, mindestens ein Grad komplexer sein muß als die wahrgenommenen oder imaginierten Objekte. Alle verstandesmäßig erfaßbaren Konzepte sind entweder mathematische Modelle oder topologische Landkarten von universellen Prozessen, die wir benutzen, um unsere Welt zu formen. Die Katastrophentheorie bietet uns nun einen Ausweg aus der statischen Realität des Newton'schen Denkmodells und Zugang zu den relativen Bereichen jenseits des linearen Denkens, die Thom als ›Landschaften des Wandels‹ bezeichnet.

C. H. Waddington, ein Paläontologe, Embryologe, Genetiker und Entwicklungsforscher, erkannte bei seinen Studien, daß die Konturen der ›Landschaften des Wandels‹ multidimensional sind. Die Biochemie allein kann Morphogenese nicht erklären — also suchte Waddington nach einer Theorie, die biologische Formen topologisch beschreiben würde. Thom entwickelte zu der Zeit (1962) ein Modell eines mathematischen ›Querschnitts der Zeit‹, in dem davon ausgegangen wird, daß alle genetisch regierten Lebewesen denselben gleichbleibenden Pfaden folgen und die Form jedes Organismus den Gesamtvorgang der Entwicklungsgeschichte wenigstens phasenweise repräsentiert.

Thom formulierte sieben elementare Katastrophen und eine Reihe von Mini-Katastrophen, die jedem System innewohnen und potentiell geeignet sind, das ganze System von einem Zustand sprunghaft in einen anderen Zustand zu katapultieren. Der große konzeptuelle Sprung ist der, daß unterschiedliche Systeme in unterschiedlichen Größenordnungen gleichartigen Umwandlungsprozessen unterliegen könnten, aber aus unterschiedlichen Gründen. Die Grundstrukturen geometrischer Muster wiederholen sich bei sehr vielen Naturvorgängen, und eine plötzliche, gewaltsame Umwandlung des Systems findet zum Beispiel bei atomaren Strukturen statt, wenn Elektronen aus den inneren Ringen ausgestoßen werden und die Elektronen der äußeren Ringe einspringen, um die Lücken zu füllen. Ein ähnlich sprunghaftes Verhalten wird von subatomaren Energiepaketen (Quanta) an den Tag gelegt. Wenn sie unter Druck stehen, verändern sie sich mit ungeheurer Geschwindigkeit, anstatt den allmählichen Umwandlungsprozessen der Energienatur zu folgen.

Die Katastrophentheorie der plötzlichen, sprunghaften Umwandlung ist ein Paradigma, das in vielen Wissensbereichen Gültigkeit hat, unter anderem der Biologie, Soziologie, Psychologie, Verhaltensforschung, Mechanik, Politik und Ökonomie. Die althergebrachte Vorstellung vom Menschen als mikrokosmischer Spiegel des Makrokosmos hat nichts von ihrer Überzeugungskraft verloren. Vereinbart man diese Vorstellung mit den Erkenntnissen der Astrologie, Metaphysik und Psychologie, so ergibt sich ein allumfassender Göttlicher Plan, der sämtlichen Weltordnungen zugrunde liegt.

Der wissenschaftliche Gesinnungswandel

Sir William Ramsey sprach von dem nachweislichen Zusammenhang zwischen Wahrnehmung und Zeitvorstellung. Im Verlauf jedes Denkprozesses werden Welten imaginiert — mit anderen Worten, wir konstruieren mentale Kosmologien. Das Universum existiert in zeitgebundener Wahrnehmung, also im Verstand. Der jeweiligen Ebene unserer Wahrnehmung gemäß, nehmen wir immer größere, höhere Weltordnungen wahr. Der Mensch denkt in wiederkehrenden mentalen Zyklen, dementsprechend gibt es wiederkehrende Universen (Plural!). Unsere Universen sind sukzessive Schichten der Wahrnehmung, die wir auf der Reise nach Innen erkunden. Das einzige, was uns daran hindert, das temporäre Universum der physischen Welt zu transzendieren, ist der eigene, innere Widerstand gegen das Unbekannte.

Ein Weltverständnis, wie es von jeher in östlichen Religionen und von manchen westlichen Mystikern postuliert wurde, macht sich seit einiger Zeit auch in wissenschaftlichen Kreisen bemerkbar. Seit Newton wurde die empirische Vorgehensweise mit wiederholbaren Experimenten, statistischen Messungen und Sezierungen gepredigt. Alles, was sich als wissenschaftliche Forschung bezeichnete, setzte einen objektiven Beobachter voraus, der das von ihm untersuchte Objekt von seiner eigenen Wahrnehmung und der Gesamtheit der existierenden Umstände trennte. Heute weiß man, daß es niemals so etwas wie einen objektiven Beobachter geben kann, einfach weil der Beobachter untrennbar vom Beobachteten existiert. Nichts kann von der Gesamtheit isoliert existieren, und so ist die sogenannte wissenschaftliche Vorgehensweise ein Ding der Unmöglichkeit. Allein das Licht, das nötig ist, um subatomare Vorgänge zu beobachten, beeinflußt und verändert das Verhalten des Lichts. Das Vorhandensein eines Meßgeräts ändert das Verhalten der Dinge, die gemessen werden.

Heisenberg erkannte, daß der wissenschaftliche Beobachter das von ihm Beobachtete beeinflußt und der Grad der jeweiligen Veränderung vom Bewußtsein des Beobachters abhängt. Verstand und Bewußtsein haben sowohl eine Wirkung auf den Raum wie auf die Zeit, denn die Raum-Zeit-Konstante ist ein Produkt des Bewußtseins, das diese Konstante wahrnimmt. Die traditionelle Vorstellung von der Welt als eine *›gewaltige Maschine‹* macht somit der Vorstellung von einer Welt als *›gewaltiger Gedanke‹* Platz.

Die bisher gültigen wissenschaftlichen Gesetze, die Ereignisse im größeren Makrokosmos beschreiben, lassen sich nicht in den Mikrowelten anwenden. Wissenschaftler können das Verhalten bestimmter Gruppen von Partikeln voraussagen, nicht aber die Bewegung eines einzelnen Partikels. Also gehorcht der Makrokosmos entweder anderen Gesetzen als die atomare Mikrowelt, oder die Wissenschaft ist die ganze Zeit einem grundlegenden Irrtum aufgesessen.

Heute teilt sich die wissenschaftliche Gemeinde in zwei Lager; entweder gehört man dem statistischen, mechanistischen Lager an, oder man arbeitet mit der kausalen Realität von Einstein, aber die Wahrheit enthält beide Weltbilder und muß letzten Endes beides verbinden.

Wer heute noch im Labor nach sukzessiven Generationen von Elementarteilchen Ausschau hält, um zu beweisen, daß solche Mechanismen die Natur des gesamten Universums bestimmen, muß sich mit beträchtlicher Verspätung an die Entdeckung gewöhnen, derzufolge alle Materie aus Energiefrequenzen und energetischen Abläufen in bestimmten Mustern besteht. Das Universum kann nicht in isolierte Einzelteile zerlegt werden, sondern muß von vornherein als Ganzes betrachtet werden. Die Relativität aller Dimensionen im Kosmos wäre ein solcher Ausgangspunkt, der aber selbst von der ›Neuen Physik‹ noch nicht eingenommen wird.

Partikel sind Energiemuster in ständiger Fluktuation und Interaktion; sie sind daher ständigen Transformationsprozessen unterworfen. Das Universum ist viel eher ein Netzwerk der Verbindungen als eine Anhäufung von Partikeln. Noch unlängst hielt man Materie und Bewußtsein für unvereinbare Gegensätze, aber heute weiß man, daß die östlichen Religionen und der westliche Mystizismus recht hatten, wenn sie davon ausgingen, daß das Bewußtsein sowohl Zeit wie Raum und Materie beeinflußt, wenn nicht gar hervorbringt.

Messungen, Meditation und Maya

»Denn das Heilige Eine hat die Welt (auch Äon)
erwogen und mit Maßen die Zeiten gemessen und mit
Nummern die Jahreszeiten gezählet;
es wird nicht ruhen noch rasten, bevor die Zahl erfüllet ist.

Esdras-Evangelium,
aus den *Nag Hammadi-Texten*

David Bohm, einer von Einsteins Mitarbeitern, sagt, daß jede physische Interpretation des Universums zwangsläufig zu einer Fragmentierung des Wissens über das Universum führt, weil allein schon der Gedanke eine Trennung der eigenen Person vom Universum voraussetzt. Die Wahrheit wird erkannt, wenn der (wissenschaftliche) Beobachter und das Objekt seiner Beobachtung »verschmelzende, sich gegenseitig durchdringende Aspekte einer einzigen Realität sind, die untrennbar und nicht analysierbar ist«. Die Welt sollte im Sinne eines universellen Stroms der Ereignisse verstanden werden — auch im historischen Forschungsbereich. Die Welt ist ein Ganzes, in dem der einzelne Beobachter immer im Mittelpunkt der entstehenden und verfallenden Energieformen und Lebenserscheinungen steht. Unsere Suche gilt dem Ursprung dieser Phänomene, deren Muster unsere Realität bilden; sie gilt den Strukturen und Ordnungen, die Allem, was es gibt, unterliegen.

Die Fragmentierung in unserem Denken hat zu einer Reihe von sozialen, politischen, ökologischen und psychologischen Krisen geführt, und selbst das holistische Weltbild wird in vielen Fällen schon wieder als absolutes, alleingültiges Wissen bezeichnet, nicht als ein Denk- oder Wahrnehmungsmodell unter vielen.

Bohm erkannte, daß Maßvorstellungen eine Schlüsselrolle bei der Herstellung von Weltbildern spielen. Bohm spricht jedoch nicht von den Maßen, die sich an externen gesellschaftlichen Übereinkünften orientieren, sondern von einem tieferen Maßempfinden, das einem harmonisch-einheitlichen Realitätsbild entspringt. Dieses ›rechte Maß‹ bezieht sich auf ein Empfinden für die Proportionen des universellen Verhaltens im großen und ganzen. »Das Gefühl für Maße und Proportionen ist ein Gespür für die tiefinnerste Schönheit und Vollkommenheit aller Dinge.« Die Worte Medizin, Meditation und Moderation stammen von dem lateinischen Wort für ›maßnehmen‹ ab. Wer meditiert, begibt sich in einen Bereich jenseits des Denkens, das Unterscheidungen macht, also die Realität gedanklich fragmentiert. Das rechte Maß zu kennen, ist gleichbedeutend mit gesund, glücklich und ausgewogen sein. Die Griechen und Römer der Antike versuchten, das Maß universeller Harmonie in künstlerischen Bereichen auszudrücken, wie in ihrer Musik, im Kunstgewerbe und ihrer wundervollen Architektur. Das menschliche Maßempfinden wird von Pythagoras treffend beschrieben, wenn er sagt: »Der Mensch ist das Maß aller Dinge.«

Im Westen wurde Maßempfinden unter dem Einfluß von Wissenschaft und Technologie zum mechanistisch quantitativen Kalkül — eine verhängnisvolle Entwürdigung —, während die Völker Asiens ihr Augenmerk weiterhin auf die Unermeßlichkeit des wahren Seins richteten, wie es vom Buddhismus und Hinduismus gelehrt wird. Die Idee, daß nur das Meßbare real sein kann, ist inzwischen selbst von der Wissenschaft widerlegt worden, aber in den Händen von Weisen können Maße, Zahlen und Erwägungen für größere Ordnung und Harmonie auf materieller Ebene sorgen. Das Sanskrit-Wort für ›messen‹ ist kennzeichnenderweise auch die Wurzel des Wortes ›Maya‹ — Illusion, Vortäuschung von Realität. Das Gleichgewicht zwischen Ost und West, Religion und Wissenschaft, wird nur durch die Integration der gegensätzlichen und scheinbar widersprüchlichen Erfahrungen erlangt. Der geniale Physiker Bohm erzählt in packender Weise von dem ursprünglichen kreativen Geistesblitz, der ihn erkennen ließ, daß »alle Messungen immer vom Unmeßbaren selbst vorgenommen werden«.

Man muß den Unterschied zwischen quantitativen Zahlen und platonischen Zahlen im Sinne kosmischer Ideen erkennen. ›Zwei Orangen‹ ist ein quantitatives Zahlenmaß, während das Verhalten von zwei Gegensätzen in einer Dualität nicht in Zahlen gemessen werden kann. Zahlen werden ungleich bedeutungsvoller, wenn sie als Symbole für universelle Muster und Proportionen verstanden werden, anstatt sie lediglich zur Bestimmung der Mengen irgendwelcher Objekte zu verwenden. Die Griechen hatten zwei verschiedene Worte für die zwei Aspekte der zahlenmäßigen Zeitmessung: ›Chronos‹ ist Zeit als Menge und Objekt; ›Kairos‹ ist Zeit als subjektives und qualitatives Erlebnis.

Zahlen, Daten und Nummern existieren als ein Mittel, um uns bei der Organisation der Welt zu helfen, aber inzwischen halten wir das Datum eines Ereignisses für bedeutsamer und merkwürdiger als das Ereignis selbst. Die Daten geschichtlicher Ereignisse nehmen im Geschichtsunterricht an unseren Schulen schon lange mehr Raum ein als die Qualität und die Proportionen der gelehrten historischen Ereignisse. Nur in Asien wird Geschichte auch heute noch als relative und kreisförmig wiederkehrende Illusion verstanden.

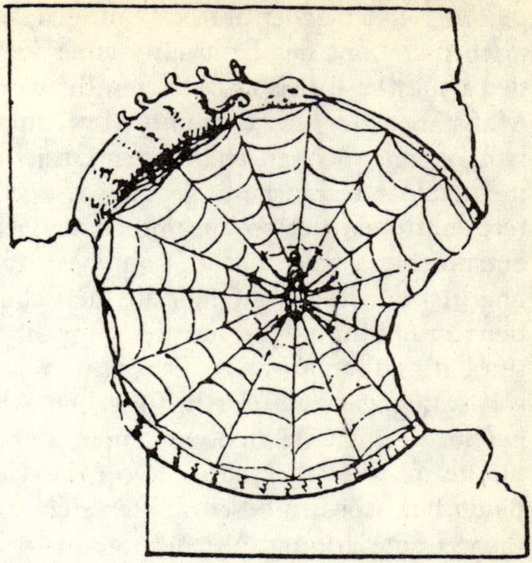

Abbildung 12:
Das Netz der Maya
Die unsterbliche Spinne Maya bringt das Netz der illusionären Welt, die durch die Sinneseindrücke entsteht, aus sich selbst hervor. Die Uroboros-Schlange der kreisförmigen Zeiten windet sich um Mayas Spinnengewebe. (Brahmanisches Fragment aus C. G. Jungs *Psychologie und Alchemie*)

Oswald Spengler ist einer der wenigen innovativen Denker, die den selten bemerkten Gegensatz zwischen ›chronologischen‹ und ›mathematischen‹ Zahlen ausführlich beschrieben haben. Die in diesem Buch präsentierte Zeitskala entspricht Spenglers ›morphologischen Beziehungen‹, die das innere Verbindungsglied zwischen allen Ausdrucksformen einer Kultur bilden und über jede Politik hinausgehen. Meine Zeitskala stützt sich also nicht ausschließlich auf die Jahre, die wir mit bestimmten historischen Ereignissen in Verbindung bringen. Das heute gebräuchliche System der Zeitmessung mit seinen Unterteilungen in die — vom christlichen Glauben geprägten-Abschnitte ›vor Christus‹ (a. Chr. — ante Christum) und nach Christus (p. Chr. — post Christum) ist erst seit 1681 im Westen populär geworden. Der jüdische und mohammedanische Kalender wird beispielsweise immer noch nach anderen Gesichtspunkten berechnet. Mir ging es vielmehr um eine Messung der latenten Verbindungen innerhalb der überlieferten Geschichte, die uns nicht nur erlauben, historische Tatsachen und Daten zu identifizieren, sondern auch ihre Bedeutung, mögliche Querverbindungen und wahrscheinliche Fortentwicklungen.

Es gibt keine historische Zeitmessung jenseits des Bereichs

materieller Ursachen und Wirkungen, und die Physik hat sich noch nicht mit der Erfindung einer Zeitskala beschäftigt, die den neuesten Erkenntnissen gerecht werden könnte. Nach den Maßstäben der Physiker und Mathematiker ist noch kein Historiker nach wissenschaftlichen Gesichtspunkten an das Sammeln seiner Daten herangegangen, und die nachfolgenden Interpretationen der so zusammengewürfelten Daten sind dementsprechend fragwürdig. Kant beschränkte sich auf die Etablierung der Regeln, denen die menschliche Wahrnehmung bei der Kontaktaufnahme mit der Umwelt folgt; für ihn war Wissen ein mathematisches Wissen, und er brachte seine Bewußtseinskategorien nie mit historischen Abläufen in Verbindung, genausowenig wie Schopenhauer, der Kants Kategorien benutzte und voll Verachtung von der Geschichtskunde sprach. Beide Philosophen beschränkten sich auf das Studium von Ursache und Wirkung. Nur wenige historisch einflußreiche Denker haben eine Synthese wie die von Spengler in Angriff genommen, obwohl viele sicher oft davon geträumt haben. Spengler identifizierte die notwendigen Bestandteile eines Weltbilds der Synthese und sprach von einer ›Logik des Raums‹ als organische Lebensnotwendigkeit, die man Schicksal nennt, und von einer ›Logik der Zeit‹, die das mythologische, religiöse und künstlerische Denken informiert und daher den Kern aller Geschichtskunde und Geschichten bildet, sich aber der ›Reinen Vernunft‹ auf ewig entzieht. Im Jahre 1926 erwähnte Spengler, daß die von ihm identifizierten Kategorien der Logik zu einem späteren Zeitpunkt den Grundstock einer neuen Theorie bilden würden. Der ›Göttliche Plan‹ ist ein Versuch, eine mathematische Ordnung in unser Geschichtsverständnis zu bringen, die den von Spengler erkannten Grundsätzen gerecht werden kann.

Der formschaffende Mechanismus

Unser ›Sein‹ existiert über eine Reihe von Ereignissen Phasen und Formveränderungen im Leben hinweg, und wir bewahren unsere grundlegende, nicht-imaginierte Identität, obwohl wir uns auf anderer Ebene ständig verändern. Historische Prozesse reflektieren diese ständige Transmutation des Selbst in seinem unermüdlichen Streben nach Manifestation in der Welt. Adam und Eva im Paradies sind symbolische Repräsentanten für die männliche und weibliche Realität schlechthin. Von einem Status als mythologische Gottwesen steigen sie herab in die Welt der Manifestation und werden zuerst zum Geschlecht der von Göttern und Menschen gemeinsam gezeugten ›Gotthelden‹, dann zu Helden mit göttlichen Eigenschaften, weiter zu Königen und Königinnen, denen göttliche Abstammung nachgesagt wird; diese werden zu Menschen mit heroischen Eigenschaften und diese schließlich zu Komponenten der individuellen Psyche. Das Thema eines Weltalters ist die Erweckung des individuellen Bewußtseins als differenziert von der Natur.

Jeder Mensch verkörpert den geschichtlichen Entwicklungsprozeß; die Frage ist nun, was wir aus dieser Tatsache lernen können. Körper, Geist und Seele werden auch heute noch von vererbten, urtümlichen Programmen aus der Frühzeit geprägt. Der Instinkt zu jagen, töten und zu überleben bleibt erhalten und kann nicht unterdrückt werden, ohne gefährliche Formen anzunehmen. In den modernen, nach außen hin zivilisierten Gesellschaften findet der Aggressionstrieb seinen Ausdruck im Hochleistungssport, Militär, Pornografie und gewalttätigen Unterhaltungsprogrammen. Terrorismus, religiöse Fanatik und Rassenhaß sind weitverbreitet. Nach Hunderttausenden von Jahren des instinktiven Überlebenskampfs ist der Lack der Zivilisation noch immer nur eine dünne Schicht, die wir uns gerade eben im Lauf der letzten paar tausend Jahre zugelegt haben. Instinktverhalten entwickelte sich lange vor der Individualität und ist die allen gemeinsame Basis. Was uns voneinander unterscheidet, ist die Art und Weise, wie wir unserem gemeinsamen Erbe Ausdruck verleihen und wie nahe wir unserem gemeinsamen Ursprung sind.

Die Erinnerung an alles vergangene Leben ist im Gehirn, der Erbmasse, der Körpersubstanz und Geist-Seele gespeichert, also auf jeder Daseinsebene vorhanden. Die Esoteriker bezeichnen die verschiedenen Seinsebenen als ›Körper‹, welche der Reihe nach immer feinstofflicher und kosmischer werden und schließlich Gott oder das gesamte Universum umfassen. Gewöhnlich spricht man von einem physischen, emotionalen, mentalen und spirituellen ›Körper‹ des Menschen, aber es gibt unterschiedliche Wissenssysteme mit jeweils unterschiedlichen Einteilungen und Abstufungen. Das Prinzip bleibt jedoch bei allen Systemen dasselbe. Mit zunehmendem Alter und seelischem Wachstum wird das Bewußtsein auf immer höhere und feinstofflichere Körper verlagert. Der physische Körper wird in der Gebärmutter geschaffen; der emotionale Körper wird während der Kindheit im Schoß der Familie geschaffen; der mentale Körper wird während des Heranwachsens von der weltlichen Umgebung geschaffen. Nur wenn individuelle Wahrnehmung über die ersten drei Körper hinausgeht, wird ein transpersonaler oder transzendenter Körper als Realität erfahren. Jeder größere Körper enthält alle kleineren in sukzessiven Ringen der Realität (Abbildung 13).

Die Ausdehnung des Bewußtseins auf immer größere, einschließlichere Körper bildet eine eindeutige Parallele zur menschlichen Entwicklungsgeschichte. Die früheste Realität war eine fast ausschließlich körperliche; mit der Entwicklung von Gefühlen (Emotionalkörper) begann der Mensch, sich vom Tierreich zu unterscheiden; erst später entwickelte sich die Logik und rationale Vernunft (Mentalkörper), und noch viel später begann der Mensch, die Bereiche des Geistes zu erkunden (spiritueller Körper), aus denen er und alle anderen Wesen ursprünglich hervorgingen. Diese vier Körper werden uns von Anfang an mitgegeben. Es geht also nicht darum, sie zu erschaffen, sondern vielmehr um die praktisch angewandte Wahrnehmung der höheren Körper. Die Realität besteht aus all diesen Seinsebenen zugleich, also nimmt nur derjenige die Realität wahr, der auf allen Ebenen zugleich wach ist.

Noch heute weiß niemand genau, wie und wo Erinnerungen im Menschen gespeichert werden. Den neuesten Forschungsergebnissen zufolge ist das Gehirn weniger ein Behälter für Informationen als ein universelles Empfangsgerät. Es ist allgemein bekannt, daß der Mensch weniger als 10 Prozent seines Gehirns benutzt und die restlichen 90 Prozent unbekannte Funktionen erfüllen.

Bewiesen wurde nur, daß die Gehirnzentren Kontrollfunktionen erfüllen, denn bei noch jungen Menschen mit Gehirnschäden wurde festgestellt, daß andere Teile des Gehirns die

Abbildung 13: Fludds universelle Sphären
Die Darstellung ist eine mathematische Repräsentation der Geschichte des Mikrokosmos in Form von Ringen oder Sphären mit unterschiedlichem Umfang, die alle Dinge innerhalb des Sonnensystems enthalten. (Fludd, *Utriusque Cosmi Historia*)

Arbeit der defekten Teile wenigstens teilweise übernehmen. Eine genaue Lokalisierung ist jedoch unmöglich.

Der Biologe Rupert Sheldrake entwickelte eine ›*Neue Wissenschaft des Lebens*‹, die, im Gegensatz zum materiell-mechanistischen Standpunkt der modernen Genetik, besagt, daß jeder lebende Organismus von einem ›formschaffenden Feld‹ umgeben ist, einem nicht-stofflichen Vibrationsfeld also, das die Entstehung von Lebensformen aller Art steuert. Sheldrake nennt diese formschaffenden Energien ›morphogenetische Felder‹ und erklärt, daß »spezielle morphogenetische Felder nicht nur für die charakteristischen Formen und die Organisation von Systemen auf allen Ebenen der Komplexität verantwortlich sind, und dies nicht nur im Bereich der Biologie, sondern auch in der Chemie und Physik«.

Morphogenetische Felder sind geordnete Muster, die aus dem Vibrationsfeld aller vergangenen Systeme bestehen und auf den neu entstehenden Organismus übertragen werden. Sheldrake vergleicht den genetischen Kode mit einem Computerprogramm, das irgendwann von einem Programmierer geschaffen und in die Welt gesetzt wurde, woraufhin jeder Benutzer neue Wege der Interaktion mit dem ursprüngliche Programm finden kann. Die ›Interaktionstheorie‹ hat im Zusammenhang mit nicht-stofflichen Vibrationsfeldern überaus weitreichende Implikationen. Ein Beispiel: Früher existierende Systeme beeinflussen nachfolgende gleichartige Systeme vermittels einer ›morphischen Resonanz‹, also mit Hilfe von Schwingungsfrequenzen. Aus der Mixtur der Schwingungen sucht sich jedes System dann die brauchbaren oder notwendigen Frequenzen aus. Sheldrake vermutet, daß das Raum-Zeit-Muster früherer Systeme eine charakteristische Vibrationsstruktur auf gegenwärtig existierende Systeme mit ähnlicher Form überträgt. Da Sheldrakes ›morphische Resonanz‹ ein energie- und gewichtsloses Phänomen ist, könnte sie über eine Entfernung von zehntausend Meilen hinweg ebenso wirksam sein wie über eine Entfernung von einem Meter hinweg, oder — zeitlich gesehen — über ein Jahrhundert hinweg, wie über eine Stunde. Darüber hinaus könnten Körperform, Charakter, Instinkte und Lernprozesse nicht nur von Resonanz mit der Vergangenheit beeinflußt werden, sondern auch von zukünftigen Systemen, die noch gar nicht existieren.

Das Prinzip der morphogenetischen Resonanz wird im ›Göttlichen Plan‹ zum zentralen Leitfaden durch die Zeitgeschichte. Die Nachwirkung aller vergangenen Systeme bildet eine Matrix, der alle individuellen Formen, Merkmale und Lernfähigkeiten ihren Ursprung verdanken. Eine nach Exponentialgrößen geordnete Zeitskala gibt uns die Möglichkeit, die Entwicklungsstadien kleinerer und größerer Lebenssysteme mit astronomischen Rhythmen zu vergleichen und die Zusammenhänge zu erkennen. Die Tatsache, daß ein Wissenschaftler wie Sheldrake für eine nicht-physische Resonanz argumentiert, die dennoch einen grundlegenden Einfluß auf die Entwicklung sämtlicher Organismen ausübt, macht einen der ältesten Einwände der Wissenschaft gegen die Astrologie hinfällig. Bis dato wurde die Astrologie von der Wissenschaft abgelehnt, weil der Mechanismus des astrologischen Systems weder physisch noch energetisch erklärt werden kann. Astrologie ist eine Symbolsprache, die ›morphische Resonanzen‹ beschreiben kann; eine Sprache, deren Struktur den Strukturen des DNA-Kode und den Bewegungen von Himmelskörpern gerecht wird. All diese Erscheinungen sind Muster innerhalb von Zeit.

Sheldrake beschäftigte sich mit wiederkehrenden Formen und Mustern, bekennt aber offen, daß das Rätsel des Ursprungs dieser Formen und Muster den Rahmen seiner *›Neuen Wissenschaft des Lebens‹* sprengt. Genau dieses Thema wird im ›Göttlichen Plan‹ konfrontiert, denn das Gesetz der ewigen Wiederkehr kann auf das individuelle Menschenleben bezogen werden und neue Dimensionen des Zusammenhangs offenbaren.

Viertes Kapitel
★ Leben ★ Zeit Astrologie ★

»Dieses Leben ist der Weg, nach dem wir von jeher gesucht haben, der Weg zum Unfaßlichen, das wir göttlich nennen. Es gibt keinen anderen Weg.«

C. G. Jung

Die Astrologie ist das älteste Wissenssystem, das Kosmos und Individuum in einem untrennbaren Zusammenhang versteht. Die moderne Astrologie inkorporiert neueste wissenschaftliche Erkenntnisse, wie in meinen Büchern *›The Round Art‹* und *›Life ★ Time Astrology‹* erläutert wird. Mein fundamentaler Ausgangspunkt ist der, daß Zeit relativ ist — eine Tatsache, die man als Mensch tagtäglich erfährt.

Wie jeder von uns gelernt hat, dreht die Erde sich um die Sonne, und der Mond dreht sich um die Erde. In jedem Jahr kehrt die Erde einmal an die gleiche Stelle auf ihrer Umlaufbahn um die Sonne zurück, und der Mond nimmt jeden Monat einmal dieselbe Position am Nachthimmel ein. Aber die Tatsachen widersprechen unserem sogenannten Allgemeinwissen. In Wirklichkeit dreht die Sonne sich um ihre eigene Sonne, den Fixstern Sirius, und zwar mit einer Geschwindigkeit von mehr als 75.000 Kilometern pro Tag, während sie die anderen Planeten nach sich zieht. Unsere Planeten folgen keinen kreisförmigen Umlaufbahnen, sondern wandern spiralförmig um die Sonne, welche sich unterdessen ebenfalls fortbewegt. Die Planeten im inneren Ring beschreiben enge Spiralen; die weiter von der Sonne entfernten Planeten werden von der enormen Anziehungskraft nachgezogen. (Abbildung 14)

Sirius dreht sich einmal im Lauf von 250 Millionen Jahren um den Mittelpunkt unserer Milchstraße, welcher sich momentan im 28. Grad des Sternzeichens Schütze befindet, und die gesamte Milchstraße bewegt sich ihrerseits auf spiralförmigen Bahnen durch das All (Abbildung 15). Die Kombination dieser gleichzeitigen Bewegungen von Erde, Sonne und Milchstraße bewirkt, daß wir mit einer schier unfaßlichen Geschwindigkeit durch den Raum (und die Zeit) rasen. Allein der Gedanke an derartige Antriebskräfte ist überwältigend, besonders, wenn die Teetasse scheinbar unbeweglich vor einem auf dem Tisch stehen bleibt!

Neuesten Erkenntnissen zufolge besteht eine formale Verbindung zwischen der Bewegung des Sonnensystems durch Zeit und Raum und der Molekülstruktur des genetischen Kode, in dem die fundamentalen Informationen des organischen Lebensaufbauprogramms enthalten sind — beide treten in spiraligen Formen und Strukturen auf. Die Molekülstruktur der Erbmasse (DNA) enthält Anweisungen für das strukturelle Aufbau- und Wachstumsprogramm von Lebewesen, und das gleiche Prinzip könnte durchaus auch für das galaktische Modell gelten. Auf der Abbildung 12 wird der Weg der Sonne als gerade Line dargestellt, aber wenn man die Bahn der Erde als zentralen Ausgangspunkt nimmt, bildet ihre Spirale einen mittleren Strang, um den sich die Sonne spiralförmig dreht (siehe Abbildung 16). Die Form der daraus resultierenden Doppelspirale gleicht der Form des genetischen Kode, also der doppelten Helix des DNA, und so ist das Muster des Sonnensystems auf seiner Reise durch die Zeit ein makrokosmisches Spiegelbild des Musters der genetischen Molekülstruktur auf mikrokosmischer Ebene.

In seinem Buch ›*Kosmische Kybernetik*‹ macht Dr. Theodore Landscheit ein paar höchst interessante Anmerkungen zu den Kommentaren des Physikers Jacques Bergier:

»Wenn Ducrocq, Hoyle, Narlikar und Costa de Beauregard recht haben, dann ist das Universum ebenso ordnungsgemäß strukturiert und funktioniert mit der gleichen Präzision wie das DNA-Molekül im Kern der Lebenszelle. Da es uns gelungen

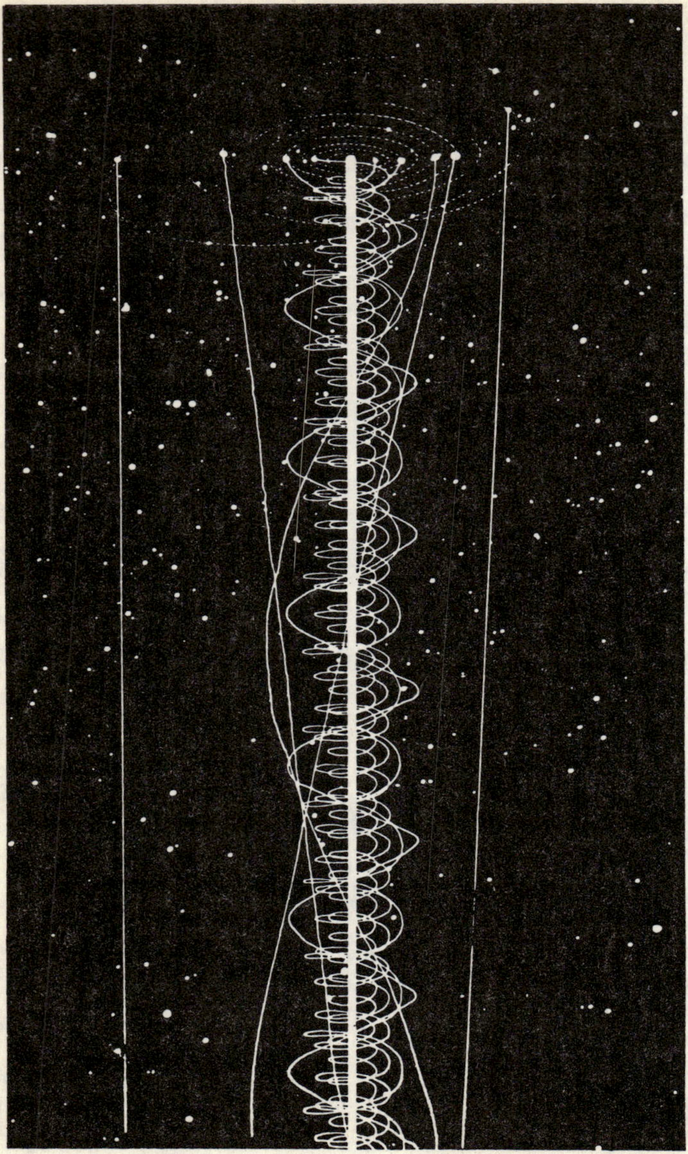

◁ **Abbildung 14: Die Spirale des Sonnensystems auf seiner Reise durch die Zeit**
Die Bahn der Sonne bildet bei dieser Zeichnung den zentralen Lichtstrahl, um den die anderen Planeten spiralförmig durch die Zeit kreisen. Die Erde ist der drittnächste Planet zur Sonne; jede ihrer Spiralen repräsentiert ein Jahr unserer Zeit. Das astrologische Horoskop ist ein Ausschnitt in diesem Spiralentanz, in dem ein bestimmter Platz und Winkel eine individuelle Geburtsstunde und einen Geburtsort darstellt. Die Spiralen drehen sich rückwärts bis hin zum Moment der Schöpfung des Universums und vorwärts in eine unbestimmte Zukunft. (A. T. Mann, *Leben ★ Zeit Astrologie*)

---

ist, den genetischen Kode zu entdecken, darf man annehmen, daß wir irgendwann auch den astronomischen Aufbaukode entdecken. Der Austausch von Informationen beschränkt sich nicht allein auf lebende Organismen, sondern ist ein integraler Bestandteil des Universums, ebenso wie Materie und Energie.«

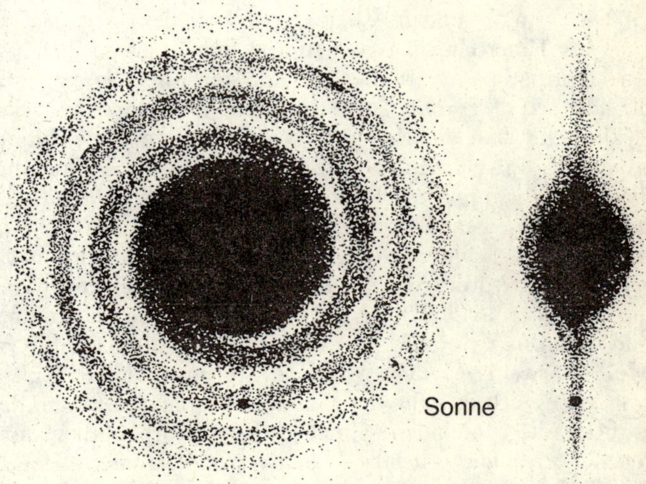

Abbildung 15: Die Position unserer Sonne in der Milchstraße
Die Sonne dreht sich um den Stern Sirius, der sich seinerseits um das schwarze galaktische Zentrum dreht. Die Sonne befindet sich in etwa zwei Dritteln Entfernung vom Zentrum zur Peripherie der Milchstraße.

Das DNA-Molekül enthält das formgebende Lebensmuster, das jeder Lebenszelle innewohnt und den gesamten, aus einzelnen Zellen bestehenden Organismus mit Wachstumsinformationen versorgt. Der genetische Kode eines Kindes ist eine Kombination der genetischen Erinnerungen beider Elternteile. Die kombinierten Erbanlagen von zwei Eltern, vier Großeltern, acht Urgroßeltern und so fort bilden das, was wir als individuelle psycho-physische Eigenschaften bezeichnen; sie sorgen für die Eigenheiten der körperlichen Erscheinung, sowie psychologische Charakteristika. Jedes Lebewesen wird demnach von den Erfahrungen beeinflußt, die seine Vorfahren im genetischen Gedächtnis gespeichert haben; Erfahrungen, die letzten Endes auf die allem Leben gemeinsame genetische Urwurzel zurückgeführt werden können. Die Unterschiede zwischen Individuen ergeben sich aus den unterschiedlichen Betonungen, mit denen der Grundkode von Leben zu Leben variiert wird, ähnlich den Variationen eines Musikers zu einem einzigen Thema.

Die grundlegenden Charakteristika jeder Gattung, wie auch die Unterschiede zwischen den Individuen bleiben nach jeder Fortpflanzung erhalten. Ein Beispiel sind die Moleküle, die sich selbst reproduzieren. Jedes Molekül durchläuft einen Zyklus, der dem der Zeugung / Embryonalen Entwicklung / Kindheit / Erwachsensein / Tod präzise entspricht. Innerhalb dieses Zyklus reproduziert das Molekül sich fortlaufend selbst nach seinem eigenen Ebenbild. Variationen tauchen nur dann auf, wenn ein Fehler in diesem unfehlbaren Reproduktionsprozeß gemacht wurde. Moleküle bestehen aus einzelnen Atomen, die vom Eltern-Molekül bei der Replikation nach seinem Ebenbild organisiert werden. Wenn ein Molekül stirbt (Tod in den Molekularwelten bedeutet nur eine Formveränderung), verwandelt es sich in seine ungebundenen atomaren Bestandteile zurück. Alle Moleküle des menschlichen Körpers reproduzieren sich in unaufhörlichen Zyklen von molekularen Geburten und Toden, dennoch dauert es eine geraume Weile, bevor irgendeine Veränderung in der äußeren Erscheinung des physischen Körpers bemerkbar wird. Nach einer durchzechten Nacht hat man am Morgen vielleicht Augenringe, die aber im Lauf weniger Stunden wieder verschwinden. Wir werden also

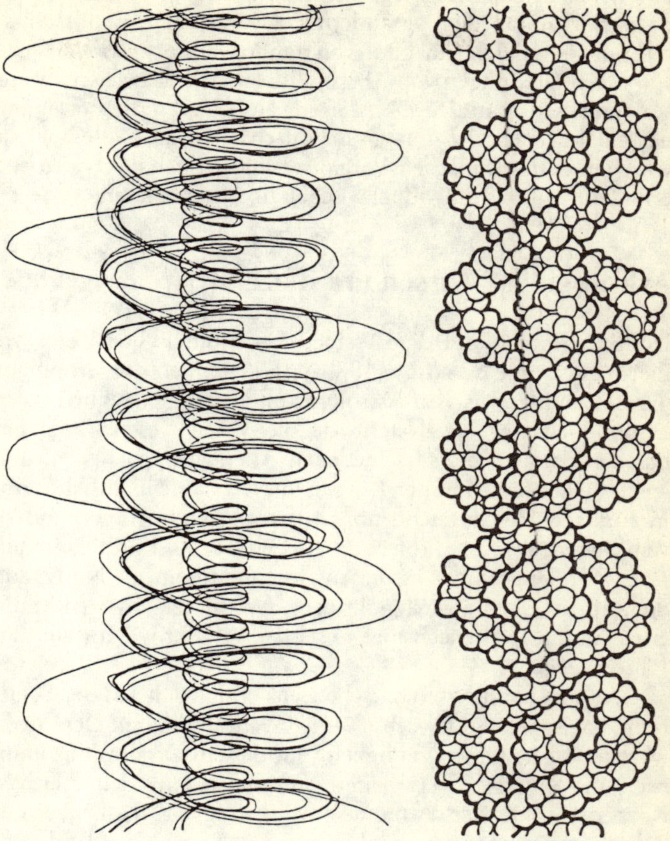

Abbildung 16: Doppelspiralen des Sonnensystems im Vergleich zur spiraligen Molekülstruktur des genetischen Kodes

Die linke Zeichnung stellt die spiralförmige Bewegung des Sonnensystems dar, wobei die Spirale der Erdbewegung den zentralen Strang in der Mitte bildet und die Sonne gemeinsam mit den inneren Planeten die Erde umrundet, während die äußeren Planeten das ganze Gebilde umkreisen.

ständig von unseren Molekülen ›gestorben‹, in einzelne Atome und Molekülteilchen zerlegt und sofort wieder neu zusammengesetzt. Trotz alledem verändern sich Menschen- und Tierrassen nur allmählich, im Lauf von zahllosen Generationen. Die spiraligen Drehungen von Abermillionen elektronischen Impulsen um einen zentralen DNA-Strang duplizieren die Bewegung des galaktischen Gesamtsystems durch die Zeit. Die Frage ist, wie man den kosmischen Vorgang zunächst genauer verstehen und dann auf das individuelle Leben übertragen kann.

Astrologie ist Wissen um die Zeit

Die Experimente auf dem Gebiet der ›biologischen Zeit‹ von Pierre Lecompte de Nouy (1883—1949) bilden die Grundlage der Beziehung zwischen Astrologie und Biologie. Während des Ersten Weltkriegs analysierte de Nouy die Geschwindigkeit, mit der Wunden bei verschiedenen Altersgruppen heilen, und stellte dabei fest, daß der Körper mit zunehmendem Alter immer längere Zeit braucht, um Sauerstoff aufzunehmen und zu verarbeiten, was den Stoffwechsel beeinträchtigt und den Heilprozeß verlangsamt. Aus diesen Daten entnahm de Nouy, daß die Zeit für einen zwanzigjährigen, bzw. fünfzigjährigen Mann etwa viermal, bzw. sechsmal so schnell vergeht wie für ein fünf Jahre altes Kind.

Die sogenannte ›biologische Zeit‹ ergibt sich aus der Beziehung zwischen Stoffwechsel und Wahrnehmung. Der Stoffwechsel ist die Geschwindigkeit, mit der ein Organismus Nahrung und Sauerstoff verarbeitet, er ergibt sich aus dem relativen Körpergewicht, der Atmungsgeschwindigkeit, Nahrungsaufnahme und dem Alter des Lebewesens. Beim Menschen wird die Wahrnehmung der vergehenden Zeit in erster Linie von der Anzahl der vom Gehirn aufgenommen Eindrücke pro Zeiteinheit bestimmt. Wenn sich der Stoffwechsel beschleunigt, steigt auch die Rate, mit der Eindrücke innerhalb von meßbaren Zeiträumen verarbeitet werden. Wenn normalerweise sechs Eindrücke pro Sekunde verarbeitet werden, aber im Zustand der Agitation neun, überschätzt das Gehirn die Länge der vergangenen Zeit und signalisiert, daß nicht eine, sondern anderthalb Sekunden vergangen sind — eine Fehlinformation, die das Gefühl erzeugt, daß die Zeit sehr langsam vergeht. Wenn sich der Stoffwechsel verlangsamt, empfängt das Gehirn nur drei Eindrücke pro Sekunde und unterschätzt daraufhin die Dauer der vergangenen Zeit, weil es dem Gehirn vorkommt, als sei nur eine halbe Sekunde vergangen. Aus diesem Grund scheint die Zeit schneller zu vergehen, wenn der Stoffwechsel langsamer und der Körper älter wird.

Bei der Zeugung/Empfängnis wird die Geschwindigkeit des Stoffwechsels von der überaus schnellen ›molekularen‹ Zeitskala des Ovums determiniert, während der Stoffwechsel im Moment des Todes zum Stillstand kommt. So erklärt sich das Gefühl der ›unendlich langsam vergehenden Zeit‹ während unserer Kindheit und das Gefühl, daß die Zeit mit zunehmendem Alter immer mehr dahinrast, bis man kaum noch mithalten kann. Aber der Stoffwechsel kann auch durch Erregung und Stimulation beschleunigt werden und im fortgeschrittenen Alter vorübergehend ein ›jugendliches‹ Zeitgefühl erzeugen, während Langeweile und Depressionen den Stoffwechsel von jungen Leuten verlangsamen. Unser Zeitgefühl wird außerdem ständig von internen und externen Umständen beeinflußt, unter anderem von Diät, Sinneseindrücken, Drogen, psychologischen Zuständen und physiologischen Faktoren.

Die Rate des Stoffwechsels entspricht der jeweiligen Größe eines Organismus. Rodney Collin stellte ähnliche Proportionen zwischen der Lebensspanne und dem Atem fest, und dies bei allen möglichen Lebensformen: von der Körperzelle bis zum Menschen, bei der Erde, wie bei Sonne und Milchstraße. Collin erklärt, daß jeder der vielen Kosmosse ein relatives Zeitgefühl besitzt, und daß eine Lebensspanne auf jeder beliebigen Ebene des Daseins als subjektiv genauso lang wie irgendeine andere empfunden wird, egal ob es sich um die Lebensspanne einer Milchstraße oder eines Insekts handelt. Eine Eintagsfliege hat eine Lebensspanne von einem Tag, lebt ihr kurzes Leben dafür aber 30.000mal schneller als ein Mensch. Die Eintagsfliege kann daher nur auf Informationen und Wahrnehmungen in einem 30.000mal beschleunigten Zeitrahmen reagieren. Tonwellen müssen ihr wie enorm langsame Pulse vorkommen, und in der räumlichen Dimension würde die Stimme eines

Menschen, der die Fliege über die Länge seines Gartens hinweg anschreit, aus einer Entfernung von etwa 17.000 Metern kommen. Die Fliege bewegt sich mit einer Geschwindigkeit am Rande der menschlichen Wahrnehmung, während die Fliege den Menschen als unbeweglichen Koloß wahrnimmt. Wenn eine Eintagsfliege in einen Sturmregen fliegt, nimmt sie die Bewegung der Wasserpartikel wahr, wie ein Mensch das allmähliche Vorrücken eines Eisbergs in der Arktis. Luft wäre ein flüssiges Medium, und Wasser müßte wie Festland für unsere Eintagsfliege sein.

Das menschliche Gedächtnis arbeitet in vergleichbaren mathematischen Proportionen wie der Stoffwechsel und trägt ebenfalls zu der allmählichen Beschleunigung des Zeitsinns bei.

Jede momentane Wahrnehmung kann im Gedächtnis mit sämtlichen gespeicherten Erinnerungen verglichen werden. Mit jedem Tag werden weitere Erinnerungen gespeichert, und mit fortschreitendem Alter wird die Gedächtniskollektion immer größer. Jeder neue Tag wird in eine Beziehung zur Gesamtheit gesetzt und enthält zugleich auch die Gesamtheit. Der erste Lebenstag eines Kindes macht beispielsweise $^1/_1$. oder 100 Prozent der Gesamtheit seiner bisherigen Lebensdauer aus, und die Eindrücke dieses Tages hinterlassen tiefgreifende Prägungen, wie die Frauenbewegung dieses Jahrhunderts erkannt hat.

Der zweite Lebenstag wird mit den Erinnerungen an den ersten verglichen und macht so $^1/_2$ oder die Hälfte der Lebensspanne aus. Der dritte Lebenstag macht ein Drittel der gesamten Lebensspanne aus, und so fort, bis das Kind im Alter von einem Jahr $^1/_{365}$. seines gesamten Lebens verbracht hat, und im Alter von dreißig Jahren $^1/_{10.000}$. Mit dem Alter nimmt jeder neue Tag eine geringere Portion der Gesamtheit ein; die Zeit scheint zu schrumpfen und immer schneller zu vergehen. In der Mathematik kann dieser Schrumpfungsprozeß des Lebens in der Zeit in Form einer logarithmischen Progression ausgedrückt werden.

Leben ★ Zeit Astrologie

Das Ovum in der menschlichen Gebärmutter hat eine Lebensspanne von einem Mondzyklus. Die durchschnittliche Lebensdauer des Zellkörpers hingegen beträgt etwa eintausend Mondzyklen oder 77 Jahre. Das Ovum existiert demnach auf einer eintausendmal schnelleren Zeitskala als ein 77 Jahre alter Mensch, und die Lebensdauer eines Ovums macht nur ein Tausendstel der Lebensdauer des gesamten Zellkörpers aus.

Die Lebenszeit eines Organismus kann auf eine logarithmische Skala übertragen werden, wenn man den Mondzyklus (MZ) zur Basis nimmt und diesen dann logarithmisch verzehnfacht. Die Zahlenreihe 1, 2, 3, 4 wäre auf der logarithmischen Skala dann eine Sequenz von 1, 10, 100, 1000 usw. Die Skala beginnt mit der Zeugung (1 MZ), worauf die zehn Mondzyklen der embryonalen Entwicklung folgen (neun Kalendermonate), dem folgt die Geburt (10 MZ). Einhundert Mondzyklen nach der Geburt (im Alter von sieben Jahren) ist die Persönlichkeit geformt worden und die Kindheit nach normalem Ermessen abgeschlossen. Aus diesen Unterteilungen ergeben sich nun drei ›Oktaven‹ der Entwicklung im Leben: *die embryonale Entwicklung, die Kindheit und das Erwachsensein.* Diese Oktaven sind kalendarisch gemessen ungleich, aber in der subjektiven Wahrnehmung umfassen sie gleich große Zeiträume.

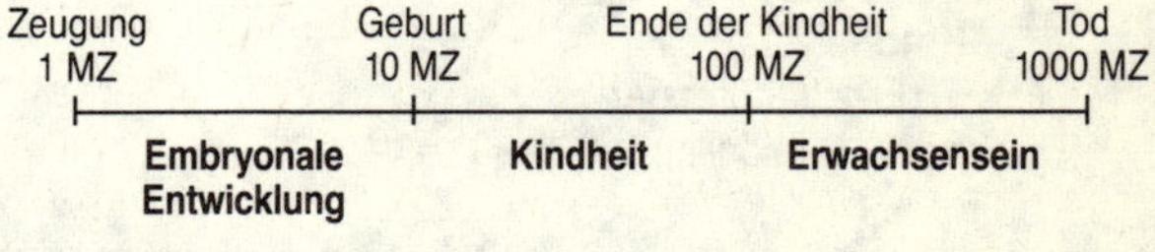

Während der embryonalen Entwicklungsphase wird der physische Körper im Mutterschoß geschaffen; während der Kindheit wird die Persönlichkeit im Schoß der Familie geschaffen; und während des Erwachsenseins wird die Seele durch Erfahrungen mit der erweiterten Umwelt geschaffen. Die Seele ist die Summe aller angesammelten individuellen Erfahrungen im Lauf sämtlicher Lebenszeiten; sie besteht in ihren tieferen Schichten aus den feinstofflichen Energien aller jemals gemachten Erfahrungen der Lebenskraft schlechthin. Jede nächsthöhere Oktave umfaßt zehnmal soviel kalendarische Zeit wie die vorangegangene, erfordert aber die gleiche Energiemenge und Wachstumsquote.

Wenn man die logarithmische Zeitskala auf die Kreisform überträgt, geht der Tod immer in die Zeugung über (Abbildung 17). Im Augenblick der Zeugung betritt die Seele die Raum-Zeit-Konstante in einem spiralförmigen Sonnensytem, woraus sich ein ganz bestimmtes astrologisches Muster ergibt. Das durch die Zeugung aktivierte Muster manifestiert sich auf der physischen Ebene als genetischer Kode, aber auf der nichtstofflichen Ebene handelt es sich um ein morphogenetisches Resonanzfeld, welches die zukünftige Form des soeben gezeugten Lebewesens bestimmt und sein gesamtes Potential enthält.

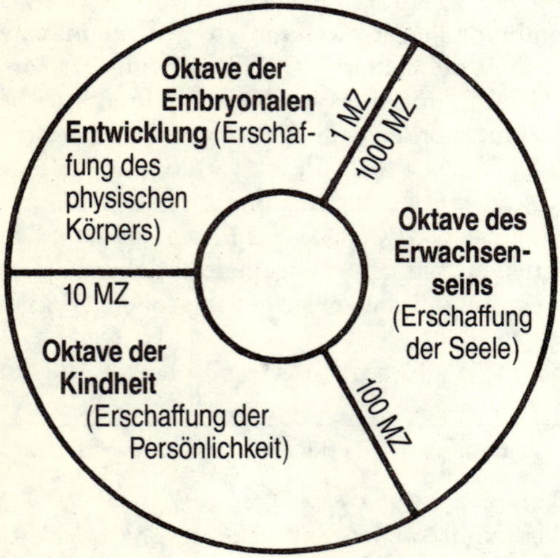

Abbildung 17: Astrologische Oktaven
Die Embryonale Entwicklung beginnt einen Mondzyklus (1 MZ) nach der Zeugung, wenn das befruchtete Ei sich in der Gebärmutter einnistet. Nach zehn weiteren Mondzyklen findet die Geburt statt; nach hundert Mondzyklen ist die Phase der Kindheit normalerweise beendet. Etwa tausend Mondzyklen nach der Zeugung stirbt der Körper im durchschnittlichen Alter von 77 Jahren. Das Ganze ist ein Kreis, in dem Zeugung und Tod, Anfang und Ende beieinanderliegen und ineinander übergehen.

Damit begibt sich die Lebensenergie also in den Bereich von Raum und Zeit und betritt ein Reich, in dem sie sehr viel unbeugsameren Gesetzen unterworfen ist als in den Bereichen der grenzenlosen Geisteskraft. Man nennt diesen Vorgang eine ›Inkarnation‹. Ungebundener Geist gebiert sich in einen vererbten Kode hinein und wird an das Kreuz der materiellen Welt des Fleisches geschlagen, auf das karmische Rad von Ursache und Wirkung gespannt. Im Augenblick des Todes ist alles, was die Seele im Leben erfahren wollte, ausgelebt worden und rollt noch einmal wie ein Film vor den Augen des Sterbenden ab. Alles Ausgelebte ist aktualisiertes Potential, und alle Ereignisse im Leben sind Stufen in diesem Transformationsprozeß vom potentiell Vorhandenen zum tatsächlich Realisierten.

Wenn man die logarithmische Zeitskala nun auf das Horoskop überträgt und in zwölf Entwicklungsstadien unterteilt, die den zwölf ›Häusern‹ der traditionellen Astrologie entsprechen, dann gibt uns die Position der Planeten in den Häusern Auskunft über folgende Dinge im Leben des neugeborenen Individuums:

- Die Zeiten, in denen bestimmte Ereignisse im Leben auftreten werden.
- Individuelle Charaktereigenschaften und archetypische Einflüsse, die Verhalten und Denkweise des Individuums prägen.
- Einflußreiche Personen im Leben und entsprechende innere Mechanismen.
- Drüsenfunktionen und die Zeiten der Entwicklung des körperlichen Organismus.

Die Verbindung von biologischen Zeitfolgen und Astrologie ergibt ein revolutionäres Denkmodell, das uns Auskunft über so unterschiedliche Dinge wie Psychologie, Kindererziehung, Heilmittel, berufliche Aussichten, mögliche Bewußtseinsentwicklungen und vieles mehr gibt.

Mit der logarithmischen Zeitskala können wir die groben Züge ebenso wie die subtilsten Muster des Lebenswegs eines Menschen nachvollziehen. Der Lebensweg umrundet den symbolischen Kreis des Horoskops und kann auf allen möglichen Ebenen interpretiert werden: der spirituellen, psychologischen, emotionalen und biologischen Ebene. Wir können die Ereignisse im Mutterleib vom Standpunkt der Mutter aus nachvollziehen, ebenso wie längst vergessene, früheste Kindheitserlebnisse mit den dazugehörenden Ursachen und Personen. Das Horoskop ist ein symbolisches Abbild der äußeren Umstände und der internen psychologischen Gegebenheiten im Lauf einer Lebenszeit, und das Problem liegt jeweils in der korrekten Interpretation der astrologischen Symbolsprache.

Das Leben ist ein Kreislauf. Nur wenn man den Ursprung eines Verhaltensmusters erkennt, kann man das gegenwärtige und zukünftige Verhalten korrekt interpretieren. Die Lebens ★ Zeit Astrologie besteht aus einer Analyse der Vergangenheit und macht daher auch eine weitgehend akkurate Projektion auf die Zukunft möglich.

Die Sternzeichen des Horoskops sind Symbole für den zwölffältigen Fortlauf der Entwicklungsstadien im Leben auf verschiedenen Daseinsebenen. Die zwölf Häuser des Horoskops werden entgegen dem Uhrzeigersinn angeordnet und folgen der Entwicklung des Individuums von seiner Zeugung bis zum Tod. Das Anfangszeichen im Tierkreis ist der Widder; die Eigenschaften des Widders wiederum decken sich mit denen des ersten Hauses (Abbildung 18, Tabelle 2). Die Tabelle bietet eine Übersicht über die zwölf Sternzeichen und die generellen Eigenschaften der ihnen entsprechenden Häuser.

Die Leben ★ Zeit Astrologie verfolgt den Entwicklungsprozeß eines Individuums, vom wahren Lebensanfang bis zum Ende eines Kreisdurchlaufs:

- *Die Embryonale Entwicklung:*

In dieser Phase wird der *physische Körper* geschaffen und der gesamte Entwicklungsprozeß vom Einzeller bis zum Homo Sapiens im Zeitraffer nachvollzogen. Hier wird die ursprüngliche Beziehung zu den Eltern entwickelt; auch Art und Umstand des Geschlechtsakts, der zur Zeugung des Kindes führte, sowohl wie der universelle Mechanismus des Schöpfungsakts drückt sich in den Häusern und Zeichen, die dieser Phase entsprechen, aus.

- *Kindheit:*

In dieser Phase wird der *Emotionalkörper* im Zusammenhang mit dem Familiensystem geschaffen. Die Persönlichkeit wird zunächst durch den Geburtsvorgang geprägt. Der Einfluß von Personen in der frühesten Kindheit sorgt für die Heranbildung von unterschiedlichen Charakterzügen (Subpersönlichkeiten).

- *Erwachsensein:*

In dieser Phase wird der *Mentalkörper* ausgebildet. Hier wird der Mensch geschult, findet Arbeit, gründet eine Familie und bestimmt die Richtlininen für den Rest seines Lebens.

- *Transzendenz:*

In dieser Phase wird der *transpersonale* oder *spirituelle* Körper geschaffen, der außerhalb der Zeit existiert und eine höhere Oktave der Embryonalphase ist. Auf dieser Oktave entdeckt der Mensch seine wahre Natur und entwickelt sich potentiell so weit, daß er mit vollem Bewußtsein zu seinem eigenen Ursprung zurückfindet.

Tabelle 2: Die Sternzeichen

♈	*Widder, der Rammbock*	Kardinales, maskulines Feuerzeichen	00 Grad — 30 Grad

21. März bis 20. April. Zeit des Keimens, Entfaltungsenergie. Selbstbehauptung; Energie für einen Neubeginn, Abenteuer, Kühnheit, Ungeduld. Die Heranbildung der Persönlichkeit.

♉	*Stier, der Bulle*	Feststehendes, feminines Erdzeichen	30 Grad — 60 Grad

20. April bis 21. Mai. Belebend und stärkend; Formen und Bilden, Bewahren. Die physische Welt; Materie, Fruchtbarkeit, Sicherheit, Finanzen; Erhaltung und Verwaltung von Formen; Ausdauer.

♊	*Zwillinge*	Veränderliches, maskulines Luftzeichen	60 Grad — 90 Grad

21. Mai bis 22 Juni. Multiplikation, Differenzierung, Vitalität, Anpassungsfähigkeit. Instinktive Auffassungsgabe, Imitieren, Kommunizieren, Dualität, Vielseitigkeit; geistige Gewandtheit.

♋	*Krebs, die Krabbe*	Kardinales, feminines Wasserzeichen	90 Grad — 120 Grad

22. Juni bis 23. Juli. Empfängnis, Befruchtung, Blühen. Gefühle, Stimmungsschwankungen; die Mutter, Heim und Familie; das Unbewußte, Träume; instinktives Beschützen oder Schutzsuchen.

♌	*Löwe*	Feststehendes, maskulines Feuerzeichen	120 Grad — 150 Grad

23. Juli bis 24. August. Reifezeit, Sommerhitze. Energiegeladene Extrovertiertheit. Ernten. Selbstdarstellung; persönliche Liebe, Verspieltheit, Genuß. Herrschsucht, Eitelkeit, Arroganz.

♍	*Jungfrau*	Veränderliches, feminines Erdzeichen	150 Grad — 180 Grad

24. August bis 23. September. Reife Frucht; geordnetes Sammeln und Speichern. Selektiv sein, Unterscheidungsvermögen. Strebsamkeit, Perfektionismus. Gesundheit. Diät und Hygiene. Analyse, Voraussicht.

♎	*Waage*	Kardinales, maskulines Luftzeichen	180 Grad — 210 Grad

23. September bis 24. Oktober. Balance und Abwägen, Erntedankfest, gesellschaftliche Erwägungen, Partnerschaften, Heiraten, Public Relations. Feinde. Manipulation, Sublimation, Nachgeben.

♏	*Skorpion*	Feststehendes feminines Wasserzeichen	210 Grad — 240 Grad

24. Oktober bis 23. November. Absterbende Vegetation, Leben als Keim, Uberlebenswille, Zähigkeit. Tod und Regeneration, Leidenschaft, Trennung, Verluste, Erbschaften. Metaphysische Erkenntnisse.

♐	*Schütze, der Zentaur*	Veränderliches, maskulines Feuerzeichen	240 Grad — 270 Grad

23. November bis 22. Dezember. Winterschlaf, Adventszeit, inneres Leben; Meditation, Expansion. Realisation, höhere Verstandesfunktionen. Religion und Philosophie. Aktivität, Sport, Freiheitsdurst. Wiedergeburt.

♑	*Steinbock, der Ziegenfisch*	Kardinales, feminines Erdzeichen	270 Grad — 300 Grad

22. Dezember bis 20. Januar. Präservation, Geduld, Realitätssinn, Konzentration. Materielle Vollendung, Ego-Ziele, Organisation, Macht, Erfolg, Gesellschaft, Regierung.

♒	*Wassermann, der Wasserträger*	Feststehendes, maskulines Luftzeichen	300 Grad — 330 Grad

20. Januar bis 19 Februar. Warten, Fasten, Lenz, Observation, planen, abstrahieren. Soziales Bewußtsein, Humanität, kollektive Arbeit, progressiv. Kälte. Utopien, Visionen.

♓	*Fische*	Veränderliches, feminines Wasserzeichen	330 Grad — 360 Grad (0)

19. Februar bis 21. März. Schwellendes Saatgut, purifizierender Regen, Gelassenheit; Potential, Sensibilität, Empfänglichkeit, Selbstaufopferung. Außersinnliche Wahrnehmung, Karma, Isolation, Krankheiten. Träume und Verträumtheit.

Anmerkung zu Tabelle 2: Die Sternzeichen
Jedes Sternzeichen repräsentiert die Eigenschaften eines Drittels einer Jahreszeit und beschreibt die natürliche Entwicklung des Lebens auf den verschiedenen Daseinsebenen zu dieser Zeit. (Aus A. T. Manns ›*Leben ★ Zeit Astrologie*‹)

Das Horoskop ist eine symbolische Darstellung der Art und Weise, wie potentielle Lebensmuster sich entfalten.

Der Anfang und das Ende jedes Hauses wird vom Geburtsort und der genauen, individuellen Geburtszeit bestimmt. Jedes der zwölf Häuser entspricht einer Entwicklungsstufe des Bewußtseins in einer Sequenz, die große Ähnlichkeiten mit den Konzepten des Psychologen Piaget und denen des Philosophen Ken Wilber aufweist. Das jeweils nächsthöhere Haus assimiliert und integriert das Wachstum des vorherigen Hauses auf einer höheren Ebene oder Oktave. Auf der logarithmischen Zeitskala findet in jedem Haus eine psychologische und geistige Entwicklung statt, die der gesamten vorangegangenen

Entwicklung gleichkommt, obwohl man etwa gleich viel Zeit benötigt, um jedes sukzessive Haus zu erfahren. Zum Beispiel entwickelt ein Kind sich in den sechs Jahren der Grundschulausbildung im fünften Haus (von sieben bis dreizehn Jahre) etwa ebenso weit fort wie in der gesamten vorangegangenen Zeit seit seiner Zeugung.

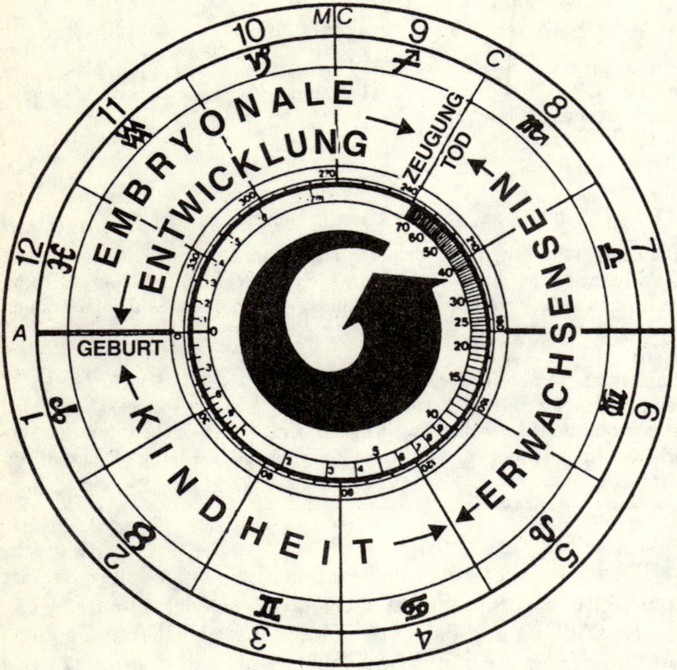

Abbildung 18: Horoskop mit den Entwicklungsphasen
Man kann die Entwicklungsphasen des Menschen auf das individuelle Geburtshoroskop übertragen und dabei jede beliebige Geburtsstunde als Ausgangspunkt nehmen. Das obige Horoskop ist archetypisch, da der Moment der Geburt im ersten Grad des ersten Sternzeichens (Widder) liegt. Obwohl die Häuser auf dieser Darstellung gleich große Zwölftel im Kreis bilden, sind die Häuser eines genau berechneten Horoskops nie gleich groß, sondern entsprechen der elliptischen Erdumlaufbahn und der Länge der Zeit, die ein Individuum braucht, um ein Haus zu erfahren.

Der Lebensvorgang

Die logarithmisch-biologische Zeitskala der Leben ★ Zeit Astrologie entspricht den Hauseinteilungen der traditionellen Astrologie und mag sogar die Wurzel der ursprünglichen Rechenweise gewesen sein. Aber die uns überlieferte, traditionelle Astrologie beschränkt sich auf generelle Charakterstudien und die Erforschung der psychologischen Mechanismen im Individuum, läßt dabei jedoch das Gesamtbild außer acht. Erst mit einer logarithmisch-biologischen Zeiteinteilung macht man den Sprung auf eine höhere Stufe der Wahrnehmung. Es ist ein Quantensprung, ähnlich dem der modernen Wissenschaft bei ihrer Abkehr von Newtons statisch-linearer Realität und der Hinwendung zu Einsteins universeller Relativität. Also müssen die Gesetze dieser neuen Zeitskala genauestens erklärt werden.

Die logarithmische Rechenweise beginnt nicht mit der Null, sondern als einziges Rechensystem der Welt mit der Ziffer eins. Wie man weiß, enthält jede im Universum beobachtete Einheit eine Reihe von untergeordneten Einheiten auf kleinerer Skala. Je kleiner logarithmische Zahlen werden, desto näher kommen sie der Nullsumme, ohne sie jedoch jemals ganz zu erreichen — ein Umstand, der das Mysterium dieser Schöpfung reflektiert. Nehmen wir den menschlichen Zellkörper als Beispiel, der aus den Einheiten des weiblichen Eis und des männlichen Samens hervorgeht: Er konnte nicht aus dem Nichts der Null hervorgehen (es sei denn, man akzeptiert das biblische Konzept der spontanen Schöpfung), sondern nur aus der Einheit, die von der Zahl Eins symbolisiert wird. Also wird nur die logarithmische Rechnungsweise dem Lebensvorgang im großen göttlichen Plan auf den verschiedenen Daseinsebenen gerecht.

Sieben Wochen nach der Zeugung hat ein weiblicher Fötus bereits das potentielle Muster für sämtliche zukünftigen Eier seines Lebens aus dem zusätzlichen Chromosom der Mutter entwickelt. Die Mutter hat dieses schöpferische Potential von ihrer eigenen Mutter geerbt, und so fort, bis zurück zum ersten weiblichen Ei der Menschheitsgeschichte. Jedes Ovum ist somit direkt mit dem ersten Leben verbunden und in diesem Sinne ewig. Während der Embryonalphase wiederholt das Ei die entwicklungsgeschichtliche Metamorphose des gesamten menschlichen Kollektivs. In jeder Zelle unseres Körpers tragen wir die Geschichte des Lebens mit uns herum.

Obwohl das Horoskop ein Kreis ist, muß man es eigentlich als dreidimensionale Spirale verstehen. Die Achse, an der sich die Spirale des Horoskops entlangwindet, ist die Zeit, und die Entwicklung des Individuums in der Zeit steigt in zylindrischer Form vom Zentrum des Horoskops in die Höhe. Die spirituelle Entwicklung eines Menschen kann grafisch wie auf der Abbildung 19 dargestellt werden, wo das Geburtshoroskop einen Querschnitt durch den Zylinder der zeitlichen Entwicklung bildet. Im Lauf des Lebens füllt sich der Zylinder mit immer mehr Erfahrungen. Der gegenwärtige Moment ist die Oberfläche des Zylinders zu jedem beliebigen Zeitpunkt im Leben.

Das Innere des Zylinders steht unter dem Einfluß von zahllosen Planetenkonstellationen im Lauf einer Lebenszeit. Jedesmal, wenn ein Planet auf seiner spiralförmigen Bahn durch Raum und Zeit an den Punkt im Zylinder zurückkehrt, den er beispielsweise zur Stunde der Geburt eingenommen hat, wird ein astrologisch interpretierbares Ereignis ausgelöst, ähnlich den Zahlenkombinationen, die einen Safe öffnen können. Alle Planeten kehren periodisch an bestimmte Punkte auf ihrer Bahn zurück, also ergeben sich ständig neue Kombinationen, die das Geburtshoroskop tangieren.

In der traditionellen Astrologie bildet der Aszendent den Anfang des ersten Hauses und wird damit zum Ausgangspunkt des zu interpretierenden individuellen Lebens. Die Eigenschaften des Sternzeichens Widder werden auf den Aszendenten übertragen und überlagern das Zeichen des individuellen Aszendenten. Die Leben ★ Zeit Astrologie verlegt den Lebensbeginn jedoch auf die *Zeugung*, also etwa neun Monate *hinter* den Aszendenten und an den Anfang des neunten Hauses, akzeptiert aber wie die traditionelle Astrologie, daß die Eigenschaften des neunten Hauses vom Sternzeichen Schütze geprägt werden.

Jedes Haus repräsentiert eine Entwicklungsphase im individuellen Leben und schwingt mit der Energie der äquivalenten Evolutionsstufe, wie auf den folgenden Seiten und auch später im fünften Kapitel erklärt wird. (Die traditionellen Interpreta-

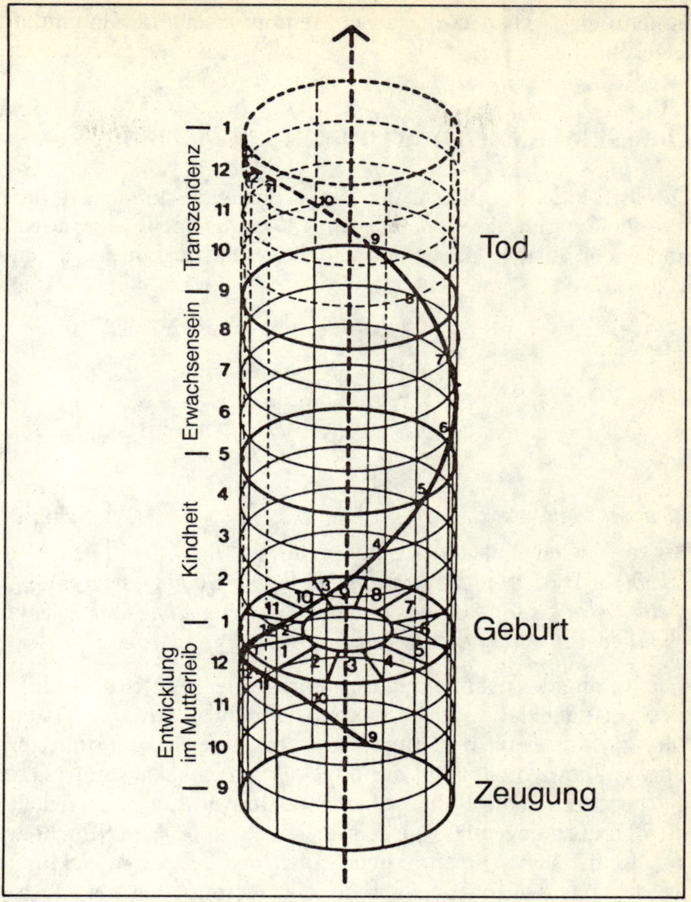

Abbildung 19: Die Spirale des Lebens
Wenn das gewöhnliche zweidimensionale Horoskop mit einer aufsteigenden Zeitachse versehen wird, kann das Leben des Individuums als zylindrische Form betrachtet werden, bei der die Zeugung am unteren Ende und die Transzendenz des Zeitbewußtsein am oberen Ende des Zylinders liegen. Je älter das Individuum wird, desto mehr Erinnerungen füllen diesen Zylinder. Die aufsteigende Oberfläche der Erfahrungen innerhalb des Zylinders stellt den gegenwärtigen Moment in der Bewußtseinsentwicklung dar.

tionen der Zeichen und Häuser werden jeweils in Klammern angeführt.)

Die Oktave der Embryonalen Entwicklung

Die astrologische Oktave der Embryonalentwicklung beginnt mit der Zeugung-Empfängnis am Anfang des neunten Hauses und endet mit der Geburt am Aszendenten (Beginn des ersten Hauses).

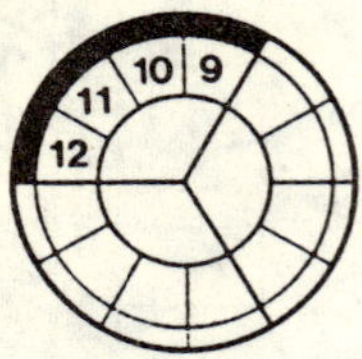

Neuntes Haus — ***Schütze***

Bis zu 7 Wochen nach der Empfängnis
(Höhere Vernunft, Meditation, Religion und Gesetzgebung, weite Reisen, Einflüsse aus fremden Ländern, Philosophie, Psychologie, Einweihung, Selbsterkenntnis.)

Der Anfang des neunten Hauses repräsentiert den Geschlechtsakt, bei dem das Ei vom Sperma befruchtet wird. Im ersten Mondzyklus nach der Empfängnis findet ein komprimierter Entwicklungsvorgang auf der molekularen Zeitskala statt. Das befruchtete Ei haftet an der Gebärmutterwand und entwickelt die drei grundlegenden Körpersysteme aus spiraligen Schichten von Keimzellen. Die frühesten Stufen der Lebensentwicklung werden nachvollzogen, während die Mutter noch keine Ahnung hat, daß eine schöpferische Energie in ihr wirksam wurde und sie schwanger ist.

Zehntes Haus — ***Steinbock***

7 bis 12 Wochen nach der Empfängnis
(Materielle Vollendung, Perfektion, konkrete Beziehungen, Organisation, Vater, öffentliche Angelegenheiten, Ruhm und Erfolg, Ambition, Streben nach Höherem, Pragmatismus.)

Der buddhistischen und hinduistischen Tradition zufolge tritt die Seele etwa 49 Tage nach der Empfängnis in die physische Form ein. Das Embryo wird zum Fötus, entwickelt Geschlechtsmerkmale und die ersten Eigenheiten seiner späteren Körperform. Zum Zeitpunkt des Eintritts in das zehnte Haus stellt die Mutter fest, daß sie schwanger ist, reagiert auf diese Tatsache und spiegelt die Reaktionen der Umwelt, insbesondere die des Vaters wider. Das spirituelle Bewußtsein der Mutter prägt das Bewußtsein des ungeborenen Kindes. Die Stabilität des Kindes hängt von der Stabilität der Elternbeziehung und dem materiellen Organisationstalent der Eltern ab.

Elftes Haus ***Wassermann***

12 bis 28 Wochen nach der Empfängnis
(Altruismus, Selbstlosigkeit, Humanität, Idealismus, Planung, Freundschaften, Gruppenbeziehungen, soziale Angelegenheiten, Abstraktionen.)

In der mittleren Phase der Embryonalentwicklung, bevor eine merkliche Gewichtszunahme bei der schwangeren Mutter auftritt, konzentriert sich die werdende Mutter auf das Zukünftige, das noch Ungeborene, und zieht sich in abstrakte Gedankenbereiche zurück. Sie plant, spekuliert und idealisiert den Vorgang der Schwangerschaft und Geburt. Ihre Gedanken kreisen nicht mehr um die eigene Person, sondern um das Kind und sein Potential. Sie fühlt sich zu anderen Müttern und Gruppenaktivitäten im Zusammenhang mit der Schwangerschaft hingezogen.

Zwölftes Haus ***Fische***

28 Wochen nach der Empfängnis bis zur Geburt
Selbstaufopferung, extreme Beeindruckbarkeit, Feingefühl, außersinnliche Wahrnehmungen, Karma, Schicksal, Realitätsflucht, Isolation, Institutionen, Einsamkeit.)

Der Körper der Mutter nimmt an Gewicht zu und sammelt Wasser an, was ihre Beweglichkeit einschränkt, sie zunehmend verletzlich und hochempfänglich für Eindrücke von außen macht und den außersinnlichen Kontakt mit dem Kind und der

Umwelt erhöht. In den Tiefen ihres Inneren bereitet sie sich auf die Aufopferung ihrer früheren Identität vor und ›stirbt‹, um als Mutter neu geboren zu werden.

Die Oktave der Kindheit

Die Oktave der Kindheit ist die Periode zwischen Geburt und dem siebenten Lebensjahr, während der die Persönlichkeit des Kindes im Rahmen der Familie geformt wird. Die Planetenkonstellationen während dieser Zeit zeigen an, welche Einflüsse das Verhalten des Kindes prägen und welche Art von Projektionen von dem Kind auf Eltern, Geschwister und sonstige Personen in der Umgebung übertragen und zurückgeworfen werden. Die Persönlichkeit besteht aus Instinkten, Gefühlen und angelernten Wertvorstellungen, und die Phase, in der sie geformt wird, entspricht dem Frühstadium der menschlichen Bewußtseinsentwicklung, als der Mensch sich noch als integraler Teil einer größeren Gesamtnatur verstand.

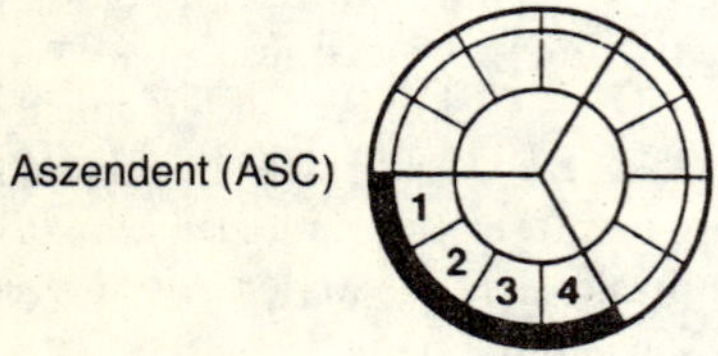

Aszendent

Geburt

Der Geburtsvorgang spiegelt bereits die Eigenheiten der zukünftigen Persönlichkeit wider, die gerade geboren wird. Eine leichte Geburt führt zu einer extrovertierten, ausdrucksstarken Persönlichkeit, während lang anhaltende Wehen eine schüchterne, zurückgenommene Persönlichkeit anzeigen. Personen, die während des Geburtsvorgangs anwesend sind, repräsentieren die Prototypen der Subpersönlichkeiten, die später vom Kind entwickelt werden, ebenso wie ihre Beziehung zum Gesamtkomplex der Persönlichkeit. Geschichtlich gesehen symbolisiert der Aszendent das erste Erwachen des prähistorischen Bewußtseins.

Erstes Haus — *Widder, der Rammbock*

Von der Geburt bis zum Alter von sieben Monaten
(Selbstbehauptung, die Ego-Persönlichkeit, Form und Erscheinung des physischen Körpers, frühe Familieneinflüsse, Unabhängigkeit, Selbstsucht.)

Das neugeborene Kind bindet sich an die Mutter und sucht Schutz, Nahrung und Unterstützung bei ihr. Fast alle Energie des Kleinkinds richtet sich auf die Befriedigung seiner unmittelbaren Bedürfnisse und auf die Behauptung seiner Persönlichkeit im Familienkreis. Kinder nehmen andere Personen als Verlängerungen ihrer selbst wahr.

Zweites Haus — *Stier, der Bulle*

Sieben Monate bis zum Alter von einem Jahr und acht Monaten.
(Körperlichkeit, undifferenzierte Materie, reine Substanz, die Sinne, Eindrücke, Sicherheit, Besitztum.)

Nach Abschluß der Stillphase entdeckt das Kind seinen eigenen Körper als ein Objekt unter vielen anderen Objekten und lernt, seine Sinne bei der Erforschung der physischen Welt zu benutzen.

Drittes Haus — *Zwillinge, die Zweiheit*

Ein Jahr und acht Monate bis zum Alter von dreieinhalb Jahren.
(Instinktives Gespür, Kommunikation, Beweglichkeit, Anpassung, Imitation, Geschwister, Diversifikation, kurze Reisen.)

Das Kind kann laufen, sprechen und wird unabhängiger und beweglicher. Die Notwendigkeit der Kommunikation mit anderen führt dazu, daß das Kind beobachtet und nachahmt, was zu einer weiteren Vertiefung der Dualität beiträgt, die das ›Ich‹ vom ›anderen‹ trennt.

Viertes Haus *Krebs, das Schalentier*

Dreieinhalb Jahre bis zum Alter von sieben Jahren
(Eltern und die Mutter, Heimat, Geborgenheit, Gefühlswelt, Empfänglichkeit, Erbanlagen, Intuition, übersinnliche Fähigkeiten, das persönliche Leben, Fragen der Zugehörigkeit.)

Die Kommunikationsfähigkeit des Kindes wird ausgebildet, und seine Gefühlsreaktionen auf die Umwelt werden deutlicher. Die Beziehungen zwischen einzelnen Familienmitgliedern sind dem Kind intuitiv verständlich. Das Gefühl der Zugehörigkeit und das Wissen, daß man akzeptiert wird, bedeutet Sicherheit in diesem Alter.

Die Oktave des Erwachsenseins

Die dritte Oktave ist die der Reifezeit, während der Körper und Persönlichkeit kombiniert und integriert werden, um ihr vielfältiges Potential in der Welt zu manifestieren. Die Seele wird durch Selbsterfahrung, Arbeit und im Lauf des Familienlebens wiederentdeckt, und der Mentalkörper entwickelt eine Lebensphilosophie. Die Entwicklung während dieser Phase entspricht der Entwicklung der Zivilisation und der Individualität in der Geschichte.

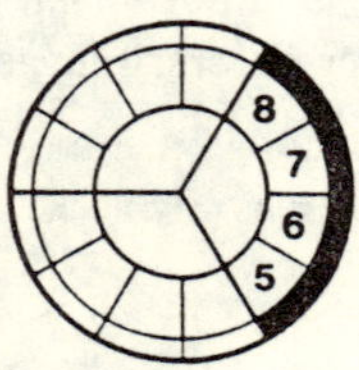

Fünftes Haus *Löwe*

Sieben Jahre bis zum Alter von 13 Jahren
(Selbstbewußtsein, Kreativität, Stolz, Zuneigung zu anderen, Eigenliebe, Auftritte, Schauspielen, Erziehung, Publikationen, Spekulation.)

Der Schulanfang stellt die erste Loslösung von der Familienstruktur dar. Jetzt lernt der Heranwachsende, wie man Beziehungen zu fremden Personen herstellt, und befriedigt sein Bedürfnis, auch von der erweiterten Umwelt geliebt zu werden. Die spielerische Annäherung an andere Menschen führt zur Entwicklung der Fähigkeit, Spielregeln im Umgang mit anderen sowohl zu akzeptieren als auch zu erfinden und durchzusetzen.

Sechstes Haus ***Jungfrau***

Von 13 bis 22 Jahre und fünf Monate
(Materielle Differenzierungen, Destillation, Unterscheidungsvermögen, Pubertät, Gesundheit und Diät, höhere Schulbildung, Arbeit, Dienst.)

Die Adoleszenz ist die Zeit des raschen körperlichen und geistigen Wachstums, in der der Jugendliche immer größere Verantwortung für eigene Entscheidungen übernehmen muß, die nicht selten den weiteren Lebensweg bestimmen; gesellschaftliche Regeln werden jetzt konfrontiert und/oder übernommen.

Siebtes Haus ***Waage***

23 Jahre und fünf Monate bis zum Alter von 42 Jahren
(Sublimation des Selbstbilds, Balance, Partnerschaften, Öffentlichkeit, Pflichten, Feinde, Gerechtigkeit, geschäftliche und kommunale Beziehungen, soziales Verhalten.)

Hier wird nach einem ausgewogenen Verhältnis zwischen privatem Glück und sozialen Verpflichtungen gestrebt, einer Balance zwischen Innenwelt und Außenwelt. Man gründet eine Familie, baut die Karriere auf und schafft dauerhafte zwischenmenschliche Beziehungen, die ihrerseits eine Reflektion aller früheren Umstände sind.

Achtes Haus ***Skorpion***

Von 42 Jahren bis zum Tod
(Lebensvorgänge, Karma, Trennungen, Tod, Erneuerung, okkultes Verständnis, Metaphysik, Vermächtnisse, Erbschaften, Großzügigkeit, Perversionen.)

Nach der Midlife-Krise findet ein allmählicher Rückzug vom weltlichen Leben statt; man stützt sich mehr auf die engsten

Verwandten oder Freunde und beschäftigt sich mit Dingen, die bis über den Tod hinaus Gültigkeit haben könnten. Die Lebensenergie, Gesundheit und die Sinneskräfte, wie die Sehkraft, schwinden. Das Gefühl, daß die Zeit immer schneller vergeht, wird stärker.

Die transzendente Oktave

»Wie kann ein Mensch geboren werden,
wenn er alt ist? Kann er ein zweites Mal in den Mutterschoß
eingehen und geboren werden?« Jesus antwortete:
»Wahrlich, wahrlich, ich sage Euch,
kein Mensch geht in das Königreich Gottes ein, es sei denn,
er wird vom Wasser und vom Geist geboren.«

Johannes-Evangelium

Auf der vierten Oktave geht das Individuum über seine Entwicklung auf den drei körperlich-materiellen Ebenen hinaus und begibt sich auf die Oktave der Transzendenz: eine Realität jenseits der Realitätsvorstellungen der individuellen Perönlichkeit. Die meisten Menschen sind in diesem Sinne eingeschlafen und funktionieren eher automatisch als bewußt, da sie ihr Dasein als einen körperlich-maschinellen Mechanismus mit einer begrenzten Lebensspanne begreifen. Aber es ist möglich, die Realitäten jenseits der Körperwelt direkt zu erfahren.

Der universelle Schöpfergeist, der schon für die Erzeugung eines neuen Lebewesens im Mutterschoß gesorgt hat, ist die transzendente Realität auf der vierten Oktave. Die Embryonalphase entspricht der transzendenten Bewußtseinsstufe insofern, als in beiden Fällen Einflüsse aus einer höheren Realität in die Entwicklung des Individuums eingreifen. Die Art der mütterlichen Reaktion auf die Tatsache, daß sie während der Schwangerschaft zum Instrument der Schöpferkraft schlechthin wird, also neues Leben aus sich hervorbringt, bestimmt die spätere Reaktion des Kindes auf spirituelle Einflüsse. Wenn die Mutter sich widerstandslos hingegeben hat, dürfte es dem Kind in späteren Jahren nicht schwerfallen, die Bereiche jenseits des rationalen Verstands zu erkunden. Der Eintritt in den transzendenten Bereich wird eine ›Initiation‹ genannt, und jede Initiation ist eine Erfahrung des Todes und der Empfängnis neuen Lebens auf einer höheren Bewußtseinsstufe.

Ursprünglich stellte die Initiation einen symbolischen Übergang von der Kindheit zum Erwachsensein dar. Die weibliche Einweihung fand mit dem ersten Menstruationszyklus statt, wo der heranwachsenden Frau das Wissen um den Geschlechtsakt, die Empfängnis und die Geburt vermittelt wurde. In der Leben ★ Zeit Astrologie spielt auch die ›Resonanz‹ zwischen der Embryonalphase und der Einweihung eine Rolle. In dem mittelalterlichen Text *›Die Maxime der Maria‹* wird der Vorgang beschrieben: »Eins wird zwei, zwei wird drei, und aus dem dritten kommt das Eine als das Vierte.« C. G. Jung bezieht diese Aussage auf psychische Gesetze, die alle Naturvorgänge regieren. Transzendenz bedeutet eine Rückkehr zum Anfang.

In der gnostischen Alchemie werden Himmel und Erde in Form von Mutterschößen dargestellt, in denen ein Transformationsprozeß stattfindet, bei dem nicht Blei in Gold verwandelt wird, sondern psychische und geistige Illusionen in die reine Erkenntnis der Wahrheit. Jung war der erste Psychologe, der die Parallelen zwischen dem Wachstum der menschlichen Psyche und den Visionen der mittelalterlichen Alchemisten publik machte. Johannes Fabrizius weist in seinem Buch *›Alchemie‹* darauf hin, daß es sich bei vielen, uns heute wirr und unverständlich vorkommenden alchemistischen Darstellungen um präzise Diagramme der einzelnen Entwicklungsstadien von der Zeugung/Empfängnis bis zur Geburt handelt (Abbildung 20). Der Schöpfungsakt, dem wir unser körperliches Leben verdanken, ist eine Rekapitulation der Evolution des Geistes seit seiner Inkarnation in die Materie, und wenn dieser Vorgang bewußt nachvollzogen wird, kommt dies einer direkten Gotteserkenntnis gleich.

In vielen primitiven Legenden und Volksweisheiten kommt der Glaube zum Ausdruck, daß ein sterbender Mensch sein gesamtes Leben noch einmal in einer raschen Bilderfolge vor den geistigen Augen abrollen sieht. Das Phänomen wird im Zuge von klinischen Untersuchungen von Beinahe-Todeserfahrungen

Abbildung 20: Alchemie und Mitose
Die Bewegung der Schlange innerhalb der alchemistischen Retorte ähnelt dem Vorgang der Mitose, bei dem eine Zellkernteilung der Chromosomen nach der Empfängnis stattfindet und die Erbmasse neue Verbindungen eingeht, um neues Leben zu schaffen (*Rosarium*).

erforscht und heutzutage das ›panoramische Gedächtnis‹ genannt. Mit dem letzten Aufflackern des Lebensmusters im Moment des Todes ist das Potential ausgelebt und verbraucht worden — der Mensch scheidet von dieser Welt. Aber alles Leben ist jederzeit und überall vorhanden, auch wenn man diese Gesamtheit vorübergehend aus den Augen verliert.

Diese panoramische Rückschau auf das vergangene Leben ist das, was viele Religionen das ›Letzte oder Jüngste Gericht‹ nennen. Ein archetypisches Bild dafür ist das *›Wägen der Seele im Reich der Unterwelt‹* (Abbildung 21). Im Letzten Gericht wird der Wert des soeben beendeten Lebens gewogen und die Bedingungen bestimmt, unter denen die Seele sich das nächste Mal inkarniert. Der Vorgang gleicht dem der Suche nach einer transpersonalen Realität, denn in beiden Fällen müssen zunächst die vergangenen Taten und Verhaltensmuster (die Fakten oder die Grundsubstanz bei den Alchemisten) genau untersucht und verstanden werden, denn nur so können Verhaltensmuster transmutiert und die Seele verfeinert werden. Jeder Eintritt in die nächsthöhere Stufe der Wahrnehmung setzt den Tod des früheren Realitätsbildes voraus. Tod bedeutet nicht nur die Vernichtung der fleischlichen Hülle und der individuellen Persönlichkeit, sondern auch eine Übertragung der Lebensenergie in das ›Reich der Mütter‹, wie es Goethe im ›*Faust*‹ genannt hat.

Abbildung 21: Das Letzte Gericht der Ägypter
Das Panorama der Hieroglyphen oben auf dem Bild stellt die archetypischen Seelenbilder dar, die eine Seele im Augenblick des Todes sieht, während ihre Taten und ihr Wert auf die Waagschale gelegt und mit dem Gewicht einer einzigen Feder verglichen werden.

Die vier Häuser der transzendenten Oktave sind eine höhere Ausdrucksform der vier Häuser der Embryonalphase.

Höhere Empfängnis ***Anfang des 9. Hauses***

Der Zeugung/Empfängnis-Punkt liegt am Ende des achten und am Beginn des neunten Hauses im Horoskop. Aus diesem Bereich läßt sich die Natur der elterlichen Beziehung und die Art ihrer Vereinigung ablesen, denn der Geschlechtsakt ist auch eine Metapher für die Zweiteilung in männliche und weibliche psychologische Eigenschaften, die Jung ›Animus‹ und ›Anima‹ genannt hat. Animus und Anima streben auf ewig nach Vereinigung in der Psyche jedes Individuums. Die Einstellung der Eltern dem Schöpfungsakt gegenüber wird auf psychischer

Ebene als Einstellung allen kreativen Eingebungen und Handlungen gegenüber ausgedrückt.

Höheres neuntes Haus *Schütze*

Die hormonalen Veränderungen im Körper der Mutter reflektieren die Frühstadien der Lebensentwicklung von der Zelle über das Weichtier bis zum Wirbeltier. Die Veränderungen im Bewußtsein der Mutter entsprechen denen, die der Mensch auf seiner Suche nach einem höheren Selbst oder der spirituellen Realität macht.

Höheres zehntes Haus *Steinbock*

Die Geburt des Kindes erfordert eine Umorganisation und Neustrukturierung des Lebens der Eltern und Familienmitglieder. Der Eintritt in höhere Wahrnehmungsbereiche macht eine vergleichbare Umstrukturierung des bisherigen Lebens notwendig.

Höheres elftes Haus *Wassermann*

Der Idealismus der Mutter nimmt auf der höheren Daseinsebene die Form von idealistischen Unternehmungen zum Wohle der Allgemeinheit und im Zusammenhang mit Gruppen, Zirkeln und Kommunen an. Selbstsüchtige, private Ziele werden zurückgestellt und durch utopischere Visionen und idealistischere Ambitionen ersetzt.

Höheres zwölftes Haus *Fische*

Die Mutter hat ihre Identität als ›unabhängige Kindfrau‹ aufgegeben und sich der größeren Gemeinschaft der Mutterschaft anheimgestellt. Das erwachende höhere Selbst muß sich der Gesamtheit der Existenz hingeben und im All-Sein auflösen, um die endgültige Vereinigung mit dem reinen Geist seines Ursprungs zu erfahren.

Während die transzendente Oktave als die Phase der Rückkehr zum Anfang betrachtet werden kann, ist das Zentrum des Horoskops, das zugleich auch das Zentrum des innersten Wesenskerns symbolisiert, jederzeit zugänglich. Die ewige Gegenwart im Zentrum aller Spiralformen und Kreise ist der Ausgangs-

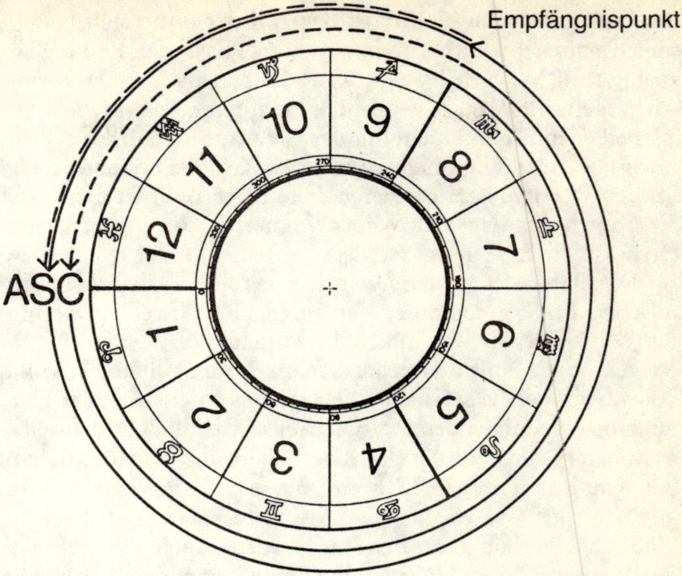

Abbildung 22: Zwei Arten, das Horoskop zu lesen
Der traditionelle Entwicklungsweg durch das Horoskop beginnt mit dem Aszendenten, sieht den Todespunkt im achten Haus und endet mit den höheren Bewußtseinsstufen im neunten bis zum zwölften Haus. Die Leben ★ Zeit Astrologie sieht den Anfang dieses Durchlaufs im Empfängnispunkt im neunten Haus, setzt die Geburt ebenfalls am Aszendenten und den Todespunkt im achten Haus fest, und beginnt im neunten bis zum zwölften Haus eine zweite und überlappende Phase der höheren Geistesentwicklung, die der Embryonalen Entwicklungsphase auf überpersönlicher Ebene entspricht.

punkt jener Energie, die das Rad des Horoskops und der Lebensläufe in allen Kosmossen und zu allen Zeiten vorantreibt.

Der Todespunkt im achten Haus wird in der Leben ★ Zeit Astrologie als Einweihung in ein höheres Bewußtsein betrachtet, denn von nun an findet eine spirituelle Entwicklung statt, die die frühere Embryonale Entwicklungsphase auf höherer Oktave nachvollzieht und deren Verlauf aus dem neunten bis zum zwölften Haus abgelesen werden kann. Die geistige und psychologische Einweihung ist der Tod der bisherigen, weltlichen Persönlichkeit, dem eine erneute Phase der Reifung im kosmischen Mutterleib folgt, welche ihrerseits in einer kosmischen Neugeburt am Aszendenten kulminiert. Selbst das biologische Leben beginnt nicht mit der Geburt, sondern mit der Befruchtung oder Empfängnis, und der Zyklus ist derselbe wie bei den vier Jahreszeiten, deren erste der Frühling ist, obwohl die Samen für das neue Leben immer im vorangegangenen Herbst in die Erde gelegt werden.

Die Daten der Lebensgeschichte werden in einem logarithmischen Kode gespeichert, der auf dem Stoffwechsel beruht, und so ist jedes Ereignis und jeder Vorgang, der den Stoffwechsel verändert, ein potentieller Schlüssel zur individuellen und kollektiven Lebensgeschichte. Zustände von emotionaler Erregung beschleunigen den Stoffwechsel so weit, daß er sich selbst in höherem Alter wieder der Rate nähert, die er in den Jahren der Kindheit hatte. Im Zustand intensiver emotionaler Erregung werden wir wieder Kinder und legen ein entsprechend kindisches Verhalten an den Tag. Depressionen verlangsamen den Stoffwechsel und machen ihn zu dem von alten Menschen. Wenn man deprimiert ist, fühlt man sich plötzlich alt und schwach. Die fundamentalen psychologischen Reaktionen werden bereits während der Kindheit im Metabolismus gespeichert, also neigen wir bei kritischen Entwicklungsphasen zu einer spontanen Regression in frühkindliche Zustände und Verhaltensweisen. Insofern kann einerseits eine Rückentwicklung entgegen dem Uhrzeigersinn festgestellt werden, zugleich aber auch eine Vorwärtsbewegung im Uhrzeigersinn, die ebenfalls zur Embryonalphase, wenngleich auf höherer Ebene, zurückführt. Beide Bewegungen beschreiben Kreise, die sich um den Mittelpunkt der Psyche drehen, und das Horoskop versinnbildlicht diese vor- und rückläufigen Prozesse besser als alle Worte.

Der Stoffwechsel unterliegt unter anderem auch dem Einfluß psychotropischer Drogen wie LSD, die starke Bewußtseinsveränderungen und unter Umständen sogar das Gefühl einer ›Reise zum Ursprung des Lebens‹ auslösen können, wie in klinischen Versuchen demonstriert wurde. Durch LSD wird der Metabolismus auf der molekularen Ebene beschleunigt — der Mensch fühlt sich zunehmend verjüngt und beginnt in machen

Fällen sogar, elterliche Identitäten auf die Personen der Umgebung zu projizieren und kritische Phasen der Kindheitsentwicklung auszuagieren. Je stärker die Wirkung der Droge, desto weiter fühlt sich die Person in ihrer körperlichen und psychologischen Entwicklung zurückversetzt. Nach dem Verlust der Fähigkeit, zu laufen und kohärent zu kommunizieren, wird schließlich das Stadium der vollkommenen Hilflosigkeit eines Säuglings erreicht. Familiäre visuelle Phänomene werden bestaunt und untersucht, als sähe man sie zum erstenmal, und alle Sinneswahrnehmungen werden auf ein Höchstmaß intensiviert.

Wenn eine ausreichend hohe Dosis des Halluzinogens verabreicht wird, durchläuft die Person den Geburtsvorgang in umgekehrter Richtung. Falls traumatische Umstände die Geburt begleitet haben, wird das Trauma noch einmal ausagiert, ähnlich wie bei Janovs Urschrei-Therapie. Während der Geburtsmoment die Erschaffung einer individuellen Persönlichkeit anzeigt, wird bei der umgekehrten psychedelischen Erfahrung die Persönlichkeit mitsamt der von ihr wahrgenommenen ›objektiven‹ Welt eliminiert und ein Rückschritt in den Mutterschoß vollzogen, in dem oft detailgenaue Einzelheiten der vorgeburtlichen Realität wahrgenommen werden. Die gewöhnlichen Sinneswahrnehmungen machen einer Art ›psychischer Kommunion‹ Platz, und das individuelle Bewußtsein wird von dem Bewußtsein des menschlichen Kollektivs ersetzt. In der Embryonalphase wird der organische Entwicklungsprozeß unbewußt wiederholt; bei den eben beschriebenen psychedelischen Erfahrungen wird diese Stufe bewußt nacherlebt.

Wenn besonders hohe Dosen von LSD verabreicht werden, vollziehen manche Versuchspersonen ihre eigene Entwicklung sogar bis zum Punkt des MC (*Medium Coeli* oder Himmelsmitte, im ersten Grad des zehnten Hauses im Horoskop) zurück, zum Punkt also, an dem die Seele sich zur Inkarnation in der physischen Matrix entschließt, woraufhin der wachsende Embryo erstmals von einem menschlichen Geist beseelt wird. Ein noch früheres Stadium ist die Heranbildung der rudimentären Gehirnstrukturen im neunten Haus. Die auf LSD halluzinierte Rückreise in die Anfangsstadien des organischen Lebens kann teilweise furchterregend sein, vergleichbar mit den Zuständen in den tibetanischen ›*Bardos*‹ (die Entwicklungsstadien der Seele nach dem Tode, vor einer neuen Inkarnation im ›*Tibetanischen Totenbuch*‹). Das Bewußtsein wird unter dem Einfluß der Droge buchstäblich in die Welt der ersten Urformen in der ›Ursuppe‹, sogar in noch frühere Existenzformen vor der Materialisation, zurückversetzt. Im letzten Stadium dieser Drogenreise durchlebt das Bewußtsein die Energieexplosion der eigenen Zeugung — ein Echo des Urknalls universeller Entstehung — eine Erfahrung, die von den Buddhisten das ›Weiße Licht‹ genannt wird. Das Weiße Licht wird als das eigene Sein und Bewußtsein erfahren, als Sein, das zugleich Wahrheit und Seligkeit jenseits aller Dualität ist, und dennoch fühlt der Wanderer irgendwann wieder den Impuls, sich erneut zu inkarnieren, worauf die Suche nach einem Mutterschoß beginnt und die Erfahrung der Materialisation noch einmal von vorn beginnt. Der Zyklus beginnt wieder von neuem.

Diese psychedelische Erfahrung ist nichts Geringeres als ein direktes Nachvollziehen der organischen und psychischen Lebensentwicklung auf diesem Planeten, und sie bestätigt die Aussagen von Mystikern und Sehern zu allen Zeiten und überall auf der Welt.

Leben ★ Zeit Interpretation

Die Position der Planeten im Geburtshoroskop zeigt an, wann und auf welche Weise formbildende Einflüsse vom individuellen Bewußtsein registriert werden. Die Planeten können relativ gleichmäßig über das gesamte Horoskop verteilt sein, sich in ein paar Sternzeichen oder Häusern zusammenballen oder sonstige einzigartige Muster im Horoskop bilden, denn jedes Individuum entwickelt sich auf einmalige Weise, obwohl die archetypischen Muster und die grundlegenden Stadien im Leben immer gleich bleiben. Manche Kinder sind frühreif; sie erreichen den Höhepunkt ihrer Lebensentwicklung zur Zeit des Schulabschlusses und führen danach ein relativ mechanisches Leben, während andere ihr Potential erst im mittleren Alter oder noch später entfalten. Der fundamentale Vorgang ist immer der gleiche, wird aber aus sehr verschiedenen Gesichtswinkeln erfahren und nachvollzogen.

Das Horoskop des Astronauten Neil Armstrong ist ein Beispiel für die Deutungsweise der Leben ★ Zeit Astrologie (Abbildung 23). Der innere Ring enthält die Planeten, Häuser,

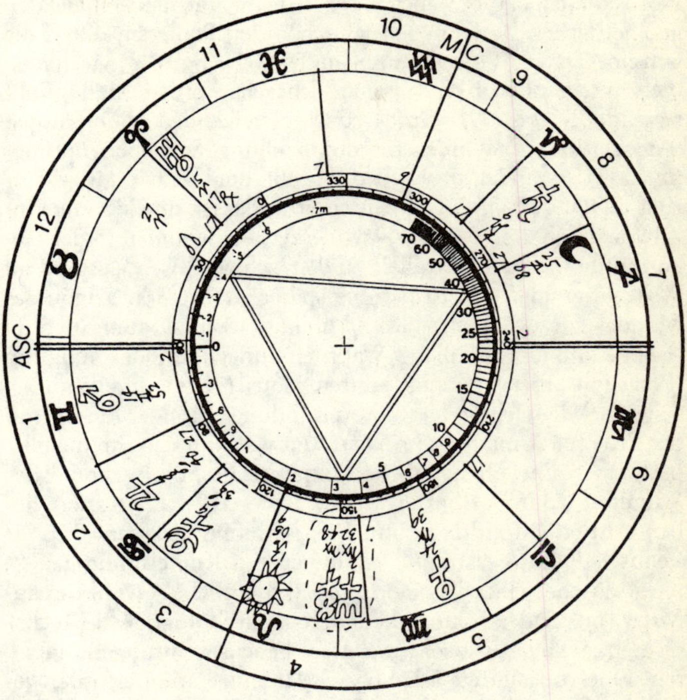

Abbildung 23: Das Horoskop von Neil Armstrong
Wenn man den inneren Ring von Armstrongs Horoskop logarithmisch datiert, wird der Einfluß des Mondes im Schützen (weite Reisen) zur Zeit seines ersten Mondflugs deutlich. Die Erfahrung der Schwerelosigkeit im Mutterleib und die spätere Wiederholung dieser Erfahrung auf anderer Ebene als ein schwereloses Schweben in der Raumfähre ergibt sich aus dem Trigon zwischen dem Mond und dem aufsteigenden Mondknoten im 12. Haus.

Übergänge ins nächste Sternzeichen und die persönlichen Entwicklungspunkte auf der logarithmischen Zeitskala. Im Alter von 38 Jahren und sechs Monaten befindet Armstrongs Mond sich im Schützen, dem Zeichen für weite Reisen, und in genau diesem Alter flog Armstrong als erster Mensch auf den Mond. Die tiefere Bedeutung dieser Reise kann aus den Planeten abgelesen werden, die den Mond zu früheren Zeiten in Armstrongs Horoskop aspektiert haben. Alle Aspekte ergeben sich aus den geometrischen Beziehungen zwischen den Planeten, durch die einzelne Daten, Eigenschaften und psychologische Mechanismen miteinander in Verbindung gebracht werden. Das stabilisierende Trigon (120 Grad) zum aufsteigenden Mondknoten (Assoziation) im Widder (Selbstdarstellung, Selbstbehauptung) im 12. Haus findet am Ende der Embryonaloktave statt — zur Zeit, in der das Kind den Mutterleib verlassen und sich als Einzelwesen behaupten muß — wobei das Schwimmen in der Gebärmutter auch eine Parallele zu dem schwerelosen Zustand im Weltraum bildet, den Armstrong später erfährt. Das Trigon des Mondes zum Merkur (Kommunikation) und zum Neptun (Feingefühl, übersinnliche Wahrnehmungen) in der Jungfrau (Präzisionsarbeit) und im vierten Haus (Heim und Familie), zeigt an, wie wichtig die Radioverbindung (Mond/Merkur) mit der Erde für Armstrong im Weltraum war und daß ihn die telepathischen und übersinnlichen Experimente, die während des Raumflugs durchgeführt wurden, am meisten interessiert haben dürften (Mond/Neptun). Das spannungsgeladene Mond/Venus-Quadrat weist auf Trennungen von Kindern und geliebten Menschen hin. Das Horoskop verdeutlicht sowohl die äußeren Umstände als auch die inneren, psychologischen Mechanismen, die als Auslöser für spätere Lebenserfahrungen fungieren. Eine vollständige astrologische Interpretation erfordert jedoch weitaus komplexere und umfassendere Analysen der inneren und äußeren Parallelen.

Archetypische Astrologie

Hinter den scheinbar harmlosen Spekulationen der angewandten Astrologie verbirgt sich ein tieferes Realitätsverständnis, das am besten durch archetypische Urbilder ausgedrückt wird. Sternzeichen sind Symbole für urtümliche Impulse, die sich der menschlichen Psyche mitteilen, aber im äußerlichen Leben fast nie adäquat ausgedrückt werden. Die egoistisch-herrschsüchtigen Eigenschaften des Sonnenzeichens Löwe zum Beispiel können dem tieferen Urbild des Löwen nicht gerecht werden und beschreiben weder die gelassene Körperkraft und Anmut des Tieres, noch die unverfälscht königliche Noblesse des ›Löwenbewußtseins‹. Um archetypische Urenergien auszuleben, muß man die Zivilisation wenigstens für Momente ablegen können, denn paradoxerweise fühlt man sich um so lebendiger und vitaler, je näher man den Schichten jenseits der kulturellen Oberflächenprogrammierung kommt.

Jeder Mensch wird von archetypischen Urimpulsen beeinflußt, die hinter der Fassade moderner Aufgeklärtheit und Zivilisiertheit liegen und ihre Wirkungskraft nie ganz verlieren. Das Verhalten, Denken und Empfinden der Menschheit wird so tief davon geprägt. Keine Therapie kann den primitiven Urmenschen in uns gänzlich eliminieren oder auch nur über längeren Zeitraum hinweg effektiv stillegen. Ob der innere King Kong durch Sexualität, Hunger oder Macht- und Positionsstreben geweckt wird, spielt kaum eine Rolle — der Lack zivilisierter Umgangsformen blättert schon bald vom wahren Sein. Die gefährlichsten Tendenzen können unterdrückt werden, purifiziert, sublimiert, zivilisiert und »hehren Zielen zum Wohle aller zugeführt«, wie Goethe sagt, aber das kultivierte Super-Ego bleibt »ein Balanceakt, ein eben erst gelernter Trick.«

Die Metapher von der Welt als einer Bühne, auf der Männer und Frauen nichts als Schauspieler in wechselnden Rollen sind, klingt wahrer, je länger man dem Schauspiel beiwohnt. Transzendente Erfahrungen zeigen uns, daß die reine Energie und das grenzenlose Bewußtsein jenseits der Maske unserer Persönlichkeit im täglichen Leben kaum ausgedrückt werden kann, ohne ebenfalls oberflächlich und mechanisch zu wirken. Die wahre Realität macht sich gewöhnlich nur in ›Höhepunktserfahrungen‹ bemerkbar, wie bei extremen Schmerzzuständen, bei extremem Hunger, im Liebesakt oder bei einer Todeserfahrung.

Die archetypische Astrologie überbrückt kulturelle Unterschiede und spricht die Völker aller Zeiten an, selbst die heutigen, obwohl die Woge der ›wissenschaftlichen Aufklärung‹ das astrologische System eigentlich längst hinfortgespült haben müßte. Der Kontakt mit einem ursprünglichen Selbst wird jedoch um so bedeutsamer, je tiefer eine Gesellschaft sich in materialistischen Denkstrukturen verstrickt und in selbstgebauten Gefängnissen einkerkert.

Die Psychologie, Astrologie und andere Instrumente der Selbstbefreiung fungieren als Schlüssel zu unseren inneren Welten, deren Realität wir im täglichen Leben ausdrücken wollen und deren Sprache die Sprache der Symbole und Beziehungsformeln ist.

Das ewige Ovum

Das Leben, wie wir es kennen, spielt sich in der Zeit ab. Nur im Zuge einer meditativen oder spirituellen Erfahrung können wir die zeitliche Dimension transzendieren, und selbst dann nur vorübergehend. Die Zeit ist die vierte Dimension jenseits der drei räumlichen Dimensionen der physischen Welt, und sie enthält somit allen Raum und demgemäß auch die gesamte physische Realität.

Die Leben ⋆ Zeit Astrologie geht davon aus, daß das individuelle Leben, wie es vom Horoskop repräsentiert wird, eine Rekapitulation allen Lebens im Universum ist. Der Eintritt der Geistseele in eine irdische Körperform (Inkarnation) ist das ›Herabsteigen‹ der Einheit in die Dualität physischer Existenz. Die Erschaffung der physischen Formwelt wiederholt sich seit Anbeginn der Zeit, und der Schöpfungsakt wird von jeder geschaffenen Form verkörpert.

Der Mondzyklus in der Leben ⋆ Zeit Astrologie entspricht der tatsächlichen Lebenszeit eines Ovums (weibliches Ei). Dem allgemeinen Glauben zufolge produzieren die Eierstöcke einer fruchtbaren Frau jeden Monat ›neue‹ Eier, was Aristoteles'

Glauben nicht unähnlich ist, als er von der Annahme ausging, daß das menschliche Embryo sich aus einer Mixtur des weiblichen Menstruationsblutes und der männlichen Samenflüssigkeit entwickelt. Erst im Jahre 1827 wurde das Ovum von dem Biologen Karl Ernst von Bär entdeckt und wissenschaftlich untersucht. Das Ovum wird nicht jeden Monat neu geschaffen, genausowenig wie die Menstruation ein Ausstoßen des weiblichen Eis ist. Alle Eier des weiblichen Eierstocks sind bereits sieben Wochen nach der Zeugung eines weiblichen Embryos in Keimform vorhanden. Die Eierstöcke enthalten mehr als eine Viertelmillion unreife Zellen, von denen eine oder mehrere jeden Monat abwechselnd im einen und anderen Eierstock heranreifen. Die reife menschliche Zelle wurde zum erstenmal im Jahre 1930 unter dem Mikroskop beobachtet, und bis zur Mitte der fünfziger Jahre konnten die Ereignisse der ersten sieben Tage nicht genau erklärt werden. Erst in den sechziger Jahren konnten die subtilen Zellstrukturen, die unsere Erbanlagen steuern, wenigstens teilweise untersucht und verstanden werden.

Die Eier des weiblichen Eierstocks entstehen nicht in der individuellen Mutter, sondern entspringen dem zusätzlichen Chromosom, das jedem weiblichen Embryo seit Anbeginn der Menschheit bei der Zeugung mitgegeben wird. In diesem Sinne ist jedes weibliche Ei ein Glied in einer ewigen Kette; Träger und Verwahrer der Gedächtnisstruktur allen früheren Lebens. Man muß die Informationen des weiblichen Eis nur korrekt interpretieren, um das Informationsprogramm allen Lebens zu erhalten. Jedes Ovum gleicht dem Ur-Ovum, das einst die erste Lebensform erzeugt und sich dann nahezu grenzenlos oft vervielfältigt hat.

Jede Körperzelle enthält genügend Erbmaterial, um sämtliche genetischen Strukturen im Körper aufzubauen und ihre Arbeitsweise zu überwachen. Die 100.000 Gene, aus denen eine einzige Zelle geschaffen wird, bilden nur den hundertsten Teil des genetischen Gesamtmaterials. Die anderen 99 Prozent dienen der sogenannten ›Regulation‹ — was immer das sein mag. Die offensichtliche Parallele zwischen dem menschlichen Gehirn und dem genetischen Kode (beide benutzen nur einen winzigen Teil ihrer Gesamtkapazität) führte zu der Spekulation, daß das restliche Potential der Organisation aller Lebensstrukturen in der Geschichte und vielleicht sogar einer Organisationsform jenseits der zeitlichen Dimension dienen könnte.

Freud war einer der ersten Psychologen, die sich mit der Hypothese beschäftigten, derzufolge das individuelle Leben den Lebensablauf der gesamten Rasse rekapituliert. Das Bewußtsein eines Kindes ähnelt in vieler Hinsicht dem der Menschheit vor vielen Jahrtausenden, kurz nach dem Aufglimmen des ersten menschlichen Bewußtseins auf Erden. Im individuellen Leben werden ohne Zweifel ständig Muster aktiviert, die schon vor Jahrmillionen etabliert wurden. Die tieferen Instinkte der Arterhaltung, der körperlichen Befriedigung und der Flucht- oder Aggressionstrieb, werden nicht vom Bewußtsein gesteuert und sind nicht anerzogen, sondern mitgegeben. Jung identifizierte zwei Arten von Erbgut: erstens das ›persönliche Unbewußte‹, das die Erinnerungen an die persönliche Kindheit enthält, und zum zweiten das ›kollektive Unbewußte‹, welches das Gedächtnis der gesamten Rasse beinhaltet. Jeder Mensch wird von beiden Formen des Erbguts beeinflußt, aber auf unterschiedliche Weise.

Das Prinzip der Rekapitulation der Lebensvorgänge auf verschiedenen Ebenen der Realität ist der zentrale Angelpunkt bei der Leben ★ Zeit Astrologie:

1. Die *Oktave der Embryonalen Entwicklung,* von der Zeugung bis zur Geburt, reflektiert die Spanne zwischen ursprünglicher Schöpfung und erster Bewußtwerdung. Diese Zeit entspricht dem kollektiven Unbewußten von C. G. Jung, und während dieser Phase wiederholen wir den Werdegang des befruchteten Eis bis zur Geburt. Alle während dieser Zeit empfangenen Eindrücke und Einflüsse werden in der Psyche und im physischen Körper gespeichert.

2. Die *Oktave der Kindheit,* von der Geburt bis zum Alter von sieben Jahren, reflektiert das mythische Bewußtsein der vorgeschichtlichen Menschheit, von ihrer ersten Bewußtwerdung bis zur ersten Heranbildung einer deutlich werdenden Individualität. Die Phase entspricht dem persönlichen Unbewußten von Jung. Die Einflüsse der Familie und Umgebung werden im emotionalen Körper gespeichert.

3. Die *Oktave des Erwachsenseins,* von sieben Jahren bis zum Tod, reflektiert die Entwicklung jeglicher Zivilisation und umspannt den Einfluß der ersten historischen Persönlichkeiten auf die Menschheit, bis hin zum Zeitalter der Renaissance. Die Einflüsse der Gedanken aller zivilisierten Menschen werden im mentalen Körper gespeichert.

4. Die *Oktave der Transzendenz* ist die höhere Ebene des Erwachsenwerdens, auf der man die Embryonale Entwicklung im zeitlosen, internen Geistesbereich wiederholt. Die historische Parallele zu dieser Phase ist das Zeitalter, in dem die Menschheit ihre untrennbare Einheit mit und ihre wahre Funktion im Kosmos erkennt. Die Suche nach dem Ursprung des Lebens hat ihr Ziel in der Entdeckung des spirituellen Körpers, der Raum, Zeit, Tod und Leben transzendiert.

Jede folgende Oktave umfaßt einen längeren Zeitraum im Leben des wachsenden Individuums, bis die letzte Oktave fast ebensoviel Zeit beansprucht wie die gesamte vorangegangene Entwicklung bis hin zur Zeugung. In unserer Geschichtskunde ist jedes folgende Zeitalter kürzer als das vorangegangene. Vergleicht man das Leben eines Individuums mit der gesamten Geschichte, dann ergeben sich umgekehrte Perioden der Ausdehnung und Schrumpfung (Abbildung 24). Die individuellen Entwicklungsstadien dehnen sich mit der Zeit immer mehr

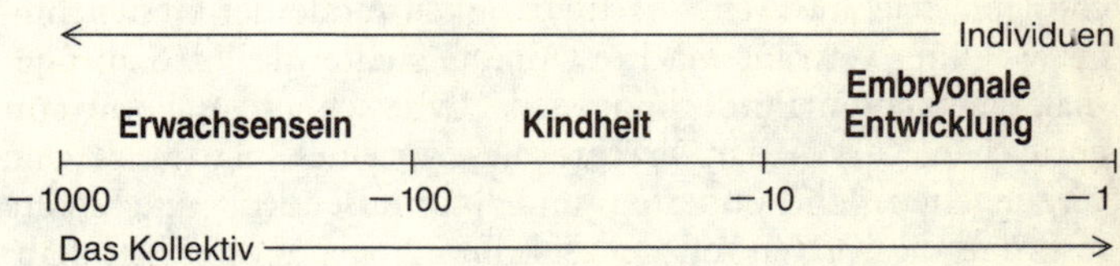

Abbildung 24: Differentiale Zeitverengung
Das Diagramm verdeutlicht den Zeitlauf des individuellen Entwicklungswegs im Gegensatz zur kollektiven Entwicklung. Der Mensch entwickelt sich während der Embryonalphase ungeheuer rasch; er verlangsamt seine Entwicklung im Leben dann immer mehr, während das menschliche Kollektiv sich im Lauf der Geschichte erst langsam entwickelt hat und dann zunehmend rascher in die nächsten Stadien des Wachstums übergegangen ist. Die Proportionen sind in beiden Richtungen dieselben, wodurch (von einem übergeordneten Standpunkt in der ewigen Gegenwart betrachtet) für ein Gleichgewicht zwischen individueller und kollektiver Entwicklung gesorgt wird.

aus, während die kollektiven Entwicklungsphasen mit der Zeit immer mehr schrumpfen. Diese beiden, einander entgegengesetzten Zeitströmungen heben sich mit anderen Worten auf. Würde das individuelle Zeitgefühl und die historische Entwicklung sich in gleicher Weise ausdehnen und verengen, wären die Ergebnisse kumulativ, sehr viel übertriebener und deutlicher, als sie es sind. Aber da sie in verschiedene Richtungen auseinanderstreben, kompensieren sie sich gegenseitig, was auch erklärt, warum die meisten Menschen zwar Veränderungen im Zeitfluß wahrnehmen, solche Phänomene aber nicht auf ein ›objektives‹ Naturgesetz zurückführen, geschweige denn auf ein zentrales universelles Lebensmuster.

Die Beschleunigung der Geschichte

Es scheint, als entwickelte das Universum sich mit einer konstant bleibenden Geschwindigkeit, was jedoch nicht der Fall ist. Um die Jahrhundertwende untersuchte der Historiker Henry Adams die Beziehung zwischen den derzeitigen wissenschaftlichen Erkenntnissen und der sozialen Entwicklung, indem er sich mit der Elektromagnetik, Thermodynamik, Radioaktivität, dem Dilemma von Michelsons und Morleys Zeitgleichungen wie auch der Geschwindigkeit moderner Geschichtsentwicklung vertraut machte. Adams stellte die Rate aller jemals gemachten Entdeckungen der Menschheit in Form von grafischen Kurven dar, brachte diese in eine Relation zu den vergangenen Jahrhunderten und Jahrtausenden, und stellte fest, daß die Kurven mit der Zeit immer steiler ansteigen (Abbildung 25). Die Entdeckung von Feuer, Wasser und Wind beispielsweise führte zu historischen Entwicklungen wie der Benutzung von Kohle als Brennstoff, der Erfindung von Dampfmaschinen, einer daraufhin rasch fortschreitenden Industrialisation, zu weltweiter elektrischer Vernetzung und schließlich zur Entdeckung und Anwendung von Atomkräften. Adams benutzte nicht die arithmetische Rechenweise, da er diese sehr bald als nutzlos erkannte, sondern Quadratwurzeln, um den Anstieg seiner Kurven in der Zeit zu beschreiben.

Die von Adams benutzte logarithmische Zeitbasis ist nicht

nur geometrisch plausibel, sondern auch eine akkurate Reflektion der Tatsache, daß die Vergangenheit im Gedächtnis des Menschen mit der Zeit immer weniger Raum einnimmt, also zusammenschrumpft. Adams sagte: »Beschleunigung ist das Gesetz, dem die geschichtliche Entwicklung folgt.« Den Statistiken und Adams optimistischen Zukunftsprojektionen zufolge würde die Menschheit bei konstant bleibender logarithmischer Beschleunigung im Jahre 2025 die Grenze ihrer Entwicklungsmöglichkeit erreicht haben.

Adams verglich den Werdegang der Menschheit mit dem Flug eines Kometen auf seiner anfangs- und endlosen Reise

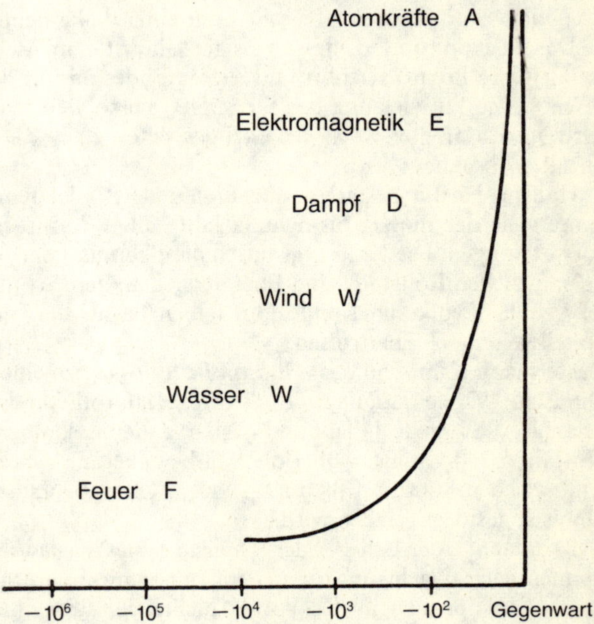

Abbildung 25: Henry Adams ›Gesetz der Beschleunigung der Zeit‹
Die aufsteigende Kurve illustriert die exponentielle Zunahme der nutzbar gemachten Energiequellen auf der Erde innerhalb einer logarithmischen Zeitskala, auf der die soziale Entwicklung im letzten Jahrtausend ebensoviel Zeitraum beansprucht wie alle entsprechenden Fortschritte in den zehntausend Jahren davor.

durch das All. Hin und wieder wird der Komet von einem Objekt auf seiner Flugbahn angezogen, das ihn dazu zwingt, seine Geschwindigkeit zu verlangsamen, während er das Hindernis umrundet, was auf die Menschheit übertragen bedeuten würde, daß der Höhepunkt des Fortschritts überschritten wurde und eine Rückentwicklung stattfindet. Nach Adams müßte die Menschheit ihre Fortentwicklungsfähigkeiten bis zum Jahr 2025 überschritten haben und den Desintegrationsprozeß beginnen.

H. G. Wells verkündete ähnliche Ideen, kurz bevor die ersten Atombomben getestet wurden: »Die Ereignisse überstürzen sich auf alarmierende Weise ...«. Wells spricht von einem »Ereignismuster, das den Menschen mit einer völlig neuen Art des Daseins konfrontiert, dessen eisiger Glanz die menschliche Intelligenz verhöhnt, verführt und letzten Endes mit ihr davonprescht«. Die Entwicklung beschleunigte sich so weit, daß der weltweite Zusammenbruch des Gefüges schon zu H. G. Wells Lebzeiten absehbar wurde.

Und in der Tat bestätigen die Ereignisse der letzten Jahrzehnte viele der fünfzig bis achtzig Jahre alten Warnrufe und Prophezeiungen. Die Nahrungsmittelknappheit und der Abbau der natürlichen Rohstoffe und Energiequellen, gepaart mit der weltweiten Bevölkerungsexplosion, haben negative Projektionen teilweise noch übertroffen.

Hermann Kahn und das ›*Hudson Institut*‹ sagten eine logarithmische Vervielfältigung des Bruttosozialprodukts in den Vereinigten Staaten, Japan und vielen anderen Ländern bis zum Jahr 2000 voraus, wobei die Weltbevölkerung sich in der Zeit zwischen 8000 v. Chr. und 2000 n. Chr. ebenfalls logarithmisch gesteigert haben wird.

Bertalannfy, der Urheber der ›*General Systems Theorie*‹ hält exponentielles Wachstum für ein fundamentales Naturgesetz. Die großen Epochen in der Vorgeschichte der Erde sind alle kürzer als ihre Vorläufer. Die Zeitskala der Evolution folgt keinen Uhrzeitmessungen mit ihren regelmäßigen Zeitabschnitten, sondern gleicht eher einem Stein, der zu Boden fällt.

J. G. Bennett konfrontiert das Problem der historischen Zeitmessung in seinem Buch ›*The Dramatic Universe: History*‹ und schreibt: »Die zunehmende Beschleunigung des Fortschritts ist eine Idee, die keiner mehr bezweifelt. Die Statistiken beweisen, daß der wissenschaftliche und technologische Fortschritt sich seit geraumer Weile ständig beschleunigt« Bennett konstruierte eine logarithmische Zeitskala der Epochen, auf der die Entwicklungsrate bereits vor 100.000 Jahren »außer Kontrolle geriet und die Existenz der gesamten Menschheit einem Bindestrich in der Naturgeschichte entspricht«.

Das Konzept einer exponentiellen (logarithmischen) Spirale des Lebens und der Zeit ist nicht neu. Descartes beschrieb ein solches Denkmodell im Jahre 1638 und nach ihm Bernoulli, der Biologe J. B. S. Haldane und sogar Charles Darwin.

Die exponentielle Spirale bestimmt das Wachstumsprogramm einer Reihe von Schalentieren, Blumen, Bäumen und selbst Milchstraßen. Huntley nannte die exponentielle Spirale »das formgewordene Beispiel für die göttlichen Proportionen der Natur«, weil sie einen Organismus veranlaßt, sich zu entwickeln und zu wachsen, ohne ihre Gestalt dabei zu verändern — eine wundersame Fähigkeit, die ihren lateinischen Namen *›Spira Mirabilis‹* rechtfertigt.

Viele herausragende Wissenschaftler und Denker haben logarithmische Zeitskalen benutzt, um Entwicklungen in der Natur zu beschreiben. Hans Kalmus untersuchte die Entwicklung von Zellwesen vom Virus bis zum Menschen im Lauf geologischer Zeitalter mit Hilfe der logarithmischen Zeitskala. Roland Fisher benutzte die logarithmische Spirale der ›biologischen Zeit‹, um die zunehmende Beschleunigung im Lernprozeß im Lauf der Zeitalter zu beschreiben. Haldane stellte fest, daß die Rate der natürlichen Evolution sich exponentiell vervielfältigt hat, also derartig beschleunigt, daß die Lebensdauer ganzer Generationen davon betroffen und verändert wird, was letzten Endes sogar zum Aussterben einer Art führen könnte. Nigel Calder teilte die Geschichte in logarithmisch fortschreitende Abschnitte von der Entstehung des Universums bis zum Jahr 2000 n. Chr. ein, weil »ungeheure Zeiträume auf diese Weise in ein proportionales Verhältnis gebracht werden, und die proportionale Zeitskala weitaus relevanter ist als die in Jahren meßbare. Auch erlaubt die log. Skala größere Detailgenauigkeit, je näher man der Gegenwart kommt; das rasche Wachstum der Erdbevölkerung kann auf dieser Skala berücksichtigt werden, ebenso wie die Tatsache, daß Gehirngrößen proportional zur Zeitdauer und Lebensspanne entwickelt werden.«

Während alle diese Theorien ihre Berechtigung haben, nutzt keine von ihnen das volle kreative Potential der log. Skala, sobald sie auf die individuelle und kollektive Geschichte übertragen wird.

Die göttlichen Proportionen der Zeit

»... Worauf Er beschloß, ein bewegliches Abbild der Ewigkeit zu schaffen, und als Er die Ordnung im Himmel schuf, machte Er auch das Abbild ewig, aber unablässig fortschreitend nach der Zahl, während die Ewigkeit selbst in der Einheit verblieb, und Er nannte dieses Abbild die ZEIT.«

Plato

Die wichtigsten Proportionen im ›Göttlichen Plan‹ sind erstens: die *logarithmische Skala* und zweitens: der *Goldene Schnitt.* Der Goldene Schnitt basiert auf der Zahl fünf in der Zahlengeometrie von Pythagoras, bei der die Fünf die Zahl einer Neuschöpfung ist. Die logarithmische Skala basiert auf der Zahl zehn, die Zahl der Vervielfältigung und Vollendung.

Der Goldene Schnitt ergibt sich aus der Teilung einer Strecke in der Weise, daß sich der kleinere Teil zum größeren verhält wie der größere zur ganzen Strecke. Die Proportionen des Goldenen Schnitts entsprechen der ›Phi-Ratio‹ (1,618 : 1), die sich aus einer projizierten Halbdiagonale in einem projizierten Quadrat zwischen zwei gleichseitigen Fünfecken ergibt. Kepler nannte den Goldenen Schnitt die ›göttliche Proportion‹, weil seine Maße sowohl in der Mathematik als auch in der Geometrie eine ästhetische Einheit bilden, und benutzte die Phi-Einheit, um die Umlaufbahn von Planeten zu beschreiben. Die Phi-Proportion erzeugt eine additive und geometrische Serie, in der jede folgende Zahl die Summe der zwei vorherigen Zahlen und ein Produkt der Multiplikation der vorherigen Zahl mit 1,618 ist.

Der Goldene Schnitt ist das geometrische Fundament des

Pentagramms und Pentagons, das von den Pythagoräern und später auch von den Magiern und Mystikern des Mittelalters und der Renaissance als heiliges Sinnbild verehrt wurde. Ein Pentagon ist ein gleichschenkliges Fünfeck, dessen verlängerte Seiten den fünfeckigen Stern eines Pentagramms bilden. Auf der Abbildung 26 wird das gleichseitige Pentagramm innerhalb eines Kreises dargestellt und die geometrische Technik von Al-

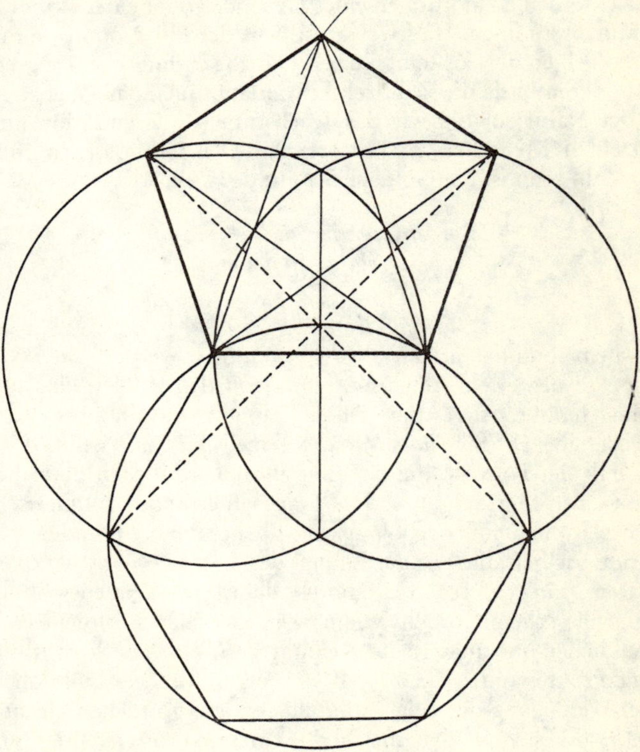

Abbildung 26: Dürers Pentagramm und der Goldene Schnitt
Die Phi-Proportionen ergeben sich aus dem Pentagramm, und Dürers Konstruktion eines gleichseitigen Pentagramms mit Hilfe eines simplen Rechtecks und Zirkels ist eine sehr elegante Lösung der geometrischen Formel. Der Goldene Schnitt war das wichtigste Maß beim Bau vieler berühmter Gebäude in Ägypten bis hin zur Architektur der Renaissance.

brecht Dürer illustriert, die ihm erlaubte, ein Pentagramm aus einem Hexagon zu konstruieren.

Der Goldene Schnitt ist eine lineare, flächenmäßige und räumliche Proportion. Linien oder Strecken können in Segmente gemäß der Phi-Ratio unterteilt werden; Flächen können in ›goldene Rechtecke‹ wie bei der Malerei unterteilt werden; und in der Architektur und Bildhauerei kann Phi die internen und externen Proportionen eines Gebäudes oder einer Skulptur voraus bestimmen. Und was entspricht der Phi-Proportion auf dem Gebiet der Zeiteinteilung? Die logarithmische Progression, deren Basis die Zahl zehn ist, erlaubt uns, das Wachstum in der Natur sowohl wie das Wachstum von Zivilisation und einzelnen Menschen zu beschreiben. Der Grundlogarithmus der Zahl zehn ist der Goldene Schnitt der Zeit.

»Zehn repräsentiert die zehn in eins,
zehn integriert in der eins.«

Marie Louise von Franz

In dem buddhistischen ›*Hwa-yen-Sutra*‹ werden die zwei Aspekte des erleuchteten Zustands von den Zahlen eins und zehn charakterisiert. Eins ist die Einheit des allumfassenden Selbst, sie steht für *Unus Mundus* (eine Welt), und zehn ist die Vielfalt der Formen, die das Eine in den stofflichen Bereichen annimmt. Marie Louise von Franz interpretiert numerische Korrelationen auf psychologischer Ebene, um die paradox wirkende Vielheit, die aus der Einheit des Selbst hervorgeht, zu erklären. Ein tieferes Verständnis derartiger Zahlensymbolik kann die scheinbare Unvereinbarkeit zwischen spiritueller, gedanklicher und materieller Realität auflösen. Die logarithmische Progression 1, 10, 100, 1000, und so fort, versinnbildlicht den Werdegang der einen, allumfassenden, göttlichen Geisteskraft, die sich in dynamischer Progression vervielfältigt und Materie schafft, ohne doch je ihre grundlegende Einheit zu verlieren.

Die Priester und Gelehrten des alten Ägypten sahen in der Zahl zehn eine Synthese zwischen weltlicher und geistiger Realität, denn die Zehn beinhaltet sowohl den Ursprung der vielfältigen Erscheinungen als auch ihre Anwesenheit und ihr Ziel.

Die mystische Zahlensymbolik der hebräischen Kabbala basiert auf dem Urbild des *›Lebensbaums‹*, dessen Krone (Erkenntnis der Einheit) alle im Universum enthaltenen Eigenschaften in sich vereint und unablässig verströmt, so daß sie zur Erde (die Mutter der Vielfalt) sinken und dort Form annehmen. »Planetarische Lebenszeiten bestehen aus zehn Träumen von jeweils hundertjähriger Dauer, und jede solare Lebenszeit währt eintausend Jahre; deshalb heißt es, daß eintausend Jahre wie ein einziger Tag in Gottes Augen sind.«

Tabelle 3 zeigt die alchemistische Formel für den Prozeß der Vervielfältigung im Sinne einer zunehmenden Verfeinerung, bei der das Grobe (Stein oder Blei) immer mehr Teile von sich selbst (immer durch zehnfache Multiplikation) in reines Gottesbewußtsein (Gold) verwandelt. Der Vorgang wurde auch als das ›wahre Sonnenmachen‹ und das ›wahre Mondmachen‹ bezeichnet.

Projectio	I.	1000	*Lapidis multiplicativa Auri.*
	II.	10000	
	III.	100000	
	IV.	1000000	
	V.	10000000	
	VI.	100000000	
	VII.	1000000000	
	VIII.	10000000000	
	IX.	100000000000	
	X.	1000000000000	
	XI.	10000000000000	
	XII.	100000000000000	

Centum milliones millionum tingunt.

Tabelle 3: Lapidus multiplicativa Auri
Eine alte alchemistische Formel beschreibt den Transformationsprozeß, bei dem ein Stein durch Multiplikation mit der Zahl zehn in den ›goldenen Stein‹ verwandelt wird. »Und wenn ein Teil von ihm (dem Stein) an erster Stelle hundert Teile mit seinen Körpern umwandelt, dann verwandelt er an zweiter Stelle tausend und an dritter zehntausend, an vierter Stelle hunderttausend und an fünfter eine Million, und so fort, bis zum wahren Sonnenmachen und Mondmachen.« (*›Philosphia reformata‹*, Frankfurt, 1622)

Die Inkas erfanden ein komplexes Rechensystem, in welchem Stricke auf der Basis logarithmischer Verzehnfachung aneinandergereiht wurden.

Wie vorher gezeigt wurde, ist *›The Round Art‹* und die *›Leben ★ Zeit Astrologie‹* eine Integration der Arbeiten von de Nouy und Rodney Collin, denn de Nouy identifizierte die grundlegende logarithmische Zehnersequenz als die Proportion der biologischen Zeit, die Wachstum und den Stoffwechsel im Menschen reguliert, und Collin unterteilte den Mondzyklus in die Zehnersequenzen von 1, 10, 100 und 1000, um die Entwicklungsstufen im menschlichen Leben zu identifizieren. Das Gedächtnis, und damit die vom Menschen wahrgenommene Zeitfolge im Leben, wird von den mathematisch nachvollziehbaren Veränderungen des Stoffwechsels beeinflußt. Die logarithmische Sequenz der biologisch und mental wahrgenommenen Mondzyklen wird mit der linearen, jährlichen Folge der Sternzeichen integriert, woraus sich eine Kombination von mathematisch beschreibbaren linearen und kreisförmigen, wie auch additiven und exponentiellen Realitäten ergibt, die die von uns wahrgenommene Raum-Zeit-Konstante hervorbringt. Beide Systeme beruhen auf derselben kreisförmigen Matrix und reflektieren den wiederkehrenden Mechanismus des gesamten Lebens. Die drei Grundvoraussetzungen für eine mathematische Matrix im Göttlichen Plan sind die folgenden:

1. Eine *additive* Skala von zyklisch wiederkehrenden Jahren (unabhängig von subjektiven Zeitvorstellungen), die in Sekunden, Minuten, Stunden, Tagen, Kalendermonaten oder Sternzeichen, Äquinoktien und Sonnenwenden, Jahren, Jahrtausenden und rückläufigen Zyklen von 25.000 Jahren gemessen wird.

2. Eine *geometrische* Skala von logarithmischen Zehnersequenzen, welche das subjektive Schrumpfen der biologischen Zeit im menschlichen Gedächtnis reflektiert.

3. Eine *kreisförmige* Matrix, auf der die additive und geometrische Rechenweise basiert, die aber auch den Anfang und das Ende jedes im Universum vorkommenden Zyklus an denselben Punkt verlegt und damit das Gesetz der ewigen Wiederkehr illustriert.

Fünftes Kapitel
★ Das Weltzeitalter ★

»Denn das Heilige Eine hat die Welt erwogen
und mit Maßen die Zeiten gemessen und mit Nummern die
Jahreszeiten gezählet; es wird nicht ruhen noch
rasten, bevor die Zahl erfüllet ist.«

Esdras-Evangelium

Der Zyklus eines Weltzeitalters bildet eine Parallele zum Zyklus des individuellen Lebens. Die Anthropologen sind sich darüber einig, daß der Mensch vor etwa 50.000 Jahren Bewußtheit erlangte, also etwa zur Zeit, als sich die Pigmentierung der Menschenhaut entwickelte und die Neandertaler der fortgeschritteneren Cro-Magnon-Rasse Platz machten, was im Lauf der nächsten 15.000 Jahre geschah. Dieser Übergang von einer Menschengattung zur anderen ist interessant, denn es existieren keine früheren Spuren der Cro-Magnon-Rasse, aus der sich die gesamte moderne Menschheit entwickelt hat. Das fehlende Glied in dieser Kette bleibt bis heute unentdeckt, man weiß nur, daß die höher entwickelten Cro-Magnons plötzlich auftauchten und sich mit den wulst-stirnigen, behaarten, kürzer gewachsenen, aber immens starken Neandertalern paarten, und führt die charakteristischen Übergangsmerkmale, die bis heute im Grundstock des Homo Sapiens Sapiens enthalten sind, auf diese Blutsvermischung zurück. Beide Rassen besaßen in etwa die gleiche Gehirnkapazität, aber die Neandertaler waren dem prototypischen Affenmenschen ähnlicher, sowohl in ihrer äußeren Erscheinung als auch in ihren sozialen Strukturen, während die mysteriösen Cro-Magnons nahezu identisch mit dem Menschen des zwanzigsten Jahrhunderts sind. Das Phänomen ruft Erinnerungen an die apokryphische christliche Schöpfungsgeschichte wach, in der Lilith, die Schwester und erste Frau Adams, eine Rasse von Halbmenschen hervorbrachte, indem sie sich mit degenerierten Engeln vermischte.

Das Welt(zeit)alter der Menschheit begann vor 50.000 Jahren, aber seine Dauer ist noch ungewiß. Vielen Zukunftsvisionen zufolge wird um das Jahr 2000 ein Zusammenbruch des bestehenden Gefüges stattfinden, was gar nicht so unwahrscheinlich ist, insbesondere im Hinblick auf die globale Bevölkerungsexplosion, die Unfähigkeit unserer Regierungen, Nahrungsmittel sinnvoll zu verteilen, die weiterhin bestehende nuklare Bedrohung und die scheinbar unaufhaltsame Umweltvernichtung. Viele Propheten, unter anderem auch Nostradamus und die Zeugen Jehovas, haben das ›Ende der Welt‹ in die Nähe der Jahrtausendwende gelegt.

Der sogenannte ›Große Jubiläumszyklus‹ der Juden beträgt jeweils 50.000 Jahre, wobei das Jahr 1000 nach Christus als der Beginn des letzten tausendjährigen Jubiläumsjahrs betrachtet wird, was das Jahr 2000 nach Christus zum Jahr des Übergangs von einem Weltzeitalter zum anderen machen würde. Der New-Age-Prophet Jose Arguelles bezeichnet das Ende dieses Jahrhunderts als das ›Ende der Geschichte‹ und den Anfang der ›Nachgeschichte‹, also als eine neue Phase der planetarischen Entwicklung, die mit einem Quantensprung auf die nächsthöhere Stufe des menschlichen Bewußtseins einsetzt.

Der astronomisch-astrologische Mechanismus der rückläufigen Aquinoktien liefert weitere Unterstützung für die 50.000-Jahre-Theorie, da ungefähr 50.000 Jahre zwei äquinoktische Zyklen ergeben — eine Nacht und einen Tag der Schöpfung, ähnlich dem Tag und der Nacht von Brahma.

Wenn wir davon ausgehen, daß die Dauer jedes Weltzeitalters ungefähr 50.000 Jahre beträgt (vom Erwachen des Bewußtseins bis zum Ende seiner zyklisch wiederkehrenden Manifestation), dann erhalten wir auf der logarithmischen Skala eine Grundrecheneinheit von einem Tausendstel dieser Gesamtdauer, also fünfzig Jahre. Fünfzig Jahre in der Geschichte entsprechen 1000 Mondzyklen (77 Jahre). Die Grundeinheit des Mondzyklus im individuellen Leben der Frau wird von der Grundeinheit des maskulinen Sonnenzyklus im kollektiven Leben ausgeglichen. Die letzten 50 Jahre repräsentieren die Todesphase der gesamten Menschheit, oder das kollektive ›Jüngste Gericht‹, und sind ein ungeheuer komprimiertes Nachvollziehen des gesamten vorangegangenen Zyklus, ebenso wie die Keimzeit des Ovums des nächsten Welzeitalters. Das Jahr 1950 zeigt den Beginn des Rechenschaftablegens (Jüngstes Gericht) an; 50 Jahre vor dem Jahr 2000 waren Hiroshima und Nagasaki gerade von der Atombombe getroffen worden; die ersten Wasserstoffbomben wurden getestet, und das ökologische Gesamtsystem des Planeten wurde einer nicht mehr endenwollenden Serie von Schocks im Zuge von Untergrundtests und der damit verbundenen radioaktiven Verseuchung unterzogen. All dies sind Symptome einer Krankhaftigkeit die durchaus den bevorstehenden ›Tod‹ des Weltzeitalters anzeigen könnte. Wie gesagt: die Zahl aller auf der Erde lebenden Menschen zwischen 1950 und dem Jahr 2000 kommt der gesamten geschätzten Erdbevölkerung in den letzten 50.000 Jahren gleich, was die Vermutung zuläßt, daß alle Seelen, die im letzten Weltalter auf der Erde gelebt haben, jetzt zurückkehren, um dem Ende und dem Neubeginn eines großen Zyklus beizuwohnen.

Innerhalb der Grenzen des Weltalters von 48.000 v. Chr. bis 1950 n. Chr. treten wir astrologisch gesehen vom Zeitalter des Widders in das Zeitalter der Fische ein. Die gleiche logarithmische Sequenz unterteilt die Geschichte des individuellen Lebens, aber in zeitlich umgekehrter Richtung.

1	10	100	1000
–50 Jahre 1950 n. Chr.	–500 Jahre 1500 n. Chr.	–5000 Jahre 3000 v. Chr.	–50.000 Jahre 48.000 v. Chr.

Die Übergangsdaten liegen bei 5000 bzw. 500 Jahre vor dem Jahr 2000 n. Chr., also in den Jahren 3000 v. Chr. und 1500 n. Chr. In der astrologischen Entsprechung ist dies der Beginn der Sternzeichen Löwe und Schütze.

Vor etwa 48.000 Jahren wurde der Mensch der Frühzeit

sich seiner selbst bewußt und begann, sich als Individuum auszudrücken und zu behaupten, obwohl die Mehrheit seines Bewußtseins noch im Zustand unterschiedsloser Einheit mit der Natur verblieb. Die damalige Realität war eine kollektive, von mythologischen Vorstellungen geprägte, in der die Erscheinungen von Himmel, Erde, Meer und Wetter als personifizierte göttliche Geister verehrt wurden.

Vor fünftausend Jahren, etwa 3000 Jahre vor Christus, entfaltete sich dann das individuelle Selbstbewußtsein. Viele Kulturen legen das Datum der großen Sintflut auf die Zeit um 3000 v. Chr. — eine Epoche, die vielfach auch die ›Ära der Schöpfung‹ genannt wird. Juden und Christen glaubten, daß die Welt im Jahr 3761 vor Christus geschaffen wurde. Der erste legendäre Pharao Menes soll um 3200 v. Chr. existiert haben. Der erste Kaiser Chinas, Tai Hao, lebte vor etwa 2850 Jahren. Der Anfang des Kali Yuga (das Zeitalter der Umnachtung) wird von Brahmanen auf das Jahr 3102 v. Chr. gelegt. In dieser Zeit machten sich auch die ersten Vorboten des Bronzezeitalters bemerkbar — das Zeitalter, in dem die Kraft des Wassers zum erstenmal nutzbar gemacht wurde. In dieser Zeit entwikkelten sich die frühen Hochkulturen, wie die der Babylonier, Chinesen, Ägypter und Sumerer. Etwa 3000 Jahre vor Christus wurden auch die ersten Einzelpersonen für individuelle Taten berühmt, und der Monotheismus trat seinen Siegeszug an. Zwischen 3000 v. Chr. und 1500 n. Chr. bestimmten die klassischen, jeweils von einem einzigen, mächtigen Alleinherrscher regierten Zivilisationen der Ägypter, Griechen, Römer und Chinesen die geistige Fortentwicklung der Menschheit. Zur Zeit des Eintritts in das Mittelalter hatten diese großen Zivilisationen sich dann bis weit über ihre Grenzen hinaus verbreitet, sie waren ausgeblutet und untergegangen, was fortan zum Feudalismus des ›finstersten Mittelalters‹ führte, den Einfluß der Kirche verstärkte und in den Kreuzzügen, der Inquisition und den verheerenden Seuchen und Plagen dieser Ära endete.

Vor fünfhundert Jahren, also etwa 1500 nach Christus, trat das alte Europa dann in das Zeitalter der Renaissance (Wiedergeburt) ein — eine Phase der Neuentdeckung des Humanismus und der Menschenwürde. Die allmähliche Verrottung und der schließliche Verfall der klassischen Realität führte zu einer

Transformation des Denkens in einer zunächst individuellen und dann kollektiven Neugeburt des Selbstverständnisses und schließlich zu einer neuen Humanität. Dieses ›Zeitalter der Erweckung‹ traf mit der Entdeckung und Kolonisation der Neuen Welt zusammen, mit der ersten Weltumseglung und der Einrichtung der Handelswege zwischen Europa und dem Fernen Osten. Der endgültige Fall von Konstantinopel und der Beginn der kirchlichen Reformation wurde von mutigen Individuen des Renaissancezeitalters eingeleitet, die dafür sorgten, daß Regierungen, Religionen, Künste, Architektur, Literatur, Wissenschaften und Umgangsformen von Grund auf erneuert wurden.

Beginnend mit dieser Neuerweckung von 1500 n. Chr. bis zum Einsetzen der Vernichtungswaffen um das Jahr 1950 n. Chr. fand ein kontinuierliches Wachstum auf verschiedenen Ebenen statt, in dem die Menschheit einem immer rascher werdenden Reifeprozeß unterzogen wurde. Die Renaissance lieferte die intellektuellen und wissenschaftlichen Bausteine für den erstaunlichen Expansionismus der kommenden Industrierevolution; sie brachte die beiden Ideologien hervor, auf denen alle modernen Gesellschaftsformen beruhen: den Kapitalismus und den Sozialismus — zwei ursprünglich idealistische Konzepte, die aber bald zu nationalen und internationalen Kontrollsystemen umfunktioniert wurden und seit 1950 unaufhaltsam auswucherten, bis zu ihrem gewalttätigen Zusammenprall im Zuge der beiden Weltkriege des Zwanzigsten Jahrhunderts und der schließlichen Niederlage des sowjetrussischen Kommunismus gegen Ende der achtziger Jahre.

Eine ›panoramische Rückschau‹ auf die letzten fünfzig Jahre dieses Jahrhunderts macht deutlich, daß die drei Entwicklungsphasen des Weltalters in dermaßen komprimierter Form noch einmal wiederholt werden, daß man sie kaum noch wiedererkennt, und zwar in der Anwesenheit von sämtlichen Mitspielern aus allen geschichtlichen Epochen! So kommt man zu dem Schluß, daß jede einzelne Person des gesamten Weltalters eine repräsentative, auf der Erde im Jahr 2000 gegenwärtige Form hat, denn selbst wenn diese Erklärung ungewöhnlich oder absurd wirkt, muß man bedenken, daß vor 10.000 Jahren nur etwa fünf Millionen Menschen auf der Erde lebten — eine

Zahl, die der derzeitigen Bevölkerungsdichte von London allein entspricht.

Pythagoras' Doktrin von der ›Seelenwanderung‹ oder ›Metempsychose‹ besagt, daß es nur eine, stets unverändert bleibende Anzahl von Seelen gibt, welche alle im Universum existierenden Körperformen im ständigen Wechsel beleben. Zeugung und Empfängnis bieten einer Seele lediglich die Gelegenheit, eine Form anzunehmen, um diese zum Zeitpunkt des Formtodes wieder zu verlassen und eine neue anzunehmen. Jede Seele registriert und verwahrt alle Eindrücke ihrer Lebenszeiten in jedweder Körperform. Die Pythagoräer glaubten, daß die tierischen Eigenschaften im astrologischen Tierkreis eine Sequenz von Identitäten repräsentieren, die von Menschenseelen auf ihrem Weg zur göttlichen Einheit der Reihe nach angenommen werden. Die Qualität des letzten Lebens bestimmt, ob eine Seele nach ihrem Tod eine höhere Existenzform annimmt, oder ob ein Abstieg in niedere Existenzbereiche stattfindet. Die Seele reist außerhalb der Zeit und begibt sich nur bei einer Wiedergeburt in die Raum-Zeit-Konstante; sie kann sich also sowohl in der Vergangenheit als auch in der Zukunft inkarnieren, ausgehend von der jeweilig letzten Lebenszeit.

Jeder lebende Mensch unseres Zeitalters wird von einer Seele belebt, die an der Endphase dieser Welt teilhaben will. Individuelle Realitäten — seien sie barbarisch oder kultiviert, primitiv oder modern, männlich oder weiblich, spirituell oder atheistisch — werden noch einmal mit fieberhafter Intensität und in der Gegenwart aller anderen Seelengefährten ausagiert, denn jede Einzelseele muß dem Tod und der Wiedergeburt der größeren Weltseele beiwohnen, von der sie gewissermaßen eine untergeordnete Manifestation ist. In der biblischen Offenbarung wird in einer Vision von dieser Endphase erzählt:

»Und ich sah die Toten, wie sie vor Gott standen, die Mächtigen wie die Geringen, und die Bücher wurden aufgetan: und ein anderes Buch wurde aufgetan, welches das Buch des Lebens war, und die Toten wurden gerichtet nach ihren Gedanken und Werken, die in dem Buch enthalten waren. Und die See gab die Toten frei, die in ihr waren; und Tod und Hölle gaben die Toten frei, die in ihnen waren: und dann wurden sie gerichtet, jeder nach seinen Werken. Und Tod und Hölle wurden in den Flammensee gestürzt. Dies ist der zweite Tod. Und wessen Name nicht im Buch des Lebens geschrieben stand, wurde in den Flammensee gestürzt.«

Das Christentum absorbierte und integrierte die uralte Doktrin der Reinkarnation, wie diese Beschreibung des Jüngsten Gerichts zeigt.

Das Ende eines Weltzeitalters bietet der Menschheit die Gelegenheit, ihr spirituelles Bewußtsein auf eine höhere Stufe zu transportieren, den planetarischen Logos zu entdecken und den evolutionären Quantensprung zu vollziehen, der das individuelle Bewußtsein mit einem einzigen Organismus höherer Ordnung verschmilzt.

Die Symbolik der Zahl Fünfzig

»Ich bin der Meister. Die steilsten Berge
der Erde erzittern vom Gipfel bis zu ihren Grundfesten.
In meiner Rechten halte ich den
flammenden Feuerdiskus. In meiner Linken halte ich
den vernichtenden Diskus.
Hoch halte ich die Waffe meiner Göttlichkeit:
das Sonnenrad mit seinen fünfzig Speichen.«

Eine magische Invokation der Chaldäer
(aus ›*La Magie chez les Chaldeens*‹ von Lenormant)

Ein Weltalter der Menschheit erstreckt sich über 50.000 Jahre und wird in Grundeinheiten von jeweils fünfzig Jahren unterteilt, woraus sich eine Rechenweise ergibt, die in verschiedenster Hinsicht Sinn macht:

- Vor 50.000 Jahren wurde das Feuer vom Menschen nutzbar gemacht.
- Vor 5000 Jahren trat die Menschheit in das Bronzezeitalter ein, in dem die Wasserkraft nutzbar gemacht wurde.
- Vor fünfzig Jahren traten wir in das Atomzeitalter nach Hiroshima ein.

Die Symbolik der Zahl Fünfzig, ebenso wie ihre fortschreitende Verzehnfachung, spielt eine wichtige Rolle in der Natur und in den mythischen Überlieferungen verschiedenster Kulturen. Fünf war eine magische Zahl, die von den Pythagoräern als heilige Maßeinheit verstanden wurde. Das Pentragramm ist das klassische magische Symbol für die Anrufung von Schutzgeistern und bei anderen magischen Ritualen. Der Gott Brahma der Hindus ist im momentanen Zeitalter fünfzig kosmische Jahre alt. Die fünf innersten Elektronenringe enthalten ein Höchstmaß von fünfzig Elektronen. Das Gehirn besteht aus 50.000.000.000 Gehirnzellen.

Die Zahl Fünfzig taucht in zahllosen Maßen und Proportionen in der großen Pyramide von Gizeh auf. Der ›Pyramiden-Zentimeter‹, auf dem das Rechensystem der ägyptischen kosmischen Geometrie beruht, beträgt ein 500-Millionstel des Durchmessers der Erde. Die Grabkammer des Königs liegt auf dem fünfzigsten Steinrang und enthält einhundert frontale Wandsteine. Die Grabkammer der Königin liegt auf dem fünfundzwanzigsten Steinrang (5 x 5). Beide Kammern stehen in Beziehung zu den zwei rückläufigen Zyklen dieses Weltalters (siehe auch Abbildung 3).

Die alten Ägypter besaßen ein erstaunlich akkurates Wissen von astronomischen Zusammenhängen und integrierten dieses Wissen auf vielfache Weise in ihre Gesamtkultur. Der kosmische Archäologe Schwaller de Lubicz erkannte, daß die Monumente Ägyptens Einblicke in höhere Bereiche des Bewußtseins gewähren, wenn man sie im Sinne von Zahlen, Maßeinheiten, Zyklen und hierarchischen Ordnungen interpretiert. »Die Ägypter organisierten und verwalteten ihre Zivilisation anhand dieses Wissens, und so ist dies die Erklärung für die Struktur des ägyptischen Kalendersystems, für die Verlagerungen des Schwergewichts im ägyptischen Symbolismus, für den Aufstieg und Sieg einer Macht (Neter) über eine andere, und für die Vielgötterei in Ägyptens verschiedenen religiösen Zentren.« Die Beobachtungen von de Lubicz resultierten in einer Integration des räumlichen Proportionssystems, wie es in ägyptischen Monumenten zu finden ist, und dem zeitlichen Mechanismus des ägyptischen Kalenders. Beide Maßeinheiten bilden zentrale Angelpunkte in meiner Theorie vom ›Göttlichen Plan‹.

Das große Rätsel unseres derzeitigen Kalenders liegt in der

Tatsache, daß die von uns angenommenen Zyklen der Sonne nicht mit den Zyklen des Mondes übereinstimmen. Unser Sonnenjahr von 365,24 Tagen läßt sich nicht gleichmäßig mit der Länge unseres Monats dividieren, egal ob man den Mondumlauf von 27,3 Tagen zum Maßstab nimmt (eine einzige Rückkehr des Mondes zum selben Punkt im Sternkreis) oder den Zeitraum von einem Neumond zum nächsten, welcher 29,5307 beträgt. Schwaller de Lubicz stellte fest, daß die Ägypter ihren Mondkalender auf Perioden von jeweils 25 Jahren aufbauten, was 309 Mondumläufen oder Monaten entspricht. Ein Doppelzyklus, welcher den Goldenen Schnitt repräsentieren würde, umfaßt fünfzig Jahre: 618 = (phi-1) × 1000. Interessant ist, daß derselbe Zyklus von den afrikanischen Dogonern für die Umlaufbahn des unsichtbaren Begleitsterns von Sirius gehalten wird und die gesamte Astronomie der Dogoner auf diesem Zahlenmaß beruht.

Fest steht, daß die Zahl fünf die Grundziffer der ägyptischen Symbolsprache, Architektur, Zeitrechnung und Astronomie ist und daß diese Zahl das langgesuchte *›missing link‹* zwischen der ägyptischen und pythagoräischen Zahlensymbolik und Astronomie darstellt. Die harmonische Integration des Goldenen Schnitts mit der zyklischen Einheit von fünfzig Jahren und dem lunaren Kalender mit seinen astrologisch-astronomischen Querverbindungen ist die Quintessenz des ›Göttlichen Plans‹.

Die Verehrung des Fixsterns Sirius spielte eine bedeutende Rolle in der ägyptischen Reinkarnationsmythologie, denn Sirius wurde für eine größere Sonne als die Sonne selbst gehalten. Der gleichzeitige Aufgang von Sonne und Sirius an einem Tag wurde zum Jahresbeginn in einer fünfzigtägigen Beschwörung des Schöpfergeistes zelebriert. Die moderne Astronomie hat festgestellt, daß Sirius in der Tat eine größere Sonne ist, um die sich unsere Sonne und das Sonnensystem drehen. Sirius ist ein Doppelstern, der aus einem Mammutstern von sehr geringer Dichte besteht, um den ein kleinerer Stern von extremer Dichte in einem Fünfzig-Jahre-Zyklus kreist. Die Struktur gleicht dem eines Atomkerns mit seinem kreisenden Positron und Neutron. Rodney Collin hält Sirius für das fehlende Glied in der Verbindungskette zwischen den beiden Kosmossen des

Sonnensystems und der Milchstraße, schon allein deshalb, weil die Entfernung zwischen Sonne und Sirius eine Million mal so groß ist, wie die Entfernung zwischen Erde und Sonne, was die Ziffern exakt in Collins Skala der kosmischen Verhältnisse eingliedert, wie sie in seiner *›Theory of Celestial Influence‹* dargelegt wird.

Die Religion der afrikanischen Dogoner beruht, dem englischen Forscher Temple zufolge, auf der fünfzigjährigen Umlaufbahn von Sirius B um den größeren Sirius. Aus zahlreichen mythologischen Parallelen läßt sich entnehmen, daß das astronomische Wissen um die Beschaffenheit von Sirius bereits vor dem Altertum weitverbreitet war und weit über den Wirkungskreis der Dogoner und Ägypter hinausging. Die spirituellen Zentren des Altertums, wie die von Theben, Miletus, Dodona, Delos, Delphi, dem Berg Ararat und Metsamor waren astronomisch versiert, und ihre Mysterienschulen beriefen sich sowohl auf kalendarisches und mathematisches wie auf mythologisches und astrologisches Wissen. Der Mythos von Jason und den fünfzig Argonauten, die Landung von Noahs Arche auf dem Berg Ararat und die gesamte geographische Struktur der Religion in den Mittelmeerländern des Altertums ist eine Reflektion der Gestirne und Sternkonstellationen am damaligen Himmel.

Der größte Stern in der Argo-Konstellation ist Canopus, was ›der Pilot‹ bedeutet. Die Sumerer identifizierten diesen Stern mit der amphibischen Gottheit Oannes in ihren Legenden von der großen Sintflut — was Oannes zu einem Vorläufer Noahs machen würde, der, wie Noah, der Menschheit einen unschätzbaren Dienst erwiesen hat und zugleich auch der Jehova der Hebräer war (Abbildung 27).

Canopus spielt eine zentrale Rolle in vielen ägyptischen, sumerischen, babylonischen, hebräischen und griechischen Flutlegenden und wird von den Religionen dieser Kulturen mit der ursprünglichen Erschaffung der Menschheit assoziiert. Deukalion, der griechische Noah, ist eine Zentralfigur des weitverbreiteten delphischen Apollokults, dessen Priester die damalige Philosophie, Wissenschaft, Medizin, Astrologie und Kunst bis hin zum musikalischen Ausdruck beherrschten. In den delphischen Mysterien wurde ein großes Boot symbolhaft eingesetzt, und der *Omphalos* oder Nabel der Welt wurde in Delphi verwahrt (siehe Abbildung 7).

Der nahöstliche Glaube, daß Noah auf dem Berg Ararat nach dem Verebben der Fluten zum Ufer ging, bildet eine Parallele zu dem griechischen Glauben, daß Deukalions Schiff in der Nähe von Delphi landete. Der Mysterienforscher Temple

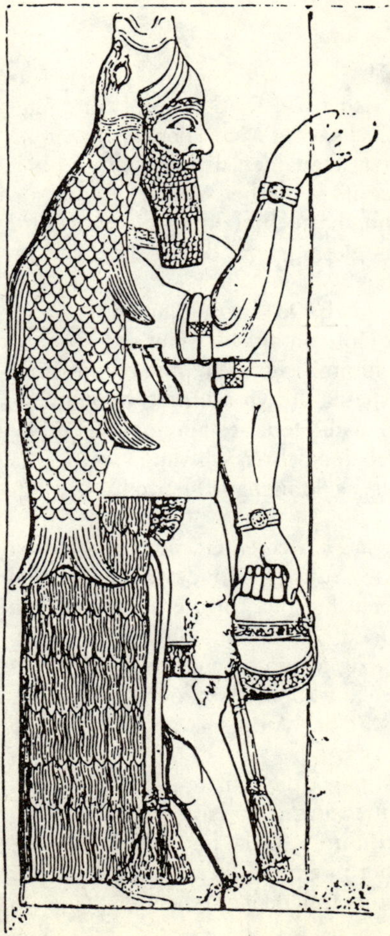

Abbildung 27:
Der sumerische Fischgott Oannes
Der Vorläufer von Noah in den Legenden der Sumerer ist sowohl ein Gott des Himmels, welcher dereinst das Leben auf die Erde gebracht haben soll, als auch ein fischgeschwänzter Dämon des Meeres aus dem Reich des Unbewußten.

gelangte zu der Ansicht, daß diese Mythen sich in Wahrheit auf Wesen vom fernen Sirius beziehen, welche die Erde in prähistorischen Zeiten besucht und fruchtbar gemacht haben sollen. Numerisch gesehen, stehen alle diese Mythen in einem Bezug zu dem Rechensystem des ›Göttlichen Plans‹.

In den Legenden, die Temple in seinem Buch ›*The Mysteries of Sirius*‹ mit den Mysterien der griechischen und mittelöstlichen Kultur assoziiert, kommt die symbolische Zahl fünfzig wieder und wieder vor:

- Die Heroen von Anu waren die fünfzig Anunnaki einer Göttergemeinschaft, von denen sieben Götter der Unterwelt angehörten und als solche das Schicksal der Menschen bestimmten.
- Nach Temple gab es fünfzig Danaiden, Palantiden und Nereiden und fünfzig Jungfrauen im keltischen Bran.
- Zerberus, der Höllenhund, hatte fünfzig Köpfe und wird mit dem ägyptischen Anubis gleichgesezt, dem Gott der Zeit, der die Seelen verschlingt.
- Der sumerische Gott Marduk hatte fünfzig Namen.
- Achtaeon und die fünfzig Höllenhunde des Hades.
- Thespius zeugte bei einer himmlischen Vereinigung mit einer Göttin fünfzig Töchter, die später alle Mondpriesterinnen wurden. Der Legende zufolge machte Herkules alle fünfzig entweder in einer Nacht oder in sieben Nächten schwanger.
- Gilgamesch, der babylonische Sonnengott, hatte fünfzig Kameraden.
- Die fünfzig Mondgöttinnen der Weißen Göttin der Griechen stehen in einem Bezug zu den fünfzig Mondzyklen zwischen zwei Olympiaden und sind ein Beispiel für die altertümlichen esoterischen Sequenzen von fünfzig Jahren, fünfzig Monaten und fünfzig Tagen. Die Fünfzig-Monate-Sequenz wird außerdem mit der Herrschaft eines Gottkönigs assoziiert.
- Der Gottkönig Lykaon war der Auslöser der Sintflut und hatte fünfzig Söhne.
- Der Mythos von der Hirschjagd, die fünfzig Monate dauert.
- Das Schiff von Orestes hatte fünfzig Ruder.
- Die vorgeschichtliche Erdmutter Gaia hatte fünfzig Knochen, die für manche Forscher in einem direkten Bezug zu der monumentalen Steinrunde von Stonehenge stehen.

- Die fünfzig Steine von Deukalion (Noah).
- Der vor kurzem entdeckte Asteroid Chiron — nach dem griechischen Gott der Heilung benannt — hat eine fünfzigjährige Umlaufbahn.

Alle die oben erwähnten Mythen gründen sich auf astronomische Beobachtungen und wiederholen die Zahlen fünfzig und einhundert, welche auch die Basis der Zeitrechnung des ›Göttlichen Plans‹ sind.

Vorbilder für einen Zyklus von fünfzig Jahren tauchen auch im hebräischen Mystizismus auf: »Und ihr sollt das fünfzigste Jahr heiligen.« Das Jahr der Hebräer wurde ursprünglich in sieben Perioden von jeweils fünfzig Tagen unterteilt, dazu wurden sieben plus sieben und ein Tag gezählt = 365 Tage. Der ›Jubiläumszyklus‹ bestand aus sieben mal sieben Jahren plus einem Jahr, woraus sich alle fünfzig Jahre ein großes ›Jubiläumsjahr‹ ergibt. Sieben Zyklen von jeweils siebentausend Jahren kulminieren in einer ›Jubiläumsperiode‹ von eintausend Jahren und vollenden einen Zyklus von 50.000 Jahren. Die größeren Zyklen wurden einmal im Jahr in dem siebenwöchigen Passahfest (Schovus) gefeiert, im Gedenken an Moses, der die Zehn Gebote auf dem Berg Sinai empfing, wie es in den ersten fünf Büchern der Bibel beschrieben wird. Der Kalender der Kanaaniter beruhte ebenfalls auf sieben Zyklen von jeweils fünfzig Jahren, und der Symbolismus wird nochmals im Datum des Pfingstfests betont, bei dem ursprünglich fünfzig Tage nach Ostern die ›Ausgießung des Heiligen Geistes‹ nachempfunden wurde.

Die ›Chakras‹ der indischen Tradition sind Kraftzentren oder Energieräder im Feinstoffkörper des Menschen, die auch heute noch in der Form von blumenblättrigen Mandalas dargestellt werden, bei denen jedes Blütenblatt einer Harmoniefrequenz und einem mystischen Klanglaut entspricht. Das Swadisthana- oder Sakralchakra hat fünf Blütenblätter und das Manipura- oder Sonnengeflechtchakra zehn. Die fünf ersten Chakras haben zusammengenommen 48 Blütenblätter, und wenn man diese zu dem zweiblättrigen Lotus des Stirnchakras hinzuzählt, dann ergibt sich die Zahl Fünfzig als Symbol für die Vervollkommnung der menschlichen Persönlichkeit (Abbildung 28). Ein zur Gänze ausgebildetes Sahasrara- oder Kronenchakra am Kopf des Menschen ist ein Zeichen dafür, daß

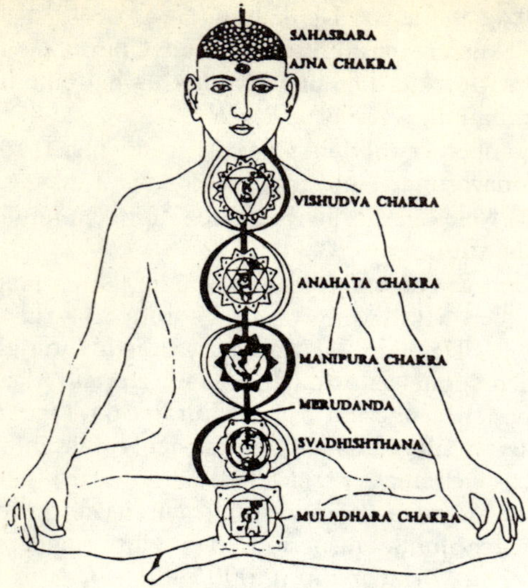

Abbildung 28: Die Chakras
Die Chakras sind blumengleiche Energiezentren im Feinstoffkörper des Menschen. Die fünf niederen Chakras haben 48 Blütenblätter. Addiert man diese mit den zwei Blättern des Stirnchakras, so ergibt sich die Zahl Fünfzig — ein Symbol für die Vervollkommnung der menschlichen Persönlichkeit. Der Tausendblättrige Lotus des Kopfchakras ist ein Zeichen für die Überwindung alles Persönlichen und das Erlangen der Buddhaschaft. Das Produkt beider Ziffern ist 50.000.

der Gipfelpunkt der spirituellen Entwicklung erreicht wurde und der Mensch sich nicht noch einmal inkarnieren muß. Dieses höchste Chakra hat traditionell eintausend Blütenblätter, und die buddhistischen Bodhisattvas, die der Legende nach die absolute Freiheit erlangt haben und nur noch auf der Erde bleiben, um anderen Menschen zur Erweckung zu verhelfen, haben alle eintausend Blütenblätter des Kronenchakras voll entfaltet. Das Produkt beider Ziffern ist jeweils 50.000.

In Platos ›*Timaeus*‹ kommen fünfzig numerierte Abschnitte vor; die Ritter des Heiligen Grals bildeten eine Bruderschaft von fünfzig Wahrheitssuchern.

Hinweise auf die Zahl Fünfzig in den oben genannten Mythen und Legenden stehen alle in einer Beziehung zu Aspekten im ›Göttlichen Plan‹, denn hier wird die Wesensnatur der Schöpfung und ihre zeitlichen Ausmaße untersucht, ebenso wie das Verhältnis zwischen den kleinen Mondzyklen im menschlichen Leben und dem Fünfzig-Jahre-Zyklus der Menschheit, die Beziehung zwischen Menschheit und ihrer Götterwelt, die mythologische Herkunft des universellen Zyklus, die Ordnung von Zyklen und Kosmossen und der Ursprung der Menschheit.

Die astrologische Struktur des Weltzeitalters

Jede sukzesssive Oktave auf der Zeitskala beträgt ein Zehntel der Dauer der vorangegangenen Oktave, beinhaltet aber eine zehnmal so große Bevölkerungsdichte, Informationsdichte und Energiemenge.

Tabelle 4: Das Weltzeitalter in Logarithmen

Sternzeichen	*Anfangszeiten*	*Funktion*
0 Widder	48.000 v. Chr. (–50.000 Jahre) *Selbstbehauptung*	Feuer – Bewußtsein
0 Löwe	3000 v. Chr. (–5000 Jahre) *Selbstbewußtsein*	Wasser – Sintflut
0 Schütze	1500 n. Chr. (–500 Jahre) *Selbsterkenntnis*	Seuchen – Schwarzer Tod
0 Widder	1950 n. Chr. (–50 Jahre)	Feuer – Atombombe

Auf jeder Oktave drückt die Menschheit eine höhere Stufe der Entwicklung aus, erreicht höhere Ebenen des Bewußtseins und entwickelt eine ausgeprägtere Individualität. Die Übergangszeiten zwischen den Oktaven sind ›*Schockpunkte*‹, an denen die menschliche Entwicklung einen dramatischen Sprung macht, häufig im Zuge ebenso drastischer Umweltveränderungen. Die Idee von einer graduell fortschreitenden Evolution mit periodisch auftretenden Katastrophen, die als das ›punktweise unterbrochene Gleichmaß‹ bezeichnet wird, ist die einleuchtendste Erklärung für den feststellbaren Entwicklungsprozeß. Die Sequenz von Feuer, Wasser und den Schockpunkten der großen Plagen erinnert an die biblischen Offenbarungen, in denen das Weltzeitalter mit einer Feuerprobe beginnt und endet — zunächst mit der Entdeckung des Feuers und am Ende mit der Konstruktion der Atombombe. Auf jeder Oktave tritt eine neue Ebene der Realität in Kraft.

Die Zeitskala des historischen Weltzeitalters wurde nach astrologischen Gesichtspunkten strukturiert, daher die Unterteilungen in zwölf Entwicklungsstadien. Die Sternzeichen repräsentieren fortschreitende Entwicklungsphasen und haben den Vorteil, daß man sie auch in symbolhafte geometrische Beziehungen zueinander setzen kann. Die horoskopische Geometrie erlaubt uns, Ereignisse, die zu verschiedenen Zeiten stattgefunden haben, miteinander durch Linien zu verbinden, wodurch Parallelen und wiederkehrende Rhythmen deutlich gemacht und integriert werden können, sowohl in historischer als auch in astrologischer Hinsicht. Diese Annäherungsweise an die Geschichte reflektiert die Erkenntnis der Neuen Physik, daß man von einem ›Netz der Verbindungen‹ ausgehen muß, nicht von einzelnen, isoliert existierenden Teilchen, bzw. Ereignissen. Außerdem bringt das Denken in astrologischen Parallelen die Entwicklungsstadien der Geschichte in eine Beziehung zum Wechsel der vier Jahreszeiten in der Natur und zu den Stadien des Wachstums und der Bewußtseinsentwicklung des Individuums.

Ein kreisförmiger Mechanismus bestimmt die Arbeitsweise aller Dinge im Universum, wie Thomas Mann in seinem monumentalen Meisterwerk, *›Joseph und seine Brüder‹* bemerkt:

»Die Strecke hat kein Geheimnis. Das Geheimnis ist in der Sphäre. Diese aber besteht in Ergänzung und Entsprechung, sie ist ein doppelt Halbes, das sich zu Einem schließt, sie setzt sich zusammen aus einer oberen und einer unteren, einer irdischen und einer himmlischen Halbsphäre, welche einander auf eine Weise zum Ganzen entsprechen, daß, was oben ist, auch unten ist, was aber im Irdischen vorgehen mag, sich im Himmlischen wiederholt, dieses in jenem sich wiederfindet. Diese Wechselentsprechung nun zweier Hälften, die zusammen das Ganze bilden und sich zur Kugelrundheit schließen, kommt einem wirklichen Wechsel gleich, nämlich der Drehung. Die Sphäre rollt: das liegt in der Natur der Sphäre. Oben ist bald Unten und Unten Oben, wenn man von Unten und Oben bei solcher Sachlage überall sprechen mag. Nicht allein, daß Himmlisches und Irdisches sich ineinander wiedererkennen, sondern es wandelt sich auch, kraft der sphärischen Drehung, das Himmlische ins Irdische, das Irdische ins Himmlische, und daraus erhellt, daraus ergibt sich die Wahrheit, daß Götter Menschen, Menschen dagegen wieder Götter werden können.«

Das Frühlingszeichen Widder symbolisiert den Geburtsmoment und die erste Persönlichkeitsbehauptung zur Zeit des dämmernden Bewußtseins zwischen 48.000 v. Chr. und 26.000 v. Chr. Die Tabelle 5 zeigt die Einteilung in zwölf Abschnitte, entsprechend den Sternzeichen, Jahreszeiten und den historischen Epochen. Die logarithmische Komprimierung von einem Zeichen zum nächsten gibt jedem Zeichen kaum mehr als die Hälfte des Raums, den das vorherige Zeichen eingenommen hat, wobei dieser Schwund aber von der zunehmenden Dichte der Erdbevölkerung, der gesteigerten Entwicklungsrate und dem Ereignistempo ausgeglichen wird.

Astrologische Rhythmen sind der Schlüssel zu den historischen Strängen, die zeitlich auseinderklaffende Ereignisse, Tendenzen, Zivilisationen und Individuen miteinander verbinden, denn der Geschichtsverlauf setzt sich aus all diesen Komponenten zusammen.

Der erste und fundamentale astrologische Rhythmus ist der wechselnde Zweitakt zwischen den maskulin-patriarchischen Sternzeichen und den feminin-matriarchischen Zeichen des Horoskops. Über die gesamte Zeitskala hinweg findet also eine ständige Alternierung zwischen der kausalen, von der linken Gehirnhälfte geprägten, maskulinen Sichtweise statt — einer linearen und mechanistischen Denkweise also — und der akausalen, von der rechten Gehirnhälfte bestimmten, femininen Sichtweise, die in kreisförmig wiederkehrenden und synchron verlaufenden Beziehungen denkt. Im Verlauf der Geschichte fanden ebensolche Fluktuationen zwischen patriarchischen und matriarchischen Gesellschaftsformen statt, wobei jeweils eine Form in die andere überging und weitere bipolare Erscheinungen in der Sozialstruktur nach sich zog. Die Gegensatzpaare halten das System auf kurze Sicht in einem Gleichgewicht. Die Ordnung und der organisierte Fortschritt einer hochentwickelten Kultur entsteht aus dem Chaos ihrer Gründungszeit, und der Fall einer Kultur ist die Voraussetzung für das Entstehen einer neuen.

Oppositionen in einem Kreis sind temporäre Polaritäten, die eine Zeitlang wie unvereinbare Gegensätze fungieren, aber eine unwiderstehliche Anziehungskraft aufeinander ausüben — die beiden Kräfte erinnern an die Anziehungskraft in der nuklearen Fusion und die Fliehkraft bei der nuklearen Fission.

Die vier Elemente von Feuer, Erde, Luft und Wasser tauchen dreimal hintereinander in der Runde des Horoskops auf, einmal auf jeder Oktave der Zeitskala, wodurch sich die Ähnlichkeiten in ihrer inneren Struktur ergeben. Für Plato waren die vier Elemente ein mathematisches System, anhand dessen die immer größere werdende Dichte in den Naturerscheinungen erklärt werden konnte, und für Robert Fludd stehen alle Elemente auf der Erde in einem Verhältnis zueinander. Der Physiker Heisenberg sagte, daß die elementaren Prozesse, aus denen alle in der Natur vorkommenden Erscheinungen hervorgehen, in vier Gruppen eingeteilt werden müssen.

Man kann die Elemente auf sehr unterschiedliche Weise verstehen. In der klassischen Interpretation ist das Feuer Energie, die Erde ist Materie, die Luft ist der Intellekt, und das Wasser ist die Gefühlswelt. Der Jung'schen Psychologie zufolge ist Feuer die intuitive Funktion, Erde ist die sinnliche Funktion, Luft ist die Denkfunktion und Wasser die Gefühlsfunktion. Im Kontext der Physik ist Feuer die Energie, die das Universum motiviert, Erde die Manifestation der Realität in Partikeln, Wasser die Wellennatur der Realität, und Luft ist das komplementäre Verbindungselement zwischen Partikel und Welle. Die Naturwissenschaften operieren mit vergleichbaren Ordnungsprinzipien wie die historischen Prozesse.

Die Elemente, die den Sternzeichen zugeordnet werden, wiederholen immer das gleiche Thema auf verschiedenen Oktaven im Horoskop. Die Feuerzeichen Widder, Löwe und Schütze stehen für Initiative, Kreativität, pure Energie, spirituelle Impulse und Konzentration auf die eigene Person. Die Erdzeichen Stier, Jungfrau und Steinbock stehen für den Geist, der in die Materie (Mutter, Matrix) herabsteigt, also für Körperlichkeit, Greifbarkeit und sinnlich-sensationelle Erfahrungen. Die Luftzeichen Zwillinge, Waage und Wassermann verbinden und vermitteln zwischen Himmel und Erde, zwischen Energie und Materie und sorgen für einen Austausch, ein Gleichgewicht und eine Abstrahierung im Reich der reinen Ideen. Die Wasserzeichen Krebs, Skorpion und Fische enden jede Oktave mit einer Auflösung der bestehenden Strukturen in einer Akkumulation und abschließenden Synthese der vorangegangenen Entwicklung, wozu auch die gefühlsmäßige Verarbeitung des letzten Zyklus gehört, der nun endet und damit die Möglichkeit eines neuen Daseinszyklus auf höherer Ebene schafft.

Die zu jedem Element gehörenden drei historischen Epochen weisen eine Drei-Phasen-Entwicklung auf, ein Dreitakt also, der notwendig ist, um die Eigenschaften jedes einzelnen Elements im Verlauf des Weltzeitalters zu manifestieren. Jedes Element hat eine kardinale oder auslösende Phase, eine feststehende (fixierte) Manifestationsphase und eine veränderliche (mutable) Phase, in der eine Synthese der elementaren Eigenschaften stattfindet.

Die Astrologie ist ein überaus vielschichtiges und komplexes Wissensgebiet, denn sie setzt sich mit der Komplexität der menschlichen Existenz im Universum auseinander, aber sie liefert uns ein Denkmodell und eine Symbolsprache, die uns unsere Verwobenheit mit der Gesamtheit entdecken läßt, welche zu jeder Zeit auch vom Ablauf unserer Geschichte reflektiert wird. Mit Hilfe der Astrologie können wir Parallelen zwischen einer einzigen Person und der gesamten Menschheitsgeschichte ziehen und erkennen, daß das Einzelwesen ein Teil und eine Reflektion größerer Ordnungen und Prozesse ist.

Die astrologische Terminologie erfüllt die gleiche Funktion wie die psychotherapeutischen Wendungen und Begriffe, bei denen es darum geht, psychologische Prozesse akkurat zu identifizieren, nie darum, das Individuum festzulegen und endgültig zu definieren. Die astrologische Terminologie macht uns einen

Wortschatz zugänglich, der die Korrelationen zwischen individuellem Verhalten und dem kollektiven Verhalten definiert, denn der Geschichtsablauf wird von Individuen geschaffen und determiniert, während Individuen auf anderer Ebene wiederum von der Geschichte bestimmt zu sein scheinen, wie Schrauben im kosmischen Räderwerk, oder Vehikel, die von der Weltgeschichte benutzt werden, um ihre eigenen Pläne zu verfolgen. Viele verstehen Geschichte als ein symbolhaftes Schauspiel, in dem historische Persönlichkeiten ebenfalls symbolische Funktionen erfüllen. Wir suchen uns eigene persönliche und universelle Symbolträger aus und geben unserem Leben je nach Gutdünken diesen oder jenen Sinn. Die Suche nach dem wahren Sinn ist zunächst eine gedankliche oder ideelle, die aber irgendwann tatsächliche und sichtbare Formen annehmen muß.

Die Zeitskala

Die zwölf Zeichen auf der Skala bringen eine Ordnung in die Dauer der jeweiligen Entwicklungsstadien, die sich gegen Ende eines Zyklus auf jeder Ebene immer mehr verdichten. Das Ereignistempo und die Bevölkerungszahl verdichtet sich im Verlauf historischer Epochen im selben Verhältnis, wie die Dauer des Durchlaufs durch die astrologischen Häuser im individuellen Leben zunimmt, was bedeutet, daß die Entwicklungsphasen des einzelnen Menschen immer längere Zeiträume beanspruchen, während die kollektive Entwicklung immer weniger Zeit braucht, um von einer Phase in die nächste überzugehen. Dieses Phänomen ist das, was den Zeitfluß so gleichbleibend konstant erscheinen läßt. Das Gefühl der Expansion in der inneren Welt wird von der Komprimierung in der äußeren Welt ausgeglichen. In dem Maße, in dem wir mit dem Zeitfluß der äußeren oder inneren Welt identifiziert sind, werden wir von diesem Komprimierungs- oder Expansionseffekt betroffen. Die Zeit hat einen kaum von der Hand zu weisenden Einfluß auf jeden Menschen, aber dieser Effekt kann durch Meditation, psychologische Veränderungen, Drogen und andere Dinge verändert werden. Das Bewußtsein an sich existiert in einem Zustand des ewigen Gleichgewichts (das Tao), in dem zwei Systeme sich permanent die Waage halten, und die Erfahrung dieser Tatsache kann nur in diesem, jetzigen Moment gemacht werden.

Wenn die Zeitskala in den Bereich der Vergangenheit ausgedehnt wird, um noch größere Zyklen als die eines Weltalters zu umfassen, erweitert sich unser Zeitgefühl, während die Zyklen der Zukunft immer kürzer werden und die Zeit sich so weit zusammenzieht, daß sie irgendwann mit Lichtgeschwindigkeit vergeht. Die Bewegung der Zeit in die Zukunft wird immer von ihrer Gegenbewegung in die Vergangenheit ausgeglichen. Der jetzt gegenwärtige Moment ist so bedeutungsvoll, weil er der Kreuzungspunkt von Vergangenheit und Zukunft ist.

Die auf Tabelle 5 dargestellten drei Abschnitte sind die drei Oktaven der Entwicklungsphasen unserer Geschichte:

- Die erste Oktave ist die der Selbstbehauptung. Sie ist mythologisch und instinktiv und entspricht der Phase der Kindheit.
- Die zweite Oktave ist die des Selbstbewußtseins. Sie ist individualistisch und zivilisiert und entspricht der Entwicklungsphase des Erwachsenseins.
- Die dritte Oktave ist die der Selbsterkenntnis. Sie ist kollektiv und bewußt und entspricht der Phase des Elterntums.

Die Dauer jedes vierten Zeichens vermindert sich um ein Zehntel. Unter den Feuerzeichen dauert das kardinale Zeichen des Widders deshalb 22.000 Jahre, das feststehende Zeichen Löwe 2200 Jahre, und das veränderliche Zeichen Schütze dauert 220 Jahre auf der Zeitskala, dennoch existiert im Verlauf jedes Zeichens die gleiche Anzahl von Menschen auf der Erde, und die Entwicklung beschleunigt sich.

Die Dauer eines Menschenlebens nimmt auf der ersten Oktave der Entwicklung den Raum eines Pünktchens ein, während sie auf der zweiten Oktave etwa ein Zehntel des jeweilig herrschenden Sternzeichens umfaßt und auf der dritten Oktave eine ganze Reihe von Sternzeichen — eine Reflektion des zunehmenden Einflusses des Menschen auf seine Umwelt. Im Verlauf der gesamten Zeitskala geht die Menschheit von der totalen Abhängigkeit von der Natur und ihren Rhythmen zu einem Stadium der (scheinbar) nahezu totalen Kontrolle über die natürlichen Rhythmen über.

Jedes Sternzeichen enthält ein ganzes Informationspaket auf den folgenden Gebieten:

- Die *Historische Entwicklung* in der jeweiligen Zeitperiode, die Fortschritte von Zivilisationen, die Bewegung von Völkerstämmen, die Gründung und der Untergang von Kulturen und

---

Tabelle 5: Das Weltzeitalter

Die Zeitskala des ›Weltzeitalters der Menschheit‹ beschreibt die letzten 50.000 Jahre von der Dämmerung des Selbstbewußtseins auf der Erde bis zur Atombombe. Die Tabelle wurde auf drei Buchseiten verteilt und in mehrere nachfolgende Subtexte gegliedert, weil die Informationen einfach zu reichhaltig sind. Die waagerechten Linien kommen an zwei Stellen im Buch vor. Die linke Seite mit ihren Jahreszahlen, Sternzeichen und historischen Ereignissen wird später in diesem Kapitel ausführlich erklärt. Die mittlere Sparte auf der zweiten Buchseite verdeutlicht die Reihenfolge der Zivilisationen, die alle aus den Clans der Jungsteinzeit hervorgingen, sich gegenseitig eroberten, vermischten und in andere Zivilisationen übergingen, um schließlich die Nationen der Moderne zu erzeugen. Die Schlangenlinien auf der Zeichnung verdeutlichen die Eroberung anderer Zivilisationsstränge, und die Pfeile weisen auf Schockpunkte hin, an denen eine Zivilisation ihre Richtung oder Stellung im Weltgefüge änderte. Die rechte Spalte auf der rechten Buchseite zeigt, welche Planeten des Horoskops die verschiedenen Zeitalter beherrschten. Ausführliche Erklärungen dazu finden sich im siebten Kapitel. Die ersten vier Zeichen des Horoskops vom Widder bis zum Krebs entsprechen planetarischen Prototypen in Form von Göttern und Göttinnen, die das Bewußtsein der Menschen der Frühzeit prägten. Beginnend mit dem Eintritt in das Zeitalter des Löwen, bis hin zum Zeitalter der Fische entwickeln sich historisch einflußreiche Individuen aus den legendären Heldengestalten der Überlieferung, während das heutige Zeitalter seine Leitbilder in einer Fließbandproduktion von ›Pop-Helden und -Heldinnen‹ erzeugt. Beachten Sie, daß die Lebenszeit eines Individuums nur etwa einen Grad im Zeitalter des Löwen einnimmt, während sie mehr als das gesamte Zeichen der Fische in Anspruch nimmt. Je später im Zyklus der Geschichte ein Mensch existiert, desto größer wird die Wahrscheinlichkeit, daß er oder sie Einfluß auf mehr als eine Entwicklungsphase in einem Zeichen ausübt. Die logarithmische Zeitskala auf Tabelle 10 im siebten Kapitel ist eine Liste der Jahreszahlen mit monatlichen Unterteilungen und dem genauen Grad der entsprechenden Sternzeichen, so daß jeder die Konstellationen seines eigenen Horoskops auf Zeitalter und Personen der Menschheitsgeschichte übertragen kann.

Tabelle 5: Das Weltzeitalter (I)

Zeichen		*Historische Ereignisse Religion und Mystik Errungenschaften der Menschheit*
1950 n. Chr.		
Fische	Institutionalisierung, Weltkriege, Chaos und Zerfall, Isolationismus.	
1910 n. Chr.		
Wassermann	Wissenschaftsglaube, Nationalismus, Sozialismus, Idealismus, wissenschaftlicher Fortschritt, Evolution.	
1840 n. Chr.		*Siehe Seite 216 ff.*
Steinbock	Industrielle und nationale Revolutionen, Kapitalismus, Reformation.	
1720 n. Chr.		
Schütze	Humanismus der Renaissance, Kolonisation, Erweckung, philosophische Erneuerung.	
1500 n. Chr.		
Skorpion	Feudalherrschaften, Kreuzzüge, Mittelalter, Inquisition, Magie, Monastizismus, Kathedralenbau.	
1100 n. Chr.		
Waage	Frühes ›finsteres‹ Mittelalter, Römische Gesetze, Barbarismus, Religiöser Austausch zwischen Osten und Westen & Islam.	*Siehe Seite 194 ff.*
400 n. Chr.		
Jungfrau	Klassizismus, Griechenland und Rom, klassische Götterwelt und Christentum.	
800 v. Chr.		
Löwe	Archaische Gottheldenverehrung und Hinduismus, Zivilisation, Individualität, Ägypten.	
3000 v. Chr.		
Krebs	Jungsteinzeitliche Korngöttinverehrung, Städtebau, Einzelfamilien, Nippur.	
7000 v. Chr.		
Zwillinge	Mittelsteinzeitliche Stammesrituale, Sprachbildung, Dorfgemeinschaften.	
14.000 v. Chr.		*Siehe Seite 177 ff.*
Stier	Spätere Altsteinzeit, Erdmutterkulte, Fruchtbarkeitsriten.	
26.000 v. Chr.		
Widder	Altsteinzeitliche Wettergottheiten, Nomadentum, Dämmern des Selbstbewußtseins.	
48.000 v. Chr.		

Tabelle 5: Das Weltzeitalter (II)

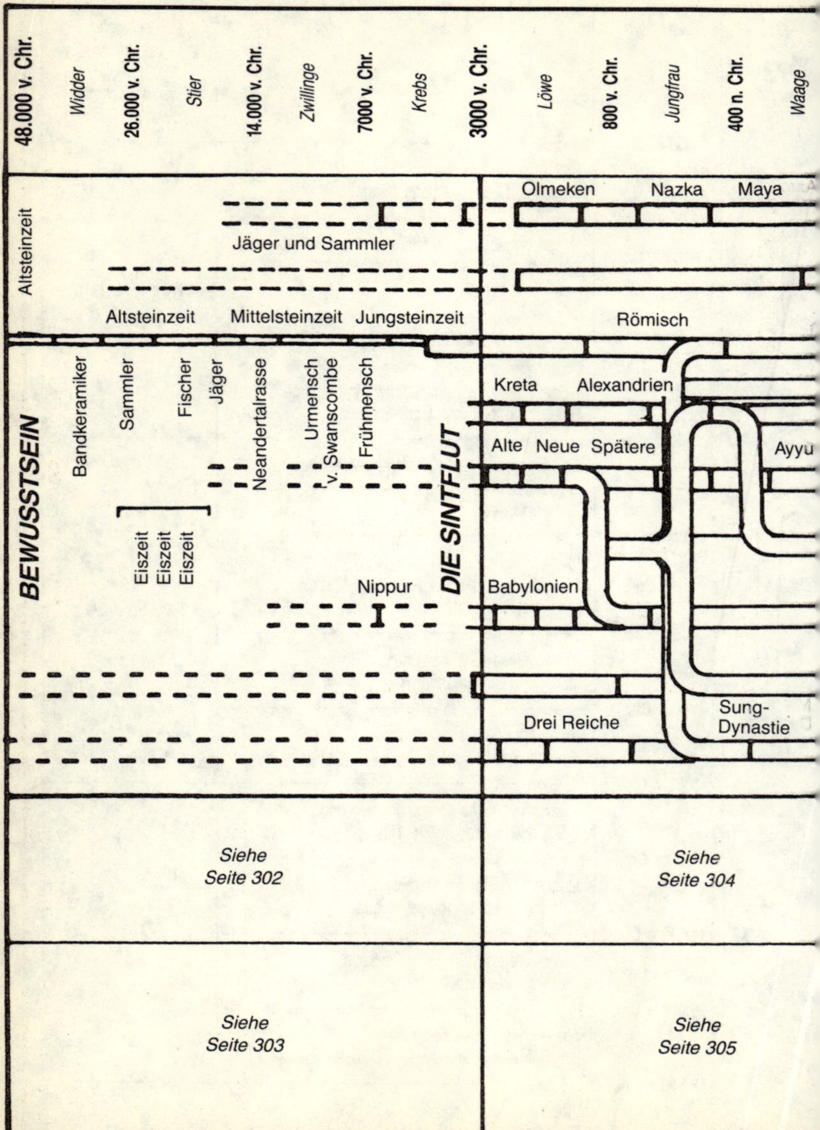

Siehe Seite 302
Siehe Seite 304
Siehe Seite 303
Siehe Seite 305

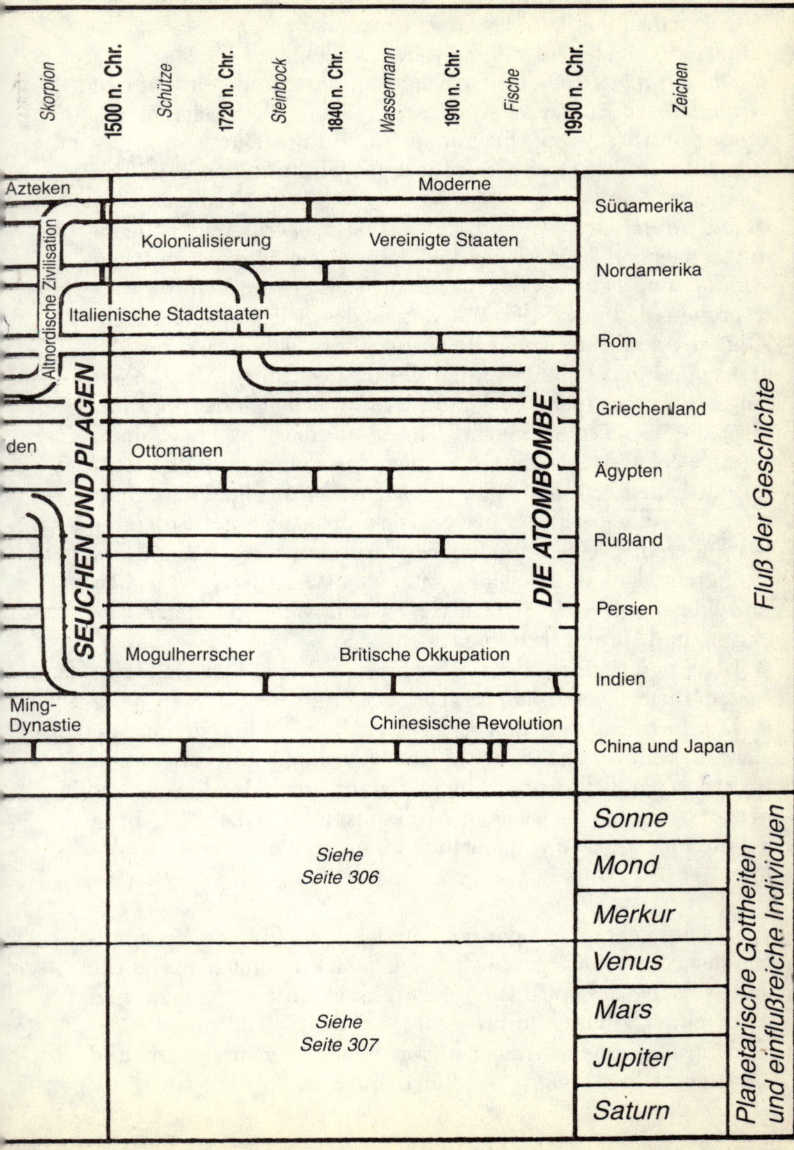
Skorpion
1500 n. Chr.
Schütze
1720 n. Chr.
Steinbock
1840 n. Chr.
Wassermann
1910 n. Chr.
Fische
1950 n. Chr.
Zeichen
Azteken
Moderne
Südamerika
Altnordische Zivilisation
Kolonialisierung
Vereinigte Staaten
Nordamerika
Italienische Stadtstaaten
Rom
SEUCHEN UND PLAGEN
DIE ATOMBOMBE
Griechenland
den
Ottomanen
Ägypten
Rußland
Persien
Mogulherrscher
Britische Okkupation
Indien
Ming-
Dynastie
Chinesische Revolution
China und Japan
Fluß der Geschichte
Siehe
Seite 306
Siehe
Seite 307
Sonne
Mond
Merkur
Venus
Mars
Jupiter
Saturn
Planetarische Gottheiten und einflußreiche Individuen

Nationen und die historisch einflußreichen Individuen der jeweiligen Zeit. Im Brennpunkt steht immer die Entwicklung des Bewußtseins innerhalb des Geschichtsablaufs, sei diese eine interne, individuelle, oder eine externe, kollektive.

- Die *Errungenschaften* der Kulturen, unter anderem auf den Gebieten der Literatur, Architektur, Kunst, Umweltveränderung, Kunsthandwerk, Erfindungen und Entdeckungen, insbesondere wenn sie symbolhaft für die Zivilisation der jeweiligen Zeitperiode sind.
- Die *Mythologische und Religiöse Perspektive,* angefangen mit den ersten Menschen, die Naturerscheinungen zwischen Himmel und Erde als das Werk von Geistern und Göttern interpretierten, bis zu der Erkenntnis des Selbst als Gott. Im Zuge der fortschreitenden religiösen Entwicklung werden die grausamen und teilnahmslosen Götter der frühen Menschheit langsam immer mehr zu Vermittlern zwischen ›oben und unten‹; die Vielgötterei macht dem Monotheismus Platz, dann ›gottgleichen‹ Männern und Frauen, dann wird ein ›Sohn Gottes auf Erden geboren‹, und die Menschen beginnen zu glauben, daß sie selbst fleischgewordene Göttlichkeit auf Erden repräsentieren, bis der zunehmende Atheismus gegen Ende des Weltalters den materiellen Besitz, den Wissenschaftsglauben und Film- und Popstars zum Gegenstand weitverbreiteter Verehrung und Unterwerfung macht.
- Die *Evolution des Bewußtseins,* wie sie von Ken Wilber in seinem Buch *›Das Atman Projekt‹* beschrieben wird.
- Das *Entsprechende Sternzeichen* und der zu ihm gehörende Zeitabschnitt in der Leben ★ Zeit Astrologie informiert uns über das parallele Entwicklungsstadium im individuellen Leben und zeigt, von welchen Mechanismen die Lebensenergie bei ihrem Übergang von einem Stadium zum anderen transformiert wird.

Insgesamt geht es also darum, dem Leser ein höheres Verständnis der Menschheitsgeschichte zugänglich zu machen und die Entwicklung des spirituellen Bewußtseins in eine formale und kohärente Ordnung zu bringen. Zu jeder Zeit in unserer Geschichte gab es Individuen, deren Bewußtsein über Zeit und Geschichte hinausging, was ihnen einen spirituellen Überblick über die Gesamtheiten verlieh, auf den ich mich immer wieder in meinen Ausführungen stütze. Die nun folgende Beschreibung des Weltzeitalters befaßt sich mit den astrologischen Prinzipien, die dem Geschichtsablauf unterliegen, also nicht so sehr mit der Ereignisfolge, als mit dem Mechanismus der verschiedenen Einflüsse, die eine Ereignisfolge hervorgebracht haben.

Die Oktave der Mythologie

(Widder — 50.000 v. Chr. bis Krebs — 3000 v. Chr.)

Die erste Oktave des Weltzeitalters beinhaltet die Entwicklung der frühen Menschheit auf der mythischen Bewußtseinsstufe, angefangen mit dem Ursprung des Bewußtseins im Zeichen des Widders vor 48.000 Jahren bis hin zur Entwicklung der Individualität und dem Auftauchen der ersten historischen Persönlichkeiten im Jahre 3000 vor Christus, am Ende des Sternzeichens Krebs.

Das mythische Bewußtsein läßt sich nur schwer einordnen, weil es in vieler Hinsicht traumhaft und ungenau ist. Die Mythologie war ein Weg, Informationen aus archaischen Zeiten, vor der Entwicklung jeglicher Chronologien, durch mündliche Überlieferung auf die Nachfahren zu übertragen, sie wird daher durch konstantes Nacherzählen im Lauf von Generationen, Völkerwanderungen und kulturellen Veränderungen notgedrungen immer mehr verzerrt.

Die ersten Schöpfungsmythen waren Versuche, die Wurzeln der Menschheit in einen Zusammenhang mit den meist vagen Geschichten einzelner Völker und Stämme zu bringen, um so die Frage nach dem Woher und dem Wohin zu beantworten. Die Stammesgeschichten bestanden in erster Linie aus Erzählungen von Invasionen, Schlachten, Vertreibungen, Heldentaten und den Veränderungen im religiösen Überbau. Eine Art, sich einen eroberten Stamm untertan zu machen, bestand in der Verhängung eines Tabus gegen die traditionelle Mythologie dieses Stammes, oder indem man den Stammesgöttern neue Namen gab, sie in neue Hierarchien eingliederte, woraufhin die Götter der Sieger plötzlich als die ›wahren Urväter und Ur-

48.000 v. Chr.	Vom Widder bis zum Krebs
7000 v. Chr.	***Krebs*** Religiöse Stadtstaaten Emotionale Weltsicht Matriarchisch Euphrat und Tigris Einzelfamilien Integration Jungsteinzeitliche Gesellschaften Städte und Nationen Mythologische Religionen
14.000 v. Chr.	***Zwillinge*** Stammessprachen Verbal Patriarchisch Mittelmeerisch Instinktiver Fortschritt Kommunikation Diversifikation Musik und Tanz Kultische Vielgötterei
26.000 v. Chr.	***Stier*** Erdmutter- und Fruchtbarkeitskulte Körperlichkeit Matriarchisch Europäisch Fruchtbarkeit Domestizierung von Tieren Besitztum Bullen- und Hornschädelkulte Werkzeuge

		Historische Ereignisse	*Die Götter*		*Errungenschaften der Menschheit*
3000	3000	**Die Sintflut**	Götterwelt des Olymp	3000	Newgrange in Irland
	3000	Minoische Zivilisation	Dionysische Kulte	3100	Keilschrift
3500	3102	Todeskrischan (Kali Yuga)	Götter der Heimstatt	3500	Räder in Sumerien
	3500	Gründung von Ur	Fruchtbarkeitsgöttinnen	3500	Europas Hünengräber
4060	3600	Steuererhebung		3500	Mesopotamische
	3761	Hebräische Ära der Schöpfung			Schrift
4670	4000	Griechische Stadtstaaten der Jungsteinzeit		4000	Kretische Töpferei
	4004	Die Schöpfung nach Bischof Ussher			
5340	4500	Chinesische Zivilisation			
	5000	Ackerbau im Niltal			
6080	5800	Besiedelung des Euphrat-Tigris-Gebiets		5900	Türkischer Tempel
	6000	Bearbeitung von Gold, Kupfer und Bronze			des Bullengottes
7000	6750	Catal Huyyuk		6000	Goldschmuck
7000	7000	Jericho (erste Stadt)	Titanen		
	8000	Kupferzeit	Kabiri		
7800		Besiedelung der Seeufer	Hermaphroditen		
		Viehzucht	Zwillingsgötter		
8000	9000	Dänische Jäger	Dioskuri		
		Ackerbau in Mesopotamien			
9900		Ende der Steinzeit, letzte Eiszeit			
	10000	Jungsteinzeitl. Menschheit in Europa, runde Steinhütten			
11100		Nordamerikanische Jagdkulturen			
		Einführung der Töpferei			
12400		Fischerkulturen			
		Jungsteinzeitliche Wandmalerei			
14000	14000	Auftauchen erster Rassenunterschiede			
14000	15000	Mikrolithische Werkzeuge	Erdmütter		
		›Venus von Willendorf‹-Skulptur	Zyklopen		
15400	18000	Ende der fünften Eiszeit	Giganten		
		Kornanbau in Afrika	Korngöttinnen		
17200		Herdentiere			
	20000	Besiedelung Amerikas			
		Jung-paläolithische Schädelkulte			
		Jagd mit Pfeil und Bogen			
21200	22000	Venushaupt von Landes			
	24000	Beginn der fünften Eiszeit			
23500		Venusfigur von Moravia			
	25000	Höhlenmalerei von Lascaux			
26000		Weberei			

▶

48.000 v. Chr.	***Widder***	
	Nomadenstämme	
	Bewußtsein eines Selbst	
	Patriarchisch	
	Afrikanisch	
	Primitiv	
	Selbstbehauptung	
	Jagende Horden	
	Sternenmagie	
	Waffen	

mütter‹ der Götter des eroberten Volkes dargestellt wurden. So kam es, daß Zeus Hunderte von Abkommen nachgesagt wurden und er als ›Gottvater‹ eine Rolle in den Mythen des gesamten griechischen Wirkungskreises im Lauf der jahrhundertelangen Großherrschaft Griechenlands spielte. Die meisten Mythen zeugen von zahllosen Querverbindungen und haben überaus komplexe Genealogien, die nur von der zeitlosen Poesie des mythologischen Mediums getragen werden. Die allgemeine Tendenz zum retrospektiven Mythologisieren erzeugt Situationen, in denen dem jeweils vorherrschenden Gott mit der größten Anhängerschaft auch zeitlich gesehen immer ältere Entstehungsquellen zugeschrieben werden, bis seine Legende sich der des Urschöpfers aller Dinge nähert. Wenn man zwischen den Zeilen lesen kann, enthält das mythologische Substratum die gesamte Geschichte unserer Instinktnatur.

Widder (48.000 v. Chr. bis 26.000 v. Chr.)

Der Widder versinnbildlicht das Aufkeimen des Bewußtseins im Weltzeitalter und seine erste Selbstbehauptung, ähnlich dem Aufschrei eines neugeborenen Kindes. Das Erwachen des Bewußtseins führt zu ersten Ausdrucksmöglichkeiten im instink-

Historische Ereignisse			Die Götter	Errungenschaften der Menschheit
26000	27000	Vorletzte Zwischeneiszeit	Schöpfer	
		Nordamerikanische Migration	Himmelsgeister	
29000	30000	Töpferei	Urgottheiten	
		Etablierung von Handelsstraßen	Elementargeister	
	35000	Mondkalender	Asuren	
35000		Jagdtiere in Europa		
		Ende der vierten Eiszeit		
39300	39400	Schneidewerkzeuge		
		Seefahrende Kulturen		
43000		Ende der Altsteinzeit		
	47000	Höhlenbärkulte		
48000	48000	Kräuterheilkunde		

tiven und triebhaften Bereich. Die Frühmenschen konnten nur dank ihres höher entwickelten Bewußtseins, das sie erstmals von den wilden Tieren unterschied, überleben. Da sie den Höhlenbären und Löwen körperlich unterlegen waren, mußten sie sich auf ihre Geisteskraft verlassen und in Horden zusammenrotten, um ihre Überlebenschancen zu erhöhen.

Zwischen 48.000 v. Chr. und 35.000 v. Chr. wurden die primitiven Neandertaler, deren Rasse 12.000 Jahre überdauert hatte, von der Cro-Magnon-Rasse ausgemerzt. Die Neandertaler waren kurzgewachsen, breitschultrig und hatten die für sie typischen Stirnwülste und vorgeschobenen Kinnladen, wobei die Größe ihres Gehirns die des modernen Menschen übertraf. Sie überlebten verschiedene Eiszeiten als ein Volk von Jägern und Sammlern, das von den Klimaveränderungen zwar immer wieder vertrieben wurde, aber eine gewisse Kultur entwickelte, deren Überreste in der ockerfarbenen Pigmentierung, die bei Bestattungen benutzt wurde, und in Form von Steinwerkzeugen und Höhlenbärkulten erhalten blieb. Die Cro-Magnon-Menschen sind nahezu identisch mit dem Homo Sapiens Sapiens der Moderne, aber die Anthropologen wissen bis heute nicht, woher die Rasse ursprünglich kam. Es muß sich um eine Rasse von Übermenschen gehandelt haben, denn die Neandertaler wurden so vollkommen ausgemerzt, daß heute nur noch das genetische Vermächtnis dieser Art im Rassengrundstock enthalten blieb. Die neuen Menschen waren anpassungsfähiger und änderten im Lauf der Zeit selbst körperliche Merkmale, um sich den Umweltbedingungen angleichen zu können.

Die ersten Kalender waren bruchstückhafte Beobachtungen der wechselnden Mondphasen, die schon vor etwa 35.000 Jahren in Knochen eingeritzt wurden. Der Mond war eine magische Himmelserscheinung, und sein dreitägiges Verschwinden in jedem Zyklus galt als heilige Zeit, während der niemand sich hinauswagte, da auch die Raubtiere zu dieser Zeit am gefährlichsten schienen.

Nahrung wurde im Umkreis der Schlafstelle gesammelt und roh gegessen; die frühen Menschen ernährten sich von Kleintieren, Schalentieren und Fischen, Wildvögeln, Mammuts und dem wollhaarigen Nashorn. Sie aßen notgedrungen alles und suchten Zuflucht in den Höhlen wilder Tiere, sofern diese aus ihren natürlichen Behausungen vertrieben werden konnten. Die frühen Feuersteinklingen wurden um 40.000 v. Chr. schon zu schärferen Schneideklingen verarbeitet. Aufgrund der Eiszeiten, die bis ungefähr 18.000 v. Chr. immer wiederkehrten, fand eine jährliche Abwanderung in Gegenden mit milderem Klima statt. Der meistgefürchtete Feind war der andere Mensch, denn Kannibalismus war weitverbreitet, da jede Nahrungs- und Energiequelle bedenkenlos ausgebeutet werden mußte. Alles Sinnen und Trachten drehte sich um das nackte Überleben.

Die Zeit des Widders ist die allererste, primitive Entwicklungsstufe, die einem globalen Kataklysmus folgt. Es ist eine Zeit, in der die überlebenden Menschen sich mit Hilfe ihrer Urinstinkte zurechtfinden müssen, nachdem sie den Schock und den Gedächtnisverlust des letzten Weltuntergangs verarbeitet haben. Unsere Widder-Vorfahren wanderten ziellos über die bewohnbare Erdoberfläche dahin, gelegentlich heimgesucht von vagen Erinnerungen an ein einstmals mächtiges Kulturgefüge und sein grauenvolles Ende, als sich die Sonne verfinsterte und Naturgewalten in rasender Folge entfesselt wurden. Ein Gefühl der Stumpfheit war alles, was den Wenigen verblieb, die die Entwicklung nun unter den härtesten Bedingungen neu beginnen mußten.

Die Mythen aus diesen Zeiten sind von Geistern und Schöpfungsgottheiten bevölkert. Die Anbetung von Geistern, die den elementaren Naturgewalten innewohnen, reflektiert das Gefühl der Abhängigkeit und des Ausgeliefertseins: der hilflose Mensch kauert furchtsam vor dem Großen Gott des Chaos, des Windes, der Luft, des Okeanos und des Chronos, seinem zeitlichen Aspekt. Sonnen- und Mondkulte waren weitverbreitet, denn die Sonne schien jeden Morgen neu geboren zu werden, nur um jeden Abend zu sterben, und so wurde die Ungewißheit ihrer Wiederkunft zur primären religiösen Antriebskraft. Später übertrug sich die Anbetung der Sonne auf die Verehrung des Feuers als dem irdischen Ebenbild der Sonne. Die Gottheiten des Tages, der Nacht, des Himmels, der Erde, des Feuers und der Natur wurden gefürchtet und daher zutiefst respektiert, denn ihre Launen konnten von keinem Menschen kontrolliert werden. Die Erhaltung der Feuerstelle war eines der wichtigsten Rituale, denn nur sein Licht und seine Wärme boten Schutz vor den Elementen und den zahllosen Gefahren der steinzeitlichen Umwelt. Zu der Verehrung der Gestirne kam sehr bald die Verehrung der Geister erlegter Tiere. Der Höhlenbär und der Löwe standen an erster Stelle, aber auch geringere Raubtiere wurden durch magische Identifikation mit ihren Kräften zu den Totemtieren ganzer Horden gemacht.

Die älteste Religion der Erde ist der Schamanismus, in dem auch heute noch das Ende des letzten Weltzeitalters in einer ekstatischen Rückreise zum Todesmoment symbolisch nachvollzogen wird. Die echten Schamanen waren hellsichtige Medien, die sich im Trancezustand zwischen der Welt der Geister und der irdischen Welt hin- und herbewegten. Das rituelle Feuermachen in schamanistischen Zeremonien symbolisiert den Flammentod; in dem die Welt unterging, der aber sogleich auch die explosive Neugeburt des ewigen Geistfunkens nach sich zieht. In den Veden (uralte Weisheitschriften der Inder) werden ähnliche Zeremonien beschrieben, bei denen alle Feuerstellen am Neujahrstag ausgelöscht und dann neu entzündet wurden, im Angedenken an die Kosmische Nacht, in der die Welt untergeht, und den kosmischen Tag, an dem sie neu ersteht. Nach Mircea Eliade begann das altindische Neue

Weltjahr zur Zeit des Frühlingsäquinoktiums im Zeichen des Widders.

Der transpersonale Psychologe Ken Wilber beschreibt eine vollständige Entwicklungsgeschichte des Bewußtseins in seinem wichtigen Buch ›*Das Atman Projekt*‹. Wilber nennt diese erste und früheste Entwicklungsstufe die ›Pleromatische Psyche‹, womit er einen Zustand beschreibt, in dem das neugeborene Kind die materielle Umgebung noch nicht vom eigenen Ich unterscheidet, sondern sich in einer symbiotischen Beziehung mit dem Kosmos befindet. »Es ist ein vollkommen a-dualistischer Zustand, ozeanisch, und autistisch ... (und daher) ist er auch vor-räumlich und vor-zeitlich ... Das Bewußtsein des Neugeborenen ist raumlos, zeitlos, objektlos, jedoch nicht ereignislos.« Man ist eins mit der Welt, ohne es jedoch bewußt erkennen zu können.

Das Widderzeichen regiert die ersten sieben Monate nach der Geburt, eine Zeit, in der ein Säugling sich noch eins mit der Mutter fühlt, damit beschäftigt ist, die Einwirkung von Lichtstrahlen zu verarbeiten, sich gelegentlich auf wechselnde Lichter zu konzentrieren, und nur den unmittelbaren Drang kennt, zu überleben, also keinerlei Unterscheidungsvermögen besitzt.

Stier **(26.000 v. Chr. bis 14.000 v. Chr.)**

Der Stier versinnbildlicht die Erschaffung, Erhaltung und Verfestigung aller Formen. Der urtümliche, völlig undifferenzierte Zustand im Widder brachte Religionen hervor, in denen die Erde als Mutter verehrt und den Fruchtbarkeitsgöttinnen Opfer dargebracht wurden, führte aber auch zu den weniger bekannten Totenschädelkulten (die vom Oppositionszeichen Skorpion regiert werden). Die kälteste Phase der Eiszeit setzte um etwa 28.000 v. Chr. ein, was eine Migration der großen Mammutherden gen Süden notwendig machte, und damit eine Reihe von Veränderungen in den damaligen kulturellen Verhaltensmustern nach sich zog. Stoßzähne und Gebeine wurden zu neuartigen Werkzeugen und Waffen verarbeitet, deren Formen auf den Höhlenmalereien von Lascaux (ca. 26.000 v. Chr.)

abgebildet sind, die aber auch an anderen Fundorten in Südeuropa auftauchten. Die frühesten Venus-Figurinen wurden ca. 24.000 v. Chr. aus Knochen geschnitzt.

Menschensiedlungen waren auf Gebiete unterhalb der Eiskappen beschränkt. Spuren solcher Siedlungen wurden im nordamerikanischen Pennsylvania (aus einer Zeit um ca. 19.000 v. Chr.) gefunden, aber auch in Zentral- und Südafrika, dem Süden Europas, dem Mittleren Osten und im östlichen Sibirien und Südostasien, bis hin nach Australien. Die Erdbevölkerung lebte in kleinen, weitverstreuten Kommunen in Gebieten mit mildem Klima.

Die Stabilisierung des Klimas nach dem Ende der fünften Eiszeit um 18.000 v. Chr. erlaubte der Menschheit, sich in Erd- und Steinhöhlen niederzulassen, seßhaft zu werden und ihre Lebensweise zu ändern. Es entwickelte sich eine Arbeitsteilung, bei der die Männer auf die Jagd gingen und Schutzfunktionen übernahmen, während die Frauen die Feuerstelle erhielten, Kinder versorgten und Pflanzen sammelten. Die Frauen entdeckten, daß wildwachsende Kräuter ausgegraben und an einem Sammelplatz in der Nähe der Höhle wieder eingepflanzt werden konnten, was die Nahrungssuche in entfernten Gegenden bald unnötig machte. Diese kleinen, wandernden Horden vermehrten sich und wurden allmählich zu großen Stämmen, die nach ihrer Niederlassung begannen, grasende Wild- und Herdentiere zu fangen und sie erstmals in Gehegen zu halten. Die Domestizierung von Herdentieren war ein revolutionärer Schritt in der Menschheitsentwicklung um etwa 18.000 v. Chr. Rinder wurden gemolken, geschlachtet und gehäutet; Häute, Sehnen, Hörner und Knochen wurden zu Gebrauchsgegenständen verarbeitet, und bald darauf wurde auch das Pferd als Reit- und Lastentier eingesetzt. Das Vorhandensein von Haustieren garantierte Fleischvorräte über die Wintermonate hinweg und machte die Jagd auf wilde Tiere weniger lebensnotwendig.

Während der vorherigen nomadischen Phase konnten keine nennenswerten Besitztümer transportiert werden, aber nun entwickelte sich das Konzept des Eigentums und seiner Verwaltung. Diese Verlagerung des sozialen Brennpunkts auf die weibliche Domäne der Domestizierung, Erhaltung und Fruchtbarmachung und die zunehmende Erdgebundenheit der seßhaften Stämme wird in den Kunstgegenständen und den fein bearbeitetn Feuersteingeräten dieser Periode deutlich.

Der Übergang vom Jäger zum Jäger und Sammler brachte eine religiöse und soziale Umwälzung mit sich, bei der die Wettergötter und Himmelsgeister von Erdgöttinnen ersetzt wurden und die Gesellschaftsform matriarchalische Züge annahm. Die Erde war offensichtlich ein Mutterschoß, die Ernährerin aller Wesen und zugleich die letzte Ruhestatt der Toten, und so wurde die Frau als Schöpferin und Zerstörerin des Lebens schlechthin verehrt. Im Widderzeitalter galt die Fortpflanzung als magischer Himmelsakt, aber nun wurde die Frau zum Symbol der Fruchtbarkeit schlechthin, wurde als ›Die vom Winde Geschwängerte und vom Regen Genährte‹ gepriesen. Die wichtigsten Riten des Volkes bestanden im jährlichen Pflügen und Säen, Ernten und Einbringen der Feldfrüchte. Der alte Volksbrauch des ›Brautbettes im Felde‹, um Fruchtbarkeit zu garantieren, drückt die Analogie sehr deutlich aus: wer eine Frau befruchten kann, kann auch sein Feld in rechter Weise bestellen. Die sexuelle Energie wurde auf die Kultivation und Fruchtbarmachung der Erde übertragen, wie Jung in seinem *›Symbole der Transformation‹* bemerkte.

In der Mythologie fand eine Verschmelzung des Stierkultes mit den Erdmutter- und Große-Mutter-Kulten statt, aus der immer neue Göttinnen hervorgingen, bis die gesamte Götterwelt von weiblichen Energien beherrscht wurde, unter anderem: Isis, Gaia, Mutter Erde, Venus, die Natur, die Schicksalsgöttin, Neith, Astarte und viele mehr. Die ›Große Mutter‹ war eine schwangere Göttin ohne Gesicht, wurde aber auch als Stier mit einer Mondsphäre zwischen den Hörnern dargestellt oder mit anderen Charakteristika versehen, die zu zahlreich sind, um sie hier aufzuzählen (siehe Abbildung 29).

Die Gottesnatur wurde allmählich vom Himmel herabgeholt und auf natürliche Erdformen und Erscheinungen übertragen. Die kultische Verehrung des menschlichen Körpers, des Totenschädels und die Bestattung in der Erde oder in aufgeschütteten Hügelgräbern waren Metaphern für das Säen neuer Samen. Die Zyklen des Mondes wurden nun als Auslöser des Menstruationszyklus erkannt.

In der Entwicklung des Menschen entspricht diese Phase der Heranbildung des Ichverständnisses, das nun geformt wird, wenngleich auch noch in archaischer Abhängigkeit von der Mutter oder vom Kollektiv. Ken Wilber nennt diese Stufe den ›Nahrungsuroboros‹. Der Uroboros ist das mythische Symbol der Schlange, die ihren eigenen Schwanz frißt, und stellt in diesem Zusammenhang eine in sich geschlossene, noch undifferenzierte Masse dar, die die Welt als bergend und nährend empfindet, jetzt aber beginnt, ein ›Anderes‹ als sich selbst zu erkennen und damit die ersten Ego-Ängste zu empfinden. Der Mensch bewegt sich größtenteils noch im Dämmerzustand und ist nur zu primitiven Gefühlsäußerungen fähig, liegt aber am Busen der Großen Mutter und wird von ihr ernährt. Die Realität wird in erster Linie oral (durch den Mund) erfahren, und die Mythen von Walen und anderem Getier, das Menschen lebend verschluckt, entstammen dieser Bewußtseinsstufe.

Der Stier beherrscht das Alter von sieben Monaten nach der Geburt bis zu einem Jahr und acht Monaten, wenn das Kind physisch aktiv wird, Geschmackssinn entwickelt und lernt, den eigenen Körper als ein von anderen Körpern getrenntes Objekt zu unterscheiden.

Abbildung 29: Isis mit der Mondsphäre
Die ägyptische Göttin Isis wird hier mit dem symbolhaften Fischschwanz, der Mondsphäre als Kopfschmuck und dem Ankh in der Hand gezeigt.

Im Verlauf des Zwillingszeitalters entwickelte sich die Sprache. Schriftzeichen und Zahlen auf persischen Tonscherben sind Zeugen der ersten Versuche, eine numerische Ordnung in die Welt der Objekte zu bringen und Tiere, Brotlaibe und andere Gebrauchsgegenstände mit Zeichensymbolen zu repräsentieren. Zu den fundamentalen Funktionen des Jagens, Sammelns und Kindergroßziehens kamen nun neuartige, komplexere Aktivitäten, die geeignet waren, den Lebensstandard anzuheben und den Fortbestand der Menschheit zu sichern.

Um 12.000 v. Chr. verursachten zurückweichende Gletschermassen eine Erhebung des Meeresspiegels, die zu weitreichenden Überschwemmungen der Küstengebiete führte und viele Völkerstämme zwang, dauerhaftere Seefahrzeuge zu konstruieren, woraufhin die Meeresfischerei als zusätzliche Nahrungsquelle erschlossen werden konnte. Harpunen und Fischhaken wurden schon um 9000 v. Chr. in Europa und Südafrika verwendet. Die Produkte der Lehm- und Tontöpferei wurden ebenfalls kunstvoller; die Menschen waren mit der Aufzucht neuer Getreide- und Grassorten und der Domestizierung von zahlreichen Tierarten beschäftigt, was ihnen unter anderem die Gelegenheit gab, ihrer erwachenden Individualität künstlerischen Ausdruck zu verleihen.

In der westlichen Hemisphäre verbreiteten sich Jägerhorden von Nordamerika bis weit in den südamerikanischen Kontinent hinein, was im Lauf der Zeit zu der Ausrottung von zwei Dritteln der damals existierenden Säugetierarten führte und unter den größeren Tieren nur noch das Bison und das Lama am Leben ließ. Aus diesem Grund sind beide Kontinente bis heute zu einer rein agrarwirtschaftlichen Existenzform verurteilt.

Im Zusammenhang mit den neuen Betätigungsfeldern entstanden auch neue Klanglaute und Worte und so eine Vielzahl abweichender Mundarten. Die Kommunikation wurde durch das Feilschen auf den Marktplätzen erweitert, auf längeren Seefahrten und bei gegenseitigen Stammesbesuchen. Der zunehmende Austausch führte zu einer wachsenden Spezialisierung, da man jetzt erkannte, daß individuelle oder regionale

Beschränkung auf ein Fachgebiet die Überlebenschancen des ganzen Stammes erhöhen würde. Bestimmte Familien innerhalb eines Stammes übernahmen nun die Funktion von speziell ausgebildeten Fachkräften, wie Priester, Schriftgelehrte, Bauern, Hirten, Weber, Jäger, Werkzeugmacher oder Konstrukteure.

Die matriarchalischen Kulte des Stierzeitalters machten nun einem martialischeren Realitätsbild Platz. Anfänglich blieb die Macht der Erdmutter oder Großen Mutter, die stets von weiblichen Hohepriesterinnen verkörpert worden war, unbestritten, aber die Rolle der männlichen Konkubinen änderte sich zusehends. Ursprünglich wurde der Gefährte der Priesterin unter den stärksten und klügsten Männern des Landkreises auserkoren und der Erdmutterkönigin für ein Jahr als Prinzgemahl zur Seite gestellt, um nach Jahresablauf getötet und von einem anderen Mann ersetzt zu werden. Im Lauf der Zeit wurde die Amtszeit des Prinzgemahls dann auf zwei oder sieben Jahre verlängert, und danach teilten zwei Männer sich das Amt, bis schließlich der Prinzgemahl als ebenbürtiger König anerkannt wurde und seiner rituellen Tötung gänzlich entkam.

Die Mythen der Zwillingszeit werden am deutlichsten von dem Geschlecht der Titanen versinnbildlicht, das von Uranus (dem Himmel) und Gaia (der Erde) gezeugt worden war, zeigen sich aber auch in der Gestalt zahlreicher Zwillingsgottheiten männlichen und weiblichen Geschlechts, wie den Dioskuri, Kabiri und Daktyloi, die als Gefährten der Großen Mutter die Rolle von Vermittlern zwischen der Götterwelt und der Welt der gewöhnlichen Sterblichen übernahmen. Hermes wurde weithin verehrt, nicht nur als der ›Überbringer der Sprache‹ und damit der Kommunikation, sondern auch in seiner Zwiegestalt im Hermaphroditenkult. Das Göttliche näherte sich mehr denn je dem irdischen und menschlichen Lebensbereich.

In Ken Wilbers Entwicklungsgeschichte des Bewußtseins, wie sie in seinem *›Atman Projekt‹* beschrieben wird, ist dies das ›Typhonische Bewußtsein‹ oder das ›Körper-Ich‹, eine Entwicklungsstufe, auf der ein Kleinkind seinen physischen Körper erstmals als getrennt von der materiellen Welt erfährt, was zu einer Erkenntnis der Unterschiede und damit zur Namensgebung und Kommunikation über die Unterschiede führt. Eine körperliche Ich-Vorstellung hat sich aus dem primitiven Eingebettetsein in die Umgebung herausgelöst und erfährt die Welt nun als einerseits körperlich lustvoll und andererseits als potentiell bedrohlich.

In der astrologischen Tradition wird das Sternzeichen Zwillinge mit instinktiven Verstandesfunktionen assoziiert, auch mit Kommunikation, geistiger Beweglichkeit, Anpassungsfähigkeit, Geschwistern, Ausflügen, Imitation, Multiplikation und Vielfalt. Das Zeichen beherrscht das Alter zwischen einem Jahr und acht Monaten und dreieinhalb Jahren, also die Zeit, in der ein Kind laufen, sprechen und sich in der Welt der Objekte zurechtfinden lernt. Sprache wird durch Nachahmung erlernt und entspringt dem Bedürfnis, Objekten und Handlungen einen Namen zu geben. Worte setzen ein mentales Äquivalent an die Stelle von wahrgenommenen Objekten, und in Piagets Entwicklungspsychologie wird dies die prä-konzeptuelle Stufe der konkreten Handlungen genannt. Es ist eine bekannte Tatsache in der allgemeinen Psychologie, daß Kinder während dieser Phase ihnen unverständliche Worte aufgreifen und sie in ihre Fantasiewelt einbauen, um ihnen dort eine symbolische Bedeutung zu verleihen. Rationale Verstandesfunktionen werden langsam und allmählich entwickelt und zunächst oft ohne Verständnis für die wahren Zusammenhänge. Jeder Fortschritt ist ein zwiefältiger Prozeß der Assimilation von Neuem und der Einordnung in Vertrautes, denn die Fantasie ist auf dieser Entwicklungsstufe genauso real wie die Realität. Die Ähnlichkeiten zwischen den Entwicklungsprozessen des menschlichen Bewußtseins und den Mythen von der Götterwelt der Titanen sind geradezu verblüffend.

Krebs (7000 v. Chr. bis 3000 v. Chr.)

Das Zeitalter des Krebses beginnt mit dem Aufbau der ersten Stadt von Jericho, um circa 7000 v. Chr. Aufgrund der revolutionären Fortschritte in der Agrarwirtschaft, durch die weite Teile der Bevölkerung zum erstenmal von der täglichen Nahrungssuche befreit wurden, entstanden jetzt die ersten Marktstädte. Nahe den fruchtbaren Flußtälern des Euphrat und Tigris in Mesopotamien (ca. 6000 v. Chr.), an den Nilufern

Ägyptens (ca. 5000 v. Chr.) und an den Reisfeldern Chinas entwickelten sich Gesellschaftsformen, deren Klassensystem ein völlig anderes war als das der früheren Nomadenstämme. Das Zusammenleben in solchen Städten machte die einstmals wandernden Jäger und Sammler seßhaft. Namen, Berufe und Aufenthaltsorte wurden nun zum erstenmal schriftlich festgehalten, und Besitztümer wurden in rechtmäßiger Erbfolge vermacht. Die Stammesidentität machte der Identitifikation mit einer einzelnen Familie Platz, was wiederum dazu führte, daß die wachsende Machtposition einzelner Familienclans, entstanden oder gefestigt durch kalkulierte Einheiraten in andere angesehene Familien, sich sehr bald in hierarchischen Sozialordnungen und gesellschaftlichen Trennungen äußerte. Die Stadtverwalter, Erzieher und Kaufleute bestimmten den strukturellen Aufbau dieser Städte, während Arbeiter und Gelehrte immer komplexere Schriftzeichen, Rechensysteme und Kalender entwickelten. Die jetzt entstehende geographische Trennung des Volkes in Stadtmenschen und Landleute erzeugte Probleme, an denen spätere Zivilisationen noch lange zu knabbern hatten. Die Kaste der Priester sonderte sich von allen anderen Gesellschaftsklassen ab und übte fortan immer stärkeren Einfluß auf die Sitten und Gebräuche des gesamten Volkes aus, unter anderem, indem landwirtschaftliche Erzeugnisse als Opfergaben für die Götter gefordert wurden und indem die Priesterkaste den Ablauf der Zeremonien bei den jährlichen rituellen Festtagen kontrollierte. Trotz ihres Fortschritts sah die Menschheit sich noch so weit vom guten Willen der Götter und Göttinnen abhängig, daß sie bereit war, jeden Tribut zu zollen, den die Priester in ihrer Funktion als Stellvertreter verlangten.

Die agrarwirtschaftlichen Errungenschaften der östlichen und mittelöstlichen Völker gelangten um die Mitte des siebten Jahrtausends vor Christus auch nach Europa. Die bedeutsamste Veränderung wurde durch die Erfindung des Bewässerungssystems (etwa 6000 v. Chr.) ausgelöst; es kam die Textilweberei (ca. 6500 v. Chr.) und schließlich die ungemein wichtige Erfindung des Schmiedeofens, in dem zuerst Kupfer und später Bronze zu Pflügen und anderen Gerätschaften, insbesondere Waffen, verarbeitet wurde. Die frühesten Schmiedeöfen wurden im Bereich des heutigen Rumäniens, Bulgariens und Jugoslawiens gefunden, aber die Erfindung verbreitete sich damals schon auf weite Teile der Erde. Mittlerweile arbeiteten Männer und Frauen vornehmlich in agrarwirtschaftlichen oder damit verwandten Bereichen, die Männer als Pflüger und Hirten und die Frauen als Weberinnen und an der Spindel. Kamele und Esel wurden gezähmt und als Lastenträger eingesetzt, während man erstmals auch Ochsen vor den Pflug spannte, was zu einem weiteren Sprung in der Entwicklung führte, um so mehr, als um 3500 v. Chr. auch die Erfindung des Rades in Sumerien hinzukam. Die Menschen hielten sich Rinderherden, und so konnte sich der Handel mit Milchprodukten verbreiten. Der vom Fortschritt erzeugte Wohlstand räumte gewissen Schichten jetzt zusätzliche Freizeit ein, was sich bald in Fortschritten auf dem Gebiet der Kriegsführung bemerkbar machen würde.

Um das Jahr 4500 v. Chr. hatte sich die megalithische Steinbauweise, deren Bauwerke für die Ewigkeit errichtet wurden, über ganz Europa verbreitet, und gegen 4000 v. Chr. gab es bereits hochentwickelte Stadtstaaten und Stadtkulturen.

Die Religion nahm wieder matriarchalische Züge an, und die ›Dreifache Göttin‹ wurde in allen Fragen der Haushaltsführung der Bepflanzung und bei der Bestattung von Toten angerufen. Während die Menschheit einerseits immer zivilisierter wurde, verlieh sie ihren inzwischen bereits unterdrückten Instinkten und Trieben in dionysischen Orgien Ausdruck, und die lustvolle Götterwelt des Olymp regierte über weite Kulturkreise hinweg. Die klassischen Götter vieler Religionen wurden nun als die wahren Väter und Mütter der zahllosen Schöpfer- und Naturgeister anerkannt, die man früher für allmächtig gehalten hatte. Viele Städte und Stadtstaaten errichteten Gotteshäuser, in denen neue und exklusive Glaubensrichtungen gepredigt wurden. Hunderte von Gottheiten entstanden auf diese Weise, und jede repräsentierte letztlich eine Facette der menschlichen Existenz selbst, denn der Mensch wurde sich seiner Macht über die Natur allmählich bewußter. Die Vielzahl der Gottesvorstellungen in den Städten und die dadurch entstandene Verwirrung ließ wieder neue Mythen entstehen, wie etwa die vom Turmbau zu Babel. Das Ende des Krebszeitalters wurde von der Sintflut um ungefähr 3000 v. Chr. eingeleitet.

In Ken Wilbers Gliederung ist dies das ›Gruppenzugehörigkeits- Bewußtsein‹, das sich durch das Erlernen der Sprache als Folge der Zugehörigkeit zu einer Kulturgruppe entwickelt. Das Kind lernt, in Konzepten zu denken, eine Zukunft zu antizipieren und sich an eine Vergangenheit zu erinnern, was zu zeitgebundenen Wünschen und damit der Heranbildung von Willenskraft und der autonomen Wahl führt. Das Kind weitet seine, jetzt nicht mehr rein vom Körper-Bewußtsein bestimmte Gefühlswelt auf das Zugehörigkeitsgefühl zu einer gedanklichen Tradition aus, welche in erster Linie noch von den Eltern verkörpert wird.

In der Astrologie wird das Krebszeichen mit dem Heim und dem Familienleben, insbesondere der Mutter, assoziiert; auch mit Fruchtbarkeit und Befruchtung, Vererbung, den Umständen im reiferen Alter, der Intuition und außersinnlichen Wahrnehmungen. Das Zeichen beherrscht die Kindheit von dreieinhalb bis zu sieben Jahren, während der das Kind seine Kommunikationsfähigkeit im Zusammenleben einschätzen lernt und nicht mehr nur auf Nachahmung zurückgreift, um eine bestimmte Wirkung auf die Umwelt zu erzielen. Als Wasserzeichen hat der Krebs die Eigenschaft, alle früheren Entwicklungsstadien aufzulösen und soweit zu assimilieren, daß neue Gefühlsinhalte oder Werte daraus hervorgehen. Piaget nennt dies das intuitive Stadium, in dem alles Denken von den unmittelbaren Wahrnehmungen der Dinge in der Umgebung dominiert wird und Kinder erstmals die Gründe für Aussagen und Handlungen im Familienkreis hinterfragen. Das Familiensystem übt einen absolut dominierenden Einfluß während dieser Phase aus, genauso wie die Gesellschaften des entsprechenden Zeitalters von der Struktur ihrer Stadtstaaten dominiert wurden. Obwohl der feminine Einfluß der Mutter auf dieser Stufe noch vorherrscht, tauchen jetzt erste Fragen der Geschlechtszugehörigkeit und der männlich-weiblichen Rollenverteilung auf. Was sich im Familienkreis abspielt, wird zum grundlegenden Modell für alle späteren zwischenmenschlichen Beziehungen und Rollenidentifikationen.

Die Oktave der Zivilisation

(Löwe — 3000 v. Chr. bis Skorpion — 1500 n. Chr.)

In der Zeit um 3000 vor Christus trafen zwei bedeutsame Entwicklungsstränge zusammen: Dies ist die Zeit der Großen Sintflut, die in den Mythen fast aller frühen Kulturen beschrieben wird, aber auch die Zeit, in der die ersten historischen Persönlichkeiten Einfluß auf den Schicksalsweg der Menschheit nehmen.

Die Sintflut ist zweierlei, sowohl ein tatsächliches Ereignis, das die damalige Erdbevölkerung dezimierte, als auch eine metaphorische Flutwelle unterschiedlicher Glaubensrichtungen, primitiver Sprachen, Gottheiten und animalistischer Triebe, die einem Filterungsprozeß unterzogen werden mußten, wenn die Menschheit über diese Entwicklungsstufe hinausgehen wollte. Von 3300 v. Chr. bis 2300 v. Chr. wurden weite Gebiete der Erde von Flutkatastrophen heimgesucht, und eine der verheerendsten fand Forschungsergebnissen zufolge um das Jahr 2900 v. Chr. im Zuge der fortschreitenden Erwärmung der Erdatmosphäre statt. Solche Fluten symbolisieren unter anderem auch die psychische Notwendigkeit, unbewußte, triebhafte und animistische Komponenten der Seele einem Zivilisierungsprozeß zu unterziehen. Die Tatsache, daß eine generelle Fortentwicklung zum autonomen Individuum im Verlauf der zweiten Oktave auf der Zeitskala stattgefunden hat, kann bei beiden Interpretationen auf Noah und seine rassischen Nachfahren zurückgeführt werden.

Vor der Löwenzeit überwog die Vielgötterei, denn die Menschheit trieb im weitgehend unbewußten Zustand der kollektiven Kindheit dahin, bis sie an den Punkt gelangte, an dem sie sich der ›Großen Prüfung durch Wasser‹ (Sintfut) unterziehen mußte. Nach Wilber und Piaget kristallisierte sich um 3000 v. Chr. erstmals die intuitive Anschauung, daß ein Mensch ein Repräsentant Gottes auf Erden sein kann — ein Gedanke, der von den bedeutenden monotheistischen Religionen, die zu dieser Zeit entstanden, aufgegriffen wurde. Schließlich war jede dieser Religionen von einer Person, die eine direkte Gotteserfahrung gemacht hatte, gegründet worden. Solche Individuen wurden später als bedeutende Weltlehrer (Mahatmas) erkannt, nicht zuletzt, weil durch sie die Verheißung der Unsterblichkeit der Menschenseele von einer Epoche in die folgende hinübergerettet werden konnte. Tammuz, Osiris, Mithra, Bacchus, Apollo, Adonis, Balder, Orpheus, Krischna, Buddha, Jesus Christus, Quetzalkoatl, Viracocha, und Hiawatha führten die unterschiedlichen Stränge menschlicher Seelenenergie auf die zweite Oktave ihrer Entwicklung.

Der schicksalsträchtigste Schritt in der Evolution des Bewußtseins wurde mit der Akzeptanz der linearen Zeitvorstellung vollzogen. Vor der ägyptischen Kultur existierte die Menschheit in geschichtsloser Unwissenheit und folgte nur dem sich jährlich endlos wiederholenden Mondkalender und den vier Jahreszeiten. Die Kulturen der Frühzeit lebten in einer infantilen ewigen Gegenwart, und so konnte der Grieche Thuzidides damals noch glaubhaft verkündeten, daß vor seiner Zeit (400 v. Chr.) keine bedeutenden Ereignisse in der Weltgeschichte stattgefunden hätten. Die Ägypter bildeten eine nennenswerte Ausnahme mit ihrem Glauben, daß die Gegenwart eine Brücke zwischen den vielen Welten der Vergangenheit und Zukunft sei. Die religiösen Praktiken der Ägypter sind Zeugen für das transzendente Bewußtsein, das die Seele des Menschen in der Ka-Figur über seinem physischen Körper abbilden konnte und seine Toten mumifizierte, um symbolhaft die zeitliche Dimension zu überdauern und in die Ewigkeit einzugehen.

Die primitiven Urvölker brauchten einen Anstoß, sozusagen einen ›zweiten Schöpfungsakt‹, der sie über das Körpergebundene und Tierhafte hinauskatapultieren und in eine höhere Existenzform einbetten würde. Die Aufgabe wurde der Legende nach Prometheus übertragen, der das Menschengeschlecht nicht nur vom Göttergeschlecht trennte, sondern den, nun sterblich gewordenen Menschen, auch das Feuer überbrachte.

3000 v. Chr.		Löwe bis Skorpion
1100 n. Chr.	***Skorpion*** ›Finsteres‹ Mittelalter Beulenpest, Seuchen Mittelalterliche Kulturen Matriarchisch Mittelalterliches Europa Inquisition und Kreuzzüge Separatismus Feudalherrschaften und monastische Gesellschaften Kathedralenbau	
400 v. Chr.	***Waage*** Das Mittelalter Ost-West-Verbindung Patriarchisch China und Islam Sublimation Ordnung und Gesetzgebung Trennung von Staat und Religion Zen Minnesänger	
800 v. Chr.	***Jungfrau*** Klassische Zivilisationen Diskrimination und Rationalismus Matriarchisch Griechisch und Römisch Destillierung Klassische Schulung Kultur Christentum und Buddhismus Klassische antike Architektur	

1500 n. Chr.

		Historische Ereignisse		*Religion und Mystizismus*		*Errungenschaften der Menschheit*
1500	1498	Da Gamas Indienreise	1490	Harmonia Mundi	1470	Mallorys ›Tod des Arthur‹
	1492	**Kolumbus entdeckt Amerika**	1489	Malleus Malifocorum	1454	Gutenbergs Bibel
1450	1453	Der Fall von Konstantinopel			1370	Chaucers Canterbury Tales
	1415	Schlacht von Agincourt	1370	Brethren of Common Life	1310	Dantes Göttliche Komödie
1395	1348	**Der Schwarze Tod,** die Pest	1274	Mehlevi Derwische	1245	Westminster Abbey
	1307	Guttempler (Freimaurer) massakriert	1270	de Leon Zohar	1220	Toledo und Salisbury
1335	1280	Herrschaft des Kublai Khan	1260	Siena	1200	Chinesisches Papiergeld
	1255	Polo in China	1244	Verbrennung der Katharer	1200	Turmuhren
1270	1215	**Magna Charta**	1226	Orden der Franziskaner	1163	Notre Dame in Paris
	1214	Dschingis Khan in Peking	1215	Orden der Dominikaner	1150	Universität von Cambridge
1190	1198	Inquisition von Papst Innozenz III.	1125	Gründung d. Katharersekte	1145	Chartres und Angkor Wat
	1147	Zweiter Kreuzzug	1100	Erneuerg. d. Buddhism. i. Tibet	1140	St. Denis in Paris
1100	1100	Besetzung von Jerusalem	1100	Gründung der Guttempler	1100	Rolandslied, Frankreich
1100	1096	Pestilenzen in Europa	1098	Schule von Chartres	1090	Sankt-Markus-Uhr
	1096	Volkskreuzzug	1090	Zisterzienser Mönchsorden		
1020	1077	Bußgang v. Kaiser Heinr. IV. n. Canossa	1070	Kabbalistische Messe	1000	Glockenschlaguhren
	1066	**Normannen erobern England**	1057	Kollegium der Kardinäle	963	al-Sufi, Fixsterne
925	986	Eriksson in Neuschottland, Kanada	927	Sekte der Bogomilen		
	982	Großherrschaft der Mayas	750	Religion vom Goldenen Elixir	813	Kloster von Cluny
815	732	Schlachten von Pitiers und Tours	700	Gospel von Lindisfarne	790	Chitchen Itza
	711	Muslims erobern Spanien	632	Koran	760	Höhlen von Ellora
695	640	Unterwerfung Jerusalems	622	Mohammeds Hegira	745	Han-Lin Akademie
	592	Römische Pest	604	Gregorianische Chöre	715	Moschee von Medina
565	480	Hunnen fallen in Indien ein	529	Schließg. Mysterienschulen v. Athen	547	St Vitale in Ravenna
	429	Vandalen erobern Nordafrika	400	Augustinische Gottesstadt	532	Hagia Sophia in der Türkei
400	410	**Alarich überfällt Rom**	400	Beginn des Monastizismus	529	Justinianisches Zivilrecht
400	361	Julianischer Mithraismus	350	Athanasischer Glaube		
	325	**Konzil von Nicäa**	277	Kreuzigung von Mani	244	Hermetische Schriften
260	164	Pest und Seuchen in Rom	200	Christenverfolgung		
	117	Größte Ausdehng. d. röm. Weltreichs	150	Sepher Jetzira/Zohar	127	Almagest/Tetrabiblos
85	65	England erobert/Rom brennt	100	Apokalypse des Johannes		
0	0	**Christi Geburt**	60	Wirken der Apostel	10	Ovids Metamorphosen
110	51	Bibliothek i. Alexandrien verbrannt	33	Die Kreuzigung Jesu		
	264	Punische Kriege	250	Kodex des Mani in Persien	228	Bau der chin. Mauer
320	325	Alexander der Große in Indien	495	Tempel von Jerusalem	432	Parthenon
	492	Schlacht von Marathon	500	Jaina-Religion in Indien	492	Kama Sutra
555	597	Besetzung von Babylon	563	Geburt des Buddha	742	Sargons Tor
	605	Chaldäer erobern Ägypten			776	Erste Olympische Spiele
800	749	**Gründung von Rom**			ca. 800	Homer. Ilias & Odyssee

►

3000 v. Chr.	***Löwe*** Erste bedeutende Zivilisationen Bewußtsein eines Selbst Patriarchisch Babylonien und Ägypten Individualität Organisationen Zivilisationen Monotheismus und Gottkönige Monumentale Gotteshäuser

Löwe **(3000 v. Chr. bis 800 n. Chr.)**

Sowohl die ersten Zivilisationen als auch der Monotheismus entwickelten sich um 3000 vor Christus. Die frühe sumerische Zivilisation bestand aus einer Ansammlung von unabhängigen Stadtstaaten, die sich nur zögernd verbündeten. Die ägyptische Zivilisation bildete von Anfang an ein einheitliches und zentral regiertes Gefüge. Unterägypten wurde kurzerhand erobert und dem Oberen Ägypten einverleibt, wonach der Zusammenschluß nie wieder in Frage gestellt wurde.

Die ägyptische Zivilisation entsprang ursprünglich der sumerischen, hielt aber an eigenen religiösen Vorstellungen fest und entwickelte ein anderes Verwaltungssystem und eine einzigartige Architektur und Schrift. Der größte Unterschied zwischen den beiden bestand darin, daß die sumerischen Götter den Stadtstaaten untergeordnet wurden und diese in gleichem Maße repräsentierten wie ihre natürlichen Prototypen, während den Göttern der Ägypter ein lebender Gott in der Gestalt des Pharao zur Seite gestellt wurde, der das menschliche Potential in seiner höchsten Entwicklungsform verkörperte und in gleichem Maß verehrt wurde wie die unsichtbaren Götter. Die Vereinigung von Ober- und Unterägypten reflektierte die my-

Historische Ereignisse			Religion und Mystizismus		Errungenschaften der Menschheit	
800	820	Aufbau von Karthago	810	I Ging		
	933	Königreich der Israeliten	1000	Ägyptisches Totenbuch		
1095	1149	**Der Fall von Troja**	1000	Zarathustras (Parsen) Religion		
	1362	Amtszeit Echnatons	1200	Die Veden der Inder	1250	Das Löwentor, Mykene
1405	1500	Arier erreichen Indien	1300	Die Zehn Gebote	1500	Hindutempel von Karnak
	1600	Vulkanausbruch auf Thera (Santorin)	1362	Monotheismus in Ägypten	2000	Avebury & Silbury Hill
1750	1650	Versklavung der Juden in Ägypten	1490	Weltschöpfung in der Torah	2100	Pyramide von Gizeh
	1600	Babylon geht unter			2170	Pyramide von Gizeh
2130	1800	Bronzezeit in China			2250	Chinesischer Almanach
	2200	Babylons Hochblüte			2500	Gesetzgebung in Ur
2545	2400	Goldenes Zeitalter von Ur			2600	Sumerische Ziegenfigur
	2875	Sargonuniter in Sumerien	2900	Rig Veda	2850	Stonehenge
3000	3000	Eisenzeit/Gründung von Troja				

thische Beziehung zwischen Horus, dem Sohn des Sonnengottes Osiris, und Seth. Seth beging einen Ritualmord an Osiris, worauf Horus Rache nahm — eine Handlungsfolge, die sich jahrein, jahraus in dem Tod der Natur, aber auch ihrer Wiederauferstehung wiederholt.

Interessant ist nun, daß der Mythos von Horus und Seth auch eine symbolhafte Darstellung des ›Göttlichen Plans‹ ist. Nachdem er Osiris getötet hat (die Vegetation, die durch die Sonne entsteht), schneidet Seth (Saturn oder die Zeit) seinen Körper in tausend Stücke (die Abschnitte auf der Zeitskala) und verstreut sie über ganz Ägypten (die Welt). Aber die Stücke werden von Osiris' Schwester und Gemahlin Isis gefunden und neu zusammengesetzt. Osiris kehrt so zum Leben zurück und vermacht sein Königreich dem Sohne Horus, der den Mord an Osiris mit der Tötung von Seth rächt. Der Legende nach hat Osiris nun eine Größe von zehn königlichen Kubiten, erschafft alle neu gezüchteten Getreidesorten und wird zum Bezwinger aller wilden Tierarten. Die Teile seines Körpers sind von nun an die Städte Ägyptens (jede ein Symbol für ein Urbild), die durch die Religion vereinigt worden waren. Osiris wird zudem noch zum Gott der Toten ernannt und erscheint den Sterbenden beim ›Letzten Gericht‹, wo er das Gewicht jeder Seele gegen das einer Feder abwägt.

Dieser Mythos, der die Grundlage der politischen Struktur des alten Ägyptens bildet, ist für den eingeweihten Leser zugleich auch eine Beschreibung der Schöpfung, Zerstörung und Neuerstehung jedes Weltzeitalters der Menschheit.

Osiris war — gemeinsam mit Isis — auch ein Symbol für die Wasserfluten, die jährlich durch das Übertreten der Nilufer ausgelöst wurden, und für die Große Sintflut selbst. Osiris wurde in einer Barke (wie die Arche Noah) bestattet, die in den Stamm eines Baumes eingebaut wurde (Abbildung 30). Plutarch verkündete hierzu in seiner ›*Moralia*‹-Schrift: »Unter den Sternen halten die Ägypter Sirius, den Hundsstern, für den Stern von Isis, denn er ist Künder der Wasserfluten. Auch halten sie den Löwen in Ehren und zieren die Tore ihrer Tempel mit gähnenden Löwenhäuptern, denn der Nil übersteigt seine Ufer, wenn bei seinem Frühaufgang (von Sirius gleichzeitig mit der Sonne) die Sonne in Konjunktion mit dem Löwen tritt.«

Isis bildet immer wieder das Verbindungsglied zwischen

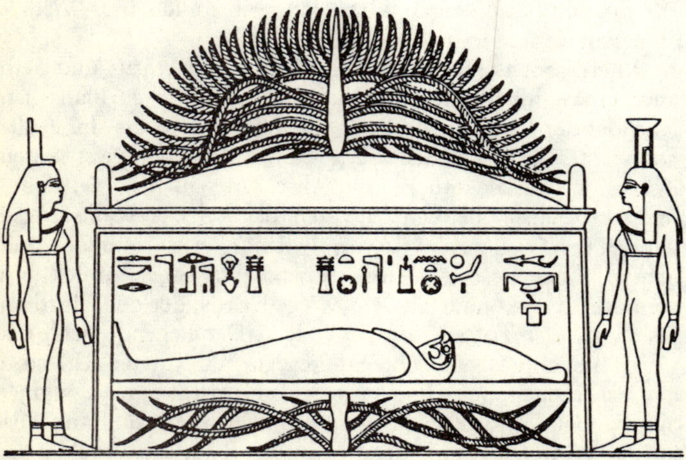

Abbildung 30: Osiris im Tamariskenbaum
Der Tamariskenbaum, in dem Osiris bestattet wurde, ist ein anderes Bild für den Weltenbaum, und als solcher ein Mittelpunkt der Welt (de Lubicz, ›*Sacred Science*‹).

den einzelnen Aspekten der Götterwelt. Der zentrale Mythos enthält viele der Grundthemen im ›Göttlichen Plan‹, unter anderem den Fünfzig-Jahre-Zyklus von Sirius-Isis, die Nummer 10 und Osiris, das astrologische Zeichen Löwe, die Neter (Archetypen), die numerischen Maße der religiösen Architektur Ägyptens und die astronomisch-astrologischen Zyklen, die diesen Maßen zugrunde liegen.

Das alte Ägypten war eine tausendjährige Theokratie der Pharaonen, die über ein wohlorganisiertes Königreich mit großen natürlichen Reserven herrschten. Die ägyptische Gesellschaft war zugleich materialistisch und in transzendenter Weise ewigkeitsbezogen — eine wohl einzigartige Kombination. Die Menschen früherer Epochen lebten in einer ignoranten ewigen Gegenwart, keineswegs in der transzendenten Gegenwart der Mystiker und Seher, denn diese Stufe wird erst nach der Entwicklung und dem Durchleiden des Zeitverständnisses erreicht — nur die Ägypter schienen damals schon reif genug zu sein, den Mechanismus der Zeit zu durchschauen.

Die Stufenpyramide für den Pharao Zoser wurde um 2650 v. Chr. von dem Architekten Imhotep, dem Vater der monumentalen ägyptischen Bauweise, errichtet. Im Lauf der nächsten 2000 Jahre bauten die Ägypter eine Reihe von immer kolossaler werdenden Pyramiden, die schließlich in der Großen Pyramide von Gizeh (Abbildung 31) gipfelten, welche vermutlich 2170 v. Chr. gebaut wurde. Der Mangel an Inschriften macht es unwahrscheinlich, daß es sich um eine Grabstätte handelte, wie gemeinhin vermutet wird, aber in jedem Fall handelt es sich bei dem Bauwerk um eine kunstvoll angelegte astrologisch-astronomische Datenbank, mit deren Hilfe Zeitmessungen vorgenommen werden konnten, und, da die Zeit den Maßstab für alle Längenmaße bildet, auch Landvermessungen. Darüber hinaus ist die Pyramide eine Sternwarte, von der aus Planetenbewegungen beobachtet werden konnten; sie könnte faszinierenderweise sogar ein Mittel gewesen sein, das ägyptische Volk an einem gemeinsamen Projekt zu beteiligen, um so die Massen unter strikter Kontrolle zu halten. Schwaller de Lubicz gelangte zu dem Schluß, daß die Glattheit der lükkenlos ineinandergefügten und gigantischen Steinblöcke nicht mit der primitiven Technologie der damaligen Zeit vereinbart

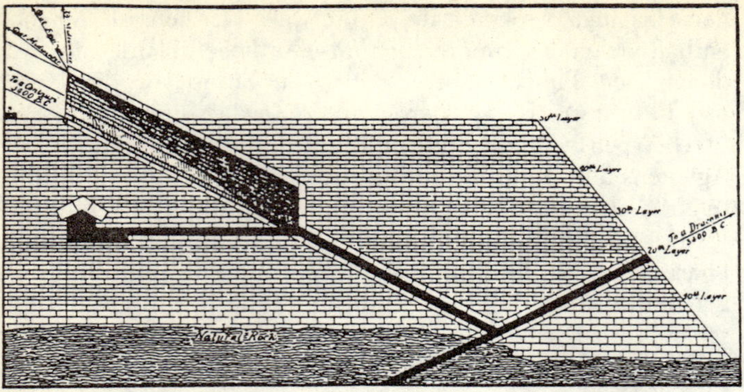

Abbildung 31: Die Große Pyramide

Die Form und Ausrichtung der großen Pyramide von Gizeh beruht auf astronomischen Erkenntnissen. Der absteigende Gang liegt auf einer Linie mit dem Polarstern, und der Winkel des Ganges ist identisch mit dem von Gizeh zum Äquator. Die Königskammer liegt auf der fünfzigsten Steinrunde und die Kammer der Königin auf der fünfundzwanzigsten — ein deutlicher Hinweis auf äquinoktische Zyklen und Weltzeitalter.

werden kann — woraufhin er begann, nach einer anderen Erklärung für diese erstaunliche Präzisionsarbeit zu suchen. Der absteigende Gang der Pyramide von Gizeh wurde als Sternwarte benutzt und war auf Alpha Draconis, den Polarstern um 2170 v. Chr., ausgerichtet. Da der Polarpunkt sich alle siebzig Jahre etwa ein Grad weiterbewegt, wäre es notwendig gewesen, entweder alle siebzig Jahre eine neue Pyramide zu bauen oder die Orientation der existierenden Pyramide alle siebzig Jahre zu verändern. Schwaller de Lubicz untersuchte zahlreiche antike Bauwerke, die bedeutende Fragmente früherer Konstruktionen enthielten, und folgerte daraus, daß die gesamte Bevölkerung von Ägypten erforderlich gewesen wäre, um eine Pyramide, wie die von Gizeh, alle siebzig Jahre Stein für Stein umzuschichten und ihre Ausrichtung zu ändern. Eine solche Aufgabe könnte laut de Lubicz eine Strategie des Pharao gewesen sein, die Massen an einem gemeinsamen Projekt zu beteiligen, um das Volk so zu integrieren und zu beherrschen. Der Bau eines Tempels ist ein symbolischer Akt bei den Freimaurern und galt bei vielen anderen mystischen Religionen der Antike als Metapher, also ist es denkbar, daß die Pyramide von Gizeh diese Funktion erfüllt hat. Die fortwährende Umschichtung der Steine im Lauf von zahllosen Generationen könnte ihre Oberflächen soweit abgeschliffen haben, daß sie letzten Endes perfekt zusammenpaßten. Wie dem auch sei, die Pyramide war eine materielle Manifestation des ägyptischen Zeit- und Geschichtsverständnisses und enthielt die symbolischen und allgemeinen Maße der Zeit, wie die Ägypter sie verstanden — eine Tatsache, die nicht wenige viktorianische Archäologen veranlaßte, hochkomplizierte Geschichtsinterpretationen auf die Pyramidenmaße zu gründen.

Sowohl die sumerisch-akkadische, als auch die ägyptische Zivilisation wurde in eine Krise gestürzt, als ihre einheitlichen Regierungssysteme um 2200 v. Chr. dem Andrang vorrückender Barbarenstämme nicht mehr standhalten konnten, organisierten sich jedoch noch einmal, um in den nächsten 2000 Jahren, bevor Rom zur Großmacht aufstieg, mächtiger und einflußreicher denn je zu werden. Die Expansion dieser beiden Zivilisationen war dem Handel, der Entwicklung der Sprache, der Religion und der Schreibkunst zu verdanken. Die Sumerer und Ägypter waren die damaligen Weltlehrer.

Die Zivilisation der Inder hatte sich seit ihrer Gründung um 2500 v. Chr. ständig höher entwickelt, wobei der Einfluß der Sumerer durchaus erkennbar ist, sich aber einzigartige Elemente herauskristallisierten, wie eine eigene, vorher unbekannte Schriftart und eine naturalistische Kunstform. Die Abflußkanäle und Bäder, das Bewässerungssystem und andere öffentliche Einrichtungen der Indus-Zivilisation könnten heutigen westlichen Ansprüchen genügen, wobei man bedenken muß, daß die Inder keine geschichtlichen Vorbilder für ihre Erfindungen hatten.

Die Religionen des Löwenzeitalters waren monotheistisch; man glaubte an ein einziges Wesen, das Gott war und die Welt entweder repräsentierte oder beherrschte. Die Pharaonen wurden für die irdischen Nachfahren der Götter Ägyptens gehalten, daher mußte jeder regierende Pharao sich so vollkommen mit den Göttern und ihren Eigenschaften identifizieren, daß er dem Volk als lebendes Vorbild dienen konnte. Das Leben des

Pharao bestand aus einer jährlich wiederkehrenden Folge von überaus komplexen Ritualen der Identifikation mit den Gottheiten, und die Thronfolge der Pharaonen determinierte die Geschichte des ägyptischen Volkes.

Die Assyrer, Akkadier, Babylonier, Chinesen, Ägypter und das Volk der damaligen Mittelmeerländer waren astrologisch vom maskulinen Einfluß der Sonne beherrscht. Löwenbilder tauchten denn auch überall in der Kunst und Architektur auf, besonders im Zusammenhang mit den Königshäusern. Die Große-Mutter-Göttin und ihre Gespielen mußten männlichen Heldengestalten und Gottkönigen weichen. Die ersten historischen Persönlichkeiten waren Helden, Könige, Krieger und Propheten, deren Funktion in erster Linie darin bestand, Gesetze zu erlassen, die dem Fortschritt der Zivilisation dienten, aber da man diese Persönlichkeiten für Gottwesen hielt, übernahmen sie häufig auch die Funktionen des ›Schöpfers schlechthin‹. Die Olmeken in Mittelamerika errichteten zur selben Zeit ebenfalls monumentale Tempelanlangen, in denen ein Gott verehrt wurde, der zur Hälfte ein Panther und zur anderen Hälfte ein Mensch war. Die erste Blüte dieser Kultur entfaltete sich nach 1150 v. Chr. und beeinflußte die spätere Chavin-Kultur in den Anden, aber beide Kulturen vollzogen die notwendige Transformation vom Jäger und Sammler etwa eintausend Jahre später als die indo-europäischen Kulturen, die damals bereits Getreide züchteten.

In Ken Wilbers *›Atman Projekt‹* wird diese Entwicklungsstufe die ›mentale Stufe des Ich‹ genannt, denn hier kristallisiert sich das Ego, ein von allen anderen Menschen getrennt existierendes Ich, welches das frühere Eingebettetsein *in* die Eltern oder Gruppe zur Beziehung *mit* den Eltern oder der Gruppe werden läßt. Das so entstandene Eigenbild des Menschen führt zur Entwicklung einer »gesellschaftlichen Maske, die man aufsetzen kann, um die soziale Interaktion zu erleichtern«. Selbstbeherrschung und Eigenwillen entwickeln sich so weit, daß der Mensch in den späteren Stadien dieser Entwicklungsstufe in der Lage ist, sein eigenes Rollenspiel (seine verschiedenen Masken) zu durchschauen und sie zu transzendieren, um sich auf die nächsthöhere Stufe in der Bewußtseinsevolution zu begeben.

Das Sternzeichen Löwe wird mit Ichbezogenheit und Eigenliebe assoziiert, aber auch mit einer spielerischen Nächstenliebe, in der ein Element der Selbstdarstellung enthalten ist; außerdem mit Kreativität, Selbstvertrauen, Erziehung und Ausbildung, mit Rollenspielen und spekulativen Glücksspielen. Es ist das Zeichen der Nach-außen-Gerichtetheit, die mit dem siebten Lebensjahr beginnt und mit dem dreizehnten Lebensjahr endet, also zu Beginn der Pubertät. Kinder lernen während dieser Zeit die Spielregeln ihrer Kultur kennen, was heißt, daß sie Spiele erfinden und übernehmen, deren Regeln und Mechanismen ihre Fortentwicklung prägen. Piaget nennt dies die Stufe der konkreten Operationen, weil das Kind jetzt fähig ist, konkrete Verbindungen zwischen mentalen und physischen Handlungen herzustellen, die sich als Verhaltensmuster für die Zukunft einprägen. Die hierarchischen Ordnungen innerhalb der Gesellschaft, Religion, Schule und Kultur werden assimiliert, wenn das Kind im Alter von sieben Jahren im Rahmen der Grundschule einer wachsenden Zahl von Einschränkungen und speziellen Programmierungen ausgesetzt ist, die das Selbstverständnis des Kindes von äußeren Normen abhängig machen. Alle Gesellschaften bestehen essentiell aus einem hierarchisch angelegten Klassen- und Ordnungssystem, das durch die Schulausbildung vermittelt wird.

Jungfrau (800 v. Chr. bis 400 n. Chr.)

Jungfrau ist Destillation, Diskrimination, Kritikvermögen und der Vorgang des Einordnens. Die Konsolidierung des Selbstverständnisses während der königlichen Löwenzeit bildete den Ausgangspunkt für die klassischen griechischen und römischen Zivilisationen, in denen auseinanderstrebende soziale, politische und kulturelle Tendenzen zusammengefaßt und ein destillationsfähiges Amalgam produziert werden konnte. Die militärischen Organisationen der Griechen und Römer eroberten die gesamte, damals bekannte Welt — zuerst die Truppen von Alexander dem Großen im vierten Jahrhundert v. Chr. und dann die Streitkräfte von Julius Cäsar im ersten Jahrhundert v. Chr. Außerdem garantierte das Militär diesen Zivilisationen soviel Schutz, Sicherheit und damit einen wachsenden Wohlstand, daß die restliche Bevölkerung rapide Fortschritte auf den Gebieten der Wissenschaft, Philosophie, Ökonomie, Politik, Kunst und Architektur machen konnte. Die Griechen integrierten viele unterschiedliche Mythen, Religionen und kulturelle Identitäten in eine allgemein akzeptierte Philosophie, Sprache und Regierungsform.

Im Lauf der Jungfrauzeit wurden die früheren Mythologien von Homer auf einen gemeinsamen Nenner gebracht, während Pythagoras die frühere Mystik und Metaphysik einer höheren Ordnung zuführte, Sokrates und Plato das gleiche für die Philosophie taten, Phidias für die damalige Bildhauerei, Herodatus für die damalige Geschichtsschreibung und Perikles für die damaligen Regierungsformen. Man verhielt sich den griechischen Idealen der Harmonie und Freiheit entsprechend. Die Vielzahl der Weltanschauungen und Realitätsbilder früherer Epochen wurde in ein funktionsfähiges Ganzes integriert, das sich im gesamten Herrschaftsbereich durchsetzen konnte. Technologische Fortschritte im Zusammenhang mit der ständigen Weiterentwicklung des Militärs verliehen den Griechen und Römern nahezu unantastbare Machtpositionen im Weltgefüge, und die Tatsache, daß ihr klassischer Lebensstil nach 1200 Jahren schließlich dennoch unterging, ist in erster Linie auf interne religiöse Konflikte zurückzuführen.

Die Griechen und Römer legten eine erstaunliche Gewandtheit an den Tag, wenn es um die Assimilation der Götter und Helden der von ihnen eroberten Landstriche ging: fremde Gottheiten wurden kurzerhand als entfernte Verwandte oder Sprößlinge der wahren (griechischen und römischen) Götter in das klassische Himmelreich eingereiht. In anderen Teilen der Welt verbreiteten sich die großen prophetischen Religionen, die alle auf den Lehren eines einzigen Individuums beruhten, wie Buddha, Krischna, Lao Tse, Konfuzius, Mani und Jesus Christus. Nachdem Griechenland vom Römischen Weltreich verschluckt worden war, wurde Rom seinerseits langsam vom Christentum unterminiert. Die christliche Mischung aus östlichem Mystizismus, humanistischer Moral und dem historischen Zeitverständnis des Westens untergrub das bereits degenerierte Gefüge der römischen Vielgötterei soweit, daß das

Weltreich in widerstreitende Fraktionen zerfiel. Einfallende Nomadenhorden nahmen die Gelegenheit wahr, die beiden größten Hälften endgültig voneinander zu trennen, bevor sie ausgeplündert und in kultureller Hinsicht in Grund und Boden gestampft wurden. Ähnlich erging es der Jahrtausende alten chinesischen Hochkultur, die von den Hunnen und Mongolen aus Zentralasien zerstört wurde. Das Unterscheidungsvermögen, das die klassischen Zivilisationen hervorgebracht hatten, lehnte die Auseinandersetzung mit den archaischen Urtrieben innerhalb der Psyche ab, und so mußte jede Hochkultur die Vernichtung ihres subtilen Organisationsgefüges mitansehen, wie die Römer, als Alarich und seine Barbaren die ›herrlichste Stadt der Weltgeschichte‹ verwüsteten und die römische Kultur auslöschten. Das Primitive, in der Entwicklung Zurückgebliebene, konnte weder damals, noch kann es heute ignoriert oder eliminiert werden. Auf eine mörderische Weise fordert es seine Integration in die Gesamtheit — so lange, bis diese ihm gewährt wird.

Die alten Fruchtbarkeitsreligionen des Nahen Ostens wurden vom Christentum absorbiert, obwohl bestimmte Sekten die bürokratischen Strukturen der frühchristlichen Kirche ablehnten und statt dessen das gnostische Ideal übernahmen. Gnosis bedeutet Wissen durch direkte Erkenntnis, und die Gnostiker verehrten das feminine Prinzip als die ›Sophia‹, ein Wort, das zugleich ›Trägerin des Heiligen Geistes‹ und ›Weisheit‹ bedeutet. Zu Beginn des dritten Jahrhunderts nach Christus war aus der Christlichen Kirche bereits eine Organisation mit politischen Ambitionen geworden, die es als ihre Aufgabe betrachtete, nur jene Texte im Neuen Testament zur Übersetzung freizugeben, die ihren Glauben vertraten, während unbequeme Stellen ausgelassen oder voll und ganz vernichtet wurden. Ähnlich erging es den anderen Propheten, deren direkte Erkenntnisse von Anhängern im nachhinein interpretiert und je nach Gutdünken unter das Volk gebracht wurden. Die naiven Massen akzeptierten die buchstäblichen Lehren, während sich die wahren Eingeweihten der späteren Generationen gezwungen sahen, esoterische Interpretationen geheimzuhalten und ihr Wissen zum ›okkulten‹ Geheimwissen zu machen.

In vieler Hinsicht entspricht diese Entwicklungsstufe der

›späten Ich/Persona-Phase‹ von Ken Wilber, denn dies ist das zunehmend kreative Ego, das sich mit widersprüchlichen Persönlichkeitsaspekten auseinandersetzt und sich mit den wünschenswerten Aspekten der Psyche identifiziert, während es die Schattenaspekte — d. h. alle noch nicht integrierten Elemente der vorherigen Entwicklungsphasen — unterdrückt.

In der Leben ★ Zeit Astrologie wird die Zeit vom 13. bis zum 23. Lebensjahr mit den Qualitäten der Jungfrau assoziiert. Der Jugendliche geht durch die körperliche Transformation der Pubertät, nachdem er sich mit den Regeln und Strukturen der Gesellschaft vertraut gemacht hat, und muß nun lernen, eigene Entscheidungen zu treffen; er muß die Beziehung zwischen seinem Verstand und seinem Körper definieren und seinen eigenen Lebensstil, beruhend auf eigenen Ideen, aus dem Angebot herausdestillieren, wenn man so sagen darf. In diesem Alter lösen Jugendliche sich von der relativen Sicherheit des Familienkreises und erkennen, daß sie irgendwann arbeiten müssen, um überleben zu können. Piaget nennt dies das Stadium der ›Formalen Operationen‹, in dem rationale Überlegungen und die Auseinandersetzung und Kooperation mit anderen zu gegenseitigem Austausch und gleichzeitig zur Entwicklung des Unterscheidungsvermögens führen. Indem eigene Hypothesen entwickelt und bestehende Normen überprüft werden, dämmert die Erkenntnis, daß die Regeln und Definitionen der Elterngeneration keine absolute Gültigkeit haben. Die mythische Traum- und Fantasiewelt der Kindheit wird in diesem Stadium oft unterdrückt und in unbewußte Bereiche verdrängt. Fast alle konkreten Erfahrungen werden in verbale und symbolische Ausdrucksformen übersetzt, wie in die rhythmische Ausdrucksform der Musik, die frühe Sexualität oder in Aktivitäten, die mit der Ausbildung einhergehen. Entscheidungen, die während der Jungfrauzeit getroffen werden, sind normalerweise bindend. Das Schwergewicht liegt auf Spezialisierungen und Isolation.

Die Waage repräsentiert Balance, Sublimation, Partnerschaft, die Suche nach Gleichgewicht, Anpassung an Gesetze, und fällt auf den Mittelpunkt in der astrologisch-historischen Zeitskala, wo unbewußte Einflüsse erstmals vollkommen bewußt werden und der nach außen gerichtete Halbbogen sich wieder nach innen richtet, um seiner Vollendung entgegenzustreben.

Das einheitliche Gefüge der klassischen Zivilisationen zersplitterte in einander entgegengesetzte Strömungen, was zu einer Abspaltung des Ostens vom Westen führte, aber letzten Endes den Austausch von Gedanken- und Kulturgut auf anderer Ebene nicht verhindern konnte. Die forcierte Etablierung einer einheitlichen Christlichen Kirche führte zunächst zu einer politischen Opposition zwischen Rom und Konstantinopel, und danach zum Zeitalter des Monastizismus, wie es von Sankt Benedikt versinnbildlicht wird. Fragmente der griechischen und römischen Kultur isolierten sich in kleinen Enklaven und entwickelten sich ohne nennenswerten Austausch oder Zugehörigkeitsgefühle weiter. Akademische, künstlerische und religiöse Studien wurden jetzt nicht mehr unter der Schirmherrschaft eines einheitlichen Kulturgefüges betrieben, sondern in kleinen Ordensgemeinschaften, was zu dem für das Mittelalter charakteristischen isolierten Fachwissen führte. Die Lehrstätten Athens wurden im Jahre 529 n. Chr. geschlossen, und das Wissen der Menschheit gelangte in den Besitz der Kirche und ihrer Theologen, um fortan eifersüchtig gehütet und von der Allgemeinheit ferngehalten zu werden.

Die Feudalherrscher Europas benutzen die Religion, um ihre Regierungen zu festigen, und stritten mit den Klöstern und frühen Päpsten sowohl um die Macht über als auch um die Gunst des Volkes. Karl der Große, König Arthur, Alfred der Große und Pepin teilten ihre Macht mit verschiedenen Päpsten und monastischen Autoritäten. Aus den erweiterten Lehnsgütern Europas gingen später die Länder des europäischen Kontinents hervor: Deutschland, Frankreich, England, Spanien, Holland und Italien, aber in den damaligen Zeiten beschränkte sich der gegenseitige Austausch auf den lebensnotwendigen Handel mit einigen, wenigen Konsumgütern. Selbst damit öffneten sich allmählich Wege der Kommunikation, und im Lauf der Zeit konnten sich über die Handelsstraßen auch religiöse, kulturelle und wissenschaftliche Entdeckungen verbreiten, unter anderem der wiederentdeckte Klassizismus, der von arabischen Philosophen, die sich in Spanien niedergelassen hatten, nach Europa getragen wurde. In die gleiche Kategorie fällt auch die Neubelebung des Buddhismus in Tibet, nachdem Indien und China sich von den buddhistischen Lehren abgewandt hatten. Keime des Wissens wurden von Asien nach Europa und von Europa nach Asien getragen, und Leif Erikssons Seereisen in die Neue Welt trugen ebenfalls zur Erweiterung des Horizonts bei.

In China führte eine vergleichbare Trennung in eine östliche und eine westliche Hälfte während der Han-Dynastie zu kriegerischen Auseinandersetzungen, was den Hunnen die Gelegenheit gab, nicht nur China, sondern letztlich auch Indien, Persien und Europa zu erobern. Die Hunnen waren ein mongolisches Nomadenvolk, deren Religion dem archaischen Schamanismus der frühesten Widderzeit gleichkam, sich also auf einer Entwicklungsstufe am entgegengesetzten Pol zum Waagezeitalter befand. Es gelang den Hunnen, ihren zersetzenden Einfluß auf die gesamte zivilisierte Welt auszudehnen, und was ihrer Zerstörungsgewalt entkam, unterlag den flüchtenden Horden der Ostgoten, dann den Westgoten, Vandalen und heimatlos gewordenen persischen Rebellen, während die Hunnen sich bereits mit den eroberten Völkern vermischten und so von den europäischen, persischen, indischen und chinesischen Kulturen assimiliert werden konnten. Das spirituelle Vakuum, das nach der Verwüstung Chinas zurückblieb, ließ doktrinäre Mahayana-Buddhisten von Indien und Tibet nach China einreisen, um dort den ehemals vorherrschenden Taoismus zu untergraben.

Unter allen Religionen ist der Islam am ehesten symbolhaft für den Glauben der Waagezeit. Der Islam gründet sich auf Lehren, die ein einfacher Mann und späterer Prophet namens Mohammed in direkter Übertragung vom Erzengel Gabriel empfing. Der Koran ist eine im Jahre 610 n. Chr. begonnene Niederschrift der Aussagen des Engels; er erklärt, daß es nur einen Gott gibt (Allah) und Mohammed der bedeutendste und letzte unter Allahs Propheten ist, zu denen auch Jesus, Moses, Elias und andere vorgeschichtliche Weltlehrer gehören. Der Islam absorbierte seine Konkurrenten und institutionalisierte den Monotheismus durch strengste Gesetze. Im Lauf der nächsten hundert Jahre wurde dieser Glaube mit dem Schwert verbreitet: im oströmischen Weltreich, in Syrien, Mesopotamien, Palästina, Ägypten, dem persischen Kaiserreich von Irak und Iran, in Armenien und Georgien, Nordwestafrika, Spanien, im Südwesten Galliens, dem indischen Sindh und Punjab, in Usbekistan und der Türkei — die islamischen Glaubenskrieger konnten erst im Jahre 732 bei Poitiers davon abgehalten werden, Frankreich zu überrennen. Der Koran erklärt, daß alle Menschen, die Gottes Worten folgen, toleriert werden müssen, und so wurden die Christen, Juden, Parsen (Anhänger von Zarathustra) und Hindus integriert, aber im Islam selbst führte der Streit um den rechtmäßigen Nachfolger von Mohammed zu einer Zersplitterung in zwei Sekten, die Sunniten und die von Mohammeds Bruder gegründete Sekte der Schiiten, deren Erbstreit bis heute nicht beigelegt werden konnte.

Das Christentum der östlichen Länder wurde von der byzantinischen Zivilisation neu belebt und die westeuropäische Christenheit von den Karolingern, benannt nach Karl dem Großen, welcher im Jahre 800 das römische Kaisertum als christlicher Universalherrscher erneuerte und sich von Papst Leo III. krönen ließ. Aber die Ordnung währte nicht lange, denn schon bald wurde Europa von Wikingern, Franken und nordischen Nomadenvölkern überrannt, während Eriksson über das Meer segelte und bis Grönland und zu den Ufern der Neuen Welt gelangte. Selbst in Mittelamerika wurden Theotihuakan (600) und Tscholula (800) von Barbarenhorden geplündert, und die mächtige Zivilisation der Mayas war im 9. Jahrhundert untergegangen. In allen Teilen der Erde wurde die Einrichtung von gesetzmäßigen Strukturen (Waage) durch militante, vorstoßende Kräfte (Widder) bekämpft (Waage-Widder-Opposition).

Die wichtigste Struktur des damaligen Sittengefüges war die der Ritterlichkeit und der romantischen Liebe, wie sie in den Legenden von König Arthur aus dem England des 5. Jahrhunderts dargestellt wird. Die Bezähmung der Gewalt durch

Religion und das Streben nach Verfeinerung und Vervollkommnung erreichte eine Art Gipfelpunkt in der von christlichen und älteren, heidnischen Symbolen strotzenden Geschichte vom Heiligen Gral, nach dem König Arthur und seine Gralsritter ihr Leben lang suchten.

In Wilbers Gliederung ist dies das Anfangsstadium des ›reifen Ich‹, das in sich alle Subpersönlicheiten vereint, die Identifikation mit dem Rollenspiel des frühen und mittleren Ich auflöst und allmählich eine höhere Ebene der Wahrnehmung betritt, auf der das Ich wieder eins mit der Gesamtheit der Realität sein kann. Alle niederen Bewußtseinsebenen müssen bewußt gemacht werden, um die notwendige Synthese und Stabilität herbeizuführen, die den Menschen zum reifen, bewußten und letztlich selbstverwirklichten Wesen macht.

Das Sternzeichen Waage wird traditionell mit Beziehungen und Partnerschaften aller Art in Verbindung gebracht, auch mit Öffentlichkeitsarbeit, Geselligkeit, Verbindlichkeiten, Justiz, der Gesetzgebung und Feinden, und es beherrscht die Zeit vom 23. bis zum 42. Lebensjahr. Im Alter von 23 Jahren befinden wir uns am entgegengesetzten Pol zum Geburtspunkt im Horoskop und haben den unteren, subjektiven und unbewußten Halbkreis durchwandert. Die Oppositionen und Widerstände, die unter der Herrschaft dieses Zeichens erfahren werden, sind symbolhaft für die inneren Konflikte, die ausgetragen und bewußt gemacht werden müssen, wenn man aus den Urgründen des Unbewußten aufsteigen will — eine Tatsache, die von der Gralslegende sehr einleuchtend illustriert wird. Oppositionelle Kräfte werden in erster Linie in der ehelichen Beziehung konfrontiert, bei der sie bewußt gemacht und ›vermählt‹ werden können, bzw. vereinigt und einem höheren Ganzen zugeführt. Die Hochzeit des Königs mit der Königin symbolisiert diesen Vorgang (siehe Abbildung 50, Kapitel 8). Die Konjunktion von zwei Gegensätzen steht im Mittelpunkt der Alchemie, die einer der Vorläufer der späteren Psychologie des Unbewußten war. Eine Partnerschaft kann eine Verdrängung oder Sublimation der abträglichen Eigenschaften beider Individuen um der Beziehung willen sein, wird aber auf einer höheren Bewußtseinsstufe sehr bald zum Vorbild für den inneren, psychischen Balanceakt, bei dem das Persönliche, Egoistische transzendiert wird. Die Partnerschaft auf dieser Ebene ist ein Transformationsprozeß, bei dem nicht nur persönliche Gelüste und Ideale erfüllt, sondern auch kollektive Grundwerte realisiert werden.

Skorpion (1100 n. Chr. bis 1500 n. Chr.)

Der Skorpion repräsentiert den rücksichtslosen Kampf um das Überleben, ebenso wie Leidenschaft, Tod und Regeneration und die Übertragung des Lebensfunkens durch den Samen. Während die oppositionelle Stierzeit den sinnlichen Kontakt mit der physischen Welt repräsentiert, wie er unter anderem von den Erdmutterkulten ausgedrückt wurde, steht die Skorpionzeit für eine neuerliche Auseinandersetzung mit den dunkelsten und leidenschaftlichsten Trieben des Menschen, wie sie von den Kreuzzügen und der christlichen Inquisition versinnbildlicht werden. Nachdem Kirche und Staat sich im Zeichen der Waage mehr oder minder unfreiwillig verbündet hatten, fanden nun blutige Kämpfe um die endgültige Oberherrschaft statt, wobei die Kreuzzügler andersdenkende Ordensgemeinschaften in fernen Ländern mit dem Segen der Kirche niedermetzelten und die Inquisition gotteslästerliche (sprich: unterschiedliche) Praktiken im Heimatland bekämpfte. In beiden Fällen ging es um die Ausmerzung des Unreinen und Bösen. Das Skorpionzeichen wird mit der Unterwelt assoziiert, mit den Urgründen der Seele, und um diese zu erreichen und sie an das Licht des Tages zu bringen, muß eine körperliche, emotionale und spirituelle Erneuerung stattfinden, die im historischen Zusammenhang eine endgültige Auslöschung der klassischen Zivilisation notwendig machte.

Das Christentum des Mittelalters war eine Kombination von überspitzter Kultiviertheit und dunkelster Ur-Magie, die auf früheren, heidnischen Traditionen beruhte, und deren Wurzeln weiterhin, im Untergrund fruchtbar blieben, um dort immer neue, heimliche Blüten zu treiben, was die zunehmend mächtige christliche Kirche veranlaßte, auch die letzten Überreste der alten Fruchtbarkeitskulte und heidnischen Naturanbetung auszurotten oder wenigstens den Versuch zu unternehmen. Anfänglich konnten die Kreuzzüge als strategische und sogar finanzielle Erfolge verbucht werden, aber nachdem das damals islamisch regierte Jerusalem erobert worden war, wurden die Christen von den Muslims zurückgeschlagen.

Die Eroberung Englands durch die Normannen im Jahre 1065 verschaffte Frankreich eine Vorrangstellung im kontinentalen Europa und leitete eine kulturelle Blütezeit im Westen ein, wie sie seit der hellenistischen Kulturblüte im achten Jahrhundert vor Christus nicht mehr in Europa gesehen wurde (ein Sextil des frühen Skorpions zur frühen Jungfrau). Man verband Elemente der römischen Rechtsprechung mit den Gesetzen der christlichen Kirche und setzte diese nach Anbruch der europäischen Ritterzeit oft gewaltsam durch. Der Zerfall des römischen Regierungssystems in einzelne Städterepubliken oder Königreiche führte aber auch zu neuen Inspirationen in Europa: unter anderem konnte sich die inzwischen wiederentdeckte griechische Sprache und Philosophie in vielen Teilen des Kontinents verbreiten.

Die Macht der Kirche wurde weiterhin gefestigt, indem Ordensgemeinschaften wie die der Benediktiner und Zisterzienser gegründet und eine Reformation des Pontifikats durchgesetzt wurde, zu der auch die Verlagerung des päpstlichen Amtssitzes nach Rom gehörte. Der Papst wurde fortan nicht länger von den einflußreichsten weltlichen Herrschern gewählt, sondern zum erstenmal von den Kardinälen der päpstliche Kurie. Eine ähnliche Machtverschiebung fand in den islamischen Ländern statt, die jetzt ihrerseits Ritterorden und esoterische Derwisch-Sekten gründeten. Indische Buddhisten erneuerten ihre Religion in Tibet um 1100, und die Mahayana-Sekte des Buddhismus verbreitete sich bis nach Japan und China. Die martialische Disziplin des Zen-Buddhismus wurde im Jahre 1191 bei den japanischen Soldaten eingeführt. Die Sung-Dynastie in China setzte eine neo-konfuzianische Sittenlehre durch (wieder ein Sextil, das auf Konfuzius in der frühen Jungfrauzeit zurückgeht). Die immensen und mächtigen Kaiserreiche der Ottomanen, Mamelukken und Safavis konnten einfallende Mongolenstämme entweder erfolgreich zurückschlagen oder die Eroberer in ihre eigene Kultur integrieren, und so gelang es dem Orient während des Mittelalters, vergleichsweise hochzivilisierte, stets religiös orientierte Zivilisationen zu entwickeln.

Die leidenschaftliche Religiosität der damaligen Zeit fand nicht nur im Fanatismus Ausdruck, sondern auch in den Kathedralenbauten der Engländer und Franzosen, wobei solche Bauwerke die göttliche Macht der Kirche demonstrieren sollten, auch wenn ihre Pracht im krassen Gegensatz zu der bitteren Armut der Bevölkerung stand. Manche Baumeister entdeckten nahezu ausgestorbene mythologische Themen wieder und bildeten diese auf den Rosenfenstern der Kathedralen ab, während Giotto solche Themen in seiner naturalistischen Kunst aufgriff und Brunelleschi und Bramante sie unter dem Patronat der Medicis und Päpste in die Architektur einbrachten. Die dynastischen Stadtstaaten der Medicis in Italien, der Khans in China und Mongolen in Indien boten der damaligen Avantgarde einen Rahmen, ihre manchmal häretischen Überzeugungen in der bildenden Kunst auszudrücken. Die romantische Literatur von Dante, Chaucer und Crestien de Troyes war eine Reaktion auf das Chaos, das von den Kreuzrittern hinterlassen wurde, und dokumentiert den Zusammenbruch der früheren Ordnung, um die Allgemeinheit auf die nächste Entwicklungsstufe vorzubereiten, in der die Macht dem einzelnen, dem erweckten Individuum gehört. In Ken Wilbers ›*Atman Projekt*‹ ist dies die Bewußtseinsstufe der ›biosozialen Bindungen‹; eine Stufe, auf der das reife Ego die Identifikation mit biologischen und sozialen Zugehörigkeitsvorstellungen aufgeben kann und sich sozusagen auf einem Sprungbrett befindet, das den Geist in eine Realitätsauffassung katapultiert, die jenseits von sprachlichen und konzeptgebundenen Normen existiert. Auf dieser Stufe geht das Individuum über gesellschaftliche Konventionen hinaus, denn dies ist der erste Schritt auf dem Weg zur Transzendenz der Körper-Ego-Persönlichkeit, die vom Skorpionzeichen eingeleitet wird und sich von nun an bis zum Zeichen der Fische kontinuierlich entfaltet.

Der Skorpion wird von jeher mit Transformationsprozessen aller Art assoziiert, mit dem Tod und der Wiederauferstehung auf verschiedenen Ebenen des Daseins, mit Karma, okkulten Praktiken und Magie, dem Festhalten an einer bereits erreichten Stufe, und daher in seiner extremen Form auch mit Fanatismus, Perversion, Ausschweifungen. Das Zeichen regiert das Alter von 42 Lebensjahren bis zum Tod, also auch das hohe Alter. Während der, dem Skorpion entgegengesetzten, Stierzeit wird die gegenständliche Welt des Körpers und der Sinneswahrnehmungen erkundet; hier nun findet eine Loslösung vom Körper statt, entweder im Tode oder durch meditative Praktiken, geistige Einsichten. Äußerliche Objekte verlieren ihren Reiz für den, der lange genug mit ihnen gespielt hat, dafür wird das Innenleben reizvoller und zunehmend interessant.

Der symbolische Abstieg der menschlichen Seele in die Höllenwelten und ihr Aufstieg in die Himmelreiche in Dantes ›*Göttlicher Komödie*‹ ist eine klassische Beschreibung der Skorpionzeit und ihrer Lektionen. Der Skorpion repräsentiert die verschiedenen Wege zur Selbstbefreiung und alle Gefahren, die dieser Weg mit sich bringt, wenn es dem Wanderer nicht gelingt, die Identifikation mit dem Körper und der begrenzten Persona (Maske) zu transzendieren. Die Essenz des Buddhismus, der christlichen Mystik und des esoterischen Islam reflektiert dieses spirituelle Prinzip. Das unbewältigte Karma kommt im Skorpion auf den Menschen zurück, und alles, was vorher vielleicht noch verborgen werden konnte, zeigt sich im grellsten Licht. Der Vorgang wird von den Alchemisten als der Umwandlungsprozeß von Blei in Gold bezeichnet, wobei das Gold in der nächsten Phase der Schützezeit zum erstenmal erreichbar wird, denn hier erkundet die Menschheit den Bereich der Individualität soweit, daß individuelle Selbsterkenntnis möglich wird.

Die Oktave der Individualität

(Schütze — 1500 n. Chr. bis Fische — 1950 n. Chr.)

Der Schwarze Tod, die Pest, von der Europa im Lauf des 14. Jahrhunderts heimgesucht wurde, war symbolhaft für den Verfall der klassischen Zivilisation und bereitete die Menschheit auf das humanistische Zeitalter der Renaissance vor, in dem wieder große Sprünge in der Wissenschaft und Kunst gemacht wurden. Der suchende Geist ging in vieler Hinsicht über die Grenzen der physischen Welt hinaus und dehnte seine Wahrnehmungsfähigkeiten mit Hilfe des Teleskops auf den externen Weltraum und mit Hilfe des Mikroskops auf die internen Mikrowelten aus. Zum erstenmal in der Geschichte wurde der gesamte Erdball kartographisch erfaßt und dargestellt und nahm seinen tatsächlichen Platz im kosmischen Gefüge ein. Die Perspektive wurde als ein Trugbild der menschlichen Wahrnehmung erkannt; die gesamte musikalische Tonskala wurde jetzt verstanden und benutzt, und das gesamte Farbspektrum kam in der Kunst zum Ausdruck. Kurzum, die Menschheit erreichte ihre Grenzen und unternahm den kühnen Versuch, über sie hinauszugehen.

Schütze **(1500 n. Chr. bis 1720 n. Chr.)**

Der Schütze repräsentiert Selbsterkenntnis, höhere Verstandesfunktionen, Philosophie, Religion, Weisheit, Fremdeinflüsse und weite Reisen. Nach der Fragmentation und der Zerstörungswut der Skorpionzeit wurden die alten klassischen Prinzipien wiederentdeckt, die eine höhere Bewußtseinsentwicklung in der Renaissance möglich machten. Die Renaissance ist das Zeitalter der herausragenden, mehrfach begabten Individuen. Der typische Renaissance-Mensch eignete sich Wissen auf allen möglichen Gebieten zugleich an und kombinierte und manifestierte dieses Wissen dann in einer Weise, daß neue, eigenständige Werke daraus hervorgingen. So wurde der Horizont der gesamten zivilisierten Menschheit auf jedem erdenklichen Gebiet von den Geistesgrößen der Renaissance erweitert, nicht zuletzt in geographischer Hinsicht.

Entdeckungsreisen in ferne Länder machten England, Spanien, Frankreich Portugal, Indien und Rußland zu Kolonialmächten, die bald einen weltweiten Handel mit Kultur- und Konsumgütern betrieben. Die kolonisierten Völker mußten sich unterwerfen und von Missionaren, Abenteurern und politischen Abtrünnigen bekehren oder umbringen lassen, während man ihre Kulturschätze nach Europa verschiffte. In Europa brach nun eine Zeit des wachsenden Wohlstands an, ausgelöst von der Einfuhr seltener, vorher noch unbekannter Rohstoffe, wobei die Einfuhr von Sklavenarbeitern und Leibeigenen den Reichtum der Fürsten und Königshäuser bis ins Unermeßliche steigerte. Aber die weltweite Expansion trug in sich be-

1910 n. Chr.	***Fische*** Die Weltkriege Desintegration Deutschland, UdSSR und USA Matriarchisch Karmischer Isolationismus Illusion Abstraktion Nihilismus Kriegsmaschinen	
1840 n. Chr.	***Wassermann*** Nationalismus, Humanismus Romantische soziale Utopien Idealismus Bürokratien und Gewerkschaften Viktorianisches Zeitalter Kollektivierung Sozialismus-Kommunismus Moderne Regierungsstrukturen Patriarchisch Die Vereinigten Staaten	
1720 n. Chr.	***Steinbock*** Industrielle Revolution Physischer Perfektionismus England Matriarchisch Revolutionärer Materialismus Nationalismus Die Reformation Kapitalistisches Maschinenzeitalter Unterwerfung der Natur	

1950 n. Chr.

	Historische Ereignisse	*Religion und Mystizismus*	*Errungenschaften der Menschheit*
1950	1949 NATO und Maos China	1950 Mariä Himmelfahrt (Dogma)	1948 Antibiotika synthetisiert
	1947 Unabhängigkeit Indiens	1949 Ouspenskys Lehren	1942 ENIAC-Computer
1944	1946 **Vereinte Nationen**	1944 A. Crowleys Lehren	1937 Whittles Düsentriebwerk
	1945 **Hiroshima Atombombe**	1944 Jung, Psychologie & Religion	1935 Lufttransport
1939	1939 **Zweiter Weltkrieg**		1932 Radioastronomie
	1933 New Deal d. Roosevelt		1930 Pluto entdeckt
1933	1930 Spanischer Bürgerkrieg		1928 Flemings Penicillin
	1929 Amerikanische Wirtschaftskrise		1926 Bairds Fernsehapparat
1926	1927 Lindbergh überfliegt Atlantik	1922 Tut-anch-Amons Grab entdeckt	1925 Radio & Hitlers ›Mein Kampf‹
	1923 Staatsstreich in München	1921 Gurdjieffs Institut	
1919	1920 Völkerbund	1920 Jungs Typenlehre	1915 Kino
	1917 **Russische Revolution**	1917 Jung, Das Unbewußte	1914 Russell, ›Principia‹
1910	1914 **Erster Weltkrieg**	1911 Frazer, Golden Bough	1913 Bohrs Quantentheorie

1910	1933 Partei der Bolschewiken	1908 Psychoanalytische Konferenz	1904 Einsteins Relativitätstheorie
	1900 Boxeraufstand in China	1907 A. Crowley, Buch der Gesetze	1903 Wrights Flugzeug
1902	1899 Burenkrieg/Teilung Afrikas		1900 Freud, Traumanalyse
	1894 China-Japan-Krieg	1893 Blavatsky, Geheime Doktrin	1877 Das Grammophon
1892	1878 Vertrag von Berlin	1888 Blavatsky, Isis	1876 Bell, Telephon
	1871 Russisch-türkischer Krieg	1882 Society of Psychic Research	1876 Opernhaus, Bayreuth
1881	1875 Schliemann entdeckt Troja	1876 Müller, Heilige Schriften	1872 Mendelejews Periodensystem d. Elemente
	1867 **1. Handelsunion/Befreiung der Leibeigenen**	1875 Theosophische Gesellschaft	1867 Dynamit
1869	1861 **Amerikanischer Bürgerkrieg**		1859 Darwins Vererbungslehre
	1857 Indischer Aufstand	1865 Rosenkreuzer	1857 Erste Ölbohrung
1856	1854 Krimkrieg		1851 Kristallpalast
	1849 Kalifornischer Goldrausch		1848 Marx, Kommun. Manifest
1840	1845 Neptun entdeckt	1841 Livingstones Afrika-Mission	1840 Photographie

1840	1839 Britisch-Chinesische Opiumkriege		1835 Marconi, Telegraph
	1832 Britischer Reformvertrag	1831 Adventisten des 2. Tages	1825 Stephenson, Eisenbahn
1825	1823 Monroe-Doktrin	1800 Smith, Buch der Mormonen	1807 Gaslicht
	1819 Owens Wirtschaftsreformation		1805 Erste Museen und Galerien
1810	1815 Schlacht von Waterloo	1808 Inquisition abgeschafft	1799 Beethoven, 1. Symphonie
	1812 Krieg von 1812	1807 Hegel, Phänomen d. Geistes	1787 Gibbon, Niedergang d. Röm.
1790	1805 Schlacht von Trafalgar		1780 Uranus entdeckt
	1795 Das Direktorat	1789 Wesley, Predigten	1776 Smith, Volkswohlstand
1770	1789 **Französische Revolution**	1780 Orden Asiatischer Brüder	1776 Paine, Common Sense
	1787 Amerikanische Verfassung	1760 Swedenborgs Riten	1774 Entdeckung d. Sauerstoffs
1745	1776 **Amerikanische Revolution**		1769 Dampfmaschine
	1763 Pariser Friedensvertrag		1751 Lexikon
1720	1756 Siebenjähriger Krieg	1740 Geheimnis d. Gold. Blume	1733 Entdeckung d. Elektrizität

1500 n. Chr.	***Schütze*** Die Renaissance Selbsterkenntnis Die Kontinente Amerikas Patriarchisch Kolonialisierung Rekonstitution Philosophischer Humanismus Ganzheitliche Weltsicht Neugeburt auf höherer Ebene

reits den Keim ihrer eigenen Vernichtung und gebar eine Revolution, wie sie seit der Gründung Roms nicht mehr erlebt worden war. Sie setzte einen Transformationsprozeß ganzer Bevölkerungsschichten in Gang, der ursprünglich von der Infragestellung und später der Neubelebung des griechisch-römischen Kulturguts ausgelöst wurde, nun aber soweit ging, daß ein von der Obrigkeit unabhängiges, rebellisches Freidenkertum entstand und seine Ansichten öffentlich verkündete.

Bis spät in das 18. Jahrhundert hinein wurden ›Hexen‹ von der Inquisition verfolgt und umgebracht, aber der menschliche Geist fand immer neue Mittel und Wege, seine Wahrheitssuche fortzusetzen, ohne die Aufmerksamkeit der Kirche zu erregen, auch wenn viele Genies ihr Leben für ihre Überzeugungen lassen mußten, wie Giordano Bruno (1548–1600), der die Lehren von Kopernikus auf den neuesten Stand brachte, und Galileo. Die Magier und Alchemisten sahen sich gezwungen, ihre wahren Ideale und Philosophien hinter allegorischen Anspielungen, die sie in ihre Malerei, Literatur und Theologie einschmuggelten, zu verbergen. Die Alchemisten verstanden den Gesamtkomplex der Astronomie, Astrologie, Geometrie und Mathematik als ein Gotteswerkzeug, mit dessen Hilfe der Mensch mit der Weltseele kommunizieren konnte. Robert

	Historische Ereignisse	*Religion und Mystizismus*	*Errungenschaften der Menschheit*
1730	1700 Nordischer Krieg		1716 Entdeckung d. Wasserstoffs
	1688 Britische Revolution		1675 Roemer, Lichtgeschwindigk.
1690	1666 Feuersbrunst in London		1666 Newton, Kalkulus
	1642 Australien entdeckt		1661 Leuwenhoek, Mikroskop
1660	1638 Japans Isolation (bis 1865)		1661 Milton. Verlorenes Paradies
	1625 Mogulherrschaft in Indien	1606 Rosenkreuzer gegründet	1623 Shakespeare, Folio
1625	1620 Mayflower segelt n. Amerika/	1577 Erster Dalai Lama	1609 Gallileo, Teleskop
	Jamestown Kolonie	1545 Konzil von Trent	1603 Gilbert Magnetismus
	1619 Cortez erobert Mexiko	1542 Franz Xaver in Japan	1599 Globe-Theater in London
1590	1618 Dreißigjähriger Krieg	1539 Orden der Jesuiten	1574 Fludd, Utriusque Cosmi
	1583 Raleighs Kolonie in Virginia	1533 Agrippa, Okkulte Philos.	
1545	1519 **Magellans Weltumsegelung**	1521 Luther, Reichstag zu Worms	1520 Machiavelli, Buch v. Fürsten
	1516 Inquisition in Südamerika	1512 Lateranische Synoden ü. d. Seele	1516 More, Utopia
1500	1513 Balboa entdeckt Pazifik bei Panama		

Fludd stellte den Menschen als eine mathematische und zugleich mystische Formel dar, in der sich der gesamte Makrokosmos spiegelt, und demonstrierte, daß die Proportionen des menschlichen Körpers sich auch in planetarischen Konstellationen und den Intervallen der musikalischen Tonleiter wiederholen. Die Kunst der Geomantik, also die Kunst des Erinnerns, die Geometrie, Astrologie, Landvermessung und Navigation waren für Fludd beispielhaft für das Prinzip der Integration aller Dinge in ein einheitliches, kosmisches Gesamtbild.

John Dee ging noch weiter in seinem *›Mathematicall Preface to Euclid‹* (1570), welches die Mathematik als eine göttliche Sprache präsentiert, mit deren Hilfe die Natur entziffert und dem Menschen zunutze gemacht werden kann. Vor seiner Zeit wurde die Mathematik als eine magische Kunstform verstanden und noch nicht einmal für würdig befunden, in den Lehrplan der Universitäten von Oxford oder Cambridge aufgenommen zu werden. Dee demonstrierte die zwiefältige Nutzbarkeit der Mathematik, erstens als Symbolsystem im pythagoreischen Sinne und zweitens als Bemessungssystem von Mengeneinheiten, wobei er nicht wissen konnte, daß die materiell-mechanistischen Wissenschaften der kommenden Jahrhunderte letztere Funktion so verhängnisvoll überbetonen würden. Dee war ein Naturwissenschaftler und darüber hinaus ein hermetischer und platonischer Philosoph, der das heliozentrische Weltbild von Kopernikus verstand und als gültig akzeptierte, während er die damals vorherrschende geozentrische Theorie (die Erde als Mittelpunkt der Welt) entrüstet ablehnte. Er gehörte zu den wenigen Befürwortern des eben erst bekannt gewordenen Konzepts einer Serie von höheren, feinstofflichen Ideenwelten, deren Einflüsse die physische Realität hervorrufen. Dee fungierte als Ratgeber am Elisabethanischen Königshof und verfügte über eine besser bestückte Bibliothek als die Universitäten des damaligen Englands. Er war einer der Wegbereiter des historischen Übergangs vom Magier-Gelehrten (skorpionisch) zum Wissenschaftler-Philosophen (Schütze) der Renaissance.

Es dauerte noch dreißig Jahre, bis das wiederentdeckte Weltsystem von Kopernikus, demzufolge sich die Planeten um die Sonne bewegen, mathematisch nachgewiesen werden konnte, aber die Entdeckung sollte sich als schicksalhaft für die Menschheit erweisen. Während Galileo (1564—1642) von der Inquisition verfolgt wurde, weil seine Erfindung des Fernrohrs Unruhe im Kirchengefüge stiftete, gingen Tycho Brahe (1546 bis 1601), Kepler (1571—1630) und Newton (1642—1747) — alle drei praktizierende Astrologen *und* Wissenschaftler — einen Kompromiß mit der Kirche ein. Man gelangte zu dem stillen Einverständnis, daß die Wissenschaft das Universum zwar mathematisch entschlüsseln durfte — ehedem ein alleiniges Vorrecht der Kirche —, aber dafür alle Spekulationen über die Rolle des Menschen im Kosmos von der Öffentlichkeit fernhalten würde. Es war ein ›Pakt mit dem Teufel‹, der offenbar auch heute noch zwischen der wissenschaftlichen Forschung und den weltlichen Regierungsmächten funktionsfähig ist und ein ums andere Mal erneuert wird.

Auf alle Fälle führten die Entdeckungen dieser Astrologen-Astronomen zu einem radikalen wissenschaftlichen Gesinnungswandel, zu einer ›objektiven‹ Beobachtungshaltung, in der die mystische Komponente keinen Platz mehr fand, ja, als geradezu ketzerisch empfunden und immer mehr aus dem wissenschaftlichen Weltbild verdrängt wurde. Heute wird Newton als ›reiner Wissenschaftler‹ gesehen, aber in Wahrheit war er ein Alchemist auf der Suche nach dem beweisbaren Ursprung der Mysterien.

Noch während die äußere Welt allenthalben erforscht und seziert wurde, knöpfte man sich die inneren Welten der Psyche vor. Leonardo da Vinci (1452—1519) und Michelangelo (1465—1560) demonstrierten tiefschürfende Einsichten in die Wesensnatur des Menschen, obwohl oder vielleicht *weil* sie in erster Linie Architektur, Malerei, Literatur, Anatomie, Bildhauerei, Mechanik, Waffenkonstruktion und den Festungsbau studiert hatten. Francis Bacon (1561—1626), ein englischer Staatsmann und Philosoph, der von manchen Historikern für den wahren Urheber der Werke Shakespeares gehalten wird, und Shakespeare selbst (1564—1616) schufen meisterliche Synthesen aus klassischen Grundstoffen und zeitgemäßen politischen Kommentaren, die zugleich spannend und lyrisch waren und von soziologischen, magischen und religiösen Anspielungen wimmelten. Bacon übersetzte die King-James-Version der englischen Bibel mit einer mystischen Sachkenntnis, die wie keine andere die magische, oft kryptische Bedeutung der biblischen Worte herauskristallisiert.

Die protestantische Reformationsbewegung von Martin Luther (1483—1546), Calvin (1509—1564) und Loyola (1491 bis 1556) führte zu Spaltungen in der Römisch-Katholischen Kirche und ihrem schließlichen Bruch mit den — immer zahlloser werdenden — reformierten Sekten. Der Protestantismus predigte einen individuellen, ganz persönlichen Bezug zu Gott und spiegelte auch damit die damalige Hinwendung zu einer eher logischen Weltsicht wider. Dies war der Anbruch einer Zeit, in der selbst die Religion immer vernunftbezogener und intellektueller wurde. Man ging sogar noch weiter: der Humanismus trat an die Stelle der kirchlich organisierten Religiosität, als immer mehr Christen einsahen, daß sie die rationalen Erklärungen der objektiven Wissenschaften nicht länger ignorieren konnten. Die sogenannten Glaubenskriege zwischen England, Frankreich, Spanien und Deutschland waren in Wirklichkeit politische Machtkämpfe, die aber unter dem Deckmantel der Religion ausgetragen wurden.

Der fundamentale Bruch zwischen Wissenschaft und Religion wird von Descartes (1596—1650), der die Außenwelt nach Innen verlegte, geradezu beispielhaft versinnbildlicht — aber im gleichen Atemzug müssen wir auch Spinoza nennen, der von einer metaphysischen Grundlage der physischen Welt ausging; man muß Leibniz, Hume und Locke erwähnen, die von den mathematischen Strukturen aller menschlichen Wahrnehmungen sprachen, deren Ausgangspunkt die Domäne der reinen Logik ist. Die Medizin machte ebenfalls unabhängige Fortschritte in ihrem Versuch, ein Massensterben, wie das durch die Pest ausgelöste, in Zukunft zu verhindern. Durch Boyles chemische Formeln und Huygens Erfindung der Glaslinse und die Entdeckung des Sezierungsvorgangs wurden mystische Realitätsbilder und alte Aberglauben über Sinn und Zusammensetzung des menschlichen Körpers eliminiert. Der Körper wurde zunehmend als mechanistisches Objekt betrachtet und verlor seinen Rang als der temporäre Sitz einer göttlichen Seele. Der englische Philosoph Hobbes (1588—1679) fand den formalen Ausdruck für das materialistische Realitätsbild in seiner Staatstheorie, die sich auf eine rein mechanistische Naturauffassung gründete.

In Ken Wilbers Gliederung wäre dies die Bewußtseinsstufe des ›zentaurischen Selbst‹. Das Bewußtsein ist halb noch Tier und halb schon Übermensch (Zentaur) und befindet sich in einer Entwicklungsphase, in der der Geist über der Sprache, der Logik und der Kultur steht, aber nicht im prä-verbalen und prä-kulturellen Sinne, wie es bei unbewußten Kleinkindern der Fall ist, sondern im trans-verbalen und trans-kulturellen Sinne, wie bei ausgereift kreativen, spontanen Menschen mit hochentwickelten Verstandesfunktionen — bei angehenden Visionären und Mystikern.

Der Schütze ist ein zentaurisches Doppelzeichen, da seine obere Hälfte aus einem menschlichen Bogenschützen besteht, die einem (niederen) Pferdeleib entwächst. Die Symbolik ist eindeutig, und sie repräsentiert den Zustand der ersten sieben Wochen der Embryonalentwicklung, während der sich rudimentäre Gehirnstrukturen formen und die Mutter das schöpferische Wirken in ihrem Unterleib zum erstenmal wahrnimmt. Auf der höheren Oktave beherrscht der Schütze die erste Phase der spirituellen Einweihung, bei der die Seele und das Ziel der Suche im eigenen Inneren entdeckt wird.

Der Steinbock repräsentiert den Mittelpunkt des Bewußtseinsfeldes, das Ego, und davon ausgehend auch spirituelle Wahrnehmungen und Ziele, die durch ein pragmatisches Realitätsbewußtsein erreicht werden. Steinbock ist die höchste Perfektion auf materieller Ebene, aber auch Fermentation und die Rigidität, die mit dem Alter assoziiert wird. Die Ideologien der Schützezeit wurden während der Steinbockzeit in materiell greifbare Formen umgesetzt, indem humanistische Prinzipien auf ganze Gesellschaften übertragen wurden und die Menschheit sich zum erstenmal als die Krone der gesamten Schöpfung begriff — mächtiger als die Natur selbst.

Der elementare Aufbaustoff der physischen Welt, das Element des Wasserstoffs, wurde 1716 am Anfang der Steinbockzeit isoliert. Die 1771 gemachte Entdeckung des Sauerstoffs führte zu chemischen Formeln und damit einer Vielzahl von Färbemitteln, Drogen, Zündstoffen und anderen Materialien der Moderne. Der Biologe Lamarck entwickelte eine Abstammungslehre der unterschiedlichen Lebensformen, und Franklin, Lavoisier, Halley, Cavendish und Herschel machten strukturelle Entdeckungen, auf denen die materiell-mechanistischen Wissenschaften von heute beruhen. Die Entdeckung der Elektrizität im Jahre 1733 revolutionierte die Industrien und führte zu radikalen Veränderungen im Weltgefüge. Das Vorhandensein von Elektrizität machte den Maschinenbau möglich, wodurch sich wiederum die Produktionskapazität der zivilisierten Länder erhöhte und ferne Länder mit einer nie dagewesenen Geschwindigkeit erreicht werden konnten. Die erste Dampflokomotive wurde 1825 konstruiert, und danach trat die Menschheit ihren scheinbar unaufhaltsamen Siegeszug gegen die Natur an, wobei sich allerdings schon bald das Gefühl einschlich, den Maschinen in gewisser Hinsicht unterlegen und ausgeliefert zu sein. Mit der Entwicklung der telegrafischen Kommunikation schrumpfte die Welt noch mehr zusammen, und die Verdichtung erzeugte dann den Druck, unter dessen Einfluß man sich gezwungen sah, auch die restlichen Geheimnisse der Materie so schnell wie möglich zu ergründen. Der fundamentale Durchbruch hatte stattgefunden, und nun ging es nur noch um die materielle Umsetzung der wissenschaftlichen Erkenntnisse.

Technologische Errungenschaften veränderten die einstmalige Kunst der Kriegsführung, denn fortan entschied das modernere Waffenarsenal über den Ausgang von Aufständen und Kriegen. 1760 wurde Indien von britischen Kolonialherrschern besetzt, und das primitive Australien war im Jahre 1790 zur britischen Kronkolonie geworden. Der Westen verlangte die Einfuhr von exotischen, importierten Konsumgütern, und so verleibten die zivilisierten Länder sich bedenkenlos immer neue Kolonien oder angrenzende Territorien ein. Die ehemals mächtigen Kirchen und Monarchien verloren ihren Einfluß, nachdem die neuen Amerikaner das Joch der europäischen Kolonialherrschaft abgeworfen und eine demokratische Staatsform erzeugt hatten, während die Französische Revolution eine Militärregierung an die Macht brachte, ebenso wie die revolutionären Bewegungen in Südamerika. Der Krieg zwischen den einzelnen europäischen Staaten von 1812 entstand, weil die Kolonialmächte sich aus Nord- und Südamerika zurückgezogen hatten und sich nun im näheren Umfeld um territoriale Vorrechte stritten. Machiavellis Idealbild des von keiner Moral gehemmten Alleinherrschers war in das Denken der westlichen Zivilisation eingesickert und hatte das Wesen der Politik transformiert. Man glaubte an den Sieg des Intellekts und des Willens über die Unvernunft und das Chaos, und dieser Glaube manifestierte sich überall, unter anderem in der amerikanischen Unabhängigkeitserklärung von 1776 und der amerikanischen Verfassung (1787), aber auch in der Form der ersten ›*Encyclopedia Britannica*‹ (Lexikon, 1771) und in der raffinierten Kriegstaktik Napoleons. Technik wurde über das Gefühl und die Menschenwürde gestellt; der menschliche Geist erzeugte eine Ethik, die den Menschen zum Rädchen in einer gigantischen Maschinerie machte, womit er sich letztlich selbst und seine eigenen Fähigkeiten ausbeutete.

Auf intellektuellem Gebiet wurde ein Höhepunkt erreicht, als Immanuel Kant eine formale Sprache des Erkennens nach mathematischen Prinzipien entwickelte. Der geniale Dichter und Dramatiker Goethe war zugleich auch ein Wissenschaftler und Politiker — ein überragender Geist, der die Parellelen zwischen biologischen und psychologischen Vorgängen untersuchte und eine Reihe von bedeutenden Philosophen und Naturwissenschaftlern nach ihm inspirierte, namentlich Schopenhauer, der östliche Weisheit in ein rationales Erkenntnissystem integrierte und so eine geistige Rückverbindung zwischen Ost und West einleitete.

Die bis dahin unerhörte Reinheit und Vollkommenheit der Kompositionen von Bach (1685—1750), Beethoven (1770 bis 1827) und Mozart (1750—1791) sind bis heute eine der höchsten Errungenschaften der westlichen Kultur, ebenso wie die Romane von Balzac, Hugo, Scott und Coleridge und die Dichtungen von Shelley und Keats. Ein Hauch von romantischer Tragik umwitterte Schubert, Byron und Chopin, die der romantischen Gegenbewegung zur mechanistischen Weltsicht angehörten.

In Wilbers Gliederung kommt diese Entwicklungsphase der ersten Stufe des ›niederen feinstofflichen Bewußtseins‹ gleich, denn hier wird die Zirbeldrüse das dritten Auges funktionsfähig und nimmt die Phänomene in den feinstofflichen Astralwelten wahr, der Mensch entwickelt also paranormale und parapsychologische Fähigkeiten. Im Yoga ist dies eine Phase, die noch über die völlige Beherrschung des physischen Körpers hinausgeht.

Der Steinbock regiert die Embryonalphase, in der die werdende Mutter sich ihrer Schwangerschaft bewußt wird und ihre materielle Umgebung entsprechend umstrukturiert, während der Körper des Kindes im Mutterschoß geformt wird. Auf der transzendenten Oktave repräsentiert Steinbock die Manifestation von höheren geistigen Zielen in der materiellen Welt.

Wassermann **(1840 n. Chr. bis 1910 n. Chr.)**

Der Wassermann steht für Idealismus, Utopien, humanitäre Einrichtungen, Abstraktion, Organisationen und Planung. Der krasse Materialismus der Steinbockzeit machte deutlich, daß die Gesellschaft sich nach einem vielschichtigeren Planungs- und Organisationssystem umsehen mußte. Der rücksichtslose Individualismus, der sich vorher vornehmlich im Profitstreben ausgedrückt hatte, wurde nun als überholt betrachtet und machte neuartigen Ideen von einer Aktivierung ganzer Gesellschaftsschichten Platz, die einem gemeinsamen Ziel zum Wohle aller entgegenstreben und so die Welt verbessern könnten.

So wurde die ›Befreiung der unterjochten und unterprivilegierten Klassen‹ zum Wahlspruch der Wassermannzeit — ein Ziel, das wenigstens teilweise mit der Abschaffung der Sklaverei durch den amerikanischen Bürgerkrieg erreicht wurde, obwohl man neuerdings davon ausgeht, daß ökonomische Gründe für den Krieg zwischen den industrialisierten Nordstaaten und den rückständigen Südstaaten verantwortlich waren. Zar Alexander setzte die Leibeigenen Rußlands frei, während die theoretischen Grundlagen des Klassenkampfs von Marx und Engels im *›Kommunistischen Manifest‹* (1848) veröffentlicht und die frühe sozialistische Arbeiterbewegung und die ersten Gewerkschaften gegründet wurden. Marx sah in der Entwicklungsgeschichte nichts anderes als einen permanenten Klassenkampf, dessen Ziel die Erzeugung eines ›Goldenen (klassenlosen) Zeitalters‹ in der Zukunft ist — eine eklatant materialistische Geschichtsauffassung, der das transzendente Element ganz und gar abgeht, wie unter anderem auch das Konzept eines Goldenen Zeitalters am Anfang sowohl wie am Ende des geschichtlichen Zyklus. Die marxistische Lösung für die gewaltsame Unterdrückung der unterprivilegierten Massen ist widersprüchlich: In dem Versuch, eine klassenlose Gesellschaft durchzusetzen, wird einer zunehmend kleiner werdenden elitären Gruppe von vergötterten Supermännern absolute Macht über das Volk gegeben. Obwohl der Marxismus eine Gegenreaktion auf den Kapitalismus war, wurde nun deutlich, daß die kapitalistischen Ideale den marxistischen in vieler Hinsicht absolut glichen.

Die Veröffentlichung von Darwins *›Entstehung der Arten‹* lieferte dem politischen Idealismus ungewollte Schützenhilfe mit seiner linearen Entwicklungstheorie, bei der die Zeit als Einbahnstraße zu unendlich fortschreitendem Wachstum führt, und dies nicht nur im biologischen Sinne, sondern auch im geschichtlichen — bei der also die existierende Weltordnung jeder früheren überlegen sein *muß*. Diese Idealvorstellungen setzten sich nach anfänglichen Widerständen von seiten der Vertreter des zyklischen Weltbildes sehr rasch durch und gaben Aufstandsbewegungen gegen die Monarchien (die während der oppositionellen Löwenzeit entstanden waren) und gegen Kolonialmächte den nötigen Rückenwind. Die Inder revoltierten 1857 gegen die britische Kolonialherrschaft; der Burenkrieg fand 1899 statt und der Boxeraufstand um 1900. Die Mehrzahl der verbleibenden Monarchien wurden bis 1910 ebenfalls gestürzt.

Der Widerstand gegen den trübsinnigen Arbeiter-Ethos der modernen Industriegesellschaften fand Ausdruck im Romantizismus damaliger Künstlergemeinschaften, wie die der präraffaelitischen Maler des viktorianischen Englands, die alte kunsthandwerkliche Techniken wieder populär machten und den Niedergang der Kultur für gesellschaftliche Mißstände verantwortlich machten, ähnlich wie der Sozialist William Morris.

Von Schopenhauers Philosophie beflügelt, importierte der Westen eine Flut von östlichen Geheimlehren; die unter anderem durch die Theosophische Gesellschaft von Madame Blavatsky, die Opern von Richard Wagner und die viktorianische Aristokratie an die Öffentlichkeit gelangten. Viele übertrieben das Chaos in ihren Darstellungen, wie Nietzsche, Wilde, Shaw und die Maler des Impressionismus der Jahrhundertwende. Freuds Traumdeutung von 1900 unternahm den Versuch einer psychologischen Erklärung für die Unfähigkeit des Menschen, sich in der modernen Welt zurechtzufinden, und sein Konzept eines verdrängten Unbewußten hinter der Fassade der Zivilisiertheit ist ein treffendes Sinnbild für die damalige Zeit.

Für Ken Wilber ist dies »das Bewußtsein des höheren feinstofflichen Bereichs«, eine Entwicklungstufe der Glückseligkeit, der ekstatischen Befreiung ins Überbewußte, des Mitgefühls und der Inspiration und Illumination. Die Wahrnehmung auf dieser Stufe ist eine Reflektion der Uressenz des ewigen Seins, denn dies ist der Gipfel, den das menschliche Bewußtsein erreicht, kurz bevor es mit der Gesamtheit des universellen Bewußtseins verschmilzt.

Der Wassermann beherrscht die mittlere Phase der Embryonalentwicklung, während der die Mutter sich von der Außenwelt zurückzieht und sich im Zusammenhang mit Freunden und organisierten Gruppen weitgehend selbstlosen, humanitären Belangen widmet, die dem wachsenden Leben in ihr eine idealere Existenzform ermöglichen. Auf der transzendenten Ebene ist der Wassermann die Fähigkeit, höhere Realitätsbilder zu erzeugen, um sie der Öffentlichkeit nicht auf physischem Wege, sondern durch die geistigen Medien nahezubringen.

Fische **(1910 n. Chr. bis 1950 n. Chr.)**

Die Fische repräsentieren karmische Auswirkungen, das Lebensende, Zurückgezogenheit oder Isoliertheit, Institutionen, Abhängigkeit von äußeren Umständen, Drogensucht und Illusionen, außersinnliche Wahrnehmungen und alles Verborgene. Da hier das letzte Stadium der historischen Entwicklung erreicht wird, repräsentieren die Fische den endgültigen Zusammenprall und die Kulmination aller widersprüchlichen Strömungen innerhalb der Menschheitsgeschichte.

Die Fischezeit kündigte sich mit der Einführung der Psychoanalyse und Einsteins Relativitätstheorie an. Die von Freud und Jung entwickelte Analyse befaßt sich mit der Erforschung des unbewußten Substratums der menschlichen Seele, während die Relativitätstheorie, in ihrer revolutionären Widerlegung der mechanistischen Theorie von Newton, zu einer dramatischen Neuordnung der bis dahin anerkannten Naturgesetze führte. So wurde der seelische und der physische Wissensbereich zur gleichen Zeit neu erfaßt und relativiert. Das Dilemma des einzelnen, der sich dem gesellschaftlichen Kollektiv ausgeliefert und gleichzeitig davon isoliert fühlt, ist eine Allegorie für den Kampf dieser beiden neu entstandenen Wissenschaften gegen die engstirnigen, aber allmächtig scheinenden Institutionen der zivilisierten Moderne.

Der Wettstreit zwischen Kapitalismus und Kommunismus eskalierte nach der russischen, mexikanischen und chinesischen Revolution und gipfelte schließlich im Ersten Weltkrieg. Die Umstellung der Industrienationen auf eine Kriegsökonomie führte zunächst zu einem artifiziellen Wohlstand, dem aber 1929 bei Anbruch der amerikanischen Wirtschaftskrise ein jähes Ende bereitet wurde. Die zunehmend einflußreiche Presse sorgte für die effiziente Verbreitung der nationalistischen Propaganda Hitlers in Deutschland, Mussolinis in Italien und Stalins in Rußland. Rasante Fortschritte auf technologischem Gebiet machten eine internationale Teilnahme an einem weiteren Weltkrieg möglich, dem Zweiten in unserer Zeitrechnung, und brachten Japan durch den Abwurf der Atombombe vorerst zum Schweigen.

Die Fischezeit sah den Zusammenbruch sämtlicher Aspekte der Zivilisation und wurde in allen Kunstformen ausgedrückt: in der atonalen Musik von Strawinski, Mahler und Schönberg; in der Malerei der Kubisten und Konstruktivisten, die erstmals alle Gesetze der klassischen Formgebung ignorierten; in den Philosophien von Bertrand Russell, Whitehead und Teilhard de Chardin, die sich mit dem Zusammenbruch des Gesellschaftsgefüges beschäftigten; in den explosiven sprachlichen Neuschöpfungen von Schriftstellern wie James Joyce, Eliot und den Existenzialisten Sartre und Camus; in den Zelluloid-Fantasien aus Hollywood, die eine völlig irreale ›heile Welt‹ suggerierten; und nicht zuletzt in der Wissenschaft von Einstein, Bohr, Pauli und Heisenberg, deren Erkenntnisse der Menschheit zum erstenmal Zugang zu einer diabolischen Technologie der Massenvernichtung verschafften.

Die Realitätsflucht nahm dementsprechend epidemische Ausmaße an. Man gab sich dem Alkohol und den Erzeugnissen der pharmazeutischen Industrie hin, erkannte sich in den Werken der Surrealisten wieder, betete die Kunstprodukte der Filmindustrie an und träumte von der Anhäufung unerhörter Reichtümer nach dem Vorbild exzentrischer Millionäre. Das Profitstreben inmitten der Ungewißheit der Kriegszeit führte zu einer Loslösung von traditionellen Werten, die sich in allen sozialen Schichten bemerkbar machte: Den Nahrungsmitteln wurden noch ungeprüfte Drogen und Chemikalien zugesetzt, die Macht des Militärs und der Industriekonzerne wurde gefestigt, während eine mittellos gewordene Unterschicht in der westlichen Welt inmitten des Überflusses entmachtet und kriminalisiert wurde. Die Überbewertung äußerer, rein materieller Werte erzeugte eine Reihe von spirituellen und magischen Gegenbewegungen, angeführt von Rudolf Steiner, Crowley, Jung, Hesse und Suzuki.

In Wilbers ›*Atman Projekt*‹ ist dies das ›höhere kausale Bewußtsein‹, das sich selbst als ›Atman‹ oder ursprüngliches inhaltsloses und grenzenloses Bewußtsein erkennt. Diese Bewußtseinsstufe beinhaltet alle früheren Stadien der Entwicklung und ist somit das Ziel aller früheren Transformationen, vom prä-persönlichen Dasein, über das reife Ego, bis hin zum trans-persönlichen Dasein. Die Vorstellung von einem getrennten Selbst schrumpft zu einer letzten Gedankenform zusammen und löst sich in der Erkenntnis ihres All-Einsseins auf. Der Mensch existiert in formloser Selbstverwirklichung, als transzendenter Zeuge.

Mit dem Ausgang der Fischezeit nähert ein Weltzyklus sich seinem Ende, und die allgemeine Weltuntergangsstimmung, die allerorts eine Auflösung der positiven, konstruktiven Werte sieht, ahnt die Todesphase des globalen Transformationsprozesses voraus, nicht aber die Wiedergeburtsphase, die unweigerlich folgt. Das Sternzeichen wird von zwei Fischen symbolisiert, deren Schwänze ineinander verschlungen sind, während sie in entgegengesetzte Richtungen schwimmen. Dies ist eine Darstellung der unbewußten Kräfte, die einerseits nach unten, in tiefere Unbewußtheit streben und andererseits aufwärts, in höhere Bewußtseinsbereiche. Die Fische beherrschen das letzte Stadium der Schwangerschaft, in dem die werdende Mutter an Gewicht zunimmt, hochempfindsam auf Einflüsse aus der Außenwelt reagiert und ihre Ich-Bedürfnisse dem neuen Leben in ihr opfert. Auf der transzendenten Ebene sind die Fische die endgültige Auflösung in grenzenloses Bewußtsein.

Das Ende des Weltzeitalters der Menschheit

»Ihr, die ihr mir gefolgt seid, in der Auferstehung, wonach der Menschensohn auf dem Thron seiner Würde sitzt, ihr sollt gleichfalls auf zwölf Thronen sitzen und die zwölf Völkerstämme Israels richten. Und jeder, der sein Haus, sein Volk, oder die Schwester, oder Vater, Mutter oder Ehefrau, oder Kinder, oder Landgut verlassen hat, um meines Namens willen, wird hundertfaches Gut empfangen und das ewige Leben erben. Aber die Ersten unter euch werden die Letzten sein, und die Letzten unter euch werden die Ersten sein.«

Matthäus-Evangelium

Dieses Gleichnis von Jesus spricht davon, daß der Tod eine Wiederauferstehung auf individueller und weltzyklischer Ebene möglich macht und daß jedes Individuum die zwölf Thronsitze (die zwölf Häuser des Horoskops) durchläuft und die zwölf Völkerstämme Israels (oder Entwicklungsstufen des Weltalters) richten wird (sie beurteilen können). Das ewige Leben wird dem zuteil, der sich auf keiner Stufe identifiziert und endgültig stabilisiert. Die Ersten (die Mächtigsten im materiellen, weltlichen Sinne) werden die Letzten sein, und die Letzten (die Bescheidenen, Selbstlosen) werden die Ersten sein. Der Geist, der das ewige Leben hat, befindet sich immer jenseits alles Geschaffenen, Weltlichen. Die Jünger waren anfangs schockiert von Jesus' Worten, aber wie Johannes von seinem Meister sagt: »Er war in der Welt, und die Welt ward von ihm gemacht, doch sie erkannte ihn nicht.« Das Geschaffene erkennt nicht das Bewußtsein, das sein Ursprung ist; das Bewußtsein jedoch erkennt sich irgendwann als Schöpfer aller Erscheinungsformen.

Das Jahr 1950, nach der Detonation der Atombombe über Hiroshima, ist der Endpunkt des Weltzeitalters. Im Verlauf der zwölf Stadien beschleunigte sich die Entwicklung der Menschheit so weit, daß sie schließlich an den Punkt gelangte, wo sie die eigene Existenz und ihre Grundlage zerstören konnte, sich also die Möglichkeit verschafft hatte, an den Ausgangspunkt des frühesten, noch ganz und gar ignoranten Bewußtseins zurückzukehren. Die Menschheit wähnt sich am Höhepunkt der Evolutionsleiter, während die Zerstörungsmächte ihren unverkennbaren Gipfelpunkt erreicht haben. Das Ziel der Menschheitsentwicklung ist immanent, wird aber von einem Gefühl der absoluten Sinnentleertheit begleitet, einem spirituellen Vakuum, einem zynischen Nihilismus. Das Kollektiv der Menschheit verliert den Kontakt mit seinen Wurzeln und leitet seine eigene Todesphase ein.

Im Augenblick des Todes rollt das gesamte Leben noch einmal im Bruchteil von Sekunden vor den inneren Augen ab, genauso, wie im Lauf der Embryonalentwicklung die gesamte Lebensentwicklung auf Erden rekapituliert wird. Die Visionen eines Sterbenden sind individuelle Erinnerungen, die auch nach dem klinischen Tod des physischen Körpers im ätherischen Körper oder Astralleib erhalten bleiben, und ein vergleichbarer Prozeß findet mit den gesammelten Erinnerungen des Weltalters statt. Die kollektiven Erinnerungen werden am Ende eines Zyklus in vergleichbarer Weise vom ätherischen Körper der Weltseele gespeichert, wo sie dann die feinstoffliche Keimform der nächsten Schöpfung bilden. Die ungeheure Energieexplosion, aus der im Zeugungsmoment eine neue Lebensform hervorgeht, ist prinzipiell keine andere als die Energieexplosion, aus der im Todesmoment ein Dasein auf höheren Existenzebenen hervorgehen *kann.* Aber um erlöst zu werden, muß die frühere Daseinsform mit dem dazugehörenden Bewußtsein erst völlig vernichtet werden, was auf der kollektiven Ebene bedeutet, daß ein Kataklysmus stattfinden muß, wenn die Welt auf die nächste Daeinsebene katapultiert werden soll. Daß ein solcher Prozeß momentan stattfindet, ist für viele offensichtlich. Der erste und externe Todesstoß wurde dem Weltzeitalter im Zuge der Explosion von Kernenergie versetzt. Die resultierende Verseuchung und Beschädigung des Erbmaterials entspricht dem ›ersten Tod‹ in der biblischen Offenbarung; der ›zweite Tod‹ ist der interne Transformationsprozeß, dem sich das kollektive Bewußtsein unterziehen muß, denn in den letzten Jahren vor 2000 wird über die nächste Daseinsform der Erdenwelt entschieden.

Man könnte diese die Zeit des globalen ›Jüngsten Gerichts‹

nennen: Der gesamte Geschichtsablauf wird in fünfzig Jahren — also in einem Tausendstel der gesamten Zeit, wenn man die Zeitskala von 50.000 Jahren zur Grundlage nimmt — von den reinkarnierten Seelen aller Zeiten ›gerichtet‹, beurteilt, ansatzweise nachvollzogen. Man setzt sich den Prüfungen aus, die darüber entscheiden, ob man eine erneute Wiedergeburt im nächsten Weltzyklus braucht und den gesamten Entwicklungsprozeß noch einmal wiederholt, oder ob man den ›zweiten Tod‹, also jene Tranformation zulassen kann, in der die individuelle Seele ihre Einheit mit Gott erkennt und sich vom Rad der zyklischen Entwicklungen auf allen Ebenen befreit. Es ist eine Zeit der größten Herausforderungen und Gelegenheiten, aber man muß sie bewußt wahrnehmen; man muß erst einmal erfassen können, was es überhaupt bedeutet, die Geschichte zu transzendieren und frei zu werden.

Die Gelegenheit ergibt sich aus der Tatsache, daß der gesamte historische Zyklus im Zeitraffer wiederholt wird, jede reinkarnierte Seele also potentiell in der Lage ist, ›es diesmal anders zu machen‹. In dem Maße, in dem man sich mit einer klar definierten, historischen Rolle identifiziert, fühlt man auch den Drang, in jedem Weltzyklus zurückzukehren, um dieselbe Rolle auf dieselbe Art, unter vergleichbaren Umständen noch einmal zu spielen. Je bewußter ein Individuum, desto größer wird seine Freiheit, sich Rollen oder Daseinsformen in der nächsten Inkarnation oder auf anderen Ebenen auszusuchen.

Paradoxerweise verliert der Mensch seine Freiheit im gleichen Maße, wie es ihm gelingt, eine öffentlich bekannte oder populäre Identität zu projizieren. Politiker, Filmstars und andere Berühmtheiten müssen diese Erfahrung machen und den Preis dafür bezahlen. Während es dem Rest der Bevölkerung scheint, als brächten Ruhm und Ansehen ein ungleich viel freieres und begehrenswerteres Leben mit sich als das normale, ist die Realität die, daß man sich in zunehmendem Maße gefangen und belastet fühlt: Interessant ist nun, daß die berühmtesten und wahrhaft einflußreichen Individuen der Menschheitsgeschichte in gewissem Sinne außerhalb der historischen Realität existiert haben. Menschen wie Buddha, Lao Tse, Jesus Christus und, unserer Zeit näher, Shakespeare, ›lebten‹ innerhalb des nachvollziehbaren geschichtlichen Zeitrahmens, und dennoch ›existierten‹ sie nicht in der Wirklichkeit für uns. Die Daten ihrer Lebensgeschichte müßten sich eigentlich unauslöschlich in unser Zeitbewußtsein eingegraben haben; aber sie sind dem kollektiven Gedächtnis entfallen, und die wahre Urheberschaft ihrer Lebenswerke ist zum Gegenstand unausgesetzter Kontroversen geworden. Buddha, Lao Tse und Christus waren Weltlehrer (Avatars), und Shakespeares Werke sind zum mindesten ein Produkt göttlicher Inspiriertheit. Allen gemeinsam ist eine kristallklare Einsicht in die Wesensnatur des Menschen und seines Bewußtseins, ihre Überzeugung, daß es ein Leben nach dem Tode gibt und daß eine ewige Wiederkehr unvermeidlich ist, es sei denn, man identifiziert sich bewußt mit der Gesamtheit.

Das *›Tibetanische Totenbuch‹* ist ein Seelenführer durch die neunundvierzig Tage nach dem Tod, während der die Seele durch verschiedene Bewußtseinszustände (Bardo) geht, angefangen mit dem Erscheinen des ›Klaren Lichts (oder Glanzes) des reinen Bewußtseins‹, bis hin zur Wiedergeburt in einem neuen Mutterschoß. Das Klare Licht ist das ursprüngliche Sein — ein Zustand des Einsseins in vollkommener Bewußtheit (Erleuchtung), welcher aber normalerweise nicht als solcher erkannt und deshalb verpaßt wird, wenn man sich im Lauf des Lebens nicht damit vertraut gemacht hat. Deshalb enthält das Totenbuch Unterweisungen für sterbende und verstorbene Seelen, wie die folgende im Augenblick des Todes: »... dein eigener Geist, dessen Wesen Leere ohne jegliche Substanz ist, doch nicht als die Leere des Nichts betrachtet werden soll, sondern als untrennbarer Geist, ungehindert, leuchtend, alles-durchdringend und selig, ist das Buddha-Bewußtsein selbst.« Die Leere des grenzenlosen Geistes ist die Wahrheit jenseits individueller und kollektiver Geschichte(n). Mit dem Verlust des physischen Körpers verliert die Seele für einen Augenblick auch das Bewußtsein jeglicher Trennung und Beschränkung und geht in das allumfassende Gottesbewußtsein ein, wie jeder Mensch nach dem Tode und wie die gesamte Bevölkerung am Ende der geschichtlichen Entwicklung. Dies ist die Verschmelzung mit dem ›universelle Superorganismus‹, wie Peter Russell es nannte, mit dem ›Überbewußtsein‹ von Shri Aurobindo oder dem ›Omega‹ von Teilhard de Chardin. Die Rezitation des

Bardo Thödol ist der Versuch, die Seele an ihre Identität mit dem Klaren Licht zu erinnern, das ihr im Augenblick des Todes erscheint, um so zu verhindern, daß sie sich zu einem anderen Mutterschoß und der dazu gehörenden historischen Zeitperiode hingezogen fühlt, in der die Seele einen neuen Körper okkupiert und erneut in der Zeit existiert. Um Zeit und Geschichte transzendieren zu können, muß die Sehnsucht nach bestimmten Zeiten und Geschichtsperioden aufgegeben werden.

In den letzten fünfzig Jahren vor dem Zieljahr 2000 n. Chr. findet eine überaus komprimierte Version der gesamten Entwicklung auf der Zeitskala statt, also in einem Tausendstel der Gesamtzeit. Auf unserer Zeitskala umfaßt das Weltzeitalter die letzten 50.000 Jahre, 5000 Jahre, 500 Jahre und 50 Jahre. Die letzten 50 Jahre hingegen bilden eine separate entwicklungsgeschichtliche Einheit, die man nur noch in 5 Jahre, 0,5 Jahre (oder sechs Monate), und 0,05 Jahre (oder achtzehn Tage) unterteilen kann. Hält man die beiden zeitlichen Bewegungen gegeneinander, ergibt sich folgendes Bild:

Tabelle 6: Die Endzeit

1950 n. Chr. (−50 Jahre)	0 Widder	Dez. 1999 (−0,05 Jahre)
	ERKENNTNIS	
1500 n. Chr. (−500 Jahre)	0 Schütze	Jul. 1999 (−0,5 Jahre)
	INDIVIDUALITÄT	
3000 v. Chr. (−5000 Jahre)	0 Löwe	Jan. 1995 (−5 Jahre)
	MYTHOLOGIE	
48.000 v. Chr. (−50.000 Jahre)	0 Widder	Jan. 1950 (−50 Jahre)

Die Ereignisse und Entwicklungen des vergangenen Weltzeitalters wiederholen sich mit allen dazugehörenden Personen und geben jeder Seele auf diese Weise die Gelegenheit, sich diesmal nicht im Netz der Geschichte (Maya) zu verstricken und diese mit der Realität zu verwechseln. Die Seele kann sich leicht zu der Einbildung verführen lassen, daß sie irgendeiner historischen Epoche angehört und dort zu Hause ist, anstatt sich als ungebundenen, grenzenlosen Geist zu erkennen. Ähnlich ergeht es der Seele in der Nachtod-Phase, während der ihr eine Reihe von Existenzbereichen erst anziehend erscheinen, aber bald ihren Zauber verlieren und sich zunehmend verdunkeln. Nach dem Erscheinen der ›Friedlichen‹ oder ›Liebreizenden Gottheiten‹ im ›*Tibetanischen Totenbuch*‹ tauchen die Dämonen der ›Höllenwelten‹ auf, mit anderen Worten, astrale Manifestationen der niederen Existenzbereiche. Der gewöhnliche Mensch, der sich zu keiner Zeit seines Lebens mit der illusionären Natur seiner sogenannten Realität vertraut gemacht hat und ohnehin vom Leben psychisch überfordert ist, wird nun vor eine kaum zu überwindende Herausforderung gestellt, wenn man ihm sagt, daß er sich nicht mit den überaus real wirkenden Erscheinungen in den Nachtodwelten identifizieren soll. Die darwinistische Illusion eines linearen Fortbestands dessen, was früher einmal in der Zeit existiert hat, erzeugt eine enorme Zeitgebundenheit, der sich ein Unvorbereiteter kaum entziehen kann. Altbekannte Formen und Verhaltensmuster üben eine unwiderstehliche Anziehungskraft aus, und so versucht die körperlose Seele, sich in einer familiären Umgebung einzunisten, und kehrt unter Umständen sogar an die Stätten ihres früheren irdischen Wirkens zurück, um dort ein Dasein als erdgebundenes Phantom zu fristen.

Die starke Faszination inkarnierter Seelen mit vergangenen Epochen und Stilrichtungen, wie sie seit 1950 an den Tag gelegt wird, beruht auf demselben Prinzip. Es ist ein Wiederholungszwang, der auf der Identifikation mit dem Familiären aus früheren Inkarnationen beruht, und er zeigt sich in der Popularität des Hinduismus und Buddhismus, dessen älteste Doktrinen von jungen Leuten aus völlig anderen Kulturkreisen aufgegriffen werden; er äußert sich in der Zugkraft der fundamentalistischen Sekten des Christentums und des Islam, in der — oft archaisch anmutenden — Anbetung von Gurus und Fernsehpredigern, in der Nachahmung älterer Stilformen auf den Gebieten der Mode, Kunst, der Inneneinrichtung und so fort.

Die ständige Berieselung weiter Teile der Bevölkerung durch Medien wie das Fernsehen etc. erzeugt psychologische

Zustände, die den niederen Bardo-Zuständen ähneln. Einer Statistik von 1985 zufolge sitzen amerikanische Kinder im Durchschnitt 29 Stunden pro Woche vor dem Fernsehapparat, während mindestens 250 brutale Gewaltakte auf dem Bildschirm auftauchen. Definitionsgemäß repräsentieren die Medien entweder a) Ereignisse, die früher einmal stattgefunden haben, b) Ereignisse, die an einem anderen Ort zur selben Zeit stattfinden, oder c) Fantasien, die niemals stattgefunden haben und niemals stattfinden werden. Als Zuschauer ist man passiv, das heißt, man liefert sich den Indoktrinationen der Medienkonzerne aus, ohne jemals wirkungsvoll eingreifen zu können. Illusion vermischt sich mit Realität, bis beide nicht mehr voneinander unterschieden werden. Ist der Präsident der USA in Wirklichkeit ein Schauspieler, der die ganze Zeit eine Rolle spielt? Der Betrachter wird in einen Zeit- und Referenzrahmen außerhalb seiner eigenen Kontrolle eingebunden, da die Programme für die Mehrheit produziert werden, und übernimmt somit das Denken und Wünschen der Mehrheit.

Eine weitere Manifestation des Wiederholungszwangs sind die rasant wechselnden Stilrichtungen in der Mode. Seit Menschengedenken gab es bestimmte Stilrichtungen zu bestimmten Zeiten, aber in den letzten fünfzig Jahren der komprimierten Rekapitulation intensiviert sich die Geschwindigkeit, mit der die Zyklen enden und wiederkehren, und die Anzahl der Leute, die dem Wechsel folgen, nimmt ebenfalls ständig zu. Ganze Subkulturen kopieren den ›Retro-Look‹ einer bestimmten Periode, wie etwa den der fünfziger Jahre, wobei jedes Kleidungsstück, jede Geste und Affektation getreulich nachgeahmt wird wie in einem Zeitstück. Es findet keine Evolution in der Mode statt, die das allgemeine Fortschreiten in irgendeine Zukunft reflektiert, sondern eine nostalgische Rückblende, bei der jeder Trendwechsel detailgenau mitgemacht werden muß, wenn man nicht rückständig wirken will. Seit 1950 hat dieser Nostalgie-Wahn den Kleidungsstil der gesamten westlichen Welt diktiert.

Die Beschäftigung mit der Vergangenheit unterminiert individualistische Impulse. Frühere Zeiten und Ereignisse scheinen faszinierender und realer als die jetzige zu sein — auf jeden Fall kann man sie leichter imitieren und dokumentieren und auch begreifen. Man verliert die Fähigkeit, jetzt und hier zu leben, und wird zum Automaten, der auf den Knopfdruck der raffiniertesten Werbeagentur reagiert. Die Massenpsychologie hat individuelle Entwicklungstrends ersetzt, und die Konformisten und Gruppenmenschen werden um ihre Zugehörigkeit beneidet, wobei ein gewisses Flair der ›Zugehörigkeit‹ sich schon mit der Marke eines Kleidungsstücks, Parfüms, Autos oder mit den Initialen auf einer Handtasche erkauft werden kann. Die ständig zunehmende Flut der globalen Informationen und künstlich erzeugten Sinneseindrücke kann von keinem Bewußtsein mehr verarbeitet werden; der atmosphärische Druck wird so unerträglich, daß man in psycho-spiritueller Hinsicht einschläft. Die Menschheit ist eingeschlafen.

Die Endzeit oder das ›Jüngste Gericht‹ der Geschichte

Die Zeit von 1950 bis 2000 n. Chr. ist ein Mikrokosmos der gesamten Menschheitsentwicklung, was bedeutet, daß jeder Mensch in dieser Zeit die Gelegenheit hat, die Frequenzen früherer Geschichtsperioden, in denen er aktiv war, noch einmal nachzuempfinden und die kollektive Entwicklung im individuellen Leben nachzuvollziehen (Tabelle 6). Es ist eine Zeit der potentiellen Synthese, wie sie in keiner geschichtlichen Periode vorher möglich war. Die Phasen der Entwicklung werden auf ein Höchstmaß komprimiert, und die Geschichte wiederholt sich auf einer höheren, dichteren Frequenzebene. Alles verdichtet sich, einschließlich der Erdbevölkerung, und wird auf ein Tausendstel der Gesamtzeit reduziert. Entwicklungen finden in immer kürzerer Zeit statt, während mehr und mehr Informationen immer schneller erzeugt und verbreitet werden. Schätzungen zufolge wurde jeder Einwohner der westlichen Länder in den achtziger Jahren durchschnittlich ebenso vielen Informationen pro Tag ausgesetzt wie ein gebildeter Mensch vor hundert Jahren in seinem ganzen Leben.

Die höhere Oktave des *Widders*, von 1950 bis 1972, ist ein Widerhall der primitiven Frühzeit. Massentransportmittel machten die Bewegung ganzer Volksschichten von einem Ort zum anderen möglich, wie in einer modernen Version der nomadischen Völkerwanderung. Die Intelligenz kehrte sich von traditionellen Wertvorstellungen ab, nachdem der wachsende Einfluß der Wissenschaft und Technologie das Menschsein immer mehr entwürdigt hatte, was wiederum zu den typischen Widder-Reaktionen führte, wie sie von den ›Beatniks‹ versinnbildlicht wurden, die sich daumenschwingend auf die Wanderschaft machten, um dem scheinheiligen Nihilismus des zivilisierten Bürgertums zu entrinnen. Das weithin populär gewordene Fernsehen trug zur Verstumpfung der modernen Konsumgesellschaften bei, während die Nachkriegsgeneration schamanistisch-primitive Rituale zelebrierte, wie bei ihren ekstatischen Rock 'n' Roll-Orgien, sich von bourgeoisen, materialistischen Werten abkehrte und eine fragmentarische, nicht-verbale Kommunikationsform entwickelte. Die Poesie dieser Zeit war eine reaktive: ein emphatisches freies Assoziieren, so spontan und emotional wie das Gebrabbel eines Schamanen in Trance. Hippies ließen ihre Haare und Bärte wachsen, bis sie unseren frühen Vorfahren, den Cro-Magnons, glichen; man kehrte zur Natur zurück, bewegte sich in Gruppen oder Clans, die sich miteinander paarten, und war süchtig nach den simplen Rhythmen primitiver Beatmusik. In einer Reaktion auf die traditionelle Religion wandte man sich wieder den älteren Gestirnkulten zu und entdeckte dabei auch die Astrologie neu. Millionen von jungen Leuten ließen sich spontan zu wiederbelebten Uralt-Religionen und Kulten bekehren und wurden Anhänger östlicher Gurus. Das chinesische I Ging wurde zur neuen Bibel, während ›Neugeborene Christen‹ und islamische Fundamentalisten aus den amerikanischen Slums und der Wildnis Afrikas emporstiegen. Selbst die allgemeine Umstellung auf eine vegetarische Kost erinnert an die Diät der nomadischen Sammler. Auf einer Ebene degenerierten die Gesellschaften und wurden in den destruktiven Sog des Kalten Krieges zwischen den USA und der Sowjetunion hineingerissen, aber auf der anderen Ebene faßte die spirituelle Untergrundbewegung neue Wurzeln und sorgte für eine Regeneration.

Die frühgeschichtliche Widderzeit führte zu der stabileren, seßhafteren und matriarchischen *Stierzeit* von 26.000 v. Chr. bis 14.000 v. Chr. Während der höheren Oktave der Stierzeit, von 1972 bis 1984, wurde die rebellische Nachkriegsgeneration seßhafter, häuslicher, und begann ihr Augenmerk auf eine gesündere Lebensweise zu richten. Man ernährte sich organisch und makrobiotisch, nahm Kräuterheilmittel und versuchte, eine Regeneration des Körpers einzuleiten, während das industrielle Establishment die Agrikultur mechanisierte, Fleisch- und Pflanzenprodukte mit Chemikalien versetzte, Hühner in inhumanen Legebatterien züchtete und die arbeitslos gewordene Landbevölkerung zwang, in einem Massenexodus in die Städte umzusiedeln. Die einflußreich werdende Frauenbewegung schuf ein Gegengewicht, indem sie eine Umstellung von der linearen Logik der linken Gehirnhälfte zu der ganzheitlichen Einfühlsamkeit der rechten Gehirnhälfte forderte. So sah die Stierzeit unter anderem eine Rückkehr zur natürlichen, chemiefreien Geburtshilfe.

Die Zeit der *Zwillinge,* von 14.000 v. Chr. bis 7000 v. Chr. wird auf der höheren Oktave zwischen 1984 und 1991 wiederholt. Der Brennpunkt liegt auf jeglicher Form der Kommunikation, Sprache und einer Veränderung der Instinktnatur. Der Informationsaustausch mit Hilfe von Computern und durch die Massenmedien steht im Mittelpunkt der Entwicklungen nach 1984. Paradoxerweise gibt es im ›Zeitalter der Kommunikation‹ mit ihren neuartigen Lehrmethoden mehr Analphabeten auf der Erde als je zuvor, was einerseits auf die wachsende Erdbevölkerung zurückzuführen ist, andererseits auf den Verlust grundlegender Sprachkenntnisse im Zuge einer umfassenden Schulbildung. Die Umgangssprache degeneriert zu einem rohen Mischmasch aus nichtssagenden Allgemeinplätzen und modischem Slang, der in den amerikanischen Großstädten nur noch von den Mitgliedern kleinster Insider-Cliquen oder ›Gangs‹ verstanden wird und an den Turmbau zu Babel erinnert. Die Computer-Technologie bringt Millionen von Industriearbeitern um ihren Arbeitsplatz und sorgt für die weltweite Verbreitung einer grundsätzlich irreführenden Computer-Logik. Eine Gegenbewegung könnte durch eine neue Sprache erzeugt werden, die auf den Prinzipien der pythagoreischen Mathematik, der Neuen Physik und den neuesten Erkenntnissen der Kosmologie und Archäologie beruht. Ein transformatives und transzendentales Kommunikationsnetzwerk ist unabdingbar, wenn die traditionelle Denkweise auf den neuesten Stand gebracht werden soll. Die Zwillingszeit ist eine Zeit der Stammeszugehörigkeit, was sich auf der höheren Oktave in der Bildung von New-Age-Organisationen und -Geschäftsunternehmen bemerkbar machen wird, die Einfluß auf die Politik, Ökologie, das Informationswesen, die Erziehung und viele andere Gebiete nehmen werden.

Die höhere Oktave der *Krebszeit* beginnt 1991 und endet 1994. Es ist eine globale Phase der Auseinandersetzung mit emotionalen Realitäten. Die traditionellen Einzelfamilien lösen sich auf breiter Basis auf und führen unter den spirituell erweckten Menschen zu einer neuen Form der Familienzugehörigkeit, die aber vom Herzkontakt bestimmt wird, nicht von der Blutsverwandtschaft. Die Transformation der Gefühlswelt kann zum Beispiel durch Psychotherapie ausgelöst werden, aber auch durch spirituelle Einsichten oder eine Serie von emotionalen Erschütterungen im Zusammenhang mit dem Zerfall der bestehenden Ordnung.

Die höhere Oktave der Zeichen *Löwe* (Januar 1995) *bis Skorpion* (Juli 1999) ist ein Widerhall der Zeit von 3000 v. Chr. bis 1500 n. Chr., nur beschränken sich jetzt alle Phasen der Entwicklung auf einen Zeitraum von fünf Jahren, in denen die hochkultivierten Zivilisationen in verschwommene, feudalherrschaftliche Strukturen zerfallen und menschheitsbedrohende Plagen sich über den Erdball verbreiten.

Die dritte Oktave ist die Phase der Vollendung. In der Zeit vom *Schützen* (Juli 1999) *bis zu den Fischen* (12. Dezember 1999) löst sich das Weltzeitalter endgültig in seine Einzelteile auf, da hier die Entwicklung der letzten 500 Jahre (seit der Renaissance) im Zeitraum von sechs Monaten nachvollzogen wird.

Die Möglichkeiten, die jeder einzelnen Seele vor Ausgang des Zwanzigsten Jahrhunderts offenstehen, ergeben sich aus der Entwicklungsgeschichte selbst. Auf der ersten Oktave der Entwicklung entsteht eine instinktive, noch weitgehend unbewußte Daseinsform, und so wird die Mehrheit der Menschen während der höheren Endzeit-Oktave zu einer Bewußtseinsform zurückkehren, die dem primitiven, noch dämmernden Bewußtsein der Frühzeit entspricht. George Orwells Roman *›1984‹* sagte einen interkontinentalen Polizeistaat voraus, in dem die Massen mit Hilfe von spionierenden Videokameras von der Obrigkeit kontrolliert werden. Im tatsächlichen Jahr 1984 hieß es dann, daß Orwell sich offensichtlich getäuscht haben mußte, da die moderne Welt kaum Ähnlichkeiten mit Orwells Zukunftsvisionen aufwies, aber die Ähnlichkeiten sind auf subtilerer Ebene sehr wohl zu finden. Die faschistisch anmutenden Bücherverbrennungen und die Irreführung der Massen durch Fehlinformationen, wie sie von Orwell prophezeit wurden, schleichen sich auf hintergründigere Weise ein: die Massen werden durch Computer, Fernsehen, Zeitungen, Werbung und Filme programmiert, also durch die Medien, die letztlich den großen Industriekonzernen gehören oder verpflichtet sind, welche wiederum nur ihnen wohlgefällige Regierungsbeamte an die Macht bringen und Andersdenkende absetzen. Der einzige Weg, sich dem Sog dieser Bewußtseinseinschläferung zu entziehen, ist die eigenständige Auseinandersetzung mit den kulturellen und historischen Botschaften der höheren Oktave.

Die Welt wird nicht verschwinden, aber existierende Strukturen müssen zusammenbrechen, bevor eine erneuerte Welt auferstehen kann. Die Auflösung der äußeren Formen der Zivilisation und ihre Rückintegrierung von Beginn an reflektiert den Zerfall aller Körper und Wesen in den Mikrowelten und den Makrowelten.

Individuen, die jetzt wach genug sind, haben die Gelegenheit, die Integrität ihrer Seele in höheren, überpersönlichen und transzendenten Bereichen aufrechtzuerhalten, anstatt sich mit körperlichen, emotionalen oder mentalen Strukturen zu identifizieren. Das östliche Konzept der Nicht-Anhaftung an das Endergebnis der eigenen Handlungen, genausowenig wie an irgendwelche historischen Trends oder kulturelle Ideen oder religiöse Glaubenssätze, reflektiert ein Naturgesetz. Die Flut der Informationen in den fünfzig Jahren der Endzeit verführt jede Seele zur Anhaftung an ein individuelles Dasein, an das Leben im allgemeinen oder an die Geschichte, und repräsentiert den Wunsch, sich zu reinkarnieren. Informationen müssen verstanden, assimiliert und transzendiert werden, ohne daß die Seele sich an sie bindet. Die Bindung an eine bestimmte Zeit erzeugt automatenhafte Unbewußtheit und damit die Unmöglichkeit einer wahren Befreiung. In Gurdjieffs nüchternen Worten: »Eure Eingeschlafenheit muß bei jedem Schritt auf dem Weg bekämpft werden.« Der Geschichtsablauf muß bewußt gemacht werden, wenn man die unbewußte Identifikation damit überwinden will. Es gibt keinen anderen Weg.

Jeder Mensch ist eine spirituelle und genetische Datenbank, die das Gedächtnis an den Gesamtablauf des Weltzeitalters enthält und die im Lauf der astrologischen Zyklen, denen jeder lebende Organismus ausgesetzt ist, permanent reaktiviert wird. Die grundlegenden historischen Wurzeln des Individuums werden aus dem Geburtshoroskop ersichtlich, aber nun muß man bedenken, daß das Geburtshoroskop jeden Tag auch noch von der Drehung der Erde um ihre eigene Achse tangiert wird, jeden Monat vom Mond, jedes Jahr von der Sonne und in größeren und längeren Zyklen von den anderen Planeten. Die Stellung der Planeten im Geburtshoroskop zeigt an, zu welchen Geschichtszeiten das Individuum eine besondere Affinität hat; sie gibt also nicht nur Auskunft über bestimmte Charaktereigenschaften, sondern auch über karmische Verbindlichkeiten, die unter anderem die Einzigartigkeit des Individuums ausmachen. Während des fünfzigjährigen Todesmoments zwischen 1950 und dem Jahr 2000 erfährt jede Seele das gesamte Weltzeitalter im Zeitraffer und wird sich dabei zu den Epochen hingezogen fühlen, mit denen sie sich am stärksten identifiziert. Der Mechanismus ist ohne weiteres erkennbar: Die Hingezogenheit zu bestimmten Kunst- und Stilrichtungen, historischen Persönlichkeiten, Wissensgebieten, Religionen, Ideen oder geographischen Orten zeigt karmische Beeinflussungen an. Die Anhänger der Hare-Krischna-Sekten der sechziger Jahre sind im Hinduismus der weltgeschichtlichen Krebszeit verwurzelt, während die Anhänger des Tibetanischen Buddhismus sich in der späten Waage- oder frühen Skorpionzeit des Weltzeitalters verankert haben. Der Wanderer, der Bauer, der religiöse Fanatiker, der Medienfreak, der Krieger, der Magier und der Automechaniker — alle befinden sich in einem unbewußten Rapport mit den Zeiten, in denen sie sich einst zu Hause gefühlt haben, und versuchen nun, diese Zeiten im jetzigen Leben heraufzubeschwören, indem sie sich mit dem symbolischen Zubehör umgeben und den damaligen Lebensstil nachahmen. Manche agieren die Vielzahl solcher Einflüsse und Attraktionen der Reihe nach aus und binden sich daher eine Zeitlang an bestimmte Stilrichtungen, während andere dem Mischmasch der historischen Einflüsse keinen geradlinigen Ausdruck verleihen können.

Ken Wilber stellt die Geschichtsentwicklung in abstrakter Form dar, die er den ›Vollständigen Lebenszyklus‹ nennt (Abbildung 32). Der äußere Halbkreis umfaßt die ersten sechs Entwicklungsstufen, in denen das Individuum versucht, aus den

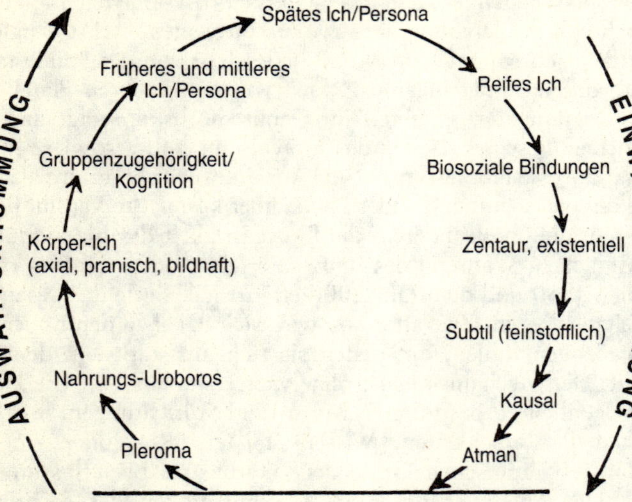

Abblildung 32: Der Vollständige Lebenszyklus
Ken Wilber unterteilt den vollständigen Zyklus der Bewußtseinsentwicklung in einen äußeren Halbkreis mit sechs Stadien (die ›Auswärtskrümmung‹), bei der das kindliche Bewußtsein aus dem unbewußten Zustand herauswächst, bis das ›Späte Ich/Persona‹ entwickelt wird. Dieser Auswärtskrümmung folgt aber nun die ›Einwärtskrümmung‹, wiederum in sechs Stadien eingeteilt, bei denen das Ego transzendiert wird und das menschliche Bewußtsein sich immer mehr als ›Atman‹, das unsterbliche Sein und höchste Bewußtsein, erkennt. Die beiden Halbkreise entsprechen den Stadien meiner Zeitskala vom Widder bis zur Waage und von der Waage zurück zum Widder (Ken Wilber, ›*Das Atman Projekt*‹).

Tiefen des Unbewußtseins emporzusteigen und ein Ego-Bewußtsein mit einer klar umrissenen Individualität zu entwikkeln. Auf dem inneren Halbkreis tritt das individualisierte Ego-Bewußtsein gewissermaßen eine Rückreise an, die jedoch nicht zurück zu der Unbewußtheit der kindlichen Einheit mit der Mutter führt, sondern potentiell zur vollbewußten Einheit mit Atman, dem höchsten und allumfassenden Bewußtsein. Der Zyklus der Geschichte ist eine sichtbar gewordene Manifestation des Entwicklungszyklus des Bewußtseins.

Der Zenbuddhismus beruht auf dem Prinzip, daß der Mensch die Reinheit des Urzustands wiedererlangt, sobald er sich von den Gedanken und Sinneseindrücken distanziert, die das klare, ungetrübte Bewußtsein verdecken. Der Urzustand wird in der Astrologie vom leeren Zentrum des Horoskops versinnbildlicht, das zugleich auch das Zentrum des Wesens darstellt, zu dem die Konstellationen an der Peripherie gehören. Die Peripherie ist die Heimstatt der Persönlichkeit, des Egos, der Sinneseindrücke, kurzum, der Ort, an dem sich Sein als etwas anderes als ›es selbst‹ manifestiert. Die Peripherie ist das Rad des Samsara, in dem Sein scheinbar geboren wird, krank wird und stirbt, aber wenn man alle diese Erscheinungen vom Zentrum aus betrachtet, dann erkennt man, daß die wechselnden Erscheinungsformen nie das wahre Sein tangieren oder verändern. Dies ist die Erkenntnis der illusionären Natur des Universums als ›etwas anderes als ich‹, also die fundamentale Dualität, die zu einer ewigen Wiederholung der Identifikation mit dem Wunsch nach ›etwas anderem‹, und damit zur Wiedergeburt, führt. Jedes Leben ist letztlich nur eine Variante des Buddha-Selbst. Die kollektive und individuelle Unbewußtheit ist die Quelle aller Eigenschaften, die in der Natur wahrgenommen werden, aber jedes Wesen interpretiert die Vielzahl der Eigenschaften von einem individuellen Standpunkt. Wahre Individualität entsteht durch den Individuationsprozeß, in dem der ewige Fluß der Realität gesehen wird, nicht nur dieser oder jener Ausschnitt in diesem Fluß. Freiheit ist die Verschmelzung mit dem Selbst im Zentrum, das keine Grenzen hat.

Die Techniken, mit deren Hilfe man seine früheren Inkarnationen im Weltzeitalter determinieren kann, werden im siebten Kapitel erklärt.

Sechstes Kapitel
★ Die Universelle Zeitskala ★

Die Zeitskala der Menschheit wird in zwei Entwicklungsphasen unterteilt: das Weltzeitalter von 50.000 Jahren und die 50 Jahre der Endzeit, auch die Phase des Jüngsten Gerichts genannt. Das Verhältnis von 50.000 zu 50 ist dasselbe wie das zwischen einem Menschenleben (77 Jahre) und 1000 Mondumläufen. Dies sind nur zwei Oktaven von insgesamt acht, in die das Universum auf der logarithmischen Zeitskala unterteilt wird. (Siehe Tabelle 7).

$$\frac{\text{Lebenszeit der Eizelle}}{\text{Lebenszeit des Menschen}} = \frac{\text{Endzeit}}{\text{Weltzeitalter}} = \frac{1}{1000}$$

Die Darwinisten halten die Menschheit für den Höhepunkt der Evolution, aber im ›Göttlichen Plan‹ nimmt die Menschheit ihren rechtmäßigen Platz im Zentrum der Skala der Lebenszeiten des Universums ein. Die menschliche Geschichte ist von so kurzer Dauer, daß man ihr Spektrum auf der Zeitskala mit dem des sichtbaren Lichts auf der elektromagnetischen Frequenzskala vergleichen kann. Der bekannte amerikanische Astronom Carl Sagan benutzte folgendes Bild, um die Größenverhältnisse zu illustrieren: Wenn man die gesamte Schöpfungsgeschichte auf ein einziges Jahr verteilt, dann würde die menschliche Existenzform um 22 Uhr dreißig am Abend des 31. Dezembers dieses Jahres zum erstenmal in Erscheinung treten. Das gesamte Spektrum der Universellen Zeitskala auf der Tabelle 7 umfaßt sowohl kleinere, als auch größere Schöpfungszyklen als das Weltzeitalter von 50.000 Jahren, und das Verhältnis von 1 zu 10 von Oktave zu Oktave, ebenso wie die Komprimierung innerhalb der drei Oktaven des Weltzeitalters im Verhältnis von 1 zu 1000, bilden die mathematische Grundlage für diese Aussagen. Das menschliche Leben kann als eine metaphorische und mathematische Repräsentation der Entfaltung des gesamten Universums in Zeit und Raum verstanden werden. Auf jeder Ebene der Entwicklung gelten die gleichen mathematischen Relationen, angefangen mit der kleinsten Zeiteinheit, der Lebensdauer eines subatomaren Partikels, bis hin zur längsten Zeiteinheit, der Lebensdauer des Universums selbst. Darüber hinaus finden Resonanzen statt, die sich von einer Ebene zur anderen übertragen. Das Spektrum der Skala definiert das Universum, in das die Menschheit einerseits untrennbar eingebettet ist. und dessen Gesetze und Mechanismen sie wiederum auch reflektiert.

Jeder Kosmos hat von Natur aus Zugang zu drei Ebenen des Bewußtseins oder zu drei zeitlichen Dimensionen unter und über ihm, aber auch die Möglichkeit, sein Bewußtsein darüber hinaus zu erweitern, wie wir auf der Tabelle der Collin'schen Kosmosse im dritten Kapitel gesehen haben. Jedes Wesen hat ein fundamentales Bewußtsein seines eigenen Daseins, eine überbewußte Ebene über sich (eine kürzere zeitliche Dimension) und eine unterbewußte Ebene unter sich (eine längere zeitliche Dimension). Jung sagte: »Während wir im Sinne von Jahren denken, denkt das Unbewußte im Sinne von Jahrtausenden.« Unser Unbewußtes kann dem Weltzeitalter gleichgesetzt werden, so wie die spirituelle Dimension über uns mit den Molekülwelten verglichen werden kann.

Auf Tabelle 7 wird die Relation der acht Oktaven innerhalb des Weltzeitalters illustriert. Die 50.000 Jahre der Mensch-

---

Tabelle 7: Die Universelle Zeitskala ▶

Die Universelle Zeitskala verdeutlicht die acht grundlegenden Zeiteinheiten der Leben ⋆ Zeit-Astrologie, von der längsten, dem Urknall, bis zur kürzesten, der Lebensdauer in den subatomaren Welten, wobei vier Zeiteinheiten den makrokosmischen Bereichen zugeordnet werden und vier den Mikrowelten. Jede Zeiteinheit ist eintausendmal länger als die zu ihrer Linken und eintausendmal kürzer als die zu ihrer Rechten.

Der Makro

		Oktave IV *Jüngstes Gericht*		Oktave III *Das Weltzeitalter*
	Dez. 1999	**Prüfung durch Feuer**	**1950**	**Atombombe**
Fische				Weltkriege
	Nov. 1999		1910	Relativitätstheorie
Wassermann				Zeitalter des Nationalismus
	Nov. 1999		1840	Telegrafie
Steinbock				Industrielle Revolution
	Sep. 1999		1720	Elektrizität
Schütze				Renaissance
	Juli 1999	**Prüfung durch Seuchen**	**1500**	**Pest, Plagen**
Skorpion				Mittelalter
	Feb. 1999		1100	Kathedralenbau
Waage				Frühes Mittelalter
	Juni 1998		400 n. Chr.	Der Fall von Rom
Jungfrau				Klassische Antike
	März 1997		800 v. Chr.	Griechisch-röm. Kultur
Löwe				Monarchien
	Jan. 1995	**Prüfung d. Wasserfluten**	**3000**	**Sintflut**
Krebs				Jungsteinzeit
	Feb. 1991		7000	Städtebildung
Zwilling				Stammeskulturen
	März 1984	Computersprache	14.000	Schriftkunde
Stier		Rückkehr zur Natur		Erdmutterkulte
	Nov. 1971	Frauenbefreiung	26.000	Skulpturen, Höhlenmalerei
Widder		Alternative Gegenkultur		Schamanismus
	Jan. 1950	**Wasserstoffbombe**	**48.000**	**Bewußtsein**
		50 Jahre		50.000 Jahre

kosmos

Oktave II *Zeitalter der Säugetiere*			*Oktave I* *Ära der Schöpfung*			
50.000	**Unterschiedl. Pigmentierung**		**50.000.000**	**Aussterben der Saurier**		
	75	Primaten-Grundstock		70	Primaten-Grundstock	**Fische**
90.000	90	Protomoderne Menschen	90.000.000	90	Geflügelte Reptilien	
	120	Neandertaler		120	Blühende Planeten	**Wassermann**
160.000	160	Werkzeugmacher	160.000.000	170	Vögel	
	200	Vergrößerung des Gehirns		235	Dinosaurier	**Steinbock**
280.000	250	Archaisch. Homo Sapiens	280.000.000	280	Insekten	
	450	Pithecanthropus		400	Land-Wirbeltiere	**Schütze**
500.000	**Tier-Mensch-Übergangsfeld**		**500.000.000**	**Schwimmende Wirbeltiere**		
				600	Weichtiere	**Skorpion**
900.000	900	Peking Mensch	900.000.000	1	Sexuelle Fortpflanzung	
	1,5	Homo Habilis verschwindet		1,3	Riesenkontinente	**Waage**
1.600.000	1,6	Homo Erectus	1.600.000.000	1,6	Prototiere	
	2,5	Steinwerkzeuge		3,1	Bakterien/Algen	**Jungfrau**
2.800.000	3,0	Eiszeit beginnt	2.800.000.000	3,5	Genetischer Kode	
	3,7	Homo Habilis		4,55	Die Erde	**Löwe**
5.000.000	**Menschenaffen**		**5.000.000.000**	**Das Sonnensystem**		
	6	Australopithecus			Ausdehng. u. Vereng. d. Universums	**Krebs**
9.000.000	10	Ramapithecus	9.000.000.000			
	14	Hominiden			Symmetrie-Dualität	**Zwilling**
16.000.000	16	Vulkan. Umwälzungen	16.000.000.000			
	20	Prokonsul			Form-Materie	**Stier**
28.000.000	25	Gebirgsketten	28.000.000.000			
		Vermehrung d. Säugetiere			Existenz	**Widder**
50.000.000	**Säugetiere**		**50.000.000.000**	**Urknall**		
50 Millionen Jahre			50 Milliarden Jahre			

Der Mikro		
	Oktave V *Zellularwelt*	*Oktave VI* *Molekularwelt*
Fische	**0,00005 Jahre = 26,25 Min.** Bakterienspaltung	**1,575 Sek. Ein Atemzug**
	0,0005 Jahre = 4 Std. 32 Min.	**15,7 Sek. Tag d. Blutzelle** 18 Sek. Leben d. Moleküls
	0,005 Jahre = 1,82 Tage Kleine Zellen Blutzellen Eine Woche	**2,625 Min.**
Widder	**0,05 Jahre = 18,2 Tage**	**26,25 Min.**
	18,2 Tage	26 Minuten

kosmos

Oktave VII *Atomwelten*	*Oktave VIII* *Subatomare Welten*	
$1{,}6 \times 10^{-4}$ Sek. Eine Millisekunde	**$1{,}6 \times 10^{-7}$ Sek. Eine Billisekunde** Nieder-Frequenzstrahlung	**Fische**
$1{,}6 \times 10^{-3}$ Sek. Leben d. Elektrons	**$1{,}6 \times 10^{-6}$ Sek. Hadronen**	
$1{,}6 \times 10^{-2}$ Sek. Eine Wahrnehmung 1s Pulsar Leptonen	**$1{,}6 \times 10^{-5}$ Sek. Photonen**	
$1{,}6 \times 10^{-1}$ Sek.	**$1{,}6 \times 10^{-4}$ Sek.**	**Widder**
1,6 Sekunden	$1{,}6 \times 10^{-4}$ Sekunden	

heitsentwicklung werden neben die 50 Jahre der Endzeit des Jüngsten Gerichts gestellt. Das Zeitalter der Säugetiere ist eintausendmal länger als das Weltzeitalter der Menschheit, dauert also 50 Millionen Jahre, und wird in die immer gleichbleibenden astrologischen Entwicklungsstadien nach demselben Proportionsschema eingeteilt.

Das Zeitalter der Säugetiere

Soweit wir wissen, begannen Säugetiere sich erst nach dem Aussterben der letzten Dinosaurier zu entwickeln, im Zeitalter des Eozäns. Die geologischen und kosmologischen Ursachen für die Vernichtung der Dinosaurier sind bis heute umstritten, aber generell wird davon ausgegangen, daß ein radikaler Klimawechsel vor ungefähr 50 MJ (Millionen Jahren) stattgefunden haben muß, entweder als Folge einer Verschiebung der Erdachse, durch eine Kollision der Erde mit Kometen und Asteroiden, oder durch die Einwirkung von ›Nemesis‹, einem hypothetischen Zwillingsstern unserer Sonne, der einer astronomischen Theorie zufolge einen Großteil der irdischen Lebensformen in regelmäßigen Abständen von 25 Millionen Jahren vernichtet. Die heute existierenden Landmassen waren eben erst geformt worden, während unsere großen Gebirgsketten noch nicht aus den Sümpfen der Saurierzeit hervorgegangen waren. Durch eine Verschiebung der kontinentalen Erdschollen senkte sich der Meeresspiegel, während das Klima kühler und trockener wurden. Es entstanden riesige Flachlandebenen, in denen sich Säugetiere und Vogelarten entwickelten, um die ausgestorbenen Saurier zu ersetzen. Die Vegetation war von tropischer Üppigkeit und Vielfalt; kleinere Pflanzen wuchsen zu Bäumen und Wäldern heran, die den ersten Vorläufern der Affen Zuflucht gewährten.

Das Zeitalter der Säugetiere wird, ebenso wie das Weltzeitalter, in drei Entwicklungsoktaven unterteilt. Das Wachstum der Säugetiere verläuft parallel zu den Entwicklungsstufen der Menschheit innerhalb der zwölf Sternzeichen während eines Weltzeitalters.

Im *Widder* (—50 bis —28 MJ) verbreiteten sich Säugetiere,

Vögel und Protoprimaten in einer Parallele zu der Dämmerung des ersten menschlichen Bewußtseins. Die Beuteltiere und archaischen Fleischfresser der vorangegangenen Ära entwickelten sich zu den heute existierenden Raubtieren. Die Huftiere wurden unter den Säugern dominant, beispielsweise das Schaf — das Totemtier des Widders —, das Rhinozeros und eine Pferdeart, die kaum größer war als ein Wolfshund. Dazu kamen Wale als die größten Säugetiere des Meeres und Nagetiere auf dem Land. Die kontinentalen Erdschollen trieben auseinander und schufen getrennte Kontinente, warfen hohe Gebirgsketten auf, wie die Alpen und die Rocky Mountains, und veränderten die Meeresströmungen, was zu einer fortschreitenden Abkühlung des Klimas führte.

Im *Stier* (—28 bis —16 MJ) wurden die älteren Säugetiere im Zuge eines Klimawechsels vernichtet, woraufhin aber neue Arten entstanden, wie riesenhafte Huftiere, Rhinozerosse, Schweine und Bären, um nur einige zu nennen. Der Ägyptopithecus (—28 MJ), damals noch eine Mischung aus Esel und Affe, verwandelte sich in den agileren Prokonsul und wurde später zum Dryopithecus (—20 MJ). Die Vorläufer unserer Schafe und Rinder (Stier — der Bulle?) ernährten sich von der allmählich weicher und saftiger werdenden Vegetation.

Im Verlauf der *Zwillingsphase* (—16 bis —9 MJ) wurde die Erde von einer Reihe von Erdbeben und Vulkanausbrüchen erschüttert, was für immense Temperaturschwankungen sorgte. Trotzdem konnte sich der Ramapithecus, ein Affe mit menschenähnlichen Zähnen und ein Vorläufer des Orang Utans, gemeinsam mit einer Vielzahl von anderen Säugetieren und Vögeln weiterentwickeln.

Im *Krebs* (—9 bis —5 MJ) zogen sich die Wälder zurück, während die Flachländer und Ebenen von gigantischen Flüssen durchkreuzt wurden und Milch produzierende Säugetiere entstanden. Der Anthropologe Richard Leakey stellte eine ›Fossilienlücke‹ in der Zeit zwischen —8 MJ und —4 MJ fest, was auf eine Umweltkatastrophe schließen läßt, die der großen Sintflut innerhalb des derzeitigen Weltzeitalters von 50.000 Jahren entspricht (eine Resonanz von Oktave zu Oktave). Zu beiden Zeiten starben verschiedene Tierarten im Zuge des Klimawechsels aus, während andere Tierarten die rudimentären

Merkmale der früheren Arten in sich bewahrten. Man könnte die Legende von Noahs Arche also durchaus auch im Sinne der Kabbala interpretieren, in der die Arche als der Körper von Noah verstanden wird, in welchem Paare (von Chromosomen?) aller bekannten Tierarten vor dem Aussterben bewahrt wurden.

Im *Löwen* (—5 bis —2,8 MJ) fand ein Rückgang riesiger Waldgebiete in Zentralafrika und Asien statt, wodurch die damaligen Menschenaffen, wie der Australopithecus Africanus, aus ihrer natürlichen Umwelt vertrieben wurden. Die Umweltveränderung führte zu einer Verzweigung der Gattungen in drei getrennte Entwicklungslinien: die Gorillas, die Schimpansen und die Menschenaffen, die sich immer mehr differenzierten und individualisierten. Die Gorillas lebten weiterhin im undurchdringlichen Dickicht des Urwalds, die kleineren Affenarten in offeneren Waldgebieten und die Menschenaffen am Waldesrand, nahe den Ebenen. Während die Wälder sich weiterhin zurückzogen, begannen die Menschenaffen aufrecht zu gehen, ihre ursprünglich vegetarische Kost zu verschmähen und sich von Fleisch zu ernähren. Auch begannen sie um diese Zeit erstmals Werkzeuge zu benutzen, um das Absterben der Wälder rings um sie her überleben zu können. Frühe Pferde und Wildkatzen (der Löwe?), wie der überaus flinke und gefährliche Gepard, entwickelten sich zur selben Zeit. Etwa 3 Millionen Jahre vor Christus entstand eine Landbrücke zwischen Nord- und Südamerika, was dazu führte, daß viele der südamerikanischen Tierarten von eingewanderten Raubtieren ausgerottet wurden.

In der *Jungfrauzeit* (—2,8 bis —1,6 MJ) wurden weite Teile der Umwelt durch Eiszeiten zerstört, während ein früher Vorläufer des Menschen, der Australopithecus Robustus, primitive Steinwerkzeuge herstellte und der verminderte Regenfall dafür sorgte, daß der erste wirkliche Mensch sich entwickeln konnte: Homo Habilis, der Werkzeugmacher. Diese Menschenart hatte eine vergleichsweise große Gehirnmasse, und da ihre Nahrung aus Tierkadavern und Pflanzen bestand, stellte sie vornehmlich Schneide- und Reibwerkzeuge her. Der Homo Habilis lebte in Familiengruppen, in denen sich erstmals eine Arbeitsteilung herauskristallisierte, um die Überlebenschancen der gesamten Horde zu erhöhen. Sie sammelten Pflanzen und machten Jagd auf kleinere Tierarten, mußten aber ständig auf der Hut vor den großen Raubkatzen der damaligen Savannen sein.

In der *Waage* (—1,6 MJ bis —900.000 Jahre) tauchte eine stärkere und ungleich komplexere Menschengattung auf. Der Homo Erectus entstand zu Beginn des Pleistozän-Zeitalters und war eher ein Jäger als ein Jäger-und-Sammler. Die beiden menschlichen Gehirnhälften machten sich in einer deutlicheren Trennung zwischen männlich und weiblich, Jäger und Sammler, links- und rechtshändig etc. bemerkbar. Der Homo Erectus stellte einen Quantensprung in der Entwicklung dar, denn diese Art war intelligenter, agiler und anpassungsfähiger als alle früheren. Sie benutzte das Feuer und zog etwa eine Million Jahre lang in nomadischen Gruppen über den Erdball.

Im *Skorpion* (900.000 bis 500.000 Jahre vor uns) wurde eine Serie von Naturkatastrophen ausgelöst, möglicherweise durch eine Verschiebung der Erdachse. Aus Funden ergibt sich, daß der Kannibalismus unter den Menschen dieser Zeit weitverbreitet war und daß eine zunehmende Anzahl von Tieren vom Menschen erlegt wurde. Es entwickelten sich Tierarten, die dem Chinesischen Horoskop zugrunde liegen, wie die Ratte, der Wolf und der domestizierte Hund.

Im *Schützen* (—500.000 Jahre bis —280.000 Jahre) fand eine dramatische Transformation statt, die der Selbsterkenntnis im Zuge der Renaissance nach 1500 p. Chr. auf einer anderen Oktave entspricht. Der menschenähnliche Homo Erectus verwandelte sich in den noch höher entwickelten Pithecanthropus, auch Peking-Mensch genannt. Diese früheste Version des Homo Sapiens steht am Anfang einer längeren Periode, in der sich die äußerlichen Merkmale nur geringfügig ändern. Der Pithecanthropus bewegte sich in Gruppen, benutzte eine Vielzahl von Werkzeugen und wärmte sich an Naturfeuern, die er in Form von Kohlenglut mit sich herumtrug, ohne das lebensspendende Feuer jedoch selbst entzünden zu können, das ihn vor den Eiszeiten und den wilden Raubtieren schützte. Am Ende des Entwicklungszyklus der Säugetiere stand der Homo Sapiens, der die kommenden Eiszeiten nur mit Hilfe der unmittelbar von ihm selbst kontrollierten Feuerstellen überstand.

Im *Steinbock* (280.000 Jahre vor uns) wurde dann der Schritt zum archaischen Homo Sapiens vollzogen. Nach einer

›Embryonalphase‹ von Jahrmillionen war der Mensch, wie wir ihn kennen, entstanden, ebenso wie das Ich-Bewußtsein sich bei Null Grad im Steinbock im Weltzeitalter von 50.000 Jahren bemerkbar macht. Die menschliche Knochenstruktur verfeinerte sich, wurde weniger tierhaft, und das Gehirn vergrößerte sich ebenfalls, obwohl diese Urmenschen noch Augenwülste und eine schwerfällige Gangart hatten. Wilde Tiere wurden gezähmt und zu den heute bekannten Haus- und Zuchttieren gemacht, unter anderen die Ziege, das Sinnbild des Steinbocks.

Im *Wassermann* (—160,000 bis —90,000 Jahre vor uns) entstanden die Neandertaler, die Europa und Asien bevölkerten und jährlich mit den großen Mammutherden gen Süden zogen, um den vorrückenden Eisbergen zu entfliehen. Ihre größte Errungenschaft war die Verarbeitung von Feuersteinklingen, die zur Jagd auf das Mammut und zum Schlachten benutzt wurden. Das Gehirn der Neandertaler war größer als das des modernen Menschen, sie entwickelten eine eigenständige Kulturform, aber die entscheidende Weiterentwicklung fand von nun an im internen Bereich statt und drückte sich in zunehmender Bewußtheit aus, die vorher gänzlich gefehlt hatte.

In der *Fischezeit,* von 90.000 bis 50.000 Jahre vor uns, entstand der Tanzania-Mensch, eine Rasse, die der modernen Menschheit gleicht, aber keinen entwicklungsgeschichtlichen Vorläufer hat, sondern scheinbar aus dem Nichts auftauchte. Die Tanzania-Menschen waren primitiver und rückständiger als die Neandertaler, welche weiterhin den größten Teil der Erdbevölkerung ausmachten, Heilkräuter zu medizinischen Zwecken benutzten, ihre Körper mit Farbstoffen bemalten und ihre Toten begruben, was auf ein gewisses Maß an Zivilisiertheit schließen läßt. Die Neandertaler verehrten den Höhlenbären und den Löwen als ihr Totemtier und entwickelten so eine rudimentäre Form der Religiosität.

Am Ende des Zeitalters der Säugetiere erschien dann der überlegene Cro-Magnon-Mensch, dem sich die Neandertaler anpassen und unterwerfen mußten, ebenso wie der einzelne am Ende des Weltzeitalters das persönliche Ego-Bewußtsein aufgeben muß, wenn er den Zyklus nicht nochmals wiederholen will. Am Ende jedes Weltzeitalters taucht eine höhere Intelligenzform auf mysteriöse Weise aus dem Nichts auf, nicht anders als die Cro-Magnons vor ungefähr 50.000 Jahren. Die Cro-Magnon-Rasse war höher gewachsen, hatte eine größere Gehirnkapazität und war ganz offensichtlich intelligenter und besser organisiert als die Neandertalrasse. Im Lauf der nächsten 15.000 Jahre wurden die Neandertaler von den Cro-Magnons ersetzt, deren überlegenste Waffe die sprachliche Kommunikation gewesen sein muß. Affenarten, die den jetzt stattfindenden Übergang vom Zeitalter der Säugetiere zum Weltzeitalter der Menschheit nicht mitvollziehen konnten, entwickelten sich im Lauf der Zeit zu den heute bekannten Affenarten fort oder zogen sich in unzugängliche Landstriche zurück, wie etwa der Yeti oder Schneemensch, dessen Spuren auch heute noch im Himalaya und in Kanada zu finden sind.

Im Verlauf eines einzigen Entwicklungszyklus der Säugetiere könnte die gesamte Menschheit eintausend Zyklen der Entstehung, Reifung und Vernichtung durchlaufen. Das Zeitalter der Menschheit ist nur eine flüchtige Vision im kollektiven Gedächtnis der Säugetiere — eine Schreckensvision vielleicht, die in einem Moment auftaucht und im nächsten wieder vergeht. Der Mensch entwickelt eine scharf umrissene Individualität und geht unter günstigen Lebensbedingungen selbst über diese Stufe noch hinaus, während die Tiere von Generation zu Generation im selben Bewußtseinszustand verharren. Die Kühe und Schafe auf unseren Weiden sind auch heute noch weitgehend dieselben Kreaturen, die vor dem Beginn der Menschheit in unzählbaren Herden Kontinente bevölkerten.

Interessant ist, daß die zwölf astrologischen Sinnbilder des Tierkreises durchaus akkurate Reflektionen der Entwicklungsfolge im Zeitalter der Säugetiere darstellen. Die Sinnbilder müssen sich in die Tiefenstrukturen unseres archetypischen Gedächtnisses eingegraben haben.

Das Zeitalter der Schöpfung

Das Zeitalter der Schöpfung ist eintausendmal länger als das Zeitalter der Säugetiere und eine Million mal länger als unser Weltzeitalter, dauert also fünfzig Milliarden Jahre (Mrd. J). (Die Endzeit, oder das Jüngste Gericht, dauert 50 Jahre, das

Weltzeitalter 50.000 Jahre, Säugetiere 50.000.000 Jahre und das Zeitalter der Schöpfung 50.000.000.000 Jahre.) Die Schöpfung beginnt mit dem Urknall, bei dem das heutige Universum entstand (siehe Tabelle 7). Alle Schöpfungsvorgänge setzen stark erhöhte Temperaturen voraus und werden mit dem Feuerzeichen Widder assoziiert. Jede Oktave der Schöpfung beginnt als eine Folge der Vernichtung oder Transformation der vorangegangenen Oktave, woraus man schließen kann, daß die Urknallexplosion, aus der unser Universum hervorging, dem Tod eines früheren, implodierten Universums folgte.

Faszinierenderweise entsprechen die Frühstadien des Universums nach dem Urknall wiederum auch den Eigenschaften, die den ersten vier Sternzeichen zugeschrieben werden:

Widder (—50 bis —28 Mrd.Jahre) ist reines Sein, das eine unfaßlich hohe Energieladung mit nahezu Lichtgeschwindigkeit aus sich herausschleudert, wobei die auslösende Explosion nur einen Augenblick dauert, welchem Jahrmilliarden der stetigen Ausdehnung folgen.

Im *Stier* (—28 bis —16 Mrd.J) verdichtet sich die reine Energie zu Grundformen und Partikeln, aus denen materielle Formwelten hervorgehen.

Im *Zwilling* (—28 bis —9 Mrd.J) entwickelt sich der grundlegende Dualismus, auf dem alles Geschaffene beruht. Das Universum formt symmetrische Muster in Form von Galaxien.

Im *Krebs* (—9 bis —5 Mrd.J) schreitet die Formierung von Galaxien fort und schafft die Lebensbedingungen (die Heimstatt) für spätere Planetensysteme.

Im *Löwen* (—5 bis —2,8 Mrd.J) formierte sich unser Sonnensystem mitsamt der Sonne, während auf der nächsthöheren Oktave ein menschenähnliches Affenwesen entsteht und zwei Oktaven höher, um 3000 vor Christus, sich die Individualität und das Ichbewußtsein des Menschen entwickeln. Die Erde entstand vor etwa 4,55 Milliarden Jahren und war während der gesamten Löwenzeit von 2,2 Milliarden Jahren noch unverkrustet und dann flüssig, von Meeren bedeckt. Der genetische Kode muß vor ungefähr 3,5 Milliarden Jahren entstanden sein, da Mikrofossilien der frühesten Grundlebensformen auf dieses Datum verweisen.

In der *Jungfrau* (—2,8 bis —1,6 Mrd.J) fand eine Diversifikation der Grundlebensform statt, aus der erst die Blaualgen hervorgingen (—3,1 Mrd.J), dann die Filamentalgen (—2,7 Mrd.J), dann Kernzellen (—1,7 Mrd.J) und Schwämme im Präkambrium.

In der *Waage* (—1,6 Mrd.J bis —900 Mrd.J) entstand ein Superkontinent, wonach, um etwa eine Milliarde Jahre vor unserer Zeit, die Proterozoische Ara begann, in der die ersten mehrzelligen Lebewesen auftauchten.

Im *Skorpion* (—900 bis —500 MJ) beschleunigte sich die Diversifikation der primitiven Lebensformen so weit, daß eine Geschlechtertrennung unter den Lebewesen eintreten konnte, welche zur Fortpflanzung durch Geschlechtsverkehr führte. Eine Parallele dazu bildet das Auseinanderbrechen der kontinentalen Erdschollen vor etwa 600 Millionen Jahren, vor dem Beginn des Kambriums — ein Zeitalter, in dem auch die ersten wirbellosen Weichtiere entstanden.

Die letzte Oktave der Schöpfungsära begann vor 500 Millionen Jahren im Zeichen *Schütze* (—500 bis —280 MJ). Während sich die kontinentalen Landmassen stabilisierten, entstiegen Meerestiere dem Ozean, um sich fortan auf festem Boden zu entwickeln, und so konnte das Leben überall auf der Erde verbreitet werden. Panzerfische (—50 MJ), Fische (—450 MJ) und Korallen (—450 MJ) bevölkerten die Ozeane und führten vor 400 Millionen Jahren zu den ersten Landpflanzen und Landtieren. Die Luft über der Erde füllte sich mit Insekten (—395 MJ), samenproduzierende Pflanzen wuchsen zu Wäldern heran (—380 MJ), und Amphibien (—350 MJ) überbrückten Meer und Land.

Im *Steinbock* (—280 bis —160 MJ) traten Reptilien, die sich aus den Schalentieren des Meeres entwickelt hatten, ihre unbestrittene Herrschaft über die archaischen Sumpfwälder an. Frühere Lebensformen mußten den zahlen- und größenmäßig überlegenen Reptilien Platz machen, aber an ihrer Stelle entwickelten sich vor etwa 22 Millionen Jahren dann die ersten primitiven, pflanzenfressenden Säugetiere. Der Riesenkontinent Pangea zersplitterte in verschiedene Einzelteile, auf denen bestimmte Tier- und Pflanzenarten sich unabhängig weiterentwickelten. Erwähnenswert ist hierzu, daß die frühesten Kohleablagerungen aus dieser Zeit stammen, genau zwei Oktaven vor der Industrierevolution in der späteren Steinbockzeit des Weltzeitalters, in der Kohle erstmals zum Massenversorgungsprodukt gemacht wurde.

Der *Wassermann* (—160 bis —90 MJ) umfaßt einen großen Teil des Erdmittelalters, in dem ein bemerkenswerter evolutionärer Sprung stattfand. In dieser Zeit entwickelten sich die Urvögel, die Riesensaurier, Laubhölzer und die Blütenpflanzen (—140 bis —120 MJ).

Im Schöpfungszeitalter der *Fische* (—90 bis —50 MJ) senkten sich die Temperaturen auf der Erde, was höchstwahrscheinlich auf einen Zusammenprall des Erdballs mit Kometen, Asteroiden oder dem hypothetischen Zwillingsstern ›Nemesis‹ zurückzuführen ist. In der Zeit zwischen —65 und —50 Millionen Jahren begannen die Großsaurier auszusterben, bis sie unter der Kälteeinwirkung ganz und gar vom Erdboden verschwanden, und ihr Vermächtnis nur noch in Form von Reptilien und eng verwandten Vogelarten erhalten blieb. Die schnelle und reiche Entfaltung der Säugetiere führte zur Entstehung des ersten Primaten-Grundstocks vor etwa 70 Millionen Jahren.

Wie die Universelle Zeitskala zeigt, entwickelte jede Lebensform sich nach einem natürlichen und essentiellen Grundmuster, in dem eine Lebensform der anderen folgt und den Gesamtorganismus der Erde vervollständigt, genauso, wie ein Atom seine Grundstruktur immer wieder mit Hilfe von Zwischenelementen vervollständigt, auch wenn die Elektronen des inneren Rings auseinandergesprengt werden. Das organische Leben ist ein ständiges Verwandlungs- und Transformationsmuster, das aber stets einer essentiellen Einheit entspringt, ganz gleich, welche Form das Leben nach außen hin annimmt.

Das Datieren der Zeitskala

»Nicht nur, daß die Dinge unmöglich anders sein können, als sie sind, es ist sogar unmöglich, daß die ursprüngliche Situation des Universums anders gewesen sein könnte, als sie ist. Ganz gleich, was wir zu irgendeinem Zeitpunkt tun, es ist das einzig Mögliche, das wir zu diesem Zeitpunkt tun können.«

Gary Zukav, ›*Die Tanzenden Wu Li Meister*‹

Die Daten der einzelnen Entwicklungsstufen auf der Universellen Zeitskala sind sehr umstritten. Für mich gelten immer dieselben logarithmischen Entsprechungen, sei es im individuellen Leben, auf der Ebene des Weltzeitalters der Menschheit, auf der Ebene der Entwicklung der Säugetiere oder im Zeitalter der Schöpfung. Aber unter den Wissenschaftlern gehen die Meinungen sehr weit auseinander, sobald es um die Datierung der frühesten Entwicklungvorgänge im Universum geht. Einigkeit herrscht im Hinblick auf das ungefähre Alter des Sonnensystems und der Erde: beide entstanden vor etwa 4,55 bis 5 Milliarden Jahren, aber die Entstehungsdaten der unterschiedlichen Lebensformen auf der Erde werden grundsätzlich in Frage gestellt, nicht zuletzt von den diversen Koryphäen auf dem Gebiet selbst. In den zwölf Jahren der Auseinandersetzung und Forschung im Zusammenhang mit dem ›Göttlichen Plan‹ wurde das generell wissenschaftlich akzeptierte Alter des Universums von sieben Milliarden Jahre auf 15 Milliarden Jahre erhöht, eine Erhöhung von 200 Prozent (um Mehr als das Doppelte, d. Übers.) Es kann uns also nicht um die exakten Daten der Entstehung einzelner Phänomene im Universum gehen, sondern nur um die verhältnismäßigen Entsprechungen im Gesamtprozeß. Ein Überblick über das Verhältnis der einzelnen Entwicklungsvorgänge zueinander ist wichtiger und repräsentativer als die Einzelteile, aus denen sich der Überblick zusammensetzt.

Die waagerechten Spalten auf meiner Universellen Zeitskala verdeutlichen die Parallelen, während die lineare Entwicklung im Sinne der Darwinistischen Entwicklungstheorie sich aus den senkrechten Spalten ergibt, die von unten nach oben gelesen werden. Die senkrechten Spalten werden immer wieder von Schockpunkten unterbrochen, die den Sprung von einer Oktave zur anderen, ebenso wie die großen Sprünge am Anfang jeder Dreier-Oktave verdeutlichen. Aber das Leben im Universum wird darüber hinaus noch von subtileren, hintergründigeren Organisationsmechanismen geschaffen und erhalten. Auf der waagerechten Ebene werden die Entwicklungsinformationen für das Leben auf der Erde beispielsweise durch Resonanz übertragen. Das Vorhandensein von Resonanzen zwischen unterschiedlichen Entwicklungsprozessen (Interskala-Resonanz) wird von den meisten Wissenschaftlern, mit der erwähnenswerten Ausnahme von Sheldrake, bezweifelt oder ignoriert, aber die Interskala-Resonanz ist ein grundlegendes Organisationsprinzip in allen Kosmossen. Ähnlichkeiten in der Art, wie ein Sternzeichen sich auf den unteren oder oberen Oktaven manifestiert, machen sich in der Form des Lebens bemerkbar und sind von außen betrachtet oft nicht ohne weiteres erkennbar, genauso, wie bei den vielen Menschen mit dem Sonnenzeichen Löwe starke innere Ähnlichkeiten festgestellt werden, obwohl sie von außen betrachtet sehr unterschiedlich wirken. Aus der senkrechten Bewegung auf der Universellen Zeitskala läßt sich die körperliche Abstammung ablesen, während die waagerechte Bewegung morphogenetische Verbindungen aufzeigt, also eine nicht-physische Übertragung von Eigenschaften und Merkmalen stattfindet.

Aus dem Gesamtbild ergibt sich eine Weltanschauung, in der alle Lebensformen integrale Bestandteile von Entwicklungsoktaven und Zeitaltern sind, obwohl jeder einzelne Teil immer auch ein Ganzes ist und bleibt. Ein Wesen, das sich aus Milliarden von einzelnen Molekülen zusammensetzt, bleibt weiterhin ein Individuum, genauso, wie jede Epoche in der Entwicklungsgeschichte des Universums in sich komplett und ganz ist, obwohl sie von Kreaturen mit einer sehr viel kürzeren Lebensspanne bevölkert sein mag und zu weiteren Epochen von weitaus längerer Dauer führen kann. Jede Lebensform spielt eine unerläßliche Rolle im Ganzen, denn jede Lebensform ist ein Stadium in der Entwicklung des Bewußtseins und folgt den geistigen Impulsen, die seine Evolution veranlassen.

In den frühesten Stadien der Schöpfung werden Galaxien im Weltall geschaffen, um permanent wieder zu verschwinden. Galaxien, die zur gleichen Zeit wie die Milchstraße geschaffen wurden, entfernen sich mit nahezu Lichtgeschwindigkeit voneinander. Die gesamte Energie und Materie des Universums dehnt sich mit unvorstellbarer Geschwindigkeit aus, aber, da alle Teile sich mit nahezu konstant bleibender Geschwindigkeit ausdehnen, bleibt die relative Position der Dinge zueinander auch heute noch annähernd die gleiche, wie sie kurz nach der Schöpfungsexplosion gewesen sein muß. Entfernungen von Himmelskörpern zur Erde ergeben sich aus der Länge des Lichtspektrums, das uns auf der Erde erreicht. Je stärker die Rotfärbung, desto weiter entfernt und älter ist die Galaxie. Fest steht, daß Galaxien sich in erster Linie durch ihre scheinbare Größe und ihren Rotationswinkel voneinander unterscheiden, woraus man schließen kann, daß dies der einzige Unterschied zwischen den Mikro- und den Makrowellen ist.

Rodney Collin erforschte die grundlegende Natur der galaktischen Wahrnehmung in seiner *›Theory of Celestial Influence‹* (Abbildung 33). Die Konsteallationen des Tierkreises bilden einen ovalen Gürtelring, der sich auf der Ebene der Ekliptik befindet und sich in einem Winkel von 23½ Grad über die Ebene des Äquators neigt. Dieser Gürtelring wird als ein Referenzkreis benutzt, um die Zyklen der Erde zu messen. Das Sternensystem der Milchstraße, von dem unser Sonnensystem nur ein Teil ist, steht in einem Winkel von 55 Grad zu der Ebene der horoskopischen Ekliptik. Die Sonne dreht sich um ihre eigene Sonne, den Fixstern Sirius, den die Ägypter als höchste Gottheit verehrten und nach dem sie ihren Jahreskalender ausrichteten. Sirius dreht sich um das galaktische Zentrum, das sich momentan im 26. Grad des Sternzeichens Schütze befindet. Die Erde dreht sich demnach um die Sonne, die sich um Sirius dreht, der sich seinerseits um den Mittelpunkt der Galaxie in einem Zyklus von 250.000.000 Jahren dreht. Zwischen all diesen Systemen, zu denen auch die Erde gehört, findet eine gyroskopische Interaktion statt, die man mit den diversen Interaktionen und Orientationen zwischen verschiedenen Atomen, Molekülen und Körperzellen vergleichen kann, aus denen der Mensch besteht. Der horoskopische Gür-

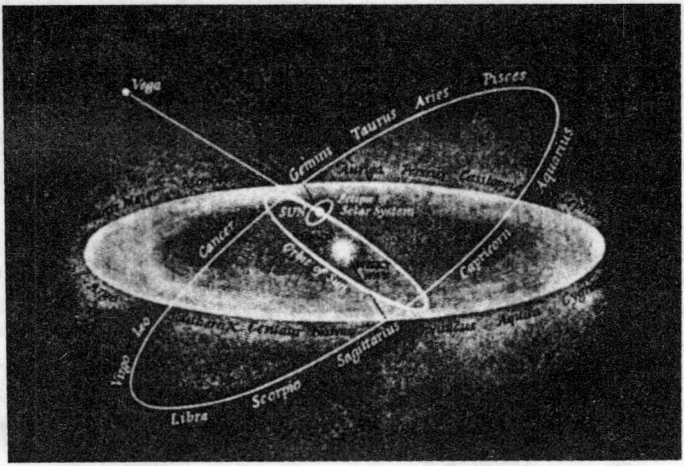

Abbildung 33: Das Sonnensystem im Zusammenhang
Die Erde dreht sich um die Sonne, die sich ihrerseits innerhalb von 250 Millionen Jahren einmal um den Mittelpunkt der Milchstraßen-Galaxie dreht. Die Konstellationen des Tierkreises befinden sich auf der Ebene der Ekliptik des Sonnensystems, welches in einem Winkel zur Ebene der Galaxie steht. Der gesamte Mechanismus gleicht einem Gyroskop (Collin, ›*The Theory of Celestial Influence*‹).

telring ist die Gegenwart der Erde, aber wenn man über die Ekliptik hinausblickt, zum Polarstern im Norden, dann blickt man dorthin, wo die Erde in Zukunft hingehen wird, während der Blick nach Süden, zum Südpol, offenbart, wo die Erde in der Vergangenheit bereits gewesen ist.

Die Ebene der Ekliptik durchkreuzt die Ebene der Milchstraße im Zeichen Zwillinge und Schütze in einer Weise, die Collin an den ›Querschnitt eines Schiffes beim Durchkreuzen der Meeresoberfläche‹ erinnert (Abbildung 34). Wenn man in die Richtung der Sternkonstellation Schütze blickt, dann blickt man in den Mittelpunkt der Galaxie, und wenn man in die Richtung der Zwillingskonstellation blickt, dann wendet man die Augen vom galaktischen Zentrum ab. Der uns nähere Rand der Zwillingskonstellation ist 10.000 Lichtjahre von uns entfernt, und der entferntere Rand der Schützenkonstellation ist 50.000 Lichtjahre entfernt. Die Entfernung dieser Sterne wird an den gigantischen Zeiträumen gemessen, die ihr Licht braucht, um unsere Erde zu erreichen. Licht benötigt 60.000 Jahre, um die Milchstraße zu durchqueren. Die Sterne im Zwilling befinden sich demnach von uns aus gesehen in den Positionen, die sie in Wahrheit vor 10.000 Jahren eingenommen haben, und die Sterne im Schützen befinden sich von uns aus gesehen in Positionen, die sie in Wirklichkeit vor 50.000 Jahren innehielten, zu der Zeit, als die Menschheit gerade erst bewußt wurde. Bei der Betrachtung des Weltraums sehen wir die Vergangenheit und die Zukunft der Milchstraße. Unsere Wahrneh-

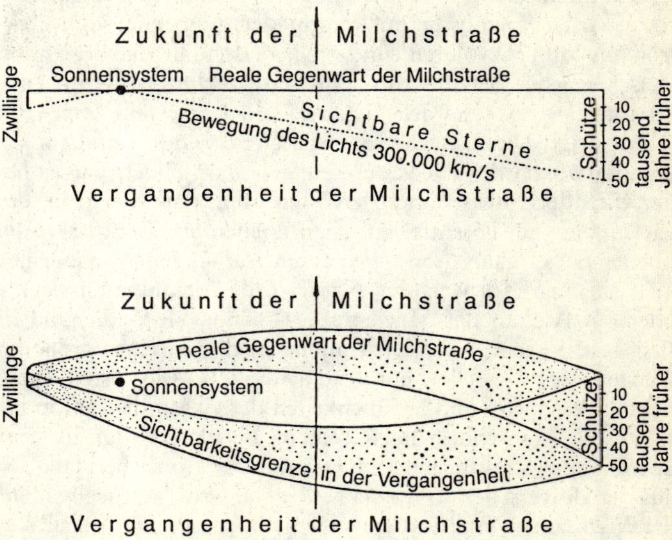

Abbildung 34: Querschnitt durch die Milchstraße
Die Gegenwart der Milchstraße wird von der Ebene ihrer Längsachse dargestellt, an der entlang die Galaxie durch Zeit und Raum reist. Das Licht aus der generellen Richtung der Sternkonstellation Schütze benötigt 50.000 Jahre, um die Erde zu erreichen, also blickt man in die Vergangenheit, wenn man die Sternkonstellation Schütze am Himmel betrachtet (Collin, ›*The Theory of Celestial Influence*‹).

mung des Universums hängt unmittelbar mit der Geschwindigkeit des Lichts zusammen und wird davon limitiert, was Collin auf die Idee brachte, daß es eine bisher unentdeckte Energie geben muß, die sich bedeutend schneller fortbewegt als das Licht.

Die Sonne ist eine Energiequelle, nach der sich das Leben auf der Erde ausrichtet, und genauso ist die Ausrichtung auf die Schützekonstellation eine Ausrichtung auf das Zentrum und die Quelle der kreativen Energie, die von der Milchstraße ausgestrahlt wird. Aus dieser Perspektive betrachtet, bemessen die Konstellationen des Tierkreises unsere Position im Hinblick auf den galaktischen Mittelpunkt zu verschiedenen Zeiten im Jahr.

Collin untersuchte und katalogisierte die Beziehungen zwischen vielen Kosmossen auf verschiedenen Ebenen, vom Elektron bis zum Absoluten, und stellte fest, daß die Beziehung zwischen jeder Bewußtseins- oder Entwicklungsstufe im Universum eine exponentielle ist, wie die Universelle Zeitskala (UZS) zeigt. Die Tatsache, daß die Dauer jedes Zeitalters die Quadratwurzel des nächstunteren Zeitalters bildet, wie es bei der UZS der Fall ist, impliziert für Collin, daß »ein Plan, ein Zielstreben, ein Potential auf allen Ebenen am Werk ist«. Alle Ebenen der Organisation — sei es der Aufbau einer Zelle, eines menschlichen Körpers, der Natur, Erde, des Sonnensystems oder der Aufbau der Milchstraße — sind vollständig und in sich geschlossen, wenngleich immer auch Teil eines größeren Ganzen (siehe Tabelle 1 im dritten Kapitel). Alle Systeme enthalten die Muster und Möglichkeiten der Gesamtheit. Gott erschuf die Menschheit nach seinem Ebenbild — nach dem Ebenbild eines göttlichen Universums. Der Göttliche Plan, der aus der Universellen Zeitskala ersichtlich wird, ist ein Ebenbild der Menschheit und des Universums in mathematischer Relation. Die Menschheit nimmt eine relative Position in der Mitte der Zeitskala der Existenzen im Universum ein.

Der Mikrokosmos

Vier der Reihe nach länger werdende Phasen des Universums im Makrokosmos wurden bisher beschrieben:

IV	Der 50-Jahre-Zyklus der	Endzeit (Jüngstes Gericht)
III	Der 50.000-Jahre-Zyklus des	Weltzeitalters der Menschheit
II	Der 50.000.000-Jahre-Zyklus des	Zeitalters der Säugetiere
I	Der 50.000.000.000-Jahre-Zyklus des	Zeitalters der Schöpfung

Die mathematische Organisation jedes Zyklus reflektiert die aller anderen, denn jeder Zyklus beträgt ein Tausendstel des vorherigen und ist eintausendmal so lang wie der nachfolgende. Das Verhältnis von 1 : 1000 beschreibt das Jüngste Gericht oder die panoramische Rückschau auf jeden Zyklus innerhalb der Zeitskala. Das Weltzeitalter der Menschheit vergeht wie ein Augenblick im größeren Zeitalter der Säugetiere, und die Säugetiere durchlaufen eine Entwicklungsphase nach der anderen, während tausend historische Weltzeitalter vergehen. Im Verhältnis zur Ära der Schöpfung repräsentiert das Zeitalter der Säuger eine Rekapitulation des frühesten Entwicklungszyklus, dessen Grundstrukturen sich im Zellengedächtnis der Säugetiere eingegraben haben. Es ist tatsächlich so, als enthielten selbst die Zellen des Körpers das Bewußtsein der Gesamtheit.

Jeder sukzessive Zyklus ist demnach um ein Tausendstel kürzer und verdichtet sich im gleichen Verhältnis, während die Zahl der Lebensformen jedoch konstant bleibt. Die Zyklen werden kürzer, und die scheinbare Fülle des Lebens nimmt zu, aber die generelle Realität jeder Oktave bleibt konstant. Die Anzahl der Seelen bleibt immer die gleiche.

Der Makrokosmos ist die Welt der kosmischen Proportionen, aber nun müssen auch die Seinsbereiche des Mikrokosmos genauer untersucht werden. Der 50-Jahre-Zyklus des Jüngsten Gerichts ist annähernd so lang wie eine durchschnittliche Lebensspanne des Menschen im Verlauf des gesamten Weltzeitalters, und wie alle kleineren Zyklen, findet der 50-Jahres-Zyklus des Jüngsten Gerichts in einem Existenzbereich statt, der in einer Lebenszeit enthalten sein kann. Der Makrokosmos und der Mikrokosmos spiegeln sich auch insofern, als beide vier Zyklen der Entwicklung enthalten (siehe Tabelle 7). Mikrokosmische Zyklen enthalten ebensoviele Ereignisse wie die längeren Zyklen, nur finden diese Ereignisse in rasanterer Folge und im Bereich der Atom- und Quantenphysik statt.

Zyklus V, *Die Zellularwelt,* ist ein mikrokosmischer Bereich, in dem wir es mit Zeiträumen von 26,2975 Minuten bis 1,58 Sekunden (dem 0,00005. Teil eines Jahres) zu tun haben. Auf der ersten Oktave sehen wir eine Woche — die ungefähre Lebensspanne einer menschlichen Blutzelle — und drei Tage, die Lebensspanne der kleineren Körperzellen. Gegen Ende des Zyklus setzt der reproduktive Zyklus der Bakterienteilung ein.

Zyklus VI, *Die Molekülwelt,* umfaßt Zeiträume von 26,2975 Minuten bis 1,58 Sekunden (fünf Zehntausendstel eines Jahres), was einem Atemzug gleichkommt. In der Mitte dieses Zyklus finden wir eine Minute und den Molekularzyklus von 18 Sekunden.

Zyklus VII, *Die Atomwelt,* umfaßt Zeiträume von 1,58 Sekunden bis $1{,}58 \times 10^{-4}$ Sekunden oder eine Millisekunde. Am Anfang des Zyklus sehen wir eine Sekunde, der Pulsationszyklus von Pulsaren, wonach wir uns in den Bereich der subatomaren Partikel begeben. Der Eintritt in die Bereiche des unendlich Kleinen gemahnt an die Bereiche des unendlich Großen, denn die Strukturen in den subatomaren Organisationsbereichen spiegeln die gigantischen Größenverhältnisse auf der Ebene von Sonnensystemen wider. Am Äquivalent der Löwenzeit des atomaren Zyklus sehen wir den Zeitraum, den eine Wahrnehmung beansprucht: etwa ein Viertel einer Sekunde ($^1/_4$), und am Äquivalent der Schützenzeit steht die Dauer eines Elektronenquantums, die den $^1/_{1500}$. Teil einer Sekunde ausmacht.

Zyklus VIII, *Die Subatomare Welt,* umfaßt Zeiträume von $1{,}58 \times 10^{-4}$ Sekunden bis $1{,}58 \times 10^{-7}$ Sekunden (der millionste Teil einer Sekunde), auf der schnellsten Wahrnehmungsskala, bei der alles bereits in reine Energie zerfällt. Das sichtbare Universum wird von diesen Bereichen ausgehend geschaffen. Noch kürzere Lebensspannen als diese Zyklen fallen in den Bereich transitierender subatomarer Partikel und Hochfrequenztöne auf Ebenen im elektromagnetischen Spektrum, die vom Menschen nicht mehr gemessen werden können. In der Hadronischen Ära, 107 Sekunden nach dem Urknall, besteht das Universum aus einer brodelnden Urmasse von Partikeln und Antipartikeln, die von Photonen geformt werden, in denen Proton- und Antiproton-Paare sich gegenseitig auslöschen. Die Auflösung in reine Energie wird sowohl auf mikrokosmischer wie makrokosmischer Ebene reflektiert. Nach Abschluß von Zyklus VIII beginnen Schöpfungsvorgänge, die zur Materialisation und damit zum makrokosmischen Existenzbereich führen.

Die Universelle Zeitskala besteht aus acht Stufen der Entwicklung, beginnend mit der Lebenszeit des Universums bis zur Lebenszeit der Atome — die jeweils längsten und kürzesten Wellenlängen der geschaffenen Welt. Um es nochmals zu betonen: Jeder Zyklus auf der Skala beträgt ein Tausendstel des vorangegangenen und ist tausendmal so lang wie sein Nachfolger.

Die acht Stadien der Zeitskala bilden eine Parallele zu dem ›Achtfältigen Pfad‹ der Buddhisten. Das Ziel des Achtfältigen Pfades ist das ›Nirvana‹ oder die ›Buddhaschaft‹, das Erreichen der höchsten Bewußtseinsstufe, das einer Erweckung aus einem Traum gleichkommt. Auf dieser Stufe löst sich der Geist von dem Verlangen, den Zyklus der inkarnierten Entwicklungen noch einmal zu durchlaufen, einfach, weil er sich selbst unwiderruflich als unermeßlich, grenzenlos und unsterblich erkennt. Es wird also im Grunde genommen nichts erreicht, weil dieser Zustand nicht durch Wünschen und Streben erlangt werden kann, sondern nur durch die spontane Erkenntnis, daß man nicht herstellen und erreichen kann, was *bereits von Anfang an der Fall ist.* Das Nirvana oder die Buddhaschaft befindet sich also außerhalb der diversen Entwicklungskreise, da dieses Bewußtsein alle Unterscheidungen transzendiert. Der Achtfältige Pfad ist der buddhistische spirituelle Weg, auch ›Dharma‹ genannt, auf dem mit Hilfe klar umrissener Methoden ein Bewußtseinszustand erlangt wird, der die Sinnlosigkeit allen Begehrens und Strebens spiegelt. Die ersten vier Methoden sind gedankliche Techniken, und die nächsten vier sind aktive Methoden, also Handlungen. Das Ziel des Achtfältigen

Wegs ist die Befreiung von dem vergänglichen Universum, wie es von der Universellen Zeitskala beschrieben wird.

Die Spirale der Zeit

Man kann die Universelle Zeitskala (UZS) auf zwei verschiedene Arten darstellen, wobei jede Darstellung einen anderen Mechanismus verdeutlicht. Die erste Darstellungsweise ist der spiralige Zylinder, welcher entlang einer pfeilgeraden Achse durch die Zeiten emporsteigt, und die zweite Darstellungsweise ist eine Reihe von Spiralen, die jeweils von oben betrachtet werden.

Bei der zylinderförmigen UZS steht der Urknall am unteren Ende der Spirale und die Lebensspanne eines Atoms am oberen (Abbildung 35). Auf jeder Stufe findet eine spiralige Umdrehung um den Zylinder der verschiedenen Entwicklungszyklen statt, eine Bewegung, die sich immer wiederholt, denn wenn die Schöpfung einmal begonnen hat, kann sie ihr Entwicklungsprogramm nur ständig, in unendlich vielen Permutationen wiederholen, einfach weil es keine andere Art gibt, sich zu manifestieren. Jedes Stadium wiederholt sich, genauso wie der gesamte Prozeß eine Wiederholung ist.

Die UZS beschreibt die Wiederholungen des Schöpfungsvorgangs in den materiellen Formwelten und den Mikrowelten, wo nur Gedankenformen existieren, in jeweils vier Stadien der Entwicklung. Die Organisation der Gesamtheit wird in jedem Zyklus wiederholt und von der natürlichen Welt auf jeder Ebene der Wahrnehmung reflektiert. Die Bewegung der makrokosmischen Ara der Schöpfung in die mikroskosmische, subatomare Welt wird von einer Verringerung der Ordnung beglei-

---

Abbildung 35: Die Universelle Zeitskala als Zylinder ▶
Die UZS in zylindrischer Form mit dem Urknall am unteren Ende und der Mikrowelt am oberen. Während die Spirale ihrer Zeitachse entlang in die Höhe steigt, vermindert sich die Ordnung im gleichen Maße, wie die Informationen zunehmen. Die Zeiteinheit eines Tages befindet sich genau in der Mitte zwischen dem Makrokosmos und dem Mikrokosmos und zwischen Vergangenheit und Zukunft.

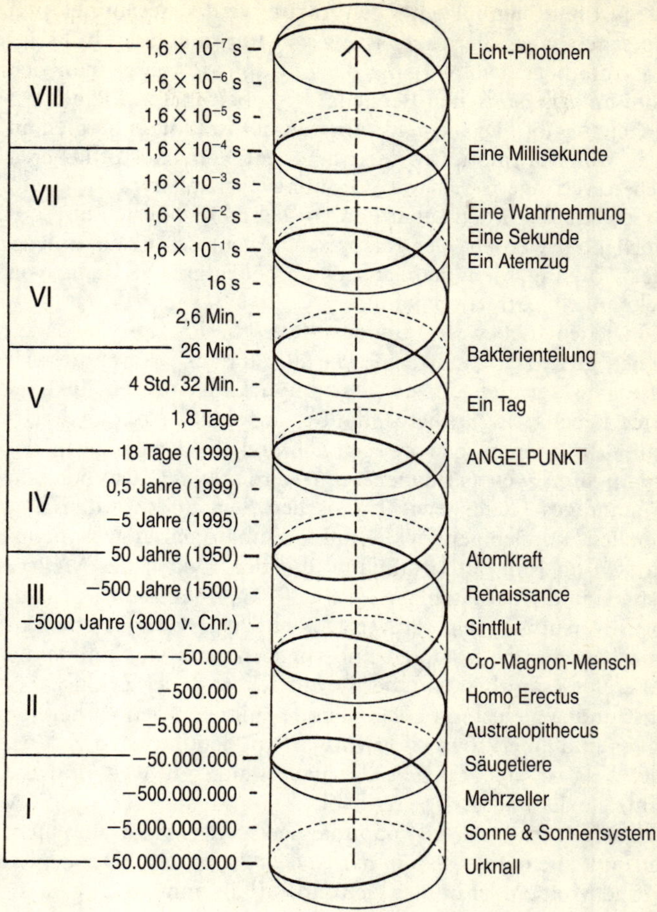

Oktave I —	Die Ära der Schöpfung	50 Milliarden Jahre
Oktave II —	Die Ära der Säugetiere	50 Millionen Jahre
Oktave III —	Das Weltzeitalter	50.000 Jahre
Oktave IV —	Das Jüngste Gericht	50 Jahre
Oktave V —	Die Zellularwelt	18,2 Tage
Oktave VI —	Die Molekülwelt	26 Minuten
Oktave VII —	Die Atomwelt	1,6 Sekunden
Oktave VIII —	Die Subatomare Welt	$1{,}6 \times 10^{-4}$ Sekunden

tet. Informationen im zeitlichen Ablauf werden gesammelt und gespeichert, aber die Übersetzung von Informationen in Ereignisse unterliegt dem Vorgang der Entropie, je weiter man sich in die mikrokosmischen Bereiche der subatomaren Elementarteilchen begibt. Das Universum tauscht ständig Energien in Form von Informationen aus, aber auf den feinstofflicheren Ebenen verringern sich die Ordnungsprinzipien oft so weit, daß Ereignisse in den subatomaren Welten willkürlich und unberechenbar werden. Der entropische Austausch ist ein universeller Vorgang, den man aus einer unbegrenzten Reihe von Blickwinkeln betrachten kann.

In jedem Lebewesen finden universelle Prozesse auf allen Ebenen gleichzeitig statt, und darüber hinaus rekapituliert jedes Lebewesen den universellen Entwicklungsprozeß im Lauf seiner Lebenszeit. Frühere Stadien, angefangen mit dem Urknall, ›sind bereits geworden‹, während die Vorgänge in der subatomaren Welt permanent ›am Werden‹ sind, also herrscht ein ständiges Gleichgewicht zwischen Sein und Werden. Die schnellen, kurzlebigen Zyklen in der subatomaren Welt befinden sich im Rapport (Resonanz) mit den Zyklen des Makrokosmos, und jeder Atemzug ist eine Rekapitulation des gesamten Universums in der Zeit. Trotz aller Wiederkehr ist jede Existenzebene in sich komplett und zugleich auch die Summe der größeren Gesamtheit, von der sie ein Teil ist. Jeder Zyklus ist er selbst und zugleich eine rücklaufende Spirale in den vorherigen Zyklus und eine Progression vorwärts in den nächsten Zyklus. Jede Welt ist eine Endzeit der nächstlängeren Welt und die Keimzelle der nächstkürzeren Welt.

Das Zentrum der UZS-Spirale liegt genau zwischen einem Jahr und einem Tag: also *in der ewigen Gegenwart*. Der gegenwärtige Moment ist immer hier und enthält immer den Rest aller Zeit, ist also das Zentrum des universellen Schöpfungsvorgangs vom Makrokosmos bis zum Mikrokosmos. Die Menschheit bildet nicht den endgültigen Höhepunkt dieser universellen Entwicklung, aber sie ist der zentrale Wahrnehmungspunkt, von dem aus das Universum erfahren wird.

Die naheliegendste und natürlichste Betrachtungsweise der Spirale der Zeit legt die Vergangenheit an das untere Ende der UZS, was die mikrokosmischen Welten in die obere Hälfte der

UZS verlegt, also in die Zukunft. Der Pfeil der Zeit zeigt von unten nach oben. Die langsameren Zyklen der Vergangenheit und die schnelleren Zyklen der Zukunft reflektieren unsere Zeitwahrnehmung. Jedes Phänomen, Ereignis oder Lebewesen, vom mikrokosmischen Partikel bis hin zu den Galaxien und Sonnen des Makrokosmos, hat eine primäre Wahrnehmungsweise innerhalb eines bestimmten Zyklus, eine Vergangenheit im nächstunteren Zyklus und eine Zukunft im nächsthöheren. Die Länge der Zyklen von I bis VIII entscheidet, wie häufig Schockpunkte vorkommen, bei denen ein Übergang auf verfeinerte oder spirituellere Ebenen möglich wird. Zum Beispiel benötigen Objekte in den Mineralreichen Jahrmillionen, um ihren Daseinszyklus zu vollenden und an den Punkt zu gelangen, an dem sie zerfallen, um sich in einem Säugetierkörper zu synthetisieren. Der menschliche Körper enthält Spuren von allen, seit Anbeginn der Erde existierenden Mineralen und Elementen, wobei die Erde ihrerseits aus Materie besteht, die sich dereinst von unserer Sonne abgespalten hat. Dennoch existieren diese Minerale und Elemente gegenwärtig in einer Kombinationsform von höchstmöglicher Verfeinerung. Die Abbildung 36 A zeigt das *Periodensystem der Elemente* in einem spiraligen Schema, das ich der Universellen Zeitskala in Abbildung 36 B gegenübergestellt habe, um zu verdeutlichen, wie sehr beide Diagramme dem Aufbau von atomaren Strukturen ähneln. Die längeren Zyklen und Einheiten befinden sich in der Nähe von Zyklus I, während die kürzeren Zyklen sich bei Zyklus VIII anhäufen, obwohl jede Kreatur ihre individuelle Lebenszeit im Sinne eines Ablaufs der Gesamtheit der Geschichte wahrnimmt.

Schopenhauer definierte »Maya‹ als einen Traum des gesamten Wissens der Welt. Der Mensch hat zwei Realitätsvorstellungen, die eine nennen wir die *subjektive*, in der ein »Wisser‹ (als Subjekt) etwas weiß, was das ›Gewußte‹ ist (das Objekt seiner Wahrnehmung). Das Subjekt ist derjenige, der die Welt und alles, was darin existiert, als ein *Objekt* wahrnimmt, also eine Welt von Objekten, die den Gesetzen der objektiven Welt unterliegen. Aber das Subjekt existiert immer zuerst, immer in seiner Gänze, und in Wahrheit ungetrennt von sogenannten ›anderen Dingen‹, die das Subjekt als *objektive* Reali-

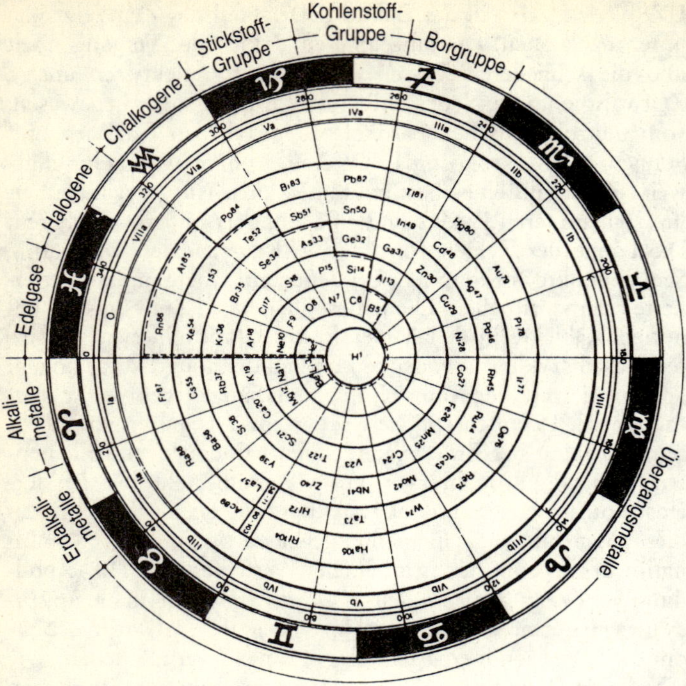

Abbildung 36 A: Das Periodensystem der Elemente in Spiralform
Das Periodensystem der Elemente kann als eine Spirale dargestellt werden, die dem Wasserstoff entspringt. Jede Spiralschicht wird von der Anzahl der Elektronenschalen definiert, die, ausgehend vom Wasserstoff, gefüllt sind. Die Grundlage jeder Schicht wird von einem Edelgas gebildet.

tät begreift. Schopenhauer sagte, daß jedes Lebewesen die ganze Welt in seiner Vorstellung schafft, und wenn ein Lebewesen aufhört zu existieren, dann hört auch die Welt als Wille und Vorstellung zu existieren auf. Im Tod erfahren wir das Ende der von unserem Willen und unserer Vorstellung geschaffenen Welt, die von unserer Existenz als wahrnehmendes Subjekt abhängig ist. Ebenso, wie der Tod das Ende der subjektiven Welt herbeiführt, führt die Zeugung die Entstehung der subjektiven Welt als Wille und Vorstellung herbei. In diesem

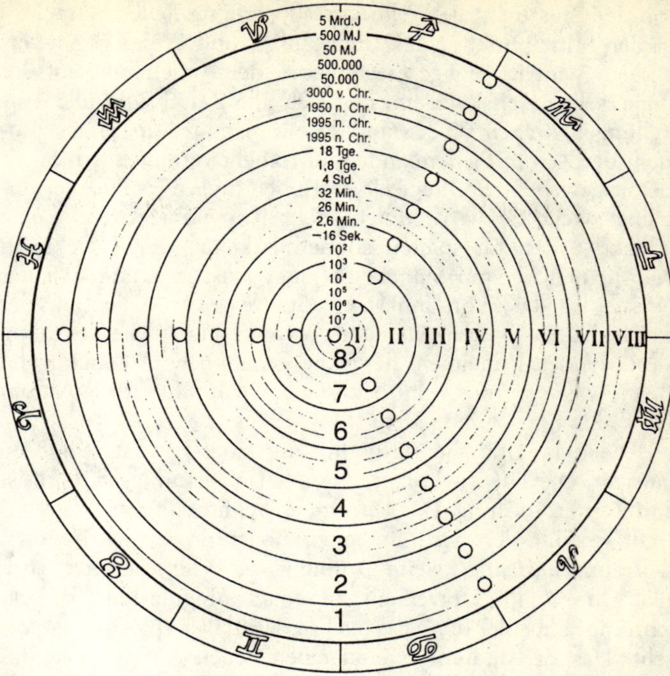

1 Subatomare Welt
2 Atomare Welt
3 Molekülwelt
4 Zellularwelt
5 Endzeit
6 Weltzeitalter
7 Zeitalter der Säugetiere
8 Schöpfung

Abbildung 36 B: Die Universelle Zeitskala in Spiralform
Die UZS als eine Reihe von Kreisen, ausgehend von der Schöpfung im Zentrum, der die acht Oktaven in konzentrischen Ringen folgen. Das Diagramm gleicht sowohl den Modellen von der Struktur eines Atoms, als auch den Diagrammen von Fludd.

Sinne kann man sagen, daß *jedes Lebewesen das gesamte Universum ist.*

Die Neue Physik gibt Schopenhauer recht. Phänomene in der sogenannten objektiven Welt existieren nur in Relation zu einem Betrachter. Es gibt keinen bevorzugten Referenzrahmen, von dem aus man die Welt »korrekt‹ erfährt. Jeder Betrachter ist der Mittelpunkt seines Universums, und dieser gegenwärtige Moment ist ›ewige Gegenwart‹, der Angelpunkt auf der Universellen Zeitskala, um den sich alle Zeiten und alle Vorstellungen drehen. Die Raum-Zeit-Konstante, die jeden Moment der Zeit mit jedem anderen Moment verbindet, ist das Illusionsgewebe, dem die Seele entrinnen muß, was ihr aber nur gelingt, wenn sie die Welt nicht mehr in eine objektive und eine subjektive Realität spaltet, sondern erkennt, daß Objekte in Wahrheit nicht vom Subjekt getrennt existieren und daß der ›Wissende‹ das ›von ihm Gewußte‹ ist. Das Dilemma der menschlichen Existenz entsteht durch die künstliche Trennung dieser beiden Prinzipien, denn die gedankliche Trennung von allem, was ›von mir‹ wahrgenommen wird, führt zur Isolation, zur Todesangst, zum Leiden.

Die Relativitätstheorie beruht auf einer zutiefst religiösen Einsicht. Die Theorie besagt, daß das Universum gekrümmt ist und Zeit kreisförmig. Das Universum beginnt also mit dem Urknall, manifestiert sich in einem bogenförmig gekrümmten Zeitraum und endet, wenn Ordnung von Willkür ersetzt wird, alle Materie im Universum zu einer ›Singularität‹ zurückschrumpft, aus der dann die nächste Urknall-Explosion hervorgeht. Das Endstadium erzeugt einen neuen Anfang. Um das Universum verstehen zu können, muß man sich an den Ausgangspunkt des Universums zurückbegeben und entdecken, wie es geschaffen wurde. Das Wort ›religio‹ bedeutet ›rückverbinden‹, und die Funktion der Religion besteht darin, den Menschen mit dem, was immer am Anfang war und sein wird, zurückzuverbinden, mit dem ursprünglichen Bewußtsein, der Einheit, dem All.

Das Ende ist der Anfang

Der Ablauf des Universums ist kreisförmig, genauso wie jedes dem Universum innewohnende System. Alle Systeme greifen ineinander und sind letztlich untrennbar, und das Ende ist der Anfang. In der Leben ★ Zeit Astrologie stimmt der Zeitpunkt der Empfängnis mit dem Zeitpunkt des Todes überein. Zum

Zeitpunkt der Empfängnis ist alles Leben noch unmanifestiertes Potential, während alles Potential zum Zeitpunkt des Todes aktualisiert worden ist. Jedes Stadium im Leben ist eine Phase in der Transformation vom Potentiellen zum Aktualisierten. Das Leben transformiert die Wirklichkeit in genau der Weise, wie das Universum Informationen transformiert.

Wie die Urschlange, die sich selbst in den Schwanz beißt, wird das Ende der Universellen Zeitskala mit ihrem Anfang verbunden. Auf Abbildung 37 werden die acht spiraligen Kreise der UZS in einer Weise miteinander verbunden, daß wir eine gewölbte Ringform mit einem Loch in der Mitte erhalten (wie die amerikanischen Krapfen), die man Torus nennt. Die Pfeile auf der Oberfläche des Torus stellen den Fluß der Zeit dar. In der Physik wird der Torus als ein Modell zur Erklärung von ›unterschiedlichen Verbundenheiten‹ benutzt, was heißt, daß das Selbst gleichzeitig als getrennt und als verbunden mit dem Rest des Universums betrachtet werden kann. Arthur Young entdeckte, daß die Formel für das Volumen des Einstein-Eddington-Universums, die sogenannte Hypersphäre, $2\eta^2 R^3$ ist, also dieselbe wie die Formel für das Volumen eines Torus mit einem unendlich kleinen Loch in der Mitte. Der Fluß über die Oberfläche eines Torus ähnelt außerdem dem Muster des Magnetfelds der Erde.

Wenn Enden und Anfänge miteinander verbunden werden, spielt die Interaktion an ihrem Kreuzungspunkt eine kritische Rolle. Es gibt subatomare Partikel, die Mesons genannt werden und eine weitaus kürzere Lebensdauer als die Partikel im Zyklus VIII auf der UZS haben, aber sie werden als ›vorübergehende‹ Partikel betrachtet. Dennoch haben wir unterhalb des Zyklus VIII plötzlich eine subatomare Partikelgruppe entdeckt, deren Lebensdauer unbegrenzt ist. Diese subatomaren Partikel überbrücken die Lücke zwischen dem Makrokosnos und dem Mikrokosmos, denn auf der Mikro-Skala wird das Gesetz von Ursache und Wirkung weitgehend außer Kraft gesetzt, selbst die lineare Zeit spielt keine Rolle mehr. Die Entropie erreicht eine maximale Wirkung und resultiert in willkürlichem Verhalten, das einen Wirbelsog (Vortex) in Form des Unendlichkeitssymbols am Übergangspunkt zwischen den Mikro- und den Makrowelten erzeugt.

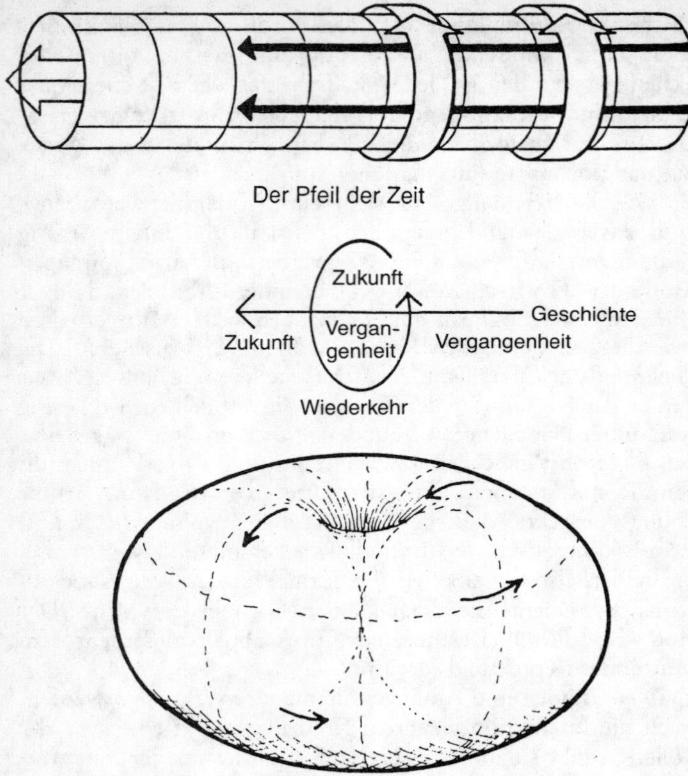

Abbildung 37: UZS Torus

Wenn die geradlinige Fläche der Universellen Zeittabelle zu einer Zylinderform gebogen wird, treffen sich der Anfang und das Ende jeder Oktave und stellen somit den kreisförmigen Geschichtslauf innerhalb jeder Oktave dar, angezeigt von den senkrecht verlaufenden, kreisförmigen Pfeilen. Die waagerechten Pfeile verdeutlichen den Ablauf der Entwicklungsgeschichte, beginnend mit der Schöpfung auf der rechten Seite, bis hin zum subatomaren Bereich auf der linken Seite. Wenn der Zylinder selbst noch einmal zur Kreisform gebogen wird, ergibt sich die Form eines Torus, bei dem die Kreuzungspunkte von Empfängnis und Tod auf jeder Oktave zusammentreffen, und der Punkt, an dem jede Oktave beginnt und endet, immer derselbe ist. Die zugleich spiraligen und kreisenden Bewegungen sind auch die Bewegungen von Elektronen um einen Atomkern. Die Torusform verdeutlicht all diese Interaktionen.

Der Physiker E. H. Walker hielt es für wahrscheinlich, daß Photonen bewußt sind, weil sie Eigenschaften des organischen Lebens an den Tag legen und zu ›wissen‹ scheinen, wohin sie gehen müssen, also Informationen verarbeiten und dann dementsprechend handeln. Photonen haben Eigenschaften, die sowohl den mikrokosmischen als auch den makrokosmischen Bereichen zugeschrieben werden. Gary Zukav geht noch einen Schritt weiter, indem er subatomare Teilchen wie die Photonen nicht mehr als ›Teilchen‹ bezeichnet, sondern als ›Sets von Beziehungen‹. Elementar*teilchen* sind Erfindungen, Vermutungen, die von der Wahrnehmung der Physiker und durch die Interpretation der Ergebnisse ihrer Messungen geschaffen werden. Photonen existieren nicht als erkennbare Einzelteilchen, sondern nur als reine Energie, ungetrennt von der Gesamtheit. Diese reine Energie manifestiert sich in Form von ›feststellbaren Elektronen, die einen Atomkern umkreisen‹, aber da die Photonen sich mit Lichtgeschwindigkeit fortbewegen, ist ihre Lebensdauer unbegrenzt im Sinne der Relativitätstheorie. Sie leben in den Mikrowelten, und zwar für immer und ewig. Die Zeit ist für sie nur solange gültig, wie sie sich in die Materie einbindet. Der Geist unterliegt dem Gesetz der vergehenden Zeit nur, solange er sich an einen Körper gebunden fühlt. Befreit er sich von dieser Identifikation, so transzendiert er die Zeit.

Eine andere Erklärung für die Verknüpfung von Ende und Anfang ergibt sich aus der Hypothese von den ›Schwarzen Löchern‹ im Universum. Die Astrophysiker gehen heute davon aus, daß Sterne geboren werden, eine Weile leben und dann sterben, genauso wie der Mensch. Wenn ein massereicher Stern sich dem Ende seiner Lebenszeit nähert, wird sein Gravitationsfeld dermaßen stark, daß der Stern unter der Wirkung seiner eigenen Schwerkraft, einschließlich des umgebenden Raums, in sich zusammenstürzt, was einen Wirbelsog erzeugt, in den sowohl seine eigene Masse, als auch Lichtstrahlen und Materieteilchen in der Umgebung hineinverschwinden. Im Inneren dieses Vortex befindet sich ein sphärisches Mini-Universum in Keimform, eine separate Gesamtheit, die nur durch einen einzigen Kontaktpunkt mit unserem geschaffenen Universum verbunden ist: durch ein Schwarzes Loch.

Schwarze Löcher unterliegen Gesetzmäßigkeiten, die allen physikalischen Gesetzen widersprechen. Ein Zeitreisender, der sich einem Schwarzen Loch nähert, scheint von außen betrachtet immer langsamer voranzukommen, aber aufgrund einer Anomalie in der Relativität benötigt er unendlich viel Zeit dazu. Der Zeitreisende würde eine ungeheure Beschleunigung wahrnehmen und in ein unbekanntes, von Schwarzschild postuliertes ›Jenseits‹ geschleudert werden, in dem »die Zeit unseres Entdeckungsreisenden periodisch zu ihrem Anfang zurückkehrt, aber im selben Raum verbleibt ... Der Reisende ist hier ein Gefangener in einem zyklischen Universum, in dem er mit jeder Drehung des Schwarzen Lochs dasselbe Ereignis noch einmal erfährt.« Die Zeit entfaltet sich in umgekehrter Richtung in einem Schwarzen Loch. In unserem geschaffenen Universum vermindert sich die Ordnung der Erscheinungen im Lauf ihrer Entwicklung, aber in einem Schwarzen Loch vermehrt sich die Ordnung der Erscheinungen im Lauf ihrer Entwicklung. Informationen über das Universum verringern sich normalerweise, während sie in einem Schwarzen Loch zunehmen. Charon stellte die Überlegung an, daß die Raum-Zeit-Konstante in einem Schwarzen Loch zu einem ›Gedankenraum‹ oder einem ›Gedächtnisraum‹ werden könnte. Er schreibt dem Aufbau des Elektrons ähnliche Qualitäten zu, was das Elektron zu einem Schwarzen Loch in Miniaturform machen würde, zu einem ›Träger des Geistes‹. Ein Elektron hat eine quasi-ewige Lebensdauer, bildet ein eigenes Universum und kann Informationen aus der Entfernung mit anderen Elektronen austauschen. Laut Charon enthält das Elektron demnach das Raum-Zeit-Verständnis des Geistes, und in seiner Eigenschaft als Mikro-Universum, das zyklischen Gesetzen unterliegt, reaktiviert ein Elektron vergangene Stadien seines eigenen Raums, wodurch die Entropie (bzw. der Informationsgehalt) ebenfalls erhöht wird.

Charons Hypothese von der geistigen Essenz solcher Elementarteilchen stimmt mit den Überzeugungen der Alchemisten überein, die von einer Einheit aller Dinge sprachen. Das Elektron liegt allen Erscheinungsformen im Universum zugrunde, und ist mit Hilfe von Schwarzen Löchern in der Lage, den Übergang von Materie zu Geist und von Geist zu materieller Erscheinungsform zu vollziehen. Das Elektron ist somit der Schockpunkt, der Schnittpunkt zwischen allen Zyklen und Oktaven auf der Zeitskala. Der elektronische Seinsbereich ist ein ewiges Universum, in dem es keinen Tod gibt, nur Veränderungen im Seinszustand.

Das Faustische Universum

Auf Tabelle 8 wird die Struktur des frühen Universums gezeigt, wie es im ›*Scientific American*‹ (amerikanische, wissenschaftliche Zeitschrift) vom April 1980 dargestellt wurde. Die linke Spalte zeigt die Daten der Kosmischen Zeit von 0 bis 20 Milliarden Jahre von oben nach unten, während die Spalte rechts außen die Zeit in ›Jahren vor uns‹ angibt, ebenfalls von oben nach unten. Die beiden Spalten laufen in entgegengesetzte Richtungen, obwohl beide akkurat sind. Die Ereignisse, die sich vor Milliarden Jahren, kurz nach der Schöpfung, im Diakrokosmos zugetragen haben, sind dieselben Ereignisse, die sich tagtäglich im Mikrokosmos abspielen. Der ›Pfeil der Zeit‹ wird von vielen Wissenschaftlern als linear und unwiederbringlich in eine Richtung weisend interpretiert, aber er zeigt eindeutig in zwei Richtungen zugleich: sowohl vorwärts als auch rückwärts. Der Nobelpreisträger Ilja Prigogine bezeichnete die Frage nach der ›Wiederbringlichkeit oder Unwiederbringlichkeit der Zeit‹ als das wichtigste Thema auf dem Gebiet der modernen Naturwissenschaften und appellierte an den ›gesunden Menschenverstand‹ seiner Kollegen, indem er sie öffentlich aufrief: »Denkt an Einstein, Proust, Freud, Teilhard, Pierce und Whitehead!«

Im Spiralenschema der acht Welten verläuft die Zeit einerseits von unten (beginnend mit der Schöpfung des Universums) nach oben (bis zum elektronischen Bereich) und andererseits rückwärts, von oben nach unten, wie es die Zeit in einem Schwarzen Loch tun würde. Jedes Teilchen im Universum hat eine Entsprechung in einem Anti-Teilchen, das in einem Anti-Universum existiert. Dies ist das *Faustische Universum* des Physikers Stannard. Im Faustischen Universum von Stannard läuft die Zeit rückwärts, wie in einem Schwarzen Loch. Der gegenwärtige Moment ist der Treffpunkt von Universum und Anti-Universum, wo die Zukunft des Universums die Vergangenheit des Faustischen Universums bildet, und umgekehrt, die Vergangenheit des Universums die Zukunft des Anti-Universums ist. Wir haben es also mit parallel existierenden, aber spiegelgleichen Universen zu tun. Im elektronischen Seinsbereich des Universums herrscht maximale Unordnung und ein minimaler Informationsgehalt, während im gleichen Seinsbereich des Faustischen Universums maximale Ordnung und maximaler Informationsgehalt herrscht eine These und eine Antithese. Die beiden Spiegel-Universen bewegen sich zeitlich in entgegengesetzte Richtungen: wenn das Universum endet, wird das Faustische Universum gezeugt, und umgekehrt, woraus sich im Endeffekt eine Konstante ergibt, eine wiederkehrende, ewige Realität. Der Zugang zu beiden Welten wird vom Bewußtsein geschaffen, das jedem zu jeder Zeit in der Geschichte potentiell zugänglich ist.

Das Faustische Universum existiert ›außerhalb unserer Normalzeit‹, es liegt im Bereich des Bewußtseins, das von Mystikern, Yogis, spirituellen Lehrern und bei Höhepunktserfahrungen oder ›Satoris‹ erkundet wird. Auch in hellsichtigen Träumen, bei einem Dejà-vu oder bei Beinahe-Todeserfahrungen werden diese Bewußtseinsebenen tangiert, möglicherweise selbst im Verlauf von Tarotkartenlesungen, beim I Ging-Legen, der Radiästhesie und anderen multi-sinnlichen oder übersinnlichen Ausdrucksformen. Es ist denkbar, daß das Faustische Universum den gleichen Raum einnimmt wie das ›Unbewußte‹, wenn man davon ausgeht, daß das Unbewußte sämtliche Informationen über die Zukunft des Universums aus seiner Vergangenheit ablesen kann. Platos ›Welt der Ideen‹ knüpft

---

Tabelle 8: Kosmische Zeit ►

Aus der linken Spalte ergibt sich die Kosmische Zeit, angefangen mit der Singularität des Urknalls, bis zur Entstehung des Homo Sapiens. Die Spalte rechts außen zeigt die Zeit in Jahren, die seither vergangen sind. Die Entstehung von Galaxien, aus denen das astrologische Erkenntnissystem hervorging, und die mikroskopischen Lebensformen der primitiven DNA-Strukturen lassen sich aus der mittleren Spalte zwischen den beiden Zeittafeln ablesen.

Kosmische Zeit	*Epoche*	*Rotfärbung*	*Ereignis*	*Jahre zuvor*
0	Singularität	Unendlich	Urknall	20×10^9
10^{43} Sekunden	Planckzeit	10^{32}	Partikel-Entstehung	20×10^9
10^6 Sekunden	Hadronische Ära	10^3	Vernichtung von Proton-Anti-Proton-Paaren	20×10^9
1 Sekunde	Leptonische Ära	10^{10}	Vernichtung von Elektron-Positron-Paaren	20×10^9
1 Minute	Strahlungsära	10^9	Nukleussynthese von Helium und Deuterium	20×10^9
1 Woche		10^7	Strahlen-Thermaliten vor dieser Epoche	20×10^9
10.000 Jahre	Ära der Materie	10^4	Universum materialisiert sich	20×10^9
300.000 Jahre	Ära der Zweiteilung	10^3	Universum wird transparent	$19{,}9997 \times 10^9$
1—2 x 10^9 Jahre		10—30	Galaxien formen sich	18—19 x 10^9
3×10^9 Jahre		5	Galaxien ballen sich zusammen	17×10^9
4×10^9 Jahre			Kollaps unserer Protogalaxie	16×10^9
$4{,}1 \times 10^9$ Jahre			Erste Sterne formen sich	$15{,}9 \times 10^9$
5×10^9 Jahre		3	Quasar entstehen: Sterne der Gruppe II formen sich	15×10^9
10×10^9 Jahre		1	Sterne der Gruppe I formen sich	10×10^9
$15{,}2 \times 10^9$ Jahre			Der Sternnebel unserer Milchstraße entsteht	15×10^9
$15{,}3 \times 10^9$ Jahre			Kollaps der protosolaren Nebel	$4{,}7 \times 10^9$
$15{,}4 \times 10^9$ Jahre			Planeten entstehen, Gestein erkaltet	$4{,}6 \times 10^9$
$16{,}1 \times 10^9$ Jahre	Frühzeit		Älteste irdische Gesteinsformen	$3{,}9 \times 10^9$
17×10^9 Jahre			Mikroskopische Lebensformen	3×10^9
18×10^9 Jahre	Archaikum		Sauerstoffhaltige Atmosphäre entwickelt sich	2×10^9
19×10^9 Jahre			Makroskopische Lebensformen entstehen	1×10^9
$19{,}4 \times 10^9$ Jahre	Erdaltertum		Früheste Fossilienbildung	600×10^6
$19{,}55 \times 10^9$ Jahre			Erste Fische	450×10^6
$19{,}6 \times 10^9$ Jahre			Erste Landpflanzen	400×10^6
$19{,}7 \times 10^9$ Jahre			Farne, Nadelhölzer	300×10^6
$19{,}8 \times 10^9$ Jahre	Erdmittelalter		Erste Säugetiere	200×10^6
$19{,}85 \times 10^9$ Jahre			Erste Vögel	150×10^6
$19{,}94 \times 10^9$ Jahre	Erdneuzeit		Auftreten des Menschenaffen	60×10^6
$19{,}95 \times 10^9$ Jahre			Zunahme der Säugetiere	50×10^6
20×10^9 Jahre			Homo Sapiens	1×10^5

ebenfalls an die Idee eines Faustischen Universums an: Platos Ideenwelt ist jedem Menschen zu jeder Zeit zugänglich und enthält alle Informationen, die unser System jemals enthalten kann. Jean Charon postulierte eine ›Theorie der komplexen Relativität‹ in der das Anti-Universum umgekehrten Gesetzen folgt, die eher mental sind als physisch.

Frank Barr wies darauf hin, daß das universelle Pigment in allen lebenden Organismen, der organische ›Supraleiter‹ Melanin, Eigenschaften aufweist, die denen der Schwarzen Löcher im Weltall gleichen, woraus er schloß, daß das Melanin das bedeutsamste Organisationsmolekül bei lebenden Organismen sein könnte, ein Regulationsmechnismus und der Schlüssel zu unserem Verständnis der Entwicklungsgeschichte, der Embryonalentwicklung, der Regeneration des Gewebes, des Bewußtseins und der Bewußtseinserweiterung im Zuge von psychischen Veränderungen. Andere Wissenschaftler glauben, daß das Melanin der Mutterboden für den Aufbau von DNA, RNA, und Proteinen ist. Melanin scheint sich selbst zu organisieren und zu synthetisieren — ein Schlüssel auf der Suche nach einer Antwort auf das Rätsel der biologischen Aufbaustrukturen des Lebens und damit letztlich auch des Bewußtseins.

Setzt man die subatomaren Seinsbereiche mit höherem Bewußtsein schlechthin gleich, so läßt man die Bereiche jenseits des ›Universums als pure Energie‹ weiterhin außer acht. Die höchsten Seinszustände befinden sich jenseits von Energie, sind vollkommen unfaßlich, schrankenlos; und existieren hinter allem Manifestierten, sei es physisch oder energetisch. Der hebräische Mystizismus hat einen Namen für diesen Bereich: *Ain Soph,* der ewige Seinszustand, der mit dem begrenzten menschlichen Verstand nicht erfaßt, aber *vom Sein erfahren werden kann,* wenn alle Interpretationen und Projektionen fallengelasssen werden. Der höchste Seinszustand enthält alles: das Zentrum des Kreises und sein zyklisches Rad, das inhaltslose Bewußtsein und den gesamten Inhalt des Universums — der höchste Seinszustand ist Gott.

Siebtes Kapitel
★ Reinkarnation ★

»Gautama Buddha spricht: Mit diesem friedvoll und rein gemachten Herzen, durchscheinend, kultiviert, frei von Bosheit, geschmeidig, handlungsbereit, stark und unerschütterlich, richtet der Heilige nun seine Aufmerksamkeit auf das Wissen um die Erinnerungen an seine früheren Seinszustände in der zeitlichen Welt. Er ruft sich ... eine oder zwei oder drei ... oder tausend oder hunderttausend Geburten im Lauf von vergehenden Äonen, im Lauf von Äonen der Entwicklung und Auflösung in Erinnerung.«

›Samannaphala Sutra‹, Übers. nach T. W. Rhys-Davids

Die Lehre von der Wiedergeburt des Menschen ist ein essentieller Bestandteil der buddhistischen und taoistischen Weisheit. Die Veden, uralte indische Weisheitsschriften, sprechen von Reinkarnation, ebenso wie die alten Ägypter, die Hebräer, das esoterische Christentum, eingeweihte Muslims, Schamanen und viele andere Religionen. In ihrer simpelsten Form ist Reinkarnation die periodische Wiederkunft derselben Seele im irdischen Seinsbereich. Manche Formen des Krischna-Kults lehren, daß nur Helden, Weltlehrer und ›große Seelen‹ sich bewußt reinkarnieren, während der Vorgang für die unbewußteren Seelen etwas vager ist und nicht genau beschrieben wird.

Was man als *Seelenwanderung* bezeichnet, ist die potentielle Wiedergeburt in allen, in diesem Universum existierenden Lebensformen. Jede Seele durchläuft eine Serie von Existenzen in zunehmend komplexer werdenden Tierkörpern, bevor sie bewußt genug ist, in einen menschlichen Körper einzutreten — ein Glaube, der ein Element der Moralität einführt, da man bei dieser Art der Reinkarnation einerseits belohnt wird, andererseits aber auch ›strafversetzt‹ werden kann.

Das *karmische Gesetz* ist das Gesetz von Ursache und Wirkung, hier aber ausgedehnt auf die Bereiche jenseits des physischen Todes. Dem karmischen Gesetz zufolge ist das gegenwärtige Leben ein Resultat der Eigenschaften, die der Mensch in früheren Leben entwickelt hat, und seine Handlungen in diesem Leben determinieren die Qualität seines zukünftigen Lebens. Psychische Spurenelemente von früheren Leben werden der Seele also auch ohne eine verbindende Persönlichkeitsstruktur vermittelt. Jede Handlung, Emotion, jede Vorstellung und jeder Gedanke hat eine karmische Auswirkung, für die der Mensch grundsätzlich selbst verantwortlich ist, obwohl seine innerste Wesensnatur von keinem Gedanken, keiner Handlung etc. berührt werden kann und immer vollkommen unangetastet bleibt. Während die Reinkarnation für die meisten von uns eine pure Glaubensangelegenheit ist, gibt es Yogis und andere Menschen, die sich in der Meditation oder im Zuge einer Rückführung an tatsächliche frühere Leben erinnern.

Der Zyklus von Geburt, Tod und Wiedergeburt wird am besten von dem *Rad des Samsara* der Inder (dem Rad der temporären Erscheinungsformen) symbolisiert, und die geistige Loslösung von diesem Rad ist das, was der Osten die Erleuchtung nennt. Die Identifikation mit einem physischen Körper erzeugt Zwangsvorstellungen und führt zu dem Wunsch, ewig in den materiellen Existenzbereichen einherzuwandern, während die Loslösung in der Erkenntnis besteht, daß das Sein, welches den Körper animiert, ewig ist, reines Bewußtsein, und immer schon in vollkommener Seligkeit existiert hat und existieren wird. Manche erleuchtete Seelen entschließen sich freiwillig zu einer Rückkehr in eine körperliche Existenzform, um andere Seelen zur Befreiung zu führen, dies sind die ›Bodhisattvas‹ der Buddhisten, die ihre Auflösung im Nirvana aus Nächstenliebe verzögern.

Der Buddhismus spricht einerseits von ›Brahman‹, dem Absoluten Sein, aus dem alle Dinge hervorgehen und in das alle Dinge irgendwann zurückkehren, und andererseits von ›Atman‹, der individuellen Seele, die sich am höchsten Punkt ihrer Entwicklung als identisch mit Brahman erkennt. Atman erfährt sukzessive Lebenszeiten, identifiziert sich mit wechselnden Körperformen und taucht in die Welt der Erscheinungsformen ein. Aber sobald die Identität von Atman mit dem Absoluten Brahman erkannt und vollauf verstanden wird, hat die Suche nach Erlösung ein Ende. Ken Wilber nennt diese Suche nach dem ultimaten Gottes- oder Einheitsbewußtsein das »Atman Projekt« (Abbildung 38).

Das östliche Reinkarnationsverständnis wurde im 19. Jahrhundert von den Rosenkreuzern und den Mitgliedern der Theosophischen Gesellschaft in Europa und Amerika verbreitet. Die asiatischen Kulturen verstehen den kreisförmigen Mechanismus der Zeit als etwas, dem der Mensch so bald wie möglich entkommen muß, während die westliche Kultur die Zeit als eine schnurgerade Linie versteht und von dem Wunsch beseelt wird, ewig in der linearen Zeit fortbestehen zu können. Das Konzept eines linearen Zeitablaufs wurde von St. Augustin (400 n. Chr., an dem Punkt in der Mitte zwischen den beiden Hälften der Zeitskala) populär gemacht. Die Zeit ist ein Phänomen, das von der Wahrnehmung einer objektiven Realität abhängt, und das Sternzeichen Waage signalisiert eine zunehmende Bewußtheit im objektiven Bereich. Die untere Hälfte der Zeitskala ist subjektiv und unbewußt, und der Übergang zu der bewußten und objektiven oberen Hälfte der Zeitskala findet im Zeichen der Waage bei 400 n. Chr. statt. Das individuelle Leben besteht aus einer subjektiven Kindheit, während der man Impressionen und Verhaltensmuster vom Familiensystem aufnimmt, und einem objektiven Erwachsensein, während dem man den empfangenen Prinzipien gemäß handelt und wirksam wird. Wiederkehrende Geschichtsläufe entsprechen einer Bewußtseinsentwicklung, bei der sowohl subjektive als auch objektive Realitätsbilder erfahren und durchlitten werden. Die Entwicklung von Zeitkonzepten innerhalb des Geschichtslaufs bildet eine Parallele zu ähnlichen Entwicklungen im individuellen Leben. Widder- und Stierzeiten sind Perioden

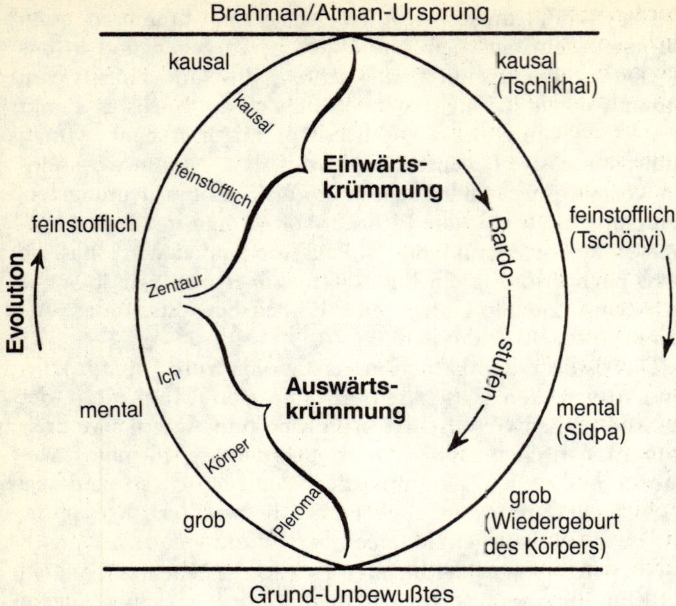

Abbildung 38: Die Bardo-Reise — Evolution und Involution
Die oben gezeigten Stadien der Evolution und Involution werden im Lauf eines Menschenlebens erfahren und in stark komprimierter Form auch während der 49 Tage zwischen Tod und Wiedergeburt. Jedes fühlende Wesen durchläuft sämtliche Stufen auf dieser Reise durch die Bardo-Welten, wie sie im tibetanischen Buddhismus genannt wird, und verweilt dann auf der seinem Bewußtsein entsprechenden Stufe (Ken Wilber, *›Das Atman Projekt‹ — Der Mensch in transpersonaler Sicht*).

der Zeitlosigkeit, Zwillinge ist eine unmittelbare Gegenwartserfahrung, Krebs ist eine erweiterte Gegenwart, Löwe ist das ich-bezogene Erfassen von zeitlichen Sequenzen, und Jungfrau ist ein erweitertes lineares Zeitverständnis.

Das Vergehen der Zeit wird bis zum Alter von dreiundzwanzig Jahren nur äußerst selten genau verstanden, ebensowenig, wie die äquivalente historische Zeit von 400 n. Chr. von den meisten Menschen verstanden wird. Unsere modernen Zeitkonzepte sind noch relativ jung; mechanische Uhrwerke wurden erst vor etwa 500 Jahren erfunden, in der Zeit, in der auch die visuelle Perspektive des Menschen als relativ, also im gewissen Sinne als Sinnestäuschung erkannt wurde. Vor 1833 gab es noch keine weltweiten Normen der Zeitmessung.

Die Seele untersteht dem Gesetz der vergehenden Zeit, solange sie inkarniert ist, kann die Gesetze der Raum-Zeit-Konstante jedoch jederzeit transzendieren. Die letzte Inkarnation einer Seele kann Hunderte von Jahren zurückliegen und die nächste Inkarnation Hunderte von Jahren in der Zukunft. In der Ewigkeit existiert keine Zeit. Die Seele entspringt dem Grenzenlosen und kehrt in die Grenzenlosigkeit zurück, wenn sie sich lange genug in unterschiedlichen Körpern in den zeitgebundenen Welten aufgehalten hat. Aber sie kehrt immer in die Zeitlosigkeit heim, nicht anders als die Photonen, die letzten Endes aus purer Energie bestehen. Der Strom des Bewußtseins ist wie ein Fluß, der viele wechselnde Landschaften auf seinem Weg zum Ozean durchquert. In allen mystischen Philosophien entspringen die unterschiedlichen Erscheinungsformen im Universum einem zeitlosen All-Nichts (dem *Void*), und nur durch das Entstehen und Vergehen der Erscheinungsformen wird die Illusion einer entstehenden und vergehenden Zeit erzeugt. Die Erkenntnis der individuellen Einheit mit dem All-Nichts oder Gott findet durch das Durchleiden der Zeitvorstellung statt.

Das *›Tibetanische Totenbuch‹* beschreibt die Ereignisse zwischen dem Tod des physischen Körpers und der Wiedergeburt in einen neuen Mutterschoß im Sinne von Bardo-Projektionen. In Wahrheit sucht jede Seele auf ihrer Bardo-Reise nach Selbsterkenntnis, der Realisation, daß sie selbst das klare, grenzenlose Bewußtseinslicht ist, das ihr im Todesmoment erscheint, aber die meisten Seelen fühlen sich zu angelernten Realitätsvorstellungen hingezogen, die im Grunde nichts als Projektionen des klaren, grenzenlosen Bewußtseins sind, das allem zugrunde liegt. Wiedergeburt wird also nicht nur als körperliche Reinkarnation erfahren, sondern auch als psychische, mentale, emotionale Wiedergeburt in jedem Augenblick. Alle Ebenen des Bewußtseins sind ewig gegenwärtig, von den subtilsten bis zu den gröbsten, vom göttlichen Bewußtsein bis zu den Höllenwelten.

Die Vier Körper

Wiedergeburten finden also auf vielen Ebenen statt und in unterschiedlichen Körpern. Die vier, graduell immer feinstofflicher werdenden Körper des Menschen; der physische, emotionale, mentale und spirituelle Körper entsprechen den Elementen von Erde, Wasser, Luft und Feuer. Jeder Körper durchläuft eine eigene Art von Metamorphose im Zuge der persönlichen und kollektiven Entwicklung zu immer höheren Bewußtseinsformen.

Der *physische Körper* wird während der Embryonalphase geschaffen und reinkarniert sich auf zwei Arten. Die erste Art besteht in der konstanten Modifizierung der Körpersubstanzen durch chemische Wechselwirkungen beim Austausch von vitaler Lebenskraft, und die zweite Art der physischen Reinkarnation ist die körperliche Reproduktion im Lauf von Generationen. Körperliche Substanzen verlieren im Lauf einer Lebenszeit ihre Vitalkraft und werden irgendwann an die Erde zurückgegeben, aus deren Stofflichkeit ein neuer Körper geschaffen wird, die von derselben Individualität belebt werden kann. Der physische Tod findet statt, wenn die Kräfte der Erneuerung den Kräften des Verfalls unterliegen. Ken Wilber spricht in seinem *›Atman Projekt‹* von dem ewigen Kampf zwischen Eros und Thanatos. Eros ist der innewohnende Drang alles Geschaffenen, die eigene Existenz fortzusetzen, und Thanatos ist der universelle Drang das einmal Geschaffene wieder aufzulösen und zu vernichten. Diese beiden universellen Kräfte sind das, was die Hindus Vischnu und Schiva nennen, oder die Christen Gottvater und den Heiligen Geist. Reproduktion sorgt für eine ununterbrochene Übertragung von protoplasmischen Substanzen über Generationen innerhalb derselben Familie hinweg. Die Fortpflanzung von physischen Körpern im Lauf der Zeitgeschichte ist die simpelste und sichtbarste Form der Reinkarnation.

Der physische Körper entwickelt sich aus drei Komponenten, die im Lauf der Embryonalentwicklung im Mutterleib der Reihe nach in Erscheinung treten (siehe Abbildung 39). Die erste Komponente ist der *geistige Keim,* der sich bei der Empfängnis mit dem *Erbfolge-Strom* vereinigt. Vier Wochen nach

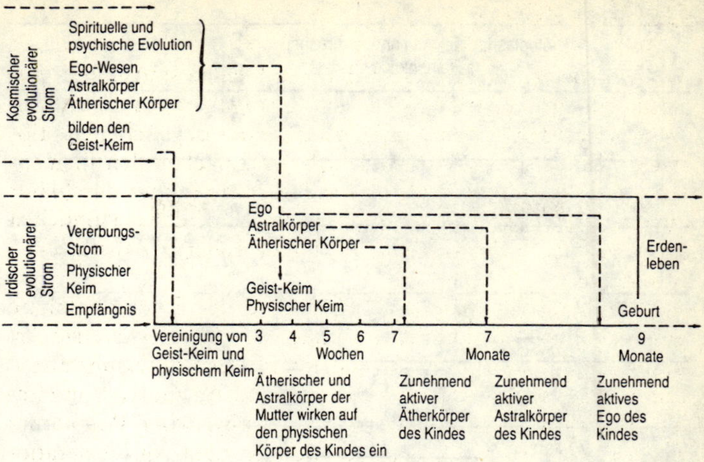

Abbildung 39: Embryonische Phasen
Der Geist-Keim aktiviert den physischen Keim bei der Empfängnis; nach sieben Wochen (49 Tagen) hat sich der ätherische Körper geformt. Der Astralkörper tritt etwa sieben Monate nach der Empfängnis in die physische Form ein, und das Ego, das mit dem Astralkörper eintritt, wird kurz vor der Geburt aktiviert (Wachsmuth, ›*Reinkarnation*‹).

der Empfängnis formt sich ein Zellkörper, der von einem *ätherischen Körper* durchdrungen wird, und dieser ätherische Körper verbindet sich nun mit der geistig-körperlichen Keimzelle. Der ätherische Körper ist der Baumeister der physischen Gestalt. Er folgt den Instruktionen eines kosmischen Bauplans, von dem die formgebenden Prozesse der physischen Welt bestimmt werden. In diesem Sinne kann der ätherische Körper auch als anderes Wort für ›genetischer Kode‹ aufgefaßt werden, denn der genetische Kode ist das Prinzip, nach dem die Erbinformationen, welche die Entwicklung und Organisation von Organismen bestimmen, verschlüsselt sind.

Die Scientologen sprechen von einer ›Genetischen Entität« (GE), die von einer physischen Erblinie zur nächsten springt (Abbildung 40). Das Energiemuster oder morphogenetische Feld, das den genetischen Kode erzeugt, ist bei allen Lebewesen

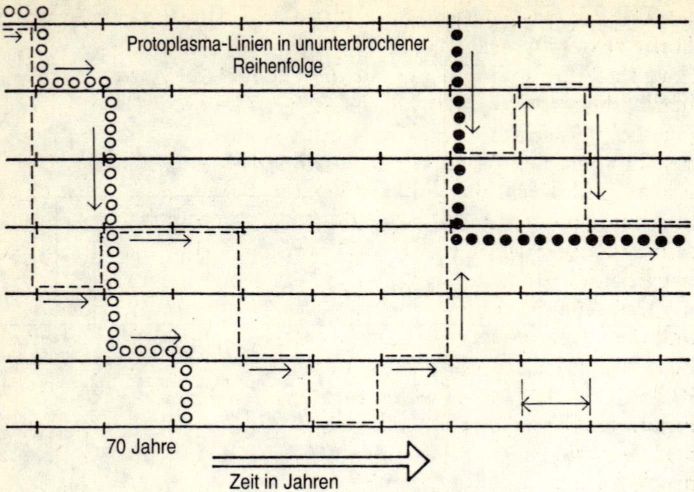

Abbildung 40: Reinkarnation bei den Scientologen
Die parallel laufenden, unterbrochen in der Zeit fortschreitenden Linien des Protoplasma bilden Familiengenerationen von Vater, Sohn, Enkel, etc. Die gestrichelte Linie der ›Genetischen Entität‹ sucht sich willkürlich unterschiedliche Protoplasma-Linien im Lauf von Generationen aus. Die in Kreisen dargestellte Linie des ›Theta-Wesens‹ springt von Generation zu Generation, ohne die Protoplasma-Line oder die GE-Linie zu beachten. Homo Sapiens benötigt eine Kombination von Protoplasma-, GE- und Theta-Wesen-Linien, aus der sich die Unterschiedlichkeit der Wesen innerhalb derselben Familie ergibt (nach Hubbard, ›*The Ages of Man*‹).

dasselbe, nur benutzt dieses Energiemuster jeweils unterschiedliche Kombinationen, um individuelle Merkmale zu erzeugen. Während der Embryonalphase rekapitulieren wir die Entwicklungsstadien aller Lebewesen vom Einzeller bis zum Menschen, was man als eine Übertragung des kollektiven, unbewußten Entwicklungsprogramms bezeichnen kann. So individuell wir uns auch fühlen mögen, wir unterliegen einem gemeinsamen Entwicklungsprogramm, das uns mit allen Lebewesen aller Zeiten verbindet. Nach Wachsmuth ist die reine Lebenskraft des ätherischen Körpers der Träger von instinktiven Triebkräften, die für das Überleben und die Erhaltung der physischen Form zuständig sind, seine Organe ausbilden und für seine Fortpflanzung sorgen. Kurz vor der Geburt betritt der aus planetarischen und galaktischen Bereichen kommende Astralkörper die physische Matrix und sorgt für einen Kontrapunkt zu den biologischen Vitalkräften des ätherischen Einflusses. Der Astral-Einfluß hält die Entwicklung in Grenzen, macht sie konkret und manifest, und signalisiert den Beginn des Bewußtseins, das seinerseits einen beschränkenden Einfluß auf wildwucherndes Wachstum hat.

Der *Emotionalkörper* wird in der Zeit zwischen Geburt und dem Alter von sieben Jahren geschaffen, also in der Kindheit, während der die Familienumgebung die einflußreichste Rolle in der emotionalen Entwicklung des Kindes spielt. Der Emotionalkörper enthält instinktive und angelernte Reaktionen, Verhaltensmuster, Bewertungssysteme, emotionale Ausdrucksformen und die Identifikation mit einer individuellen Persönlichkeit. Während der Embryonalphase liegt das Schwergewicht auf der Körperlichkeit, dem Greifbaren; während der Kindheit liegt das Schwergewicht auf den gefühlsmäßigen Wertvorstellungen, denen man ausgesetzt ist. Die Persönlichkeit ist die Gesamtsumme der verschiedenen Sichtweisen, die wir von uns selbst haben, wie wir uns selbst verstehen oder auch maskieren, und sie enthält alle Subpersönlichkeiten, die nur unter bestimmten Umständen in Erscheinung treten. In der Astrologie wird der Zustand des Emotionalkörpers aus den Planeten in den ersten vier Häusern abgelesen, aber er ergibt sich auch aus den Subpersönlichkeiten, wie sie von Planeten in Konjunktion mit oder in einem Aspekt zum Aszendenten symbolisiert werden. Der Emotionalkörper umgibt und durchdringt den physischen Körper, und, da er subtiler oder feinstofflicher als der physische ist, nimmt er auch ein größeres Spektrum von Einflüssen innerhalb und außerhalb der physischen Form wahr. Er ist ein subtileres Wahrnehmungsinstrument, das jedoch seinerseits sehr stark von der Atmosphäre und Natur des Familiensystems beeinflußt wird.

Der *Mentalkörper* wird während des Heranreifens und Erwachsenseins ausgebildet. Er umgibt und durchdringt den physischen und den emotionalen Körper und bildet so die dritte

Seinsebene des reifenden Menschens. In der ersten logarithmischen Hälfte seiner Entwicklung, vom siebten Lebensjahr bis zum dreiundzwanzigsten, erzeugt der Mentalkörper die intellektuelle Perspektive unter dem Einfluß der Familie, der Schule, Religion und Gesellschaft. Später wird der Mentalkörper fähig, eigens durchdachte Positionen in der Welt einzunehmen und ein Weltbild zu schaffen, also eine mehr oder minder unabhängige Realitätsauffassung zu erzeugen, die unter anderem auch die zukünftige Inkarnation determiniert.

Der *Intuitive* oder *Spirituelle Körper* transzendiert die Trinität der persönlichen Körper und existiert in dem Bereich, der die physischen, emotionalen und mentalen Körper von Lebewesen aktiviert oder, besser gesagt, animiert, also in der Dimension des reinen, göttlichen Seins. In der Leben ★ Zeit Astrologie ist der Spirituelle Körper die höhere Oktave der Embryonalphase, auf welcher Impulse und Energien niederer Ordnung in trans-personale oder transzendete Erkenntnis verwandelt werden. Der Spirituelle Körper ist gleichbedeutend mit Christus-Bewußtsein oder Buddha-Natur.

Die Zuordnung der Planeten im Horoskop zu bestimmten Elementen und Oktaven macht die proportionale Verteilung auf jeden der vier Körper des Menschen deutlich. Die Planeten im neunten, zehnten, elften und zwölften Haus werden sowohl der physischen Embryonalphase, als auch der transzendenten Entwicklungsphase, also dem Spirituellen Körper zugeordnet. Ein Geburtshoroskop, in dem die Mehrzahl der Planeten im ersten, zweiten, dritten und vierten Haus stehen (die Häuser der Kindheit), fokussiert sich auf den Emotionalkörper, und wenn die meisten Planeten im fünften, sechsten, siebten und achten Haus (die Häuser des Erwachsenseins) stehen, liegt der Brennpunkt auf der Weiterentwicklung des Mentalkörpers. Das Element Erde ist physisch, Wasser ist emotional, Luft ist mental, und Feuer ist intuitiv oder spirituell. Jeder Mensch ist eine Kombination beider Systeme und enthält mehrere, wenn nicht alle vier Elemente und alle drei Oktaven. Das generelle Muster der Aspekte zwischen den Planeten und Oktaven zeigt den Grad der möglichen Integration zwischen Komponenten des Selbst und historischen Zeitaltern an. Aspekte, die das Zentrum des Horoskops durchkreuzen, sind außerdem wie ›Fenster zur Seele‹, denn sie zeigen an, inwieweit der Mensch Zugang zu höheren Ebenen des Bewußtseins hat.

Höhere Ebenen des Seins

Die Vorstellung von vier Körpern, die immer größere Seinsbereiche umfassen, ist ein simples und grundlegendes Modell für die verschiedenen Ebenen des Bewußtseins, aber es gibt auch ausführlichere Modelle, in denen zumeist sieben Ebenen oder Dimensionen des Seins und Bewußtseins beschrieben werden. Ein typisches Modell für sieben Ebenen, die von der Seele durchwandert werden, um zum Gottesbewußtsein zu gelangen, ist das von Alice Bailey, wie es in ihrem ›*Traktat über das Kosmische Feuer*‹ dargestellt wird (Abbildung 41). Baileys Modell bezieht sich sowohl auf die Chakras, die Zentren des Energiekörpers, als auch auf die Stadien der Erleuchtung, wie sie im Buddhismus beschrieben werden. Jede der sieben Ebenen des Seins enthält sieben untergeordnete Ebenen, aus denen sich eine Gesamtsumme von neunundvierzig Bewußtseinsstufen ergibt.

Die ersten drei Ebenen sind persönliche Bewußtseinsformen. Der Eintritt auf die ›Ebene der Intuition‹ wird vom ›Tausendblättrigen Lotus‹ symbolisiert, also der vollkommenen Entfaltung des Scheitel-Chakras. Die ersten vier Ebenen entsprechen den vier Körpern von Plato, während der ›Tausendblättrige Lotus‹ das mathematische Schema des ›Göttlichen Plans‹ reflektiert.

Die *Atmisch-nirvanische Ebene* ist die fünfte Seinsebene, die erste spirituelle Ebene des ›ewigen Atoms‹ und die Spitze einer spirituellen Triade von Energien. Die Energiezentren (Chakras) des Menschen existieren auf verschiedenen Seinsebenen und werden als Lotosblumen mit einer unterschiedlichen Anzahl von Blütenblättern dargestellt. Die ersten fünf Energiezentren enthalten insgesamt fünfzig Blütenblätter — wiederum ein Spiegelbild der Rechnungsweise des ›Göttlichen Plans‹.

Die *Monadische Ebene* ist eine höhere Ebene der Einheit

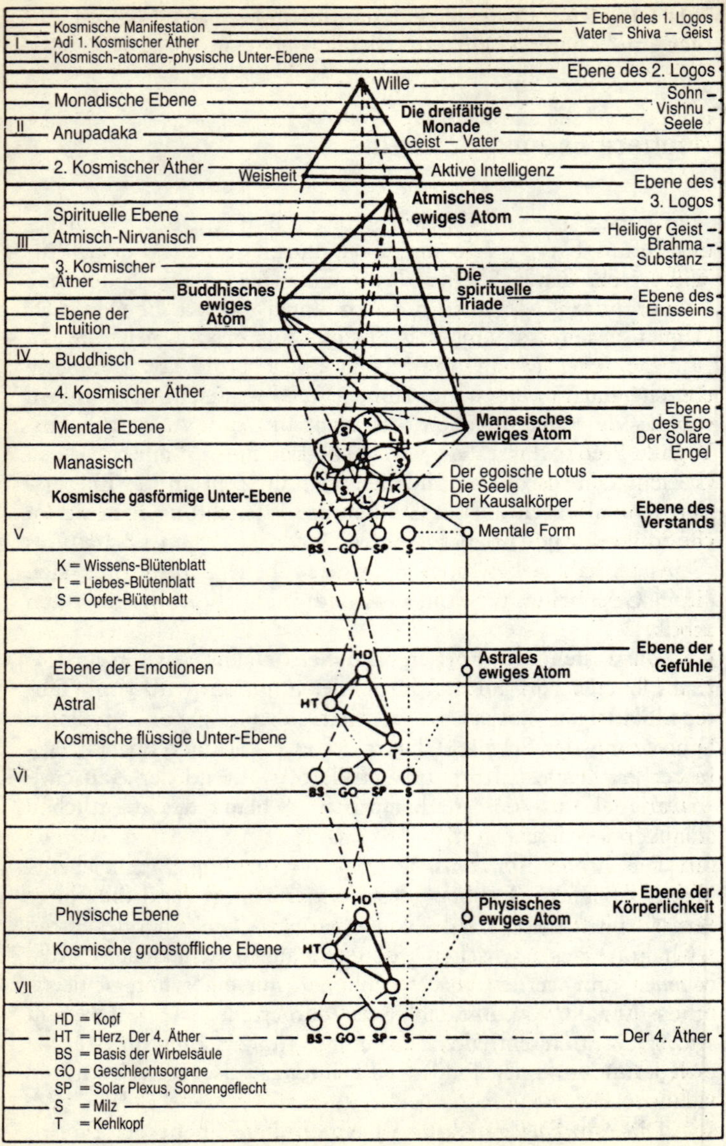

Kosmische Manifestation
I Adi 1. Kosmischer Äther
Kosmisch-atomare-physische Unter-Ebene
Ebene des 1. Logos
Vater – Shiva – Geist
Ebene des 2. Logos
Wille
Monadische Ebene
Sohn
Vishnu
Seele
Die dreifältige Monade
Geist – Vater
II Anupadaka
2. Kosmischer Äther
Weisheit
Aktive Intelligenz
Ebene des 3. Logos
Atmisches ewiges Atom
Spirituelle Ebene
III Atmisch-Nirvanisch
Heiliger Geist
Brahma
Substanz
3. Kosmischer Äther
Buddhisches ewiges Atom
Die spirituelle Triade
Ebene des Einsseins
Ebene der Intuition
IV Buddhisch
4. Kosmischer Äther
Mentale Ebene
Manasisches ewiges Atom
Ebene des Ego
Der Solare Engel
Manasisch
Der egoische Lotus
Die Seele
Der Kausalkörper
Kosmische gasförmige Unter-Ebene
Ebene des Verstands
V
Mentale Form
BS – GO – SP – S
K = Wissens-Blütenblatt
L = Liebes-Blütenblatt
S = Opfer-Blütenblatt
Ebene der Gefühle
HD
Astrales ewiges Atom
Ebene der Emotionen
Astral
HT
Kosmische flüssige Unter-Ebene
T
VI
BS – GO – SP – S
Ebene der Körperlichkeit
HD
Physisches ewiges Atom
Physische Ebene
Kosmische grobstoffliche Ebene
HT
VII
T
HD = Kopf
HT = Herz, Der 4. Äther
BS – GO – SP – S
Der 4. Äther
BS = Basis der Wirbelsäule
GO = Geschlechtsorgane
SP = Solar Plexus, Sonnengeflecht
S = Milz
T = Kehlkopf

◀ **Abbildung 41: Die Ebenen des Seins nach Alice Bailey**
Die untere Hälfte des Diagramms enthält die physische, emotionale und niedere mentale Ebene. Die höhere mentale Ebene ist eine Synthese dieser drei und ein Sprungbrett in die höheren intuitiven, atmisch-nirvanischen, monadischen und logoischen Ebenen der Manifestation (Bailey, *›Traktat über das Kosmische Feuer‹*).

---

und des Logos, des Wortes, aus dem die drei Qualitäten des Willens, der Weisheit und der Aktiven Intelligenz hervorgehen.

Die primäre *Logoische Ebene* ist der Bereich des reinen Geistes, des grenzenlosen Bewußtseins, vor der Manifestation.

Eine vergleichbare Einteilung in sieben Existenzbereiche läßt sich auch im Christentum finden, ebenso wie in der Theosophie, dem Buddhismus, Hinduismus, Judaismus, in den Yoga-Lehren, bei den Rosenkreuzern, den Sufis, den Parsen, im Griechenland des Altertums, bei den Ägyptern und in Polynesien, denn ohne eine solche Einteilung kann man die feinstoffliche Anatomie des Menschen weder studieren. noch verstehen.

Außerdem läßt sich dieses siebenfältige Modell auch auf ein planetarisches Verständnismodell übertragen. Im Altertum arbeitete die Astrologie nur mit sieben Planeten, wobei auch die Sonne und der Mond als Planeten galten, ebenso wie die fünf Planeten des innersten Rings Merkur, Venus, Mars, Jupiter und Saturn. Die Reise durch die planetarischen Einfluß-Sphären ist ein zentrales Thema der hebräischen Kabbala und in der Anthroposophie von Rudolf Steiner, wo ihr der Name *›Ätherische Astronomie‹* verliehen wird. Der stufenweise Aufstieg des menschlichen Bewußtseins durch verschiedene planetarische Einfluß-Sphären ist eine Beschreibung der Art und Weise, wie die Menschheit ihre Einheit mit dem kosmischen Bewußtsein erkennen kann. Steiner beschreibt die Phasen zwischen Leben und Tod im Sinne von Erfahrungen, die der Mensch mit den Eigenschaften der Planeten im Horoskop macht und sieht in den früheren Phasen der Menschheitsentwicklung einen Durchlauf durch die verschiedenen Sphären oder Ausstrahlungsfelder der einzelnen Planeten. Die heutige weltliche Astrologie enthält nur einen Restbestand der archaischen Weisheits-Astrologie, die im Grunde ein Erkenntnissystem war, das exakte Anleitungen für eine psycho-spirituelle Transformation enthielt.

Steiners Entwicklungsweg durchläuft die folgenden, sukzessiven Stadien: Mond, Venus, Merkur, Sonne, Mars, Jupiter, Saturn; danach begibt man sich in die Einfluß-Sphäre der Fixsterne. In Steiners Anthroposophie wird dieser lange und komplexe Weg zur Erleuchtung als ein Transformationsprozeß der gesamten Menschheit beschrieben, der sich im individuellen Leben spiegelt.

Die astrologische Reinkarnationszeitskala

Die symbolhaften früheren Inkarnationen jedes Individuums ergeben sich aus der *Astrologischen Reinkarnationszeitskala (ARZS)* von Tabelle 9. Die Skala ist die Grundlage für die Informationen über die Sternzeichen, wie sie im fünften Kapitel bereits angedeutet wurden. Die ARZS beschreibt das Weltzeitalter der Menschheit anhand von Persönlichkeiten und Daten, die einen Einfluß auf die Menschheit ausgeübt haben. Sie enthält die Namen von Gottheiten, Helden, Sagengestalten und historisch einflußreichen Persönlichkeiten, die im Zusammenhang mit dem persönlichen Geburtshoroskop des Lesers symbolhaft für eine Reihe von primären und sekundären früheren Inkarnationen sind.

Das Schema basiert auf astrologischen Einteilungen, folgt also der Grundstruktur des Horoskops mit seinen zwölf Sternzeichen, in denen sich die Planeten jedes individuellen Geburtshoroskops befinden. Die ARZS wird immer im Zusammenhang mit Tabelle 10 benutzt, mit der *Logarithmischen Zeitskala,* aus der sich die einzelnen Planetengrade jedes beliebigen Gehurtshoroskops mit den historischen Daten und Persönlichkeiten auf Tabelle 9 verbinden lassen.

Die Skala der Daten auf Tabelle 10 führt also die entsprechende historische Zeit für jeden Grad jedes Planeten in jedem Sternzeichen auf. Zum Beispiel: Der Mond eines Individuums befindet sich auf dem 19. Grad im Sternzeichen Stier; dies entspricht der Zeit von 17.527 vor Christus. Die Sonne eines Individuums auf dem 27. Grad in der Waage entspricht der Zeit von 1053 nach Christus; und Merkur (oder jeder andere Planet) auf 4 Grad im Wassermann ist der August 1853. Die Skala verdichtet sich logarithmisch, so daß ein Grad im frühen Widder etwa 1000 Jahren entspricht, ein Grad im frühen Löwen ungefähr 100 Jahren, und ein Grad am Ende der Fischezeit nur ein einziges Jahr ist. Die Menschheit benötigt eintausendmal soviel Zeit, um Entwicklungen am Anfang der Zeitskala zu durchlaufen oder wahrzunehmen, als sie am Ende der Zeitskala benötigt. Die Zeit verging damals eintausendmal langsamer, und die Welt war eintausendmal weniger komprimiert oder verdichtet, als sie es heute ist. Die Grade in den ersten vier Sternzeichen, also vom Widder bis zum Krebs, sind länger als eine Lebenszeit und umfassen daher mehrere Generationen und ganze Geschlechter. Beginnend mit dem Zeichen Löwe bis zum Skorpion steht jeder Planetengrad für eine Lebenszeit oder weniger, während vom Schützen bis zu den Fischen die Grade immer kürzere Zeitperioden repräsentieren, bis sie nicht mehr Lebenszeiten sind, sondern nur noch einzelne Einflüsse oder Ereignisse.

Die Sparte mit den Daten vor 3000 v. Chr. enthält längere Zeiträume, in denen keine Daten angegeben werden, aber wenn man die gesamte Sparte betrachtet, werden die Resonanzen und Harmonieverhältnisse deutlich.

Tabelle 9: Die Astrologische Reinkarnationszeitskala (ARZS) ▶

Die ARZS ist eine schematische Übersicht über die legendären Gottgestalten und historischen Persönlichkeiten des Weltzeitalters der Menschheit von 50.000 Jahren bis zum Jahr 1950 n. Chr. Um herauszufinden, welche früheren planetarischen Inkarnationen Ihnen persönlich zugeordnet werden, müssen Sie den genauen Grad jedes Planeten in Ihrem Geburtshoroskop feststellen lassen und wissen, in welchem Sternzeichen sich der jeweilige Planet befindet. Jeder Grad entspricht einem Datum auf der Tabelle 10. Finden Sie das Datum heraus, und gehen Sie dann zurück zur Tabelle 9, um die historischen Symbolgestalten in der Spalte unterhalb des jeweiligen Planeten zu finden, die Ihnen am nächsten stehen. Da der Aszendent und der MC (die Himmelsmitte im Horoskop) keine eigenen Sparten auf Tabelle 9 haben, können Sie den Grad Ihres Aszendenten und MC auf Tabelle 10 mit einem Datum verknüpfen und dann die gesamte horizontale Sparte in dem Sternzeichen Ihres Aszendenten und MC zum Anhaltspunkt nehmen.

48.000 v. Chr. — Widder bis Krebs

	Sonne	Mond	Merkur
7000 v. Chr.			
Krebs			
Religiöse Stadtstaaten			
Emotionale Weltsicht	Apollo	Artemis	Hermes
Matriarchisch	Dyonisos	Diana	Merkur
Euphrat und Tigris	Bacchus	Hera	Iris
Einzelfamilien	Herkules	Hestia	Keryx
Integration	Talos	Demeter	
Jungsteinzeitliche Gesellschaft	Mithras	Kore	
Städte und Nationen		Sati	
Mythologische Religionen	A Vil	A Iduna	
Bauwerke			
	Ä Horus/Osiris	Ä Isis	Ä Thoth
	H Manu		
14.000 v. Chr.			
Zwillinge			
Stammessprachen	Helios	Selene	Metis
Verbal	Eos	Scylla	Mnenosyne
Patriarchisch	Hyperion	Io	Coeus
Mittelmeerländisch		Cybèle	Kaius
Instinktiver Fortschritt			Charybdis
Kommunikation			Musen
Diversifikation			Sirenen
Musik und Tanz			
Kultische Vielgötterei			Kabiri
	B Tammuz	B Sin	B Bel
	Ä Amun/Amon	Ä Nuth	
	H Prajapati	H Soma	
26.000 v. Chr.			
Stier			
Erdmutter- u. Fruchtbarkeitskulte	Ouranos	Gaia/Erde/Da	Sky
Körperlichkeit	Natur	Chthon	Psyche
Matriarchisch	Pan	Io	Monos
Europäisch		Fates	Idyia
Fruchtbarkeit		Mairae	Telesta
Domestizierung v. Tieren		Nemesis	Tyche
Besitztum			
Bullen- und Hornschädelkulte	B Anu	B Ischtar/Ea	
Werkzeuge	Ä Ra/Aten	Ä Hathor	Ä Nuth
	H Varuna/Aditya		
48.000 v. Chr.			
Widder			
Nomadenstämme	Himmel	Erde	Aither (Luft)
Bewußtsein eines Selbst	Wind	Eurynome	Boreas
Patriarchisch	Luft	Thetys	Aeolus
Afrikanisch	Ophion	Nya (Nacht)	
Primitiv		Auka	
Selbstbehauptung		Neith	
Jagende Horden			
Sternenmagie		A Ymir	A Odin/Wotan
Waffen	B Apsu	B Tiamat	
	Ä Nun	Ä Maat	Ä Path
	J Jehova/Adonai		
	H Brahma/Vischnu	H Maya/Kali	H Vayu

A = Altnordisch, Ä = Ägyptisch, H = Hindu, J = Jüdisch, B = Babylonisch

Venus	*Mars*	*Jupiter*	*Saturn*
Venus	Mars	Jupiter	Saturn
Europa	Ares	Zeus	Athene
Daedalus	Adonis	Philos	Persephone
Phaeton	Atlas	Balleus	Äskulap
	Priapus	Ktesius	Pan
	Pluto	Prometheus	Minerva
A Bragi	A Thor		
Ä Nepthis			Ä Seth
H Parvati	H Schiva		
Nemesis	Hades	Themis	Kronos/Rhea
Narzissus	Crius/Krios	Eurimedon	Nephtis
Die Grazien	Die Gorgonen		Hydra
Lamia	3 Eryinnen		Echnida
	3 Graiae		Sabazius
B Beltis	B Nergal	B Marduk	B Ninurta
	Ä Typhon		Ä Geb
Sea	Zyklopen	Poseidon	Mala/Era
Leda	Neith	Achelos	Persephone/Styx
Ceres	Adonis	Dike	Cybèle
Aphrodite	Priapus	Python	Delphyne
	Häphestos		Moros
B Astarte	B Baal		
		H Brahaspati	H Bhuta
Phanes		Okeanos	Chronos
Protogonos		Metis	Erebos
Iao/Iahu		Eilethya	Tartaros
Hemera			Ais
A Frigga	A Baldur	A Thor	
H Kama	H Agni	H Indra	H Yama

3000 v. Chr. — Löwe bis Skorpion

1100 n. Chr.
Skorpion

	Sonne	Mond	Merkur
›Finsteres‹ Mittelalter	1491-1527 Heinrich VIII.	1488-1561 Ma Shipton	1486-1535 Agrippa
Beulenpest, Seuchen	1466-1520 Montezuma	1485-1536 Katharina v. Aragon	1463-1494 Mirandola
Mittelalterliche Kulturen	1452-1485 Richard III.	1480-1519 Lukrezia Borgia	1433-1499 Ficino
Matriarchisch	1449-1497 Lorenzo d. Große	1451-1504 Isabella	1378- Rosenkreutz
Mittelalterliches Europa	1389-1464 **Cosimo Medici**	1474-1539 Isabelle Este	1330-1410 Flamel
Inquisition und Kreuzzüge	1348-1413 Heinrich IV.	1412-1431 **Johanna v. Orleans**	1265-1321 **Dante**
Separatismus	1350-1405 Timur-Leng	1363-1431 De Pisan	1260-1327 Eckhardt
Feudal und monastisch	1284-1327 Edward III.	1347-1380 Katherina v. Siena	1235-1316 Lully
Kathedralenbau	1274-1329 Robert Bruce	1303-1380 Heilige Birgitta	1206-1280 **Albert Magnus**
	1216-1294 Kublai Khan	1271-1309 Jean Navarra	1160- Chrèstien de Troyes
	1212-1250 Friedrich II.	-1290 Matilda	1145-1202 Joachim Floris
	1137-1193 Saladin	1256-1301 Gertrude	1126-1198 Maimonides
	1162-1227 **Dschingis Khan**	1122-1204 **Eleanor Acquinas**	1126-1198 Averroes

400 n. Chr.
Waage

	Sonne	Mond	Merkur
Das Mittelalter	1167-1216 Johannes I.	1098-1170 Hildegard	1039-1105 Rashi
Ost-West-Verbindung	1157-1199 Richard I.	c -1097 Trotula	1020 Psellus
Patriarchisch	1068-1135 König Henry I.	978-1015 Lady Murasaki	1000-1070 Avicebron
China und Islam	1027-1087 William I.	935-1002 Roswitha	980-1037 **Avicenna**
Sublimation	848- 900 **Alfred d. Große**	901- 964 Theodora	772- 846 Po Chu-I
Ordnung und Gesetzgebung	790- 823 Mamun d. Große	752- 803 Kaiserin Irene	750- Cybewulf
Trennung v. Staat u. Religion	742- 814 **Karl d. Große**	- 855 Päpstin Johanna	735- 804 Albinus
Zen	720- 768 Pepin	664- Kaiserin Wu	721- 775 Geber
Minnesänger	688- 741 Chas Martel	612- Bertha	610- 650 Hsuan-Tsung
	c590- 628 Li Yuan	c520- Iseult	c490- Prokopius
	c500- 550 **König Arthur**	c510- Guinevere	c480- **Merlin**
c = cirka	400- 453 **Attila**	508- 548 **Theodora**	c450- Pseudo Dionysius
	400- 461 Leo I.	420- 500 Hlge. Genoveva	450- 540 Eudo

800 v. Chr.
Jungfrau

	Sonne	Mond	Merkur
Klassische Zivilisationen	331- 363 Julian	325- 410 Marcella	340- 420 Jerome
Diskrimination	272- 337 **Konstantin**	370- 415 Hypatia	293- 373 Athanasius
Matriarchisch	245- 313 Diokletianus	307- 367 Catherine	185- 245 Origen
Griechisch und römisch	121- 180 Aurelius	- 230 Hlge. Cecilia	150- 220 Clement Alex
Destillierung	76- 138 Hadrian	210- 245 St. Agnes	100- Vitrivius
Klassische Schulung	37- 68 Nero	170- 230 Julia Domina	c 75- Apollonius
Kultur	v. Chr. 63-14 n. Chr. Augustus	130- 212 Irenäus	23- 79 Pliny
Christentum und Buddhismus	102- 44 **Julius Cäsar**	v. Chr. 20-50 n. Chr. Maria	106- Metrodorus
Klasssiche antike Architektur	300- 230 Aschoka	69- 31 **Kleopatra**	372- 29 Menzius
Rationalismus	356- 323 **Alexander d. Große**	470- 410 Aspasia	500- 428 Anaxagoras
	597- 562 Nebukadnezar	Deodema	582- 507 **Pythagoras**
	668- 626 Assurbanipal	612- Sappho	551- 479 **Konfuzius**
	c820- Romulus & Remus	6. Jahrh. Judith	606- 563 Hesekiel

300 v. Chr.
Löwe

	Sonne	Mond	Merkur
Erste große Zivilisationen	970- **Salomon**	850- Jezebel	
Bewußtsein eines Selbst	1090- König Wen	1194- Helena v. Troja	
Patriarchisch	1150- David	1200- Medea	1122- Fürst Tschou
Babylonien und Ägypten	1300- **Moses**	1320- Miriam	
Individualität	1360-1340 Tut-anch-Amon	1360- Meritaton	
Organisationen	1375-1350 **Amonhotep**	1370- Ankhsemanon	
Monotheismus	1377- Ramses	1400- Nofretete	1760- Joseph
Monumentale Gotteshäuser	1900- Abraham	1503-1480 Hatschepsut	
Gottkönige	2181-2123 **Hammurabi**	1580-1536 Bathscheba	
	2300- Sargon	1750- Amat-Namu	
	2400- **Gilgamesch**	2489-2460 Neter	
	2750- Zoser	2500- Schub Ad	
	2852- Tai Ho	2600- Hetep	

1500 n. Chr.

Venus		Mars		Jupiter		Saturn		
1497-1543	Holbein	1485-1546	Cortez	1491-1556	Loyola	1490-1541	**Paracelsus**	1500
1483-1517	**Raphael**	1485-1557	S Cabot	1483-1546	**Luther**	1473-1543	**Kopernikus**	
1475-1564	**Michelangelo**	1480-1521	**Magellan**	1478-1538	Thomas More	1466-1536	**Erasmus**	1450
1471-1528	Dürer	1460-1524	Da Gama	1469-1539	Guru Nanak	1436-1476	Regiomontanus	
1452-1519	**Leonardo da Vinci**	1469-1527	**Machiavelli**	1486-1538	Chaitanya	1401-1464	Nicholas Cusa	1395
1444-1514	Bramante	1451-1506	**Kolumbus**	1452-1498	Savonarola	1397-1468	Gutenberg	
1404-1472	Alberti	1454-1512	Vespucci	1370-1415	Huss	1340-1400	Cresca	1335
1386-1466	Donatello	1450-1498	John Cabot	1304-1374	Petrarch	-1297	Campanus	
1377-1446	Brunelleschi	1250-1300	Marco Polo	1265-1308	Duns Scotus	-1288	de Voraigne	1265
1340-1400	**Chaucer**	1232-	Marburg	1225-1275	**St. Thomas Aquinas**	1257-1327	Cecco	
1313-1375	Bocaccio	1220-1263	Nevsky	1214-1249	Roger Bacon	1202-	Fibonacci	1190
1267-1337	**Giotto**	1122-1190	Barbarossa	1212-1273	Rumi	1114-1202	Lille	
1165-1240	Ibn Arabi	1117-1170	Becket	1081-1170	Hlgr. Franziskus	1100-1150	Thierry	1100

1120-1200	Chu Hsi	1070-	De St. Omer	1090-1153	Gampopa	1033-1109	St. Anselm	1100
c -1123	Omar Khayyam	1070-	De Payens	1057-1135	Milarepa	973-1040	Al Biruni	
995-1050	D'Arezzo	1042-1099	Urban II.	1011-1100	Naropa	965-	Alhazen	1020
940-1020	Firdusi	1040-1099	El Cid	968-1069	Tilopa	865- 925	Rhazes	
c900-	Beiruni	994-1035	Eriksson	c - 747	**Padmasambhava**	786- 886	Albumasar	925
768- 824	Han Yin	994-1035	Canute	c - 800	Schankaracharya	740- 814	Alcuin	
c - 762	Li Po	956-1015	Vladimir	638- 713	Hui Neng	680- 741	Leo III.	815
670-	Caedmon	764- 809	Al Raschid	c502-	Isadorus	673- 735	Bede	
500-	Anthemius	541- 604	Sui Wen Ti	570- 632	**Mohammed**	c - 687	Ibn Nafis	695
c550-	Taliesin	c510-	**Parsival**	c543-	St. Kolumba	c589-	Brahmagupta	
540- 604	Gregory	c500-	Lanzelot	433- 468	St. Patrick	560- 630	Isidor	565
400- 480	Kalidasa	454- 526	Theodorich	410- 485	Proclus	483- 565	Justinian	
c450-	Musäus	440- 500	Clovis	480- 544	St. Benedikt	c450-	Capella	400

c350-	Makrobius	370- 410	Alarich	345- 430	St. Augustin	233- 303	Porphyrus	400 n. Chr.
c250-	Ossian	330- 380	Sallustus	216- 277	Mani	280- 330	Iamblikus	
204- 270	**Plotinus**	160- 205	Tschang Tschou	c200-	Patanjali	129- 182	Ho Hsiu	260
123- 170	Apuleius	53- 117	Trajanus	4- 64	Paulus	129- 199	Galen	
46- 120	Plutarch	9- 79	Vespasianus	0- 33	**Jesus Christus**	100- 178	**Ptolemäus**	84 n. Chr.
99- 55	Lukrezius	74- 4	Herodes	300-	Tschuang Tse	287- 212	Archimedes	
100- 29	**Virgil**	747- 183	Hannibal	284- 322	**Aristoteles**	c300-	Euklid	108 v. Chr.
106- 405	**Cicero**	490- 449	**Perikles**	429- 347	**Plato**	469- 379	Hippokrates	
496- 406	Sophokles	514- 449	Thermistokles	484- 424	Herodatus	c500-	Empedokles	321
495- 406	Euripides	521- 486	Darius	479- 399	**Sokrates**	c540-	**Demokritus**	
c500- 432	Phidias	c500-	Nehemiah	563- 483	**Buddha**	c520-	Hesiodos	554
525- 463	Äskulus	c570-	Solon	c600-	**Lao Tse**	640- 546	Thales	
620- 560	Äsop	590- 529	Cyrus	620- 551	Zarathustra	c600-	Miletus	800

								800 v. Chr.
850-	Homer	1190-	Meneläus					
	Demodokus							1095
		1170-	**Ulysses**	1000-	Zarathustra			
1350-	**Orpheus**		**Äneas**			1376-	**Äskulap**	
		1250-	Jason	1500-	Seheb			
		1300-	Kadmus					1750
				2000-	Melchizedek			2130
2600-	Imhotep	2716-	**Theseus**				Ur-Engur	2545
			Perseus					
			Odysseus		Fu Hai			3000

	Sonne	Mond	Merkur

1910 n. Chr.
Fische

	Sonne	Mond	Merkur
Die Weltkriege	1948- Prinz Charles	1941- Baez	1943- Fisher
Desintegration	1944-1991 Rajiv Gandhi	1934- Loren	1935- Sagan
Deutschland, UdSSR und USA	1937- Aga Khan IV.	1932- Taylor	1929- Osborne
Matriarchisch	1935- Hussein	1929- J. Onassis	1927- Grass
Karmischer Isolationismus	1927- Castro	1929-1983 Kelly-Rainier	1923- Mailer
Illusion	1921- Edinburgh	1926-1962 Monroe	1918- Solschenizyn
Abstraktion	1918-1981 Sadat	1926- Elizabeth II.	1915-1985 Welles
Nihilismus	1918-1963 J. F. Kennedy	1921- Friedan	1913-1916 Camus
Kriegsmaschinen	1916- Wilson	1919- Fonteyn	1913-1976 Britten
	1913- Nixon	1918- Bailey	1912- Williams
1950 n. Chr.	1911-1973 Pompidou	1917-1984 I. Gandhi	1912-1968 Ionesco
	1911- Reagan	1911-1937 Harlow	1911-1982 McLuhan

1840 n. Chr.
Wassermann

	Sonne	Mond	Merkur
Nationalismus	1897-1978 Paul VI.	1901-1978 Mead	1901- Ebertin
Humanismus	1893-1976 **Mao Tse Tung**	1898-1937 Earhardt	1901-1978 Disney
Die Vereinigten Staaten	1890-1970 De Gaulle	1895- Langer	1899-1982 Hitchcock
Patriarchisch	1889-1945 **Hitler**	1890-1960 Th. Neumann	1891-1946 Fortune
Romantische soziale Utopien	1884-1962 Truman	1884-1962 E. Roosevelt	1887-1950 Carter
Idealismus	1883-1945 Mussolini	1882-1941 Woolf	1890-1943 Zimmer
Bürokratien u. Gewerkschaften	1882-1945 F. Roosevelt	1878-1927 Duncan	1878-1965 Evans-Wentz
Viktorianisches Zeitalter	1879-1953 **Stalin**	1874-1946 Stein	1875-1947 Crowley
Kollektivierung	1876-1958 Pius XII.	1861-1937 Salome	1861-1925 Steiner
Sozialismus-Kommunismus	1868-1918 Nicholas II.	1859-1924 Duse	1860- Waite
Moderne Regierungsstrukturen	1858-1914 T. Roosevelt	1858-1950 Lagerlöf	1859-1930 Doyle
	1859-1941 Wilhelm II.	1844-1879 Bernadette	1854-1918 Mathers
	1845-1886 Ludwig II.	1844-1923 Bernhardt	1842-1933 Besant

1720 n. Chr.
Steinbock

	Sonne	Mond	Merkur
Industrierevolution	1835-1867 Maximilian	1821-1910 Eddy	1831-1891 Blavatsky
Physischer Perfektionismus	1830-1916 Franz Joseph	1820-1912 Barton	1821-1880 Dostojewski
Egnland	1818-1881 Alexander II.	1820-1910 Nightingale	1823-1880 Max-Müller
Matriarchisch	1809-1865 Lincoln	1820-1906 Anthony	1812-1870 Dickens
Revolutionärer Materialismus	1796-1855 Nikolaus I.	1819-1901 **Viktoria**	1810-1875 Eliphas Levi
Nationalismus	1773-1850 Louis Phillipe	1804-1876 Sand	1809-1849 Poe
Die Reformation	1769-1821 **Napoleon**	1804-1861 Browning	1802-1870 Dumas
Kapitalist. Maschinenzeitalter	1767-1845 Jackson	1759-1797 Wollstonecraft	1802-1885 Hugo
Unterwerfung der Natur	1757-1828 Karl August	1763-1814 Josephine	1799-1850 **Balzac**
	1754-1793 Louis XVI.	1755-1793 Antoinette	1785-1859 De Quincey
	1740-1786 Friedrich d. Große	1746-1793 Dubarry	1775-1817 Austen
	1738-1820 George III.	1750-1848 Herschel	1743-1795 Cagliostro
	1732-1799 **Washington**	1729-1796 Kath. d. Große	1743-1803 St. Martin

1500 n. Chr.
Schütze

	Sonne	Mond	Merkur
Die Renaissance	1712-1786 Friedrich v. Preußen	1717-1780 Maria Theresia	1602-1681 Lilly
Selbsterkenntnis	1710-1774 Louis XV.	1709-1762 Elisabeth v. Rußl.	1586-1654 Andraeae
Die Kontinente Amerikas	1672-1725 **Peter d. Große**	1684-1727 Katharina I.	1575-1624 Böhme
Patriarchalisch	1650-1702 William III.	1665-1727 Anne	1574-1637 Fludd
Kolonialisierung	1638-1715 **Louis XIV.**	1607-1678 Schurman	1568-1639 Campanella
Rekonstitution	1630-1685 Karl II.	1623-1701 Jane Leade	1565-1622 Meier
Philosophischer Humanismus	1600-1649 Karl I.	1596-1662 Eliz. Palat	1561-1626 F. Bacon
Ganzheitliche Weltsicht	1566-1625 James I.	1591-1643 Hutchinson	1554-1586 Sidney
Neugeburt auf höherer Ebene	1556-1605 Akhbar d. Große	1542-1587 Mary Stuart	1548-1600 **Bruno**
	1532-1592 Wilhelm IV.	1533-1603 **Elizabeth I.**	1547-1616 Cervantes
	1530-1584 **Ivan d. Schreckl.**	1519-1589 Kath. Medici	1534-1577 Luria
	1520-1566 Suleiman	1516-1558 Mary I.	1527-1608 **Dee**
	1500-1558 Karl V.	1515-1582 Theresa Avila	1503-1588 **Nostradamus**

1950 n. Chr.

Venus	Mars	Jupiter	Saturn	
1941- Dylan	1942- Muhammed Ali	1935- W. Erhard	1942- Sheldrake	1950
1940-1980 Lennon	1931-1955 Dean	1933- Dalai Lama XIV.	1942- Hand	
1935-1977 Presley	1929- Moss	1931-1990 Rajneesh	1939- Capra	1944
1930-1987 Warhol	1929-1968 M. L. King	1927- R. D. Laing	1935- Sagan	
1928- Stockhausen	1928-1967 Guevara	1925- Castaneda	1934-1968 Gagarin	1939
1928- Albee	1925-1968 R. Kennedy	1923-1982 Karmapa XI.	1930- Armstrong	
1925- Rauschenberg	1923- Kissinger	1920- Leary	1928- Gauquelin	1933
1925- Boulez	1919-1949 Hillary	1918- Graham	1926- Hefner	
1924- Brando	1919- Trudeau	1915-1982 Watts	1922- Bernard	1926
1924- Baldwin	1918- Schmidt	1913-1969 Pike	1921- Glenn	
1918-1990 Bernstein	1916- Heath	1913- Makarios	1914- Salk	1919
1912- Cage	1914- Heyerdahl	1911-1968 Hubbard	1913- Lowell	
1910-1987 Anouilh	1913- G. Ford	1910-1955 Collin	1912-1977 von Braun	1910

1882-1941 Joyce	1906-1975 Onassis	1905-1980 Sartre	1901-1976 Heisenberg	1910
1882-1971 Strawinski	1905-1976 Hughes	1888-1947 Assagioli	1897-1957 Reich	
1881-1973 **Picasso**	1900-1945 Himmler	1881-1955 de Chardin	1900-1958 Pauli	1902
1875-1955 Mann	1900-1976 Mountbatten	1879-1950 R. Maharshi	1885-1962 **Bohr**	
1875-1926 Rilke	1897-1945 Göbbels	1877-1945 Gurdjieff	1880-1926 Spengler	1892
1874-1951 Schönberg	1890-1970 Eisenhower	1875-1968 Suzuki	1879-1950 **Einstein**	
1871-1922 Yeats	1885-1945 Patton	1875-1965 Schweitzer	1874-1937 Marconi	1880
1866-1946 Wells	1879-1940 Trotzki	1875-1961 **Jung**	1867-1934 Mme. Curie	
1862-1918 Debussy	1874-1965 **Churchill**	1872-1970 Russell	1863-1947 Ford	1870
1860-1911 Mahler	1871-1916 Rasputin	1869-1948 **Gandhi**	1856-1940 Thompson	
1856-1950 Shaw	1870-1924 **Lenin**	1856-1939 **Freud**	1854-1932 Eastman	1855
1854-1897 Rimbaud	1853-1902 Rhodes	1856-1918 Sai Baba	1847-1922 Bell	
1844-1896 Verlaine	1847-1934 Hindenburg	1844-1900 **Nietzsche**	1847-1931 **Edison**	1840

1833-1897 Brahms	1822-1890 Schliemann	1836-1886 Ramakrishna	1837-1915 J. P. Morgan	1840
1820-1910 Tolstoi	1822-1885 Grant	1820-1903 Spencer	1834-1907 Mendelejew	
1813-1883 **Wagner**	1818-1883 **Marx**	1817-1862 Thoreau	1831-1879 Maxwell	1825
1810-1849 Chopin	1815-1898 Bismarck	1801-1877 Brigham Young	1822-1865 Mendel	
1801-1886 Liszt	1807-1882 Garibaldi	1796-1859 H. Mann	1822-1895 Pasteur	1808
1797-1827 Schubert	1804-1881 Disraeli	1788-1860 **Schopenhauer**	1809-1882 **Darwin**	
1795-1821 Keats	1783-1830 Bolivar	1786-1856 Webster	1766-1844 Dalton	1790
1792-1824 Shelley	1769-1852 Wellington	1776-1822 Hoffman	1738-1822 Herschel	
1788-1824 Byron	1771-1858 Owen	1770-1831 Hegel	1744-1829 Lamarck	1770
1770-1827 **Beethoven**	1768-1818 Tecumseh	1759-1803 Schiller	1743-1794 Lavoisier	
1757-1827 Blake	1761-1806 Pitt	1749-1832 **Goethe**	1733-1815 Mesmer	1745
1750-1791 **Mozart**	1757-1834 Lafayette	1737-1787 Gibbon	1731-1810 Cavendish	
1732-1790 Haydn	1740-1794 Robespierre	1724-1804 **Kant**	1723-1790 **Adam Smith**	1720

1685-1759 Händel	1708-1796 Pitt	1717-1778 Rousseau	1706-1790 Franklin	1720
1685-1750 **Bach**	1700-1750 Walpole	1711-1771 Hume	1701-1783 Euler	
1632-1723 Wren	1689-1775 Montesquieu	1709-1784 **Sam Jonson**	1646-1716 **Leibniz**	1690
1632-1675 Vermeer	1643-1687 La Salle	1694-1778 **Voltaire**	1642-1727 **Newton**	
1608-1674 Milton	1604-1660 Mazarin	1688-1772 Swedenborg	1632-1723 Leuwenhoek	1660
1606-1669 **Rembrandt**	1600-1658 Schah Jahan	1686-1761 Law	1627-1691 Boyle	
1573-1631 Donne	1599-1658 Cromwell	1632-1704 Locke	1578-1657 Harvey	1625
1567-1633 Monteverdi	1585-1642 **Richelieu**	1632-1677 Spinoza	1577-1644 Van Helmond	
1564-1616 **Shakespeare**	1583-1634 Wallenstein	1623-1662 Pascal	1571-1630 **Kepler**	1590
1564-1593 **Marlowe**	1552-1618 **Raleigh**	1596-1650 **Descartes**	1564-1642 **Galileo**	
1552-1597 Spenser	1540-1596 Drake	1585-1642 Richelieu	1550-1614 Napier	1545
1508-1580 **Palladio**	1536-1598 Hideoyoshi	1542-1591 Johannes v. Kreuz	1546-1601 Brahe	
1511-1574 Vasari	1526-1630 Babar	1509-1564 Calvin	1512-1594 Mercator	1500

Logarithmische Zeitskala mit den Daten						
Grad	Fische	Wassermann	Steinbock	Schütze	Skorpion	Waage
00	Jan. 1911	Nov. 1841	Okt. 1719	● Jan. 1500	1109 n. Chr.	419 n. Chr.
01	Okt. 1912	Nov. 1844	März 1724	Juli 1509	1128	449
02	Juni 1914	Nov. 1847	Mai 1729	Okt. 1518	1143	478
03	Jan. 1916	Sept. 1850	Juli 1734	Dez. 1527	1161	507
04	Aug. 1917	Aug. 1853	Aug. 1739	Dez. 1536	1177	536
05	März 1919	Mai 1856	Juli 1744	Sept. 1545	1192	564
06	Okt. 1920	Jan. 1859	Mai 1749	● Mai 1554	1208	591
07	April 1922	Okt. 1861	März 1754	Nov. 1562	1223	618
08	Sept. 1923	Mai 1864	Nov. 1758	Febr. 1571	1237	644
09	März 1925	Dez. 1866	Juni 1763	Jan. 1579	1252	670
10	Aug. 1926	Juni 1869	● Dez. 1767	April 1587	1266	695
11	Jan. 1928	Dez. 1871	April 1772	Febr. 1595	1280	720
12	Mai 1929	Mai 1874	Aug. 1776	Nov. 1602	1294	744
13	Sept. 1930	Okt. 1876	Nov. 1780	Mai 1610	1307	768
14	Jan. 1932	Febr. 1879	Jan. 1785	Okt. 1617	1320	791
15	April 1933	Juni 1881	Febr. 1789	Jan. 1625	1333	814
16	Aug. 1934	Sept. 1883	Febr. 1793	März 1632	1346	837
17	Okt. 1935	Nov. 1885	Febr. 1797	März 1639	1358	859
18	Jan. 1937	Jan. 1887	Dez. 1800	Jan. 1646	1371	881
19	April 1938	März 1890	Sept. 1804	Okt. 1652	1383	902
20	Juni 1939	● April 1892	Juni 1808	Mai 1659	1394	● 923
21	Juli 1940	April 1894	Jan. 1812	Okt. 1665	1406	943
22	Sept. 1941	Mai 1896	Aug. 1815	März 1672	1417	964
23	Okt. 1942	April 1898	Febr. 1819	Juli 1678	1428	984
24	Nov. 1943	März 1900	Aug. 1822	Juli 1684	1439	1002
25	Dez. 1944	Febr. 1902	Dez. 1825	Juli 1690	1450	1021
26	Jan. 1946	Dez. 1903	April 1829	Mai 1969	1460	1040
27	Jan. 1947	Okt. 1905	Juli 1832	März 1702	1470	1058
28	Jan. 1948	Aug. 1907	Sept. 1835	Okt. 1707	1480	1076
29	Jan. 1949	Mai 1909	Okt. 1838	Mai 1713	1490	1094
30	● Jan. 1950	Jan. 1911	Nov. 1841	Okt. 1719	● 1500 n. Chr.	1109 n. Chr.

0 Grad und 30 Grad des nächsten Sternzeichens sind synchron.

Tabelle 10: Die ARZS-Daten für das Weltzeitalter von 48.000 v. Chr. bis 1950 n. Chr. Die Tabelle zeigt die Daten, an denen symbolhafte Inkarnationen auftreten. Nachdem Sie festgestellt haben, auf welchem Grad und in welchem Sternzeichen sich die Planeten in Ihrem Geburtshoroskop befinden, suchen Sie das korrekte Sternzeichen auf der waagerechten Sparte dieser Tabelle und folgen der Sparte senkrecht nach unten, bis Sie den korrekten Grad gefunden haben. Harmonisierende Inkarnationen ergeben sich aus den Graden, die einer primären Inkarnation am nächsten stehen.

von 48.000 v. Chr. bis 1950 n. Chr.

Jungfrau	Löwe	Krebs	Zwillinge	Stier	Widder	Grad
811 v. Chr.	● 3000 v. Chr.	6891 v. Chr.	13811 v. Chr.	26117 v. Chr.	● 48000 v. Chr.	00
758	2905	6722	13511	25583	47050	01
705	2818	6557	13216	25059	46118	02
654	2720	6394	12927	24544	45203	03
604	2630	6234	12643	24040	44306	04
554	2543	6078	12365	23545	43426	05
506	2456	5924	12092	23059	● 42563	06
458	● 2371	5774	11824	22583	41716	07
412	2288	5626	● 11561	22116	40885	08
366	2206	5481	11304	21658	40070	09
● 321	● 2127	5339	11050	● 21208	39270	10
277	2048	5200	10803	20767	38486	11
233	1971	5063	10559	20334	37716	12
191	1896	4928	10321	19910	36962	13
149	1822	4597	10087	19493	36221	14
108	● 1749	4668	9857	19085	35494	15
68	1678	4501	9632	18684	34782	16
29 v. Chr.	1608	4417	9411	18291	34083	17
10 n. Chr.	1540	4295	9194	17905	33397	18
● 48	1472	4175	8981	17527	32725	19
● 84	1406	4058	● 8772	17156	32065	20
121	1341	3943	8567	16792	31417	21
157	1278	3830	8366	16435	30782	22
192	1216	3719	8170	16084	30159	23
223	● 1155	3610	● 7976	15741	29548	24
● 260	1095	3503	7787	15404	28948	25
293	1036	3399	7601	15073	28360	26
325	978	3296	7418	● 14748	27783	27
357	921	3196	7239	14430	27217	28
388	966	3096	7064	14118	28662	29
419 n. Chr.	811 v. Chr.	● 3000 v. Chr.	6891 v. Chr.	13811 v. Chr.	26117 v. Chr.	30

Logarithmische Zeitskala (zweite Oktave)						
Grad	Fische	Wassermann	Steinbock	Schütze	Skorpion	Waage
00	28. Nov. 1999	3. Nov. 1999	19. Sept. 1999	1. Juli 1999	9. Febr. 1999	2. Juni 1998
01		4. Nov. 1999				
02		5. Nov. 1999				
03		6. Nov. 1999				
04		7. Nov. 1999				
05	1. Dez. 1999	8. Nov. 1999	29. Sept. 1999	18. Juli 1999	11. März 1999	25. Juli 1998
06	(11,94 Std.)	9. Nov. 1999				
07		10. Nov. 1999				
08		11. Nov. 1999				
09		12. Nov. 1999				
10	4. Dez. 1999	13. Nov. 1999	7. Okt. 1999	2. Aug. 1999	8. April 1999	11. Sept. 1998
11	(19,28 Std.)	14. Nov. 1999				
12		15. Nov. 1999				
13		16. Nov. 1999				
14		17. Nov. 1999				
15	6. Dez. 1999	18. Nov. 1999	15. Okt. 1999	16. Aug. 1999	2. Mai 1999	24. Okt. 1998
16	(8,43 Std.)	19. Nov. 1999				
17		20. Nov. 1999				
18		20. Nov. 1999				
19		21. Nov. 1999				
20	8. Dez. 1999	22. Nov. 1999	22. Okt. 1999	29. Aug. 1999	24. Mai 1999	2. Dez. 1998
21	(2,97 Std.)					
22						
23						
24						1. Jan. 1999
25	10. Dez. 1999	25. Nov. 1999	28. Okt. 1999	9. Sept. 1999	13. Juni 1999	8. Jan. 1999
26	(2,39 Std.)					
27						
28						
29						
30						
30	12. Dez. 1999	28. Nov. 1999	3. Nov. 1999	19. Sept. 1999	1. Juli 1999	9. Febr. 1999

0 Grad und 30 Grad des nächsten Sternzeichens sind synchron.

Tabelle 11: ARZS-Daten von 1950 bis 1999 — Das ›Jüngste Gericht‹
Die Tabelle enthält die Daten der letzten fünfzig Jahre des Zwanzigsten Jahrhunderts, bei denen sich die Zeit, in der die letzten Stadien des Tierkreises durchlaufen werden, zusehends verdichtet.

von Januar 1950 bis Dezember 1999

Jungfrau	Löwe	Krebs	Zwillinge	Stier	Widder	Grad
10. März 1997	1. Jan. 1995	9. Febr. 1991	9. März 1984	18. Nov. 1971	1. Jan. 1950	00
30. März 1997	3. Febr. 1995	11. April 1991	28. Juni 1984	1. Juni 1972	12. Dez. 1950	01
17. April 1997	9. März 1995	11. Juni 1991	13. Okt. 1984	10. Dez. 1972	18. Nov. 1951	02
6. Mai 1997	12. April 1995	9. Aug. 1991	27. Jan. 1985	15. Juni 1973	18. Okt. 1952	03
23. Mai 1997	15. Mai 1995	6. Okt. 1991	10. Mai 1985	17. Dez. 1973	10. Sept. 1953	04
11. Juni 1997	16. Juni 1995	3. Dez. 1991	20. Aug. 1985	15. Juni 1974	29. Juli 1954	05
29. Juni 1997	17. Juli 1995	28. Jan. 1992	28. Dez. 1985	9. Dez. 1974	9. Juni 1955	06
1. Juli 1997	17. Aug. 1995	24. März 1992	5. März 1986	1. Juni 1975	14. April 1956	07
3. Aug. 1997	17. Sept. 1995	16. Mai 1992	9. Juni 1986	19. Nov. 1975	11. Febr. 1957	08
19. Aug. 1997	16. Okt. 1995	8. Juli 1992	11. Sept. 1986	26. Juli 1976	6. Dez. 1957	09
5. Sept. 1997	15. Nov. 1995	29. Aug. 1992	12. Dez. 1986	16. Okt. 1976	23. Sept. 1958	10
21. Sept. 1997	13. Dez. 1995	19. Okt. 1992	2. Jan. 1987	26. März 1977	7. Juli 1959	11
7. Okt. 1997	11. Jan. 1996	8. Dez. 1992	13. März 1987	31. Aug. 1977	15. April 1960	12
22. Okt. 1997	7. Febr. 1996	26. Jan. 1993	29. Aug. 1987	2. Febr. 1978	14. Jan. 1961	13
7. Nov. 1997	6. März 1996	15. März 1993	29. Nov. 1987	4. Juli 1978	21. Sept. 1961	14
21. Nov. 1997	1. April 1996	1. Mai 1993	21. Febr. 1988	30. Nov. 1978	3. Juli 1962	15
6. Dez. 1997	27. April 1996	17. Juni 1993	14. Mai 1988	2. April 1979	21. März 1963	16
20. Dez. 1997	23. Mai 1996	1. Aug. 1993	3. Aug. 1988	15. Sept. 1979	1. Dez. 1963	17
4. Jan. 1998	17. Juni 1996	14. Sept. 1993	21. Okt. 1988	2. Febr. 1980	8. Aug. 1964	18
17. Jan. 1998	11. Juli 1996	28. Okt. 1993	7. Jan. 1989	22. Juni 1980	11. April 1965	19
31. Jan. 1998	5. Aug. 1996	10. Dez. 1993	24. März 1989	4. Nov. 1980	7. Dez. 1965	20
13. Febr. 1998	29. Aug. 1996	21. Jan. 1994	27. Febr. 1989	17. März 1981	23. Juli 1966	21
26. Febr. 1998	20. Sept. 1996	3. März 1994	19. Aug. 1989	25. Juli 1981	21. März 1967	22
11. März 1998	11. Okt. 1996	13. April 1994	30. Okt. 1989	30. Dez. 1981	3. Nov. 1967	23
24. März 1998	4. Nov. 1996	22. Mai 1994	9. Jan. 1990	26. März 1982	14. Juni 1968	24
5. April 1998	26. Nov. 1996	20. Juni 1994	19. März 1990	6. Aug. 1982	19. Jan. 1969	25
17. April 1998	18. Dez. 1996	7. Aug. 1994	26. Mai 1990	4. Dez. 1982	22. Aug. 1969	26
29. April 1998	15. Jan. 1997	14. Sept. 1994	31. Juli 1990	2. April 1983	20. März 1970	27
10. Mai 1998	28. Jan. 1997	21. Okt. 1994	5. Okt. 1990	27. Juli 1983	13. Okt. 1970	28
22. Mai 1998	18. Febr. 1997	26. Nov. 1994	8. Dez. 1990	18. Nov. 1983	3. Mai 1971	29
22. Mai 1998	18. Febr. 1997	26. Nov. 1994	8. Dez. 1990	18. Nov. 1983	3. Mai 1971	30
2. Juni 1998	10. März 1997	1. Jan. 1995	9. Febr. 1991	9. März 1984	18. Nov. 1971	30

Erklärungen zur Benutzung der ARZS

Persönliche innere Planeten

Sonne Schöpfer, Väter, Sonnengötter, Helden, Könige, Patriarchen, Päpste, Kaiser, Präsidenten, Herrscher — maskuline, bewußte und objektive Archetypen.

Mond Schöpferinnen, Erdmütter, Mondgöttinnen, Königinnen, Kaiserinnen, Heldinnen, bedeutende Frauen, Matriarchen — unterbewußte und subjektive Archetypen.

Merkur Titanen, Zwillingsgötter, Dioskuri, Intellektuelle, Redner, Autoren, Kritiker, Mystiker, Alchemisten, Magier — mentale und kommunikative Archetypen.

Venus Fruchtbarkeits- und Korngöttinnen, Gottgestalten des Rhythmus, der Harmonie und der Integration, Künstler, Musiker, Architekten, Dichter, Dramatiker, Schriftsteller — ästhetische und kreative Archetypen.

Mars Heroen, Kriegsgötter, Energie und Destruktion, Eroberer, Generäle, Politiker, Forscher, Tyrannen, Märtyrer, Sportler — maskuline, aggressive Archetypen.

Jupiter Weise, schöpferische Gottheiten, Propheten, Religionsgründer, Philosophen, Psychologen, Seher, Heilige — Archetyp des gütigen Weisen.

Saturn Väterliche, materialistische, ordnungsgebende Gottheiten, Wissenschaftler, Ärzte, Mathematiker, Erfinder, Bankiers — der repressive Vater-Archetyp.

Kollektive äußere Planeten

Uranus Magier, Erfinder, Exzentriker, intuitive Wissenschaftler

Neptun Hellseher, Medien, Geistheiler, Drogensüchtige, Träumer

Pluto Krieger, Staatsmänner, Politiker, Transformatoren, Revolutionäre.

Persönliche Punkte im Horoskop

Aszendent	Persönlichkeit, Charaktereigenschaften, Beschaffenheit der Umwelt, Handlungsweisen, körperliche Erscheinung, Milieu.
Himmelsmitte	Spirituelles Bewußtsein, Selbstbewußtsein, Lebensziele, worauf der Einzelne sein Streben richtet.

Die *Sonne* repräsentiert die primäre maskuline Inkarnation in der Reinkarnations-Astrologie. Sie zeigt väterliche Eigenschaften im weitesten Sinne an, aber auch das generelle Bewußtsein, das Selbstverständnis und den Sinn für Objektivität. Wenn die Sonne in einem der ersten vier Sternzeichen auf der ARZS steht, weist sie auf ein mythisches, geradezu omnipotentes Ausleben des Vater-Archetyps hin. Die Sonne im Zeichen Löwe hat etwas Königliches, im Zeichen Skorpion hat sie etwas Inquisitorisches, und im Wassermann ist sie viktorianisch.

Der *Mond* gibt Auskunft über die primäre feminine Inkarnation und steht für mütterliche Gefühle, Einfühlsamkeit, die Fähigkeit, zu nähren, zu bewahren und Wertvorstellungen zu vermitteln. Der Mond in den ersten vier Sternzeichen, bzw. historischen Perioden, steht für die mythische Gottesmutter in ihrer schützenden Form, aber auch in ihrer verschlingenden Form als die Göttin Kali. Der Mond im Widder repräsentiert die emotionale Realität der steinzeitlichen Höhlenfrauen, in der Jungfrau die Gefühlswelt einer frühchristlichen Maid, im Skorpion die Gefühlswelt einer heiligen Johanna, und im Wassermann eine viktorianische Matrone.

Merkur ist der Intellekt, die Intelligenz, Kommunikationsfähigkeiten, die mentale Ausrichtung und die Selbsteinschätzung, auch die Einschätzung der Umgebung. Merkur in der historischen Zwillingszeit steht für verbalen Einfallsreichtum und Erfindergeist auf dem Gebiet der Kommunikation. In der Jungfrau ist der Merkur der klassische Gelehrte, und in den Fischen ist er visuell orientiert, also beispielsweise an den Medien und am Film interessiert.

Venus ist der Sinn für Ästhetik, Kreativität, er beschreibt kulturelle Affinitäten, ein Gespür für die Qualität von Beziehungen, sexuelle Moralvorstellungen und den Geschmack im

Hinblick auf andere Menschen, also das Hingezogen- und Abgestoßensein von bestimmten Personen. Die Venus im Stier auf der ARZS wird von roher Sinnlichkeit beherrscht, in der Waage von ritterlichem Idealismus und im Schützen von shakespearehafter Grobheit.

Mars ist der Krieger, aggressiv und forschend; der Wille zur gewaltsamen Veränderung, Zerstörung, Ausschweifung. Mars im ARZS-Widder ist urtümliche Selbstbehauptung; in der Jungfrau ist er der homerische Sagenheld, im Skorpion der Kreuzritter und im Steinbock der Räuberbaron.

Jupiter ist die religiöse und philosophische Ausrichtung, die das Weltbild erzeugt. Jupiter im ARZS-Stier steht für die Verehrung und Anbetung der Erdmutter; im ARZS-Krebs steht Jupiter für ein Leben, das Heim und Familie über alles andere stellt, und im Wassermann wird die Maschine zum Gegenstand der Verehrung und Faszination. Die Glaubensvorstellungen ändern sich im Zuge der historischen Perioden, also wäre Jupiter in den mittleren Graden der ARZS-Jungfrau eine Inkarnation unter den frühen Christen, den Zeitgenossen von Jesus Christus oder den Gnostikern, im Skorpion den Zeitgenossen der Kreuzzügler, im Schützen der Protestanten zur Reformationszeit und in den Fischen eine atheistische oder existentialistische Inkarnation.

Der *Saturn* beschreibt die Inkarnation, die die Realitätsauffassung und das Ausmaß des wissenschaftlichen Verständnisses bestimmt, ebenso wie die materielle Einstellung. Der Saturn im Widder akzeptiert nur, was er sehen und anfassen kann, während der Saturn im Löwen an das göttliche Vorrecht des Königs glaubt, in der Waage an das römische Recht, und im Wassermann an den Befehl des kapitalistischen Fabrikbesitzers.

Die *äußeren Planeten, Uranus, Neptun* und *Pluto* bewegen sich so langsam durch den Tierkreis, daß sie im Geburtshoroskop eher kollektive Einflüsse repräsentieren, die eine Wirkung auf ganze Generationen haben. In der Reinkarnations-Astrologie haben sie keine eigene Sparte, sondern werden als ein Band betrachtet, das alle sieben Planeten miteinander verbindet, wobei die Betonung aber auf dem inneren Planeten liegt, dessen höhere Oktave von Uranus, Neptun und Pluto verkörpert wird. *Uranus* ist die höhere Oktave von Merkur und verweist auf eine Inkarnation, in der Exzentrizität, Individualität, Unabhängigkeit und Erfindungsreichtum vorwiegen. *Neptun* ist die höhere Oktave der Venus und repräsentiert eine Inkarnation, in der außersinnliche Wahrnehmungen, mediale Begabung, Sensibilität, Schwäche und Krankheitsanfälligkeit eine Rolle spielen. Neptunische Einflüsse machen sich oft in Form von psychischen Regressionen bemerkbar und sind historische Zeiten, in denen die Verbindung mit Magie und Mystik besonders stark war. *Pluto* ist die höhere Oktave des Mars und beschreibt die Inkarnation, in der die revolutionärsten Umwälzungen oder Transformationsprozesse stattfanden und in der man den größten Kontakt mit und den größten Einfluß auf die Massen hatte.

Die *persönlichen Punkte* sind generelle Einflüsse, die sich wie ein Band über die gesamte Zeitskala erstrecken. Der Aszendent ist von größter Wichtigkeit, weil er das historische Zugehörigkeitsgefühl der Persönlichkeit beschreibt, ebenso wie die körperliche Erscheinung und die typischen Merkmale der Umgebung. Die *Himmelsmitte* (*Medium Coeli,* im Geburtshoroskop mit MC gekennzeichnet), ist das Ich-Bewußtsein, der Grad der spirituellen Erkenntnis und die Lebensziele in einer früheren historischen Inkarnation. Die Persönlichen Punkte sind oft eine Kombination von vielen verschiedenen Einflüssen zugleich, nicht nur ein bestimmter Einfluß.

Konstellationen von mehr als einem Planeten repräsentieren eine Vielzahl starker Einflüsse in stark bewegten, historischen Zeiten. Wenn Sonne und Venus sich in Konjunktion auf 10 Grad Schütze im Geburtshoroskop befinden, wird dies als künstlerische oder ästhetische Neigung interpretiert, was in der Reinkarnations-Astrologie ein künstlerisch begabter Mann im Jahre 1587 sein könnte oder eine junge Frau mit ausgeprägtem Selbstbewußtsein, denn der Einfluß kombiniert beide Kategorien. Planeten wie Merkur (Intellekt), Jupiter (Religion) und Saturn (praktische Einflüsse) im Zeichen Jungfrau, der historischen Epoche der Klassischen Zivilisation, würden einem Klassizisten entsprechen, dessen Spezialität Sprachen und Religionen waren.

Die *Aspekte* zeigen Beziehungen zwischen den einzelnen Planeten im Horoskop auf, und das gleiche Prinzip gilt für das Reinkarnations-Schema. Aspekte stellen in der ARZS die Verbindungen zwischen historischen Perioden und ihnen entsprechenden Inkarnationen dar. Die Löwenzeit (3000 bis 800 vor Christus) ist das Zeitalter der ›Könige‹, eine Zeit, in der dem Individuum der höchste Wert beigemessen wurde, während die Wassermannzeit (1840 bis 1910 nach Christus) das antagonistische Viktorianische Zeitalter beschreibt, in dem die Gesellschaft, das Kollektiv, die ›minderbemittelten Massen‹ den höchsten Rang einnahmen und in dem das effektive Ende der monarchistischen Staatsform herbeigeführt wurde. Unterstützende Einflüsse, wie etwa die eines Trigons, zeigen eine Entwicklung auf eine höhere Oktave an, wobei dasselbe Grundthema aber beibehalten wird. Während der Löwenzeit wurde Selbstbewußtsein und Individualität entwickelt, und im nächsten Feuerzeichen, dem Schützen, wurde dem humanitären Renaissance-Menschen der größte Wert beigemessen. Die Aspekte sind harmonische Übereinstimmungen mit bestimmten Zeiten und Inkarnationen, und sie lassen sich aus derselben waagerechten Sparte auf der Tabelle 11 ablesen.

Fälle von historischen Reinkarnationen

Die Position der Planeten und Persönlichen Punkte im Horoskop gibt Auskunft über zwölf primäre Inkarnationen und ihre historischen Zeiten. Der Mechanismus kann von historischen Charakteren symbolisiert werden, die zukünftige Generationen mit ihren Ideen und Persönlichkeiten beeinflußt haben und ihrerseits von früheren Generationen beeinflußt worden sind. Obwohl die Rechenweise des ›Göttlichen Plans‹ durchaus präzise ist, muß man allen Zahlen und Daten einen Spielraum von einem Grad in jeder Richtung einräumen, was der allgemein akzeptierten Irrtumsspanne in der Astrologie entspricht und eine Abweichung von 00,27 Prozent bedeuten würde.

Ein bekannter historischer Fall ist der von *Napoleon Bonaparte* (Abbildung 42). Napoleon hielt sich für eine Reinkarnation von Alexander dem Großen (Die Lebensdaten Alexanders, 356 bis 323 v. Chr., entsprechen 9 bis 10 Grad in der Jungfrau auf der logarithmischen Zeitskala von Tabelle 10). Außerdem

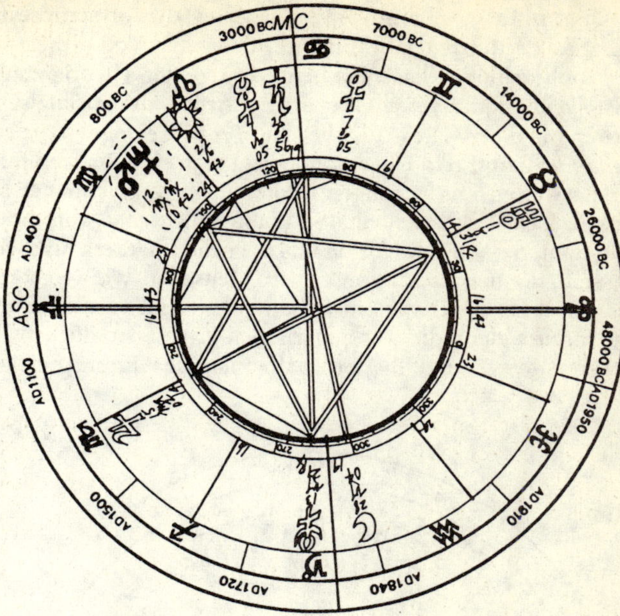

Abbildung 42: Das Horoskop von Napoleon
Geboren am 15. August 1769 in Ajaccio, Korsika.

glaubte Napoleon, er sei eine Reinkarnation von Karl dem Großen (742 bis 812 n. Chr., entspricht 12 bis 15 Grad Waage). Napoleons Neptun (übersinnliche Kontakte) befindet sich im neunten Grad der Jungfrau, Napoleons Mars (kriegerische Einflüsse) befindet sich auf 12 Grad Jungfrau. Ein Trigon von seinem rückläufigen Uranus im Stier (Individualität und Erfindungsgeist) liegt auf Grad 11 der Jungfrau.

Der Aszendent in Napoleons Horoskop liegt auf 16 Grad Waage, was zeigt, daß seine Persönlichkeit im Spielraum von einem einzigen Grad mit der Lebenszeit von Karl dem Großen übereinstimmt.

Der bedeutende Hellseher und Prophet *Nostradamus*

(1503—1566) (Abbildung 43) war einer der mysteriösesten Gestalten der letzten Jahrhunderte, denn die Akkuratheit seiner Prophezeiungen kann bis heute von keiner Theorie zufriedenstellend erklärt werden. Bei meiner Arbeit als astrologischer Berater für die zweite Ausgabe der ›*Prophezeiungen von Nostradamus*‹ von Erika Cheetham machte ich eine Reihe von bemerkenswerten Entdeckungen in diesem Zusammenhang. Die Struktur des ›Göttlichen Plans‹ könnte nicht nur von einem Menschen, der am Ende der Zeitskala gelebt hat, erkannt worden sein, sondern auch von einem Menschen wie Nostradamus, entweder durch die Einweihung in eine Geheimlehre oder ganz intuitiv, denn die mathematischen Prinzipien, die astrologischen Gesetze und die Beschaffenheit des Raum-Zeit-Ge-

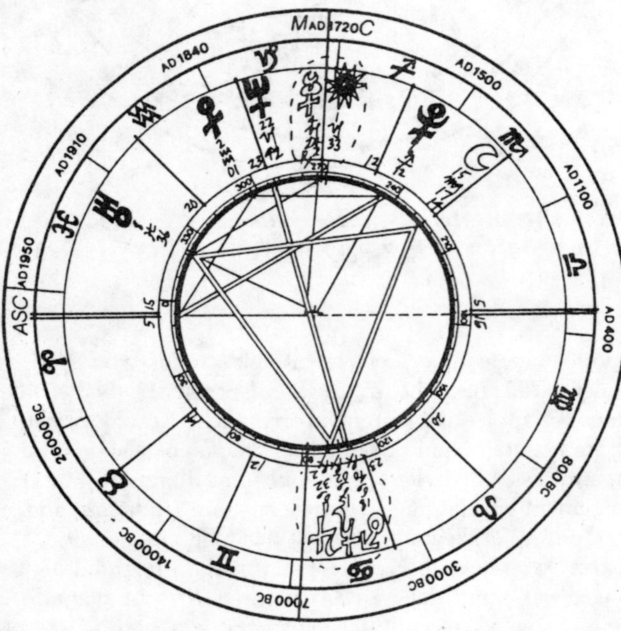

Abbildung 43: Das Horoskop von Nostradamus
Geboren am 14. Dezember 1503 in St. Remy, Frankreich.

dächtnissystems waren damals nicht anders als heute. Nostradamus' Horoskop ist insofern besonders interessant, als ein Planet, der Pluto, während seiner Lebenszeit auf der ARZS registriert wird, ebenso wie eine Anzahl von Planeten nach seiner Lebenszeit, und zwar genau zu den Zeiten, an denen seine akkuratesten Zukunftsprophezeiungen eintreffen. Die Implikation ist die, daß Nostradamus nicht nur seine früheren Inkarnationen ›gesehen‹ haben muß, sondern auch seine Zukunft. Sein Pluto steht auf 6 Grad und 12 Minuten im Schützen, was einem Datum von 1556 n. Chr. entspricht, die Zeit, in der Nostradamus 53 Jahre alt war. Dieses Jahr gewinnt im Zusammenhang mit Nostradamus' berühmtester Prophezeiung eine spezielle Bedeutung. In der ersten Ausgabe seiner ›*Zenturien*‹ von 1555 sagte Nostradamus den Tod von Henri II. in Zenturie I,35 voraus, und zwar bei einem Duell: »Er wird seine Augen in ihrem goldenen Käfig ausstechen; zwei Wunden in einer, dann stirbt er einen grausamen Tod.« Katharina von Medici befahl Nostradamus am 14. Juli 1556, sich am französischen Königshof einzufinden, um seine furchterregende Prophezeiung zu rechtfertigen. Im Jahre 1559 traf sie ein: Henri II. wurde beim Kriegsspiel tödlich verletzt, als sein goldener Helm von dem Speer eines Gegners durchbohrt und sein Nacken dabei ebenfalls aufgerissen wurde. Henri erlitt zehn Tage lang Todesqualen, bevor er starb. Nostradamus sagte weiterhin voraus, daß vier von Katharinas und Henris Kindern als Könige gekrönt werden würden, was ebenfalls eintraf. Die Position des Pluto (die Massen und einflußreiche Personen, magische Einwirkung auf das Leben anderer) im achten Haus des Todes und das Schütze-Zeichen des sportlichen Wettkampfs verbanden ihre Wirkung am kritischsten Punkt seines Lebens.

Die Planeten, die nach Nostradamus' Lebenszeit auf der ARZS registriert werden, weisen auf seltsame Querverbindungen hin. Nostradamus hat seine Sonne auf 1 Grad, 33 Minuten im Steinbock, dementsprechend sagte er die Thronbesteigung von George I im Jahre 1714 voraus. In Zenturie III,77 sagte er das genaue Datum des Abkommens zwischen den Persern und Türken voraus: Oktober 1727, ein Datum das sich innerhalb eines Grades von Nostradamus' Himmelsmitte auf 2 Grad Steinbock befindet. Sein Neptun auf 22 Grad im Steinbock entspricht dem Datum 1815 und stimmt mit vielen seiner erstaunlich präzisen Voraussagen überein, unter anderem über Napoleons 100 Tage, seine Flucht von der Insel Elba und die Schlacht von Waterloo im Jahre 1815 in den Zenturien I,23, II,70, IV,75 und X,24. Mit der Venus auf 2 Grad, 01 Minuten im Wassermann geht das Datum 1848 einher, und so sagte Nostradamus die Gründung der Nationalversammlung für das Jahr 1848 (IX,5) voraus (Venus steht für Integration und das Zeichen Wassermann für Gruppenaktivitäten); weiterhin sagte er die Beteiligung von Napoleon III. an der Französischen Revolution voraus und die Hochzeit des Grafen de Chambard. Ein umstrittener Vierzeiler beschreibt den von Adolf Hitler hervorgerufenen Putsch von München, der im Jahre 1923 stattfand, aber dieses Datum stimmt genau mit Nostradamus' Uranus auf dem 8. Grad in den Fischen überein. Der gegenüberliegende Punkt zu seinem Saturn bei 15 Grad im Krebs stimmt mit der Jahreszahl des Anbruchs der Französischen Revolution überein: 1789. Die Vielzahl der Querverbindungen ist wahrhaft bemerkenswert.

Ein weiteres Beispiel für die Reinkarnationstheorie ist das Horoskop von Adolf Hitler (Abbildung 44). Hitler bekannte sich zu dem Glauben, daß er der mystische Erbe des Rassengedächtnisses der Arier sei, und war zutiefst von der Gralslegende fasziniert. Hitlers starker Einfluß auf das Unterbewußtsein des deutschen Volkes wird verständlich, wenn man die sechs Planeten und die Himmelsmitte in seinem Horoskop betrachtet, die sich allesamt in den ersten vier Sternzeichen Widder, Stier, Zwillinge und Krebs befinden. Die Konjunktion von Neptun und Pluto repräsentiert übernatürliche, hellsichtige Visionen, einen magischen Einfluß auf die Massen, aber auch manisches, selbstquälerisches Gehabe im Zusammenhang mit außergewöhnlichen Seelenerfahrungen und Zuständen der Besessenheit, wie der berühmte Astrologe Ebertin sagte, und die Tatsache, daß diese Konjunktion sich im Zwilling befindet, verweist auf die Entfaltung magischer Kräfte durch die Benutzung von Sprache und Kommunikation, wie es durch Hitlers Aufstieg zu einer Machtposition mit Hilfe von öffentlichen Reden bestätigt wurde.

Ein ausgesprochen faszinierendes Beispiel für die Reinkar-

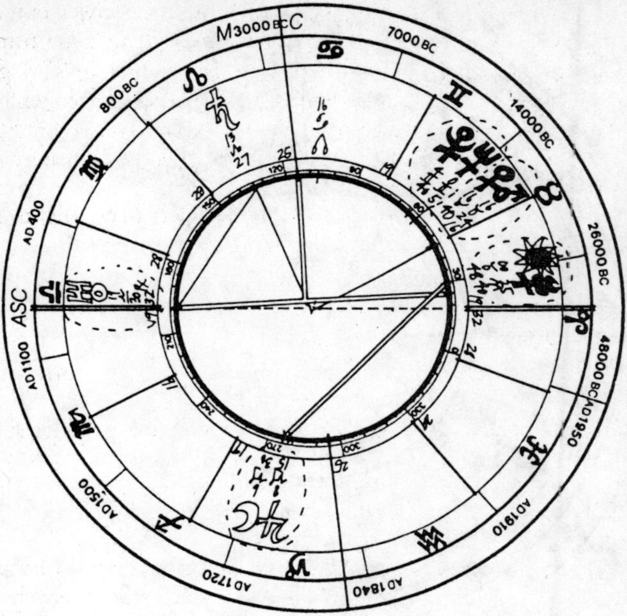

Abbildung 44: Das Horoskop von Adolf Hitler
Geboren am 20. April 1889 in Braunau, Österreich.

nationstheorie ist der deutsche Schriftsteller Thomas Mann (1875—1955) (Abbildung 45) und sein bedeutendes Meisterwerk ›*Joseph und seine Brüder*‹, das 1927 begonnen, aber erst 1944 fertiggestellt wurde. Im ersten der vier Bände weist Mann mehrmals auf das astrologische Vermächtnis der Zeit hin, in der Joseph lebte, und beschreibt sogar die Positionen der Planeten und persönlichen Punkte in Josephs Horoskop, und zwar in persischer Terminologie. Übersetzt man die Beschreibung in die allgemeine astrologische Terminologie, so stellt sich heraus, daß Thomas Mann und sein Joseph dasselbe Horoskop haben! In beiden Fällen befindet sich die Sonne im Zwilling und in Konjunktion mit der Himmelsmittte, was eine Geburtsstunde um die Mittagszeit wäre; der Aszendent ist in der Jungfrau und der Mond im Krebs.

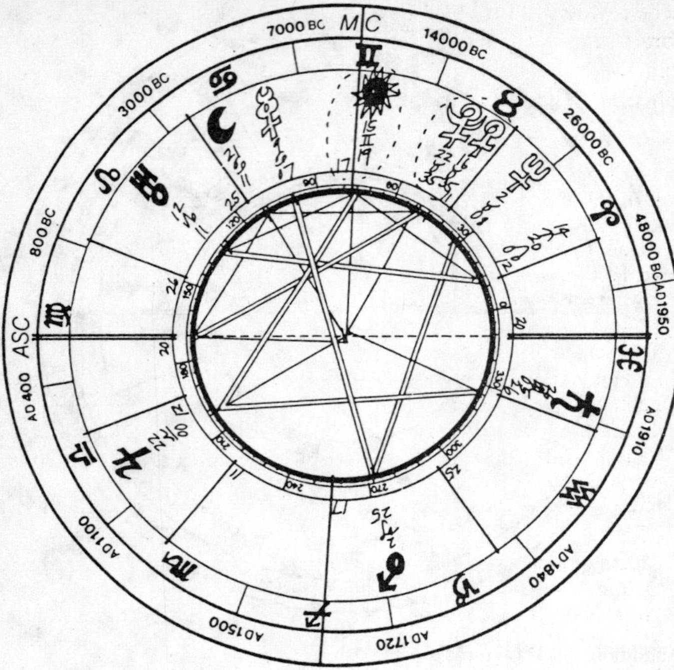

Abbildung 45: Das Horoskop von Thomas Mann
Geboren am 6. Juni 1875 in Lübeck, Deutschland.

Da nichts darauf hinweist, daß Thomas Mann astrologisch geschult war, wäre es naheliegend, wenn er sein eigenes Horoskop als Grundlage für die historische Josephsfigur nimmt, aber die Übereinstimmungen zwischen den beiden Leben sind allzu erstaunlich. Es ist offensichtlich, daß Mann eine starke Sympathie für den biblischen Joseph empfand, dessen Leben und Umwelt er in vier Bänden so überaus detailgenau beschrieb, aber die Parallelen zu seinem eigenen Leben im zwanzigsten Jahrhundert gehen weit über zufällige Gemeinsamkeiten hinaus, denn Josephs Geschichte wurde bereits in der Bibel erzählt, also lange vor Manns Lebenszeit. Am erstaunlichsten ist, daß Ereignisse in Josephs Leben die Ereignisse in Manns

Leben während und nachdem er den Roman geschrieben hatte, voraussagen, was heißt, daß vieles erst eintraf, nachdem Mann sein Werk beendet hatte. Die Parallelen werden hier aufgeführt:

Joseph	*Thomas Mann*
- Der jüngste Sohn einer großen Familie	- Der jüngste Sohn einer großen Familie
- Rivalität mit älteren Brüdern	- Rivalität mit Bruder Heinrich
- Verspottete seine Brüder	- ›Buddenbrooks‹ verspottet das Bürgertum
- Wird mit dem ›Vielfarbigen Mantel‹ ausgezeichnet	- Mit dem Nobelpreis ausgezeichnet
- Von seinen Brüdern verlassen und an Händler verkauft	- Von Heinrich abgelehnt und von den Nazis verbannt
- Lebte in Nordägypten im Exil	- Lebte im Exil in der Schweiz
- Ging zurück nach Südägypten	- Ging zurück nach Princeton, USA
- Wurde von Potiphar unterstützt	- Wurde von Verleger in New York unterstützt
- Wies Avancen von P's Frau zurück	- Wies Avancen von V's Frau zurück
- Aufstieg zu neuem Ruhm	- Neuer Ruhm in Kalifornien
- Deutete Pharaos Traum über kommenden Krieg	- Überzeugte Roosevelt vom kommenden Zweiten Weltkrieg
- Ehrung für Vaterlandstreue	- Für Verdienste geehrt
- Wieder mit seinen Brüdern vereint	- Fördert Heinrichs Karriere in den USA

Die Vermutung, daß Thomas Mann selber in einem früheren Leben der biblische Joseph war, liegt nahe, drängt sich geradezu auf, wenn man den Roman liest, der ganze siebzehn Jahre von Manns kreativster Schaffensperiode in Anspruch nahm.

Ein anderer Aspekt von Interesse ist die Übereinstimmung der Planetengrade in Manns Horoskop mit den Daten der ARZS. Mann war in erster Linie ein Sprachschöpfer, was von der Sonne in Konjunktion mit dem MC im Zwilling reflektiert wird. Die Sonne ist das spirituelle Zentrum und die Vitalität, der MC, (oder die Himmelsmitte) ist das Ich-Bewußtsein und die spirituelle Ausrichtung; die Zwillingszeit ist die historische

Ära, in der Sprachen und Schriften entwickelt wurden. Der Mond im Krebs ist mythisch und repräsentiert die ›wahre Liebe einer hingebungsvollen Frau‹. Uranus im Löwen entspricht der Lebenszeit des alttestamentarischen Patriarchen Abraham auf der ARZS, also der Zeit, in der Joseph lebte und sich seine Geschichte entfaltete. Jupiter in der Zeit von 964 p. Chr. fällt in die Nähe der Lebenszeit von Papst Gregor, eine der Hauptfiguren in *›Der Heilige Sünder‹* Mars im Steinbock fällt in die Nähe der Zeit, in der Manns Kurzgeschichte *›Königliche Hoheit‹* spielt. Saturn (Einflüsse durch Vererbung) stimmt mit der Zeit überein, in der sein erster großer Roman *›Buddenbrooks‹* angesiedelt ist, wobei dieser Roman außerdem von einer Familiendynastie handelt (wiederum vererbliche Einflüsse), die auf Manns eigener Familie beruht. Wenn man davon ausgeht, daß kreative Menschen Einflüsse aus früheren Leben in ihren Werken ausarbeiten, kann man den Mechanismus der ARZS-Tabellen benutzen, um solche Einflüsse bewußt zu machen, was weitaus hilfreicher und zukunftsweisender sein kann als die gewöhnlichen astrologischen Deutungen.

Verschiedene Formen der Wiedergeburt

Die Geschichte des Reinkarnationsglaubens ist vage und unbestimmt. Es gibt zwei ausgezeichnete Bücher, in denen die Befürworter der einen oder anderen Form der Wiedergeburt namentlich aufgeführt und beschrieben werden. Das erste ist *›Reincarnation, An East-West Anthology‹* von Head und Cranston. Es enthält Zitate von über vierhundert westlichen Denkern, wie Thomas Huxley, Albert Schweitzer, Thomas Edison, Walt Whitman, Emerson, Thoreau, Tom Paine, William James, C. G. Jung, Hermann Hesse, J. B. Rhine, Darwin, Einstein, Planck, Schrödinger, Fromm, Henri Bergson, Flaubert, Kierkegaard, Ibsen und viele mehr, einmal abgesehen von den in diesem Buch bereits genannten Personen. Der zweite Band *›Reincarnation: The Phoenix Fire Mystery‹* ist eine vollständige Übersicht über das Wissensgebiet, spezialisiert sich aber auf Aussagen von Wissenschaftlern und die nationalen kulturellen Hintergründe. Es werden Begriffe wie ›Palingenese‹, ›Prä-Existenz‹, ›Transmigration‹ und ›Seelenwanderung‹ benutzt, da das Wort ›Reinkarnation‹ erst von den Franzosen um die Mitte des letzten Jahrhunderts populär gemacht wurde.

Der präzise Ablauf einer Reinkarnation kann nur auf der übersinnlichen Ebene (jenseits der körpergebundenen Sinne) erfaßt und nachvollzogen werden, aber die Weisheitslehren des Ostens enthalten genauere Beschreibungen als alle anderen Texte, wie dieser Paragraph von Joshi aus dem vierten Band seines ›*Chakra*‹ erklärt. In einem Kapitel mit dem Titel ›*Avidya: A Psychological Interpretation*‹ schreibt Joshi:

»Die indischen Denker des Altertums glaubten, daß die Ereignisse im momentanen Leben eines Individuums nur vor dem Hintergrund eines früheren Lebens verständlich werden, denn das gegenwärtige Leben ist das letzte Glied in einer anfangslosen Kette von Wiedergeburten. ›*Avidya*‹ selbst ist etwas, das keinen zeitlichen Anfang hat: es ist anfangslos. So wird angenommen, daß der Geist eines neugeborenen Kindes schon bei der Geburt Spuren (Samskaras) enthält, die von den Handlungen in zahllosen früheren Leben hinterlassen worden sind; selbst der Embryo im Mutterleib soll diese Samskaras enthalten, weil sie ein Teil des feinstofflichen Körpers, des ›Luga Scharira‹, sind, welcher den grobstofflichen Körper zum Zeitpunkt des Todes verläßt und von den Samskaras angeleitet wird, in ein neues Embryo einzutreten.«

Die Entdeckung des genetischen Kode macht es uns möglich, das Konzept der Reinkarnation in einem neuen Licht zu betrachten. Reinkarnation ist ein kollektives Phänomen, weil alle Lebensformen die Gesamtsumme zahlloser früherer Lebensformen sind. Jedes Lebewesen enthält die Erbanlagen der gesamten Entwicklungsgeschichte, bis zurück zum ersten Leben und noch davor: bis zurück zur Entstehung des Universums selbst. Eigenschaften, die ein Individuum vom anderen unterscheiden, sind das Resultat einer Dominanz gewisser Erbfaktoren, wobei dominante Wirkungen wiederum vom Karma der reinkarnierenden Seele hervorgerufen, wenn nicht gar ausgewählt werden. Jeder greift grundsätzlich auf denselben ›Möglichkeits-Fundus‹ zurück, aber der Wille zur Manifestation ist unterschiedlich stark, und die Art und Weise der körperlichen Manifestation hängt von zahllosen inneren Eigenschaften ab. Daß bestimmte Merkmale von den Eltern und Großeltern abstammen, ist nachgewiesen, aber damit ist noch längst nicht alles erklärt. Verfolgen wir unsere genetische Abstammung einhundert Jahre in der Zeit zurück, so machen die von irgendeinem unserer Vorfahren vererbten Merkmale etwa 1:4000 unseres Gesamtprogramms aus. Gehen wir eintausend Jahre zurück — eine sehr kurze Zeitspanne im Vergleich zur gesamten Entwicklungsgeschichte —, so stellen wir fest, daß sämtliche Erblinien der Welt auf wenige Familien zurückgeführt werden können; und wenn wir 15.000 Jahre in der Zeit zurückgehen, verschwinden selbst die Rassenunterschiede. Die Gemeinsamkeiten zwischen allen heutigen Menschen machen mehr als 95 Prozent des Gesamtmusters aus und die Unterschiede weniger als 5 Prozent.

Das Reinkarnationswissen ist der Vorläufer der modernen Genetik und unserem heutigen Wissen überlegen, weil das alte Wissen weit mehr als eine einzige Protoplasma-Linie untersucht und auch die übergeordneten, ursprünglicheren Feinstoffkörper und den Vorgang ihrer Manifestation auf physischer Ebene berücksichtigt. Der ›Göttliche Plan‹ ist der Versuch, die moderne Genetik in einen verständlichen Zusammenhang mit dem traditionellen Reinkarnationswissen zu stellen und die beiden divergierenden Stränge zu integrieren.

Der Mensch ›erinnert‹ sich an frühere Leben, wenn er die Resonanz genetischer und geistiger Impulse spürt, die durch den Kontakt mit historischen Objekten; Kunstgegenständen, Orten, Menschen oder Informationen aktiviert werden. Wir erben nicht nur körperliche Eigenheiten, wie unsere Haar- und Augenfarbe, Gesichtsform etc., sondern auch historische Verhaltensweisen, Realitätsbilder und instinktive Reaktionen, die mit astrologischen Eigenschaften übereinstimmen und sich aus dem Geburtshoroskop ablesen lassen. Die Reinkarnationswissenschaft befindet sich noch im Anfangsstadium ihrer Entwicklung, aber der Anfang wurde nun endlich gemacht.

Das Konzept der planetarischen Feinstoffkörper impliziert, daß es verschiedene Arten der Wiedergeburt gibt. Die körperliche Wiedergeburt folgt dem protoplasmischen Stammbaum und hat kaum Freiheit, davon abzuweichen. Die physische Protoplasma-Linie enthält alle Impulse der körperlichen Erbfaktoren, legt interessanterweise aber ein Schwergewicht auf Impulse, die von der Position des Aszendenten im Horoskop aktiviert werden. Die emotionale Wiedergeburt ist ein subtilerer Vorgang, da er sich nicht auf die direkte Übertragung von körperlichen Substanzen beschränkt, sondern innerhalb der Grenzen eines rassischen und familienbedingten Musters von einer Familie zur anderen springt und vom Mond im Horoskop aktiviert wird. Die Charakteristika des Mondes können über Generationen hinweg latent bleiben, aber bei ihrer Erweckung plötzlich Eigenschaften außerhalb der direkten Protoplasma-Linie aktivieren. Der Mond ist das Äquivalent der ›Genetischen Entität‹ bei den Scientologen. Jeder planetarische Körper reinkarniert sich zu bestimmten historischen Zeiten, übt eine Wirkung auf das individuelle Leben aus und geht dann auf andere Leben über.

Die relative Bedeutung von historischen Perioden oder früheren Inkarnationen ergibt sich aus den Positionen der Planeten im Geburtshoroskop. Planeten in der Nähe des Aszendenten repräsentieren die Subpersönlichkeiten des Individuums. Planeten in des Nähe des MC, dem Gipfelpunkt des Horoskops, repräsentieren die Bereiche, in denen größtes Bewußtsein vorhanden ist. Planeten im siebten Haus haben eine Wirkung auf Partner und Beziehungen.

Das gesamte Geburtshoroskop kann symbolisch von einer Gruppe von Lebewesen repräsentiert werden, die zu verschiedenen Zeiten und in verschiedenen Formen existieren und allesamt nach dem höheren Sinn ihres Lebens suchen. Ungünstig aspektierte Planeten sind Wesen, die große Schwierigkeiten in ihrer Lebenszeit bewältigen, können aber auch ein Hinweis auf unzureichendes Verständnis für eine bestimmte frühere Lebenszeit sein. Jeder Planet versucht, das Gesamtgefüge zu beherrschen, indem er die Geschichtszeit, Verhaltensweise und den Bewußtseinsmodus heraufbeschwört, der oder die ihm am meisten vertraut ist, ähnlich wie die Subpersönlichkeiten, die von Zeit zu Zeit versuchen, die Oberhand über die Gesamtpersönlichkeit zu gewinnen. Die momentane Realität ist immer eine Kollage von historischen Wesen, deren individuelles Zeitbewußtsein harmonisiert, Konflikte erzeugt oder eine höhere Integration möglich macht. Jeder Mensch lebt in vielen geschichtlichen Zeiten zugleich und geht ständig von einer Identität zur anderen über. Die einzig mögliche Ordnungsstruktur ist ein Realitätsmodell, das sämtliche Zeiten und Bewußtseinsstufen umfaßt. Jede Komponente unserer Existenz ist einzigartig und potentiell dominant, also kann nur die Integration aller Komponenten zu einem einheitlichen bzw. ganzheitlichen Bewußtsein führen. Die einzelnen Komponenten müssen demnach bewußt gemacht werden, in gewissem Sinne muß man sich sogar mit ihnen identifizieren, um sich von ihrer unbewußten Zwangsherrschaft zu befreien.

Das visuelle *Muster* der Planetenanhäufungen und Aspekte im Horoskop sagt sehr viel über die Einstellung des Menschen und die historischen Zeiten, mit denen die betreffende Einstellung einhergeht, aus. Ein über weite Teile des Horoskops verteiltes *›zerstreutes Muster‹* zeugt von einer repräsentativen Auswahl von historischen Zeiten, die das Individuum beeinflussen. Eine konzentrierte Ansammlung von Planeten in einem Abschnitt des Horoskops ist ein *›Bündelmuster‹*, bei dem das absolute Schwergewicht auf den repräsentativen Planeten, Häusern und Zeichen liegt. Das *›Schalenmuster‹* der Anhäufung von Planeten in einer Hälfte des Horoskops zeigt, daß nur eine Hälfte der Realität konzentriert wahrgenommen wird, und eine Anhäufung von Planeten auf jeweils gegenüberliegenden Seiten des Horoskops bildet das *›Wippenmuster‹*, das einen Wechsel von einer Einstellung zur entgegengesetzten anzeigt. Bei ›Bündelmustern‹ überwiegt eine bestimmte Einstellung und die dazu gehörende Zeitperiode so stark, daß der Versuch unternommen wird, den Geist dieser Zeit unter Ausschluß aller anderen zeitlichen Einflüsse noch einmal heraufzubeschwören und auszuleben.

Jeder Mensch hat spezielle Interessen und eine Weltanschauung, die den Zeiten entspringt, in denen er sich am ehesten heimisch und von der Umwelt bestätigt gefühlt hat, woraufhin er verständlicherweise versucht, diese Bestätigung erneut zu finden. Die Gefahr ist, daß man sich allzu lange mit historischen Zugehörigkeitsempfindungen aufhält und die Integration der Gesamtheit darüber vernachlässigt. Der bewußte Mensch lebt in erster Linie die gegenwärtige Entwicklungsphase aus, auch wenn er bereits teilweisen Zugang zu den Oktaven direkt vor und nach seiner Zeit hat. In der Embryonalphase werden frühere Leben nahezu gleichzeitig nachvollzogen, und während der Kindheit bleibt die Oktave der Embryonalentwicklung noch im Empfindungsbereich, obwohl die meisten Kulturen derlei Erinnerungen verdrängen. Es gibt eine Reihe von dokumentierten Fällen der kindlichen Erinnerung an frühere Leben, bei denen Kinder präzise und nachprüfbare Aussagen über fremde Orte, Personen, Namen und Adressen machten, oft sogar Fremdworte aussprachen, die sie noch nie im jetzigen Leben gehört hatten.

Ein Beispiel hierfür ist die systematische Verfolgung der Wiedergeburten von hochstehenden tibetanischen Lamas. Abbildung 46 zeigt das Horoskop eines jungen Amerikaners, der im Alter von sieben Jahren als die Reinkarnation eines verehrten tibetanischen Lamas erkannt wurde. Normalerweise wird die Erinnerung an Einflüsse aus früheren Leben nach dem siebten Lebensjahr immer schwächer, da die Kuppe des fünften Hauses im Horoskop bereits überschritten wurde, und in den meisten Fällen wird das Erinnerungsvermögen nach dem siebten Lebensjahr völlig ausgelöscht.

Wer sich nicht eingehend mit seinen inneren Einstellungen, Neigungen und Geschmacksrichtungen beschäftigt, kann unbewußten Einflüssen aus früheren Leben unterliegen und unwissentlich sein Leben lang darin steckenbleiben. Die Vergangenheit mit den dazu gehörenden Romantizismus und illusionärem Rollenspiel kann so anziehend wirken, daß man sich immer wieder erneut darin verliert, genauso, wie man sich im Einflußkreis der jetzigen Familie, Gesellschaft und der resultierenden psychologischen Ausrichtung verlieren kann. Ehemalige Realitäten können jeden neuen Zyklus beherrschen, solange man die Identifikation mit ihnen nicht erkennt und fallenläßt. ›Hingezogensein‹ bedeutet, sich zu identifizieren und auch in Zukunft zu inkarnieren, und da jede Form, die man annimmt, in der Zeit existiert und verschwindet, bedeutet ›Hingezogensein‹ auch Reinkarnation in eine bestimmte Geschichtszeit hinein. Multiple Persönlichkeiten (Schizophrene) sind das Resultat einer inneren Zersplitterung, bei der die einzelnen Identitäten nichts voneinander wissen und sich gegenseitg bekämpfen. Die bewußte Wahrnehmung aller inneren Identitäten gehört zu

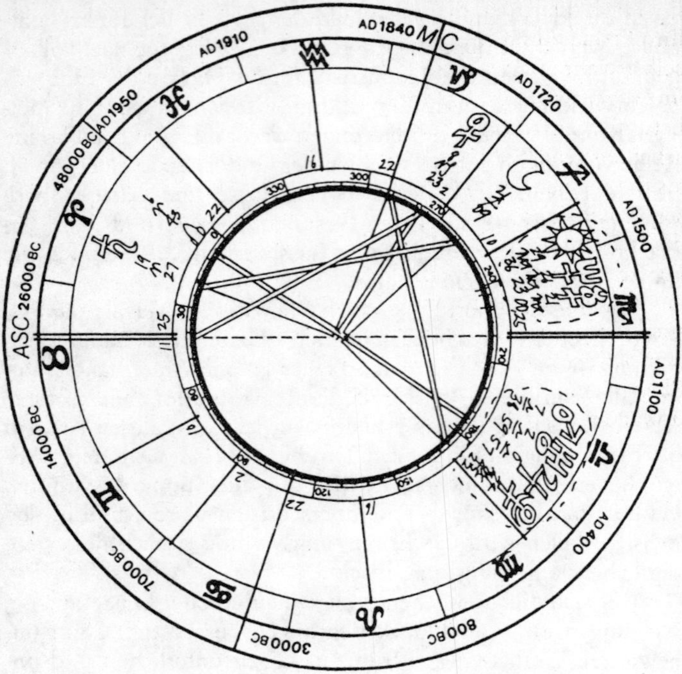

Abbildung 46: Die westliche Reinkarnation eines buddhistischen Lamas, ehemals in Tibet
Geboren am 21. November 1968 in Great Barrington, Massachusetts, USA.

dem Reifeprozeß, wie er von Mystikern und transpersonalen Psychologen dargestellt wird, die eine Entwicklung über alle angelernten Programme hinaus für möglich und universell vorgezeichnet halten. Zunächst müssen die verschiedenen Subpersönlichkeiten wahrgenommen werden, ihre Relation zueinander muß erkannt werden, und dann muß eine Integration stattfinden, die ein wahrhaft funktionsfähiges Ganzes hinterläßt, das seinerseits in einem stetigen Entwicklungsprozeß über alle illusionären Erscheinungsformen hinausgeht.

Nach Plato ist die Anhaftung der meisten Menschen an ihre Erscheinungsform und Lebensweise so stark, daß sie sich, selbst wenn man ihnen die Gelegenheit gibt, ihre Limitationen im Augenblick des Todes zu transzendieren, wieder für ihr früheres Leben mit all seinen Qualen und Verstrickungen entscheiden würden. Die Angst vor dem Unbekannten ist größer als die Sehnsucht nach Befreiung von den Bindungen, und dieses Prinzip gilt nicht nur für den einzelnen, sondern auch für das Weltzeitalter der Menschheit. Wenn wir unsere Welt wirklich transformieren wollen, muß jeder einzelne die Anhaftung an überkommene Muster, in die wir alle blindlings verliebt sind, aufgeben. Die wahre Natur des Bewußtseins mit all seinen Erscheinungsformen auf energetischen und materiellen Ebenen muß durchschaut werden, wenn wir eine Welt hervorbringen wollen, die erkannt hat, daß sie frei ist.

Achtes Kapitel
★ Finale ★

»Die Welt selbst ist das Urteil der Welt.«

Schopenhauer

Das Ende eines Weltzeitalters der Menschheit ist eine furchterregende Aussicht, die von vielen sicherlich für ein Anzeichen von Negativität und Paranoia gehalten wird. Aber eine solche Zukunftsprognose entspricht nicht nur den unmittelbar nachweislichen Trends, sondern auch den Gesetzmäßigkeiten des Universums, wie sie von unseren Mythen und unlängst auch von der Wissenschaft beschrieben werden. Mythen sind die destillierten Essenzen der religiösen, politischen und sozialen Denksysteme oder Erkenntnisse, die uns von jeher geprägt haben. Eine Untersuchung des Mechanismus, der zum Ende einer Weltzeit führt, verschafft uns zugleich auch Zugang zu einem tieferen Verständnis der momentanen Trends, wie auch Einsichten in die zukünftigen Entwicklungsstufen des menschlichen Bewußtseins in diesem Göttlichen Komplott.

Wie alles andere auch, kann man das göttliche, universelle Entwicklungskomplott auf verschiedenste Weise interpretieren: als Geschichtsablauf oder als einen metaphysischen Mechanismus, als ein Programm, das den Biocomputern eingegeben wird, als religiöse Weltsicht oder als eine Beschreibung der physischen Weltordnung. Zweifellos wird meine Auslegung des Göttlichen Plans von vielen Wissenschaftlern kritisiert werden — der freizügige Umgang mit wissenschaftlichen Prinzipien, die selektiv als Beweismaterial für verschiedene Thesen angeführt, während andere schlichtweg negiert werden, ist Einladung genug —, aber solche Kritiken gehören ohnehin zur allgemeinen Praxis in wissenschaftlichen Zirkeln. Die jahrhundertealte Suche nach materiellen Erklärungen für das universelle Wirken ist fruchtlos geblieben, und dementsprechend haben sich auch die Gesetze, auf denen wissenschaftliche Weltbilder beruhen, im Lauf der Zeit geändert. Die Psychiater und Psychologen werden sich wahrscheinlich gegen die Übertragung von menschlichen Verhaltensmustern auf die Arbeitsweise des materiellen Seinsbereichs wehren, und manchen Astrologen mag es mißfallen, daß auf astrologische Einflüsse sich auch auf physischer Ebene manifestieren sollen. Der transpersonale Psychologe mag die hier präsentierte Vorstellung von kreisförmigen, immer wiederkehrenden Zeitläufen ablehnen, da sie allzu vorherbestimmt und unausweichlich wirken und dem individuellen Bewußtsein nicht genügend Freiheit einräumen. Der Historiker mag die hier beschriebenen Geschichtsläufe ungenau, wenn nicht gar fehlerhaft und unvollständig finden, und die Tatsache, daß innere und äußerliche Geschichtswahrnehmungen teilweise kombiniert wurden, wird allgemein auf größte Widerstände stoßen. Der Optimist wird das scheinbar negative Weltbild ablehnen, das hier präsentiert wird — schließlich steht das positive Wassermannzeitalter vor unserer Tür! Es ist unmöglich, jeden zufriedenzustellen, aber jeder ist ein Teil unserer Zeit und unserer Geschichte.

Das Interesse der westlichen Welt besteht in erster Linie in der Verlängerung der individuellen Lebensspanne, was einem Sieg über die Zeit gleichkäme, während der Osten traditionell nach der Befreiung vom karmischen Rad der Zeit strebt, um dem Zyklus der Wiedergeburten zu entrinnen. In diesem Sinne wäre alles Geschichtliche ein Programm, das wir transzendieren müssen.

Auf der Abbildung 47 werden Rodney Collins *›Vier Welten‹* vorgestellt. Die zwei horizontalen Kreise stellen erstens den Zellkörper dar, dessen durchschnittliche Lebensspanne etwa 1000 Mondumläufe beträgt, und zweitens die Lebensspanne der Eizelle, die einen einzigen Mondumlauf beträgt. Die beiden Kreise begegnen einander am Zeitpunkt des Todes und der Empfängnis und formen dabei das Symbol für die Unendlich-

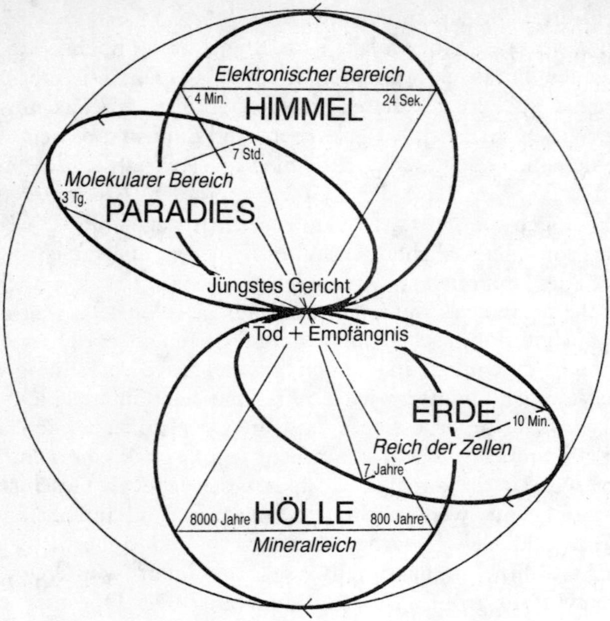

Abbildung 47: Die vier Seinsbereiche nach Rodney Collin
Vier Kreise, die im rechten Winkel zueinander stehen, stellen die Beziehung der vier Dimensionen der menschlichen Existenz dar. Der waagerechte Kreis rechts repräsentiert das sichtbare Reich der Zellen, und der waagerechte Kreis links repräsentiert die unsichtbare Molekularwelt. Die beiden Kreise begegnen sich am Zeitpunkt des Todes und der Empfängnis. Der untere Kreis ist die Höllenwelt des Mineralreichs, ein Seinsbereich von größtmöglicher Verdichtung, und der obere Kreis ist das ›himmlische‹ Elektronenreich, eine Dimension reiner Energie und Geistigkeit. Die vier Welten der Materie wurden von Collin als ›philosophische Maschine‹ bezeichnet (Collin, *›Die Theorie des Ewigen Lebens‹*).

keit. Im Lauf der einmonatigen Lebensdauer der Eizelle lebt ein Individuum essentiell eine ganze Lebenszeit aus, während das Zellenleben sich seinen eigenen Zeitnormen entsprechend entfaltet. Collins benutzt den Faktor von 1000, um die Dauer der nächst-längeren Phase auf 80.000 Jahre festzulegen, was einer Lebensspanne im Mineralreich entspräche, wo die Entwicklung unvorstellbar langsam fortschreitet und die Druckverhältnisse und Hitzeeinwirkungen so intensiv sind, daß dieser Seinsbereich vom menschlichen Standpunkt betrachtet als eine Art Hölle erfahren wird. Im Augenblick des Todes, dem Punkt, an dem der zelluläre Kreis mit dem molekularen Kreis zusammentrifft, wäre es denkbar, daß eine Seele in das Mineralreich eintritt, wenn die Identifikation mit grobstofflicher Materie (Gut, Gold) stark genug ist. Anstatt im nächsten Leben eine Lebensspanne von etwa 80 Jahren zu durchlaufen, bis sich die nächste Gelegenheit zur Befreiung vom Zyklus der materiellen Existenzen bietet, muß die Seele nun tausendmal so lange auf die Gelegenheit einer menschlichen Wiedergeburt warten. Jeder materielle Körper setzt sich aus Elementen des Mineralreichs zusammen und hat daher Zugang zu den zeitlichen Perspektiven dieser Existenzformen. Edelmetalle, wie Gold und Silber, oder Edelsteine, wie Diamanten und Rubine, sind nicht zuletzt deshalb so wertvoll, weil sie immense Zeiträume für ihre Entstehung benötigen. Wenn die Wiedergeburt in den Mineralwelten für Collin ein Abstieg in die Hölle ist, dann ist der Eintritt des Bewußtseins in die elektronischen Seinsbereiche die Himmelfahrt. Der ›himmlische‹ Existenzbereich ist jederzeit zugänglich und kann mit transpersonalen oder transzendenten Energien verglichen werden, die bereit sind, mit dem wahren Selbst zu verschmelzen. Die Sphäre, in der sich alle vier Kreise um ihre eigene Achse drehen, ist die fünfte Dimension der ewigen Wiederkehr. Eine sechste Dimension, in der alle vier Kreise sich um den Punkt drehen, an dem sie zusammentreffen, ist die Welt, in der »alles überall ist und alle Möglichkeiten realisiert sind«, wie Collin in seiner *›Theorie des Ewigen Lebens‹* sagt. Wesen, die auf einer höheren Bewußtseinsstufe als die der vier sinnlichen Welten existieren, sind über die Sphäre des irdischen Seinsbereichs hinausgegangen und sind daher auch nicht länger vom Vorhandensein einer Sonne, einer Galaxie und einem Universum abhängig. Eine physische Existenzform erfordert die Anpassung an die Gesetze der Kreise des Seins, wie sie von Collin beschrieben wurden. Wir können dem Eingebettetsein in die Universelle Zeitskala nicht entrinnen, auch wenn es aussieht, als wäre die Entwicklung auf höhere, feinstofflichere Oktaven bereits der Himmel auf Erden. Ganz gleich, auf welcher

Oktave man sich befindet, es gelten die Gesetze der jeweiligen Dimension. Die einzig wahre Befreiung besteht in der Entfaltung eines Bewußtseins, das den Gesetzen keiner in sich geschlossenen Welt unterliegt, sondern zeitlos ist und grenzenlos, wie der Seinsbereich, den wir mit Gott assoziieren. Die Freiheit ist die Erkenntnis der eigenen Einheit mit diesem Seinsbereich — der Einheit aller Wesen mit Gott.

Unser irdischer Seinsbereich befindet sich derzeitig in einem Zustand chaotischer Auflösung durch weltweite(n):

1. Bevölkerungsexplosion,
2. Nahrungsmittelkrisen,
3. Mangel an Ressourcen,
4. Umweltvernichtung, Waldsterben, Ausrottung von Tierarten, Umweltverschmutzung,
5. radioaktive Verseuchung (mutwillig oder durch fehlerhafte Konstruktion von Waffen und Atomreaktoren),
6. Mißbrauch der Wissenschaft und Technologie,
7. klimatische Veränderungen und Naturkatastrophen.

Die Erdbevölkerung ist im Begriff, ihre eigene Heimat und damit sich selbst zu vernichten. Jeder heute lebende Mensch ist verantwortlich für die Zustände und für irgendeine Änderung der Zustände. Was auch immer den Untergang einer Welt hervorrufen mag, es sollte uns Anlaß zum Überdenken unserer Position im Gesamtgefüge geben. Wir müssen die reelle Möglichkeit unserer Selbstzerstörung ins Auge fassen, ganz gleich, ob das Ende eines Weltzeitalters durch einen Kataklysmus herbeigeführt wird, oder ob ein solches Ende als notwendiger Schritt auf unserem Weg zu einer erleuchteten globalen Gesellschaftsform verstanden wird. Die meisten gehen davon aus, daß diese Krise irgendwie abgewendet und bewältigt werden kann, aber es gibt überzeugendes Beweismaterial für die Ansicht, daß wir diesem Problem nicht zum erstenmal in der Gesamtgeschichte gegenüberstehen.

Eine Ära der Dunkelheit folgt dem Ende eines Weltzeitalters, nicht anders als die Nacht dem Sonnenuntergang, aber es gibt immer einige, wenige Kreaturen, die am Leben bleiben. Die Gewalt des Zusammenbruchs übersteigt das menschliche Fassungsvermögen, und so sinkt die Mehrzahl der Überlebenden in einen Schockzustand der Umnachtung. Die wenigen, die imstande sind, den Schock zu verkraften, sehen sich gezwungen, das Vermächtnis der vergangenen Zivilisation in ritualisierter Form an kommende Generationen zu vermitteln, um die Bedeutung dieses Endes nicht ebenfalls untergehen zu lassen. Dies geschieht aus mehreren Gründen. Auf der weltlichen Ebene geht es darum, das Überleben der Kinder und Kindeskinder zu sichern, nach dem Prinzip, daß die Wahrnehmung eines potentiellen Problems der erste Schritt sein kann, seine Wiederholung zu verhindern, aber auf einer höheren Ebene geht es darum, das Wissen um den ewigen Geistfunken auf die kommende Weltzivilisation zu übertragen. Das rituelle Ausagieren des Endes einer Welt spiegelt sich in den Zeremonien der Totenwache und Bestattung vieler Völker wider und wurde von Eingeweihten als eine zeremonielle Wiederholung des ultimativen Todesereignisses verstanden.

Ist es möglich, daß die Welt, wie wir sie kennen, nicht nur irgendwann einmal untergeht, sondern bald, in nächster Zukunft, zu Ende geht? Man muß lediglich die täglichen Nachrichtensendungen verfolgen, um zu wissen, daß gewalttätige und chaotische Umwälzungen auf dem Erdball stattfinden. Die Zahl der Morde steigt mit jedem Jahr – fast ist es, als wäre gewissen unterprivilegierten Bevölkerungsschichten das Recht entzogen worden, ihr Karma auf Erden auszuarbeiten. Die Informationsschwemme steigt mit jedem Tag, aber die meisten Bewohner der westlichen Länder gehen auf Tieftauchstation. Wenn ein zentrales Computernetzwerk ein paar Stunden lang ausfällt, stürzen Flugzeuge vom Himmel, und ganze Industriezweige liegen brach. Der Großteil des Volkes fühlt sich inmitten des größten Reichtums und Komforts seit Menschengedenken unglücklich und unzufrieden. Wir legen jedes Jahr auf unseren Urlaubsreisen weitere Strecken zurück als die berühmtesten Entdecker und Weltumsegler vor fünfhundert Jahren in ihrem ganzen Leben. Unser Jahreseinkommen ist größer als das Lebenseinkommen eines durchschnittlichen Arbeiters vor fünfzig Jahren. Die Welt ist heute bereits völlig anders als die Welt, auf die man uns bei unserer Erziehung vorbereitet hat. Viele Menschen wünschen sich im stillen, daß dies alles endlich ein Ende hat.

Es gibt viele theoretische Erklärungen für die momentanen Ereignisse und Zustände. Auf den folgenden Seiten werden fünf der prominentesten Theorien erwähnt, aber ein Großteil des wichtigsten Materials wurde bereits im ›Göttlichen Plan‹ in dem einen oder anderen Zusammenhang besprochen.

Zeitgenössische Theorien über die Geschichte des Universums

Der ›Göttliche Plan‹ ist eine Kombination von Elementen aus den Bereichen der Mythologie, Naturwissenschaften, Psychologie, Geschichte, Anthropologie, Religion, Mystik und vielen mehr, wobei alle diese Elemente dem Ordnungsprinzip der Astrologie unterstellt wurden. Es gibt auch andere Ordnungsweisen, deren Grundideen zum Teil in die Universelle Zeitskala integriert wurden, wie sich beim Vergleich herausstellen wird, unter anderem die folgenden: *›The Reflexive Universe‹* von Arthur M. Young, dem Erfinder des Bell-Hubschraubers; *›The Invisible Landscape‹* von Dennis und Terence McKenna, beides Botaniker, Anthropologen und Philosophen; *›Das Atman Projekt — Der Mensch in transpersonaler Sicht‹* und *›Up from Eden‹*, ein Essay des transpersonalen Psychologen Ken Wilber; *›Earth Ascending‹*, ein Werk des New-Age-Propheten Jose Arguelles; und *›Exo-Psychologie‹* von Timothy Leary, dem Guru der Psychodelik. Obwohl alle diese Werke verschiedene Standpunkte vertreten, gelangen die Autoren zu ähnlichen oder dekkungsgleichen Schlußfolgerungen wie der ›Göttliche Plan‹.

1. *›The Reflexive Universe: Evolution of Consciousness‹:*
Arthur Young präsentiert eine Theorie der Entwicklungsprozesse in sieben Stufen und in dieser Reihenfolge: vom Licht, zum Partikel, zum Atom, zum Molekül, zur Pflanze, zum Tier, zum Menschen. Diese Entwicklung folgt einem vorgezeichneten Muster und beinhaltet einen ›Fall‹ oder Abstieg aus dem Reich der größten Freiheit (dem Licht) in die Welt der Materie (Moleküle), dem Reich der größten Unfreiheit, und wieder hinauf, in einem Aufstieg über das Reich der Pflanzen, Tiere, bis hin zum erleuchteten Menschen, der erneut im Reich der größ-

ten Freiheit, dem Lichtreich, existiert. Obwohl Young mit der Mechanik der Torus-Form beginnt, folgen seine sieben Stufen einem V-förmigen Entwicklungsmuster (siehe Abbildung 48), mit den Molekülen am Endpunkt des Abstiegs in immer größere Unfreiheit, weil sie naturgemäß total gebunden und in sich geschlossen sind. Atome und Pflanzen reflektieren einander insofern, als ihnen jeweils ein Grad an Freiheit in Youngs Gliederung zugesprochen wird, ebenso wie die Partikel und Tiere einander mit jeweils zwei Freiheitsgraden reflektieren. Der hochentwickelte Mensch reflektiert die Lichtwelt mit jeweils drei Freiheitsgraden. Young verknüpft sein Denkmodell auf brillante Weise mit den Erkenntnissen der Quantenmechanik, dem Periodensystem der Elemente und Mechanismen in der Chemie, Physik, Psychologie und Natur. Jeder Existenzbereich wird außerdem in sieben Stufen der potentiellen Bindung, Identität, Kombination, Bewegungsfreiheit, Vorherrschaft und des Wachstums unterteilt. Seine Theorie wird darüber hinaus mit Mythen des Altertums verglichen, die alle eine Schöpfungsgeschichte in sieben Stufen beschreiben, wie es bei persischen, griechischen, mayanischen und ägyptischen Mythen und in der biblischen Schöpfungsgeschichte der Fall ist, um nur die bekanntesten zu nennen. Young präsentiert eine Teleologie der sieben Entwicklungsstufen des menschlichen Bewußtseins, die

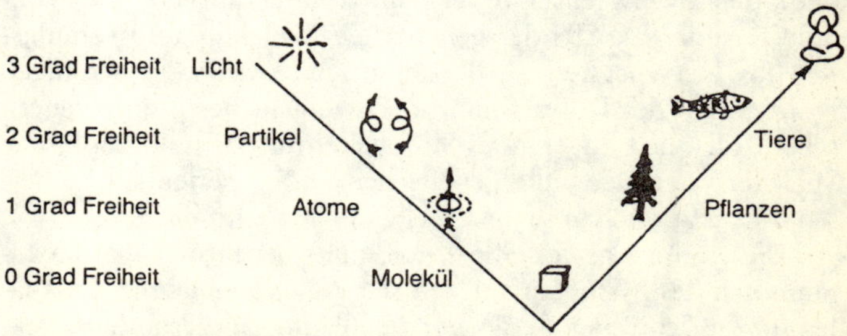

Abbildung 48: Youngs sieben Existenzbereiche
Die Darstellung beschreibt die relativen Freiheitsbereiche der geschaffenen Welt als einen V-förmigen Fall vom größten Freiheitsbereich, dem der Lichtquanten (Photonen), in den Bereich der Moleküle, wo die größte Unfreiheit herrscht, und den subsequenten Aufstieg über das Pflanzen- und Tierreich zum Menschen, der potentiell wieder die größte Freiheit durch Selbsterkenntnis erlangt (Arthur Young, *›The Reflexive Universe‹*).

essentiell besagt, daß die Energiequanten des Lichts (Photonen) in die Materie einsinken, um dort eine Reihe von Transformationen zu durchlaufen, bis sie im Lauf ihrer Entwicklung so weit fortgeschritten sind, daß das Licht sich selbst erkennt.

2. ›*The Invisible Landscape: Mind, Hallucinogens and the I Ching*‹

Die Theorie der Brüder McKenna beruht auf schamanistischen Praktiken, bei denen die Einwirkung von psychodelischen Drogen auf Erkenntnisfunktionen untersucht wird, und enthält eine von Computern errechnete Zeitskala, die auf den chinesischen Weisheitslehren des I Ging beruht. Das Universum wird durch die Interaktion von zwei Hyper-Universen geschaffen, genauso wie ein Hologramm durch die Interaktion von zwei Laserstrahlen erzeugt wird; demgemäß enthält jeder Teil die Informationen der Gesamtheit, mit anderen Worten: jedes Atom ist eine Gehirnzelle des gesamten Universums. Bestimmte Halluzinogene erzeugen Transmitter, die dem Bewußtsein gestatten, sich in die zyklischen Prozesse des DNA und RNA einzuschalten, möglicherweise, indem Melatonin und das Serotonin der Zirbeldrüse aktiviert wird. Ein zyklisch wiederkehrendes Universum auf vielen verschiedenen Ebenen entspringt unmittelbar der reinen Idee. Halluzinogene verändern den Stoffwechsel durch Einwirkung auf die Elektron-Spin-Resonanz (ESR) der genetischen Moleküle und veranlassen das Nervensystem, in Resonanz mit dem wellenförmigen Hologramm des Universums zu schwingen. Bestimmte genetische Moleküle fungieren als Supraleiter für das holographische Speichersystem, das alle genetischen und experientiell kodierten Informationen in seinem Wellenmuster enthält.

Die Rechnungsweise der McKennas beruht auf den Hexagrammen des I Ging, aus denen sich 64 exponentielle Zeitskalen für das Universum ergeben, die alle für das gesamte Kollektiv gelten und ihren gemeinsamen Höhepunkt im Jahr 2012 n. Chr. erreichen. Das Konzept ähnelt dem des ›Göttlichen Plans‹, nicht zuletzt, weil auch hier der monatliche Mondumlauf als Grundeinheit für die Zeitskala genommen wird. Die folgenden Zyklen erreichen alle zur gleichen Zeit ihren Höhepunkt:

- Ein Zyklus von 4300 Jahren von der Urbanisation zur modernen Wissenschaft.
- Ein Zyklus von 384 Jahren, in dem die Menschheit von der Wissenschaft dominiert wurde.
- Ein Zyklus von 67 Jahren, beginnend mit den vierziger Jahren des zwanzigsten Jahrhunderts, in dem das DNA und die Kernkraft entdeckt wurden und eine größere Beschleunigung stattfand als seit der Renaissance bis zur Gegenwart.
- Ein Zyklus von 384 Tagen zwischen 2011 und 2012, in denen eine größere Anzahl von Transformationen stattfindet als in sämtlichen vorherigen Zyklen zusammen.
- Ein Zyklus von 6 Tagen am Ende der Zeitskala. In den letzten 135 Minuten dieses Zyklus werden 18 Hindernisse überwunden, 13 von ihnen in den letzten 75 x 10 Sekunden, wobei die McKennas davon ausgehen, daß die Überwindung dieser Barrieren ein Ereignis ist, das mit der Entstehung des Lebens auf der Erde verglichen werden kann, oder der Erfindung der Sprache, oder mit der globalen Erkenntnis der Unsterblichkeit des wahren Seins.

Um das Faustische Universum der Quanten-Informationen bewußt erfahren zu können, muß der Mensch Zugang zu erweiterten Bewußtseinszuständen haben, und psychodelische Drogen sind ein Weg, dieses Ziel zu erreichen. Die McKennas gelangten zu der Überzeugung, daß die heutige Menschheit eine reelle Möglichkeit hat, das höchste Ziel der Gnostiker und Alchemisten zu erreichen: die Auferstehung im Licht, die Erleuchtung.

3. *›Up from Eden‹* und *›Das Atman Projekt: Der Mensch in Transpersonaler Sicht‹*

Ken Wilber beschreibt den Entwicklungsweg des Bewußtseins im Sinne der ›Philosophia Perennis‹: Die große Kette des Seins ist eine universelle Sequenz von hierarchischen Ebenen mit stetig wachsendem Bewußtsein, von der Materie über den Körper, zum Intellekt, zur Seele, zum reinen Geist. ›Evolution‹ und ›Transzendenz‹ sind für Wilber ein und dasselbe, denn Transzendenz bedeutet: Entwicklung auf eine höhere Stufe, ein ›Über-das-Vorherige-Hinausgehen‹. Wilbers kreisförmiger Entwicklungsweg (siehe auch Abbildung 32) wird in drei Hauptabschnitte unterteilt, das Unbewußte (vor-persönlich oder auch prä-personal), das Selbstbewußtsein (persönliches Ich-Bewußtsein, mental) und das Überbewußte (transpersonal, subtil, kausal). Wilbers Struktur ist identisch mit dem individuellen Horoskop der Leben ★ Zeit Astrologie und der Universellen Zeitskala im ›Göttlichen Plan‹ führt aber keine Daten auf, sondern spricht von einer ›Auswärtskrümmung und einer ›Einwärtskrümmung‹, die das Bewußtsein im Lauf seiner kreisförmigen Weiterentwicklung vollzieht. Die gleiche Vorstellung wird auch von Young mit seinem V-förmigen Modell vermittelt, und die Quintessenz bleibt immer dieselbe: Jeder Teil des Universums ist ein Spiegel der Gesamtheit, und jedes Individuum ist ein Träger des gesamten Programms der Bewußtseinsentwicklung im Universum.

4. *›Earth Ascending: An Illustrated Treatise on the Law Governing Whole Systems‹*

Jose Arguelles präsentiert eine Serie von ›holonomischen Landkarten‹ in einer Entwicklungstheorie, die auf einer ›Psi-Bank‹ beruht, einer Datenbank mit Zugang zu sämtlichen Informationen aller Zeiten, ähnlich wie das spirituelle Elektron von Charon, das genetische ESR-Molekül der McKennas und das Entwicklungs-V von Young. Die Karten beruhen auf den kombinierten Prinzipien der binären DNA-Tripletts, der chinesischen Geomantik, den Hexagrammen des I Ging, Benjamin Franklins magischem Quadrat, den Bewegungen der tektonischen Erdschollen und dem Kalender der Mayas mit seinen 260 Tagen in einem jährlich wiederkehrenden Naturzyklus. Arguelles bezieht sich außerdem auf eine Reihe von Mythen, auf schamanistische Praktiken und die prophetischen Künste, um ein sphärisches und rechtliniges Anschauungsmodell dieses ›planetarischen Kunst-Netzwerks‹ zu erzeugen, das sich durch die globale ›Psi-Bank‹ manifestiert.

5. *›Exo-Psychologie‹*

Timothy Learys Buch trägt den Untertitel: ›Ein Handbuch für den Umgang mit dem menschlichen Nervensystem nach den Anleitungen der Hersteller‹; es erklärt den Sinn des Lebens mit dieser Buchstabenfolge: *S.M.I.L.E,* eine Abkürzung für *›Space Migration Intelligence Increase Life Extension‹*. Leary geht von einem achtfältigen Entwicklungsprozeß aus und benutzt ein astrologisches Modell von zweimal zwölf Phasen, um die biologische Entwicklung des menschlichen Nervensystems auf Erden und ihre Zukunft im Weltall aus einer galaktischen Perspektive zu beschreiben. Leary bezieht sich ebenfalls auf Erkenntnisse der Quantenmechanik und der Neurogenetik, um zu erklären, wie Mutationen außerhalb der gewöhnlichen Norm entstehen. Auch Leary spricht von einer Beschleunigung der Evolution, versucht aber nicht, den Vorgang zeitlich zu datieren, obwohl er sagt, daß der »Schlüssel zur Evolution über die Larvenform hinaus im Verständnis und der Kontrolle über die Zeit« liegt.

Leary glaubt an eine bevorstehende Auswanderung des Menschen in den Weltraum, an die Möglichkeit einer Verlängerung des Lebens auf unbestimmte Zeit und an die Notwendigkeit eines Eingriffs in die genetische Blaupause, wenn wir den nächsten Sprung in unserem Verständnis machen wollen, den er mit dem Begriff ›Neuro-Atomische Kontelligenz‹ umschreibt. Die erst vor kurzem von der Quantenphysik entdeckte Freiheit im subatomaren Existenzbereich ist symbolhaft für unsere neuentdeckte Willensfreiheit und beinhaltet für Leary, ebenso wie für Charon und Young, die Implikation, daß »jedes System, das von quantenmechanischen Fluktuationen dominiert wird, bewußt ist«. Das verbindende Element zwischen dem materialisierten Universum und dem Universum des reinen, ungebundenen Bewußtseins sind die Schwarzen Löcher, in die Materie und Lichtstrahlen hineinverschwinden; diese ultimaten Spiralwirbel sind »das verbindende Element zwischen dem Universum aller Dinge und der Leere aller Dinge«.

Alle diese Bücher verfolgen ein gemeinsames Ziel: es geht um die Entdeckung einer einheitlichen Universaltheorie, in der widersprüchliche Erkenntnisse und Standpunkte in ein homogenes, schlüssiges Gesamtbild integriert werden. Die vorher genannten Werke präsentieren die Standpunkte von Wissenschaftlern, Anthropologen, transpersonalen Psychologen, experimentellen Drogenforschern, Visionären, Künstlern und Zukunftsphilosophen.

Jede Theorie ist ein Versuch, Schwierigkeiten zu überwinden und Probleme zu lösen oder sie wenigstens richtungsweisend zu erklären. Oft wird das Phänomen der Reinkarnation benutzt, um globale oder individuelle Probleme zu rationalisieren, einfach, weil es so bequem ist, die Ursachen eines Übels auf das ›Karma aus einem früheren Leben‹ zurückzuführen. Der Mangel an ganzheitlichem Verständnis kann als Verschulden der Eltern, des sozialen Milieus, der Regierungen, des Erziehungssystems und so fort betrachtet werden, aber die Verantwortung für unsere Lebensentwicklung liegt letzten Endes bei jedem einzelnen selbst. Wir müssen uns mit der Gesamtheit der Lebensgeschichte vertraut machen und sie durchschauen, wenn wir uns und unsere Welt von ihren Wiederholungszwängen befreien wollen. Unsere Freiheit existiert im gegenwärtigen Moment, denn dieser gegenwärtige Moment enthält alle erdenklichen Vergangenheiten und alle möglichen Zukünfte.

UFOs und die Befruchtung des Alls

»Woraus diese Schöpfung entstand —
Ob Er sie hervorrief oder nicht —
Er, der alles vom höchsten Wesensreich überschaut —
Er allein weiß es, oder auch Er weiß es nicht.«

(Aus ›*Yoga and Beyond*‹ von Feuerstein und Mitter)

Seit zirka 1950 herrschen geteilte Meinungen über zwei, in gewisser Weise miteinander verbundene, Phänomene, die im Zusammenhang mit dem ›Göttlichen Plan‹ verständlicher werden.

Das erste ist das Phänomen der UFOs (*Unidentified Flying Objects*) und das zweite ist das ebenso unerklärliche Phänomen der megalithischen Steinformationen und Pyramiden auf der Erde. UFOs, oder ›fliegende Untertassen‹, wurden mittlerweile in allen Teilen der Welt gesichtet und von Augenzeugen gewöhnlich als Objekte beschrieben, die in Diskus-, Rochen- oder Zigarrenform auftauchen, sich lautlos, aber mit ungeheurer Geschwindigkeit fortbewegen und unerklärliche Manöver in der Luft vollführen. Den Beobachtungen von Piloten in normalen Linien- oder Militärflugzeugen zufolge, demonstrieren

Unbekannte Flugobjekte ein Verhalten, das allen uns bekannten Gesetzen von Raum und Zeit widerspricht. Dazu kommt, daß eine wachsende Anzahl von Menschen in aller Welt überzeugt davon ist, daß sie von Außerirdischen entführt und in ein Raumschiff transportiert wurden, wo medizinische Untersuchungen stattfanden, bevor man sie wieder auf der Erde absetzte. Es gibt dermaßen viele Fälle von dokumentierten UFO-Kontakten der einen oder anderen Art, daß man als vernünftiger Mensch wenigstens die Möglichkeit ihrer Existenz in Erwägung ziehen muß, aber es gibt weiterhin kein öffentlich bekanntes Beweismaterial für ihre Existenz.

Der berühmte Psychologe C. G. Jung hielt das UFO-Phänomen für eine kollektive Projektion von Gefühlen über die Erlösung oder die Zerstörung unseres Planeten, wobei solche Projektionen aber auch Sinnbilder für die Gesamtheit des Selbst sein können. Die kreisförmigen indischen Mandalas symbolisieren die zentrale Einheit, aus der alle scheinbar unvereinbaren Gegensätze und Bewußtseinssplitter hervorgehen, wie in einem Kaleidoskop. Wenn viele Menschen gleichzeitig ein UFO sehen, kann man also daraus ableiten, daß alle diese Menschen dieselbe Idee zur selben Zeit aufgreifen. In der Zeit vor 1000 n. Chr. tauchen ähnliche bildliche Vorstellungen auf, und interessanterweise war dies ebenfalls eine Zeit, in der viele den bevorstehenden Untergang der Welt prophezeiten. Jung erklärte, daß unterdrückte Inhalte des Bewußtseins auf Objekte projiziert werden können, die das, was man vor sich selbst verbergen will, in irgendeiner Weise spiegeln. Das Erscheinen einer fliegenden Untertasse am Himmel symbolisiert demnach die kreisförmige Natur aller Entwicklungen in der Zeit.

Der esoterische Heiler David Tansley präsentiert eine weniger einseitige Erklärung. Für ihn ist der Mensch nur eine Manifestationsform des multi-dimensionalen Universums, welches aus vielen Ebenen der Realität besteht. Hinter der körperlichen Realität stehen ätherische Kräfte, die wie ein energetisches Gerüst fungieren, auf dem physische Formen aufgebaut werden. Hinter den ätherischen Kräften wiederum stehen astrale, intuitive und geistige Dimensionen. Die Theosophen sprechen von zwei höheren monadischen Ebenen bei einer Gesamtsumme von sieben Ebenen. Jede Ebene wird ihrerseits in sieben Unterschichten eingeteilt, dem Ausstrahlungsfeld der Planeten entsprechend, woraus sich neunundvierzig Ebenen der Manifestation ergeben, eine Zahl von numerologischer und mythischer Bedeutung, wie auch die Struktur des ›Göttlichen Plans‹ mit ihrer Anlehnung an die Zahlen 49 und 50 zeigt.

Das esoterische Symbol für die erste ätherische Ebene ist die Form des Halbmonds; das Symbol für die dritte ätherische Ebene ist die Linsenform. In Tansleys Wahrnehmung ähneln beide Formen den häufig gesichteten UFO-Konfigurationen, woraus er ableitet, daß UFOs eine Manifestation von Kräften sein könnten, die sich auf der ätherischen Existenzebene befinden und aus irgendeinem Grund versuchen, mit unserer Existenzebene zu kommunizieren. Tansley vermutet sogar, daß UFOs eine organische Lebensform sind, vergleichbar mit den roten Blutkörperchen:

»Wenn wir erkennen, daß unser Sonnensystem der Körper eines immensen Lebewesens ist, in dem wir uns bewegen und aus dem wir unser Leben beziehen, dann können wir auch noch einen Schritt weitergehen und die Möglichkeit erwägen, daß es sich bei manchen für uns sichtbaren UFO-Formen, insbesondere die sphärische Lichterform, um so etwas wie kosmische Korpuskel handeln könnte, die in den irdischen Körper einströmen, denn der Körper der Erde ist ein Organ der solaren Wesenheit (Sonnensystem) ... Wenn das Bewußtsein eines Atoms in unserem Körper eine vorüberschwimmende Blutzelle als eine sphärische Lichtform wahrnimmt, die vor dem Hintergrund einer ganzen Galaxie von Zellen vorbeigleitet, dann ist es ebenso möglich, das überall auf unserem Planeten verbreitete UFO-Phänomen auf ähnliche Weise zu betrachten.« (Aus *›Omens of Awareness‹* von David Tansley)

UFO-Erscheinungen sind für Tansley also Kontakte mit den feinstofflichen oder subtilen Existenzbereichen, die alle grobstofflichen Existenzformen durchdringen, und im Rahmen des ›Göttlichen Plans‹ bedeuten sie einen Zugang zu den höheren Ebenen der Universellen Zeitskala über die kreisförmige Mandala-Form, die charakteristisch für jede Ebene ist. Eine andere, sehr populäre Erklärung für mysteriöse Erscheinungen, deren Herkunft sich nicht schlüssig erklären läßt, ist die, daß außerirdische Intelligenzen der Erde schon von alters her Besuche abgestattet haben. Die Theorie wurde von Erich von Däniken verbreitet und nach ihm in Hunderten von vergleichbaren Werken aufgegriffen. Der Ursprung der menschlichen Sprache, die Mythen von Luftschlachten und Göttern aus anderen Welten, der Ursprung des Bewußtseins selbst wird auf höher entwickelte Zivilisationen aus dem Weltall zurückgeführt, die das Erdenleben schon zu prähistorischen Zeiten beeinflußt haben sollen. Während die meisten angeführten Informationen eher suggestiv als konkret sind, werden viele durchaus relevante Fragen aufgeworfen. Von Däniken berichtet von megalithischen Monumenten, unerklärlichen Markierungen auf der Erdoberfläche und Ley-Lines, von primitiven Skulpturen oder Reliefs, bei denen Männer mit Helmen auf den Köpfen dargestellt werden, die den Helmen unserer heutigen Astronauten gleichen. Er berichtet von Indianerlegenden, in denen weißhäutige Götter vor langer Zeit in Luftschiffen vom Himmel zur Erde fielen, von den Prophezeiungen Hesekiels, den biblischen UFO-Offenbarungen und dem ungelösten Rätsel des Ursprungs des Lebens — und all dies in einer Weise, daß das Ganze einerseits völlig absurd klingt und anderseits eine hochgradig stimulierende Wirkung hat. Bis jetzt gibt es keine Antwort auf irgendeine der Fragen, die von Däniken mit seinen Büchern aufgeworfen hat.

Rene Noorbergen fand Hinweise auf das Wirken einer außerirdischen Intelligenz in hinduistischen Beschreibungen von der Detonation einer Atombombe um 2400 vor Christus. In seinem ›*Secrets of the Lost Races*‹ beschreibt er, daß die Chinesen im Jahre 206 v. Chr. so etwas wie Röntgenstrahlen benutzt haben, daß Modelle von Flugzeugen aus der Zeit der Inkas in Südamerika gefunden wurden, daß die Röhren von Staubsaugerähnlichen Geräten auf altägyptischen Wandmalereien dargestellt werden und eine Art Computer im Griechenland des Altertums existierte, mit dem planetarische Einflüsse berechnet wurden.

Der Nobelpreisträger Francis Crick, Ko-Entdecker der Doppelspirale des genetischen Kode, stellte die überaus kühne Vermutung an, daß das Leben vor Jahrmilliarden mit Hilfe einer unbemannten Rakete auf die Erde gelangt sein könnte — abgeschossen von einer hochentwickelten Zivilisation in einem fernen Sonnensystem, welche diese interstellare Arche Noah mit mikrobiologischen Sporen in den Weltraum schickte. Da Crick ein weltweit respektierter Wissenschaftler ist, war das Establishment zutiefst betroffen, als Crick die Opanin-Haldane-Theorie schlichtweg ablehnte, derzufolge die Erzeugung organischen Lebens ein unbeabsichtigtes Zufallsprodukt der universellen Ursuppe ist. Die Frage nach dem Ursprung des Lebens kann von unserer Wissenschaft nach wie vor nicht beantwortet werden, aber bereits Louis Pasteur lieferte den Beweis, daß Leben nicht aus anorganischer Materie hervorgeht. Crick hält es für durchaus möglich, daß eine untergehende außerirdische Zivilisation Raumschiffe in zahlreiche Sonnensysteme schickte, da die notwendigen chemischen Voraussetzungen für eine Entstehung organischen Lebens in vielen Galaxien existiert. Bakterien können über die Jahrtausende, die eine solche Reise erfordert, eingefroren werden. In vieler Hinsicht gleicht Cricks Theorie der des englischen Astronomen Sir Fred Hoyle, der ebenfalls glaubt, daß das Leben auf der Erde seinen Ursprung in anderen Teilen des Weltalls hat und daß Bakterien durch den Weltraum auf die Erde getragen wurden, allerdings ohne Raumschiffe. Die weiterhin unbeantwortete Frage ist folgende: Wenn dies der Fall ist, wie entstand das Leben auf den Elternplaneten?

Eine faszinierende Hypothese ist die der bakteriellen Befruchtung des Weltalls mit Hilfe von UFOs. Das Modell eines mit dem Elektronenmikroskop fotografierten Virus weist bemerkenswerte Ähnlichkeiten mit dem Mondlandungs-Modul der NASA (Luft- und Raumfahrtbehörde der USA) auf (Abbildung 49). Viren landen auf einer Körperzelle, indem sie ihre ›Beine‹ ausfahren, genauso wie das Mondlandungs-Modul, wenn es auf der Oberfläche des Mondes landet. Ist es denkbar, daß UFOs bereits auf der Erde gelandet sind, aber aus einer mikroskopisch kleinen Galaxis (einem Atom?) stammen und so winzig sind, daß man sie mit den bloßen Augen nicht erkennt, sondern nur mit einer weitaus subtileren Wahrnehmung? Die logarithmische Realität solcher Lebewesen würde bedeuten, daß sie ein ganzes Weltzeitalter der Entwicklung in dem Zeitraum durchlaufen, in dem wir eine leichte Virusinfektion überstehen.

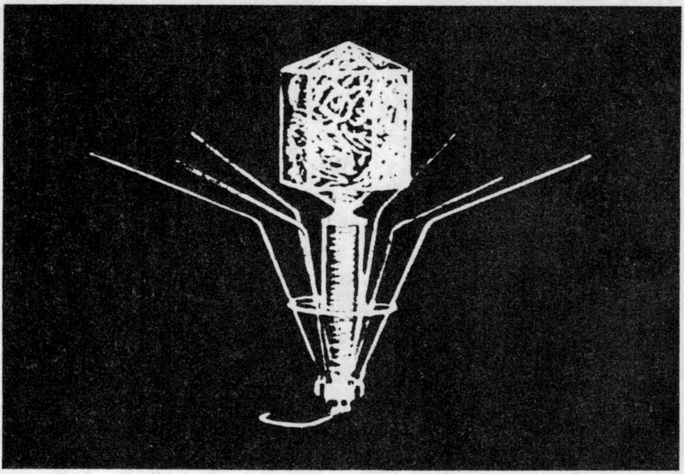

Abbildung 49: Virus im Vergleich zum Mondlandungs-Modul
Die elektronenoptische Rekonstruktion eines Virus sieht genauso aus wie das Mondlandungs-Modul der NASA.

Man muß sich das einmal genauer vorstellen: ein mikroskopisch kleines Virus-Modul wird im Inneren des menschlichen Körpers ausgesandt, durchquert für seine Verhältnisse den Raum ganzer Sonnensysteme und landet schließlich auf der Oberfläche einer Wirtszelle. Dort vermehrt es sich, benutzt den Stoffwechsel zur Bildung neuer Viruspartikel und kolonisiert das Zellsystem. Die Bakterien entwickeln sich allmählich fort (wir selbst sind eine überaus komplexe Bakterienform) und bevölkern Nachbarzellen, bis eine fortgeschrittene Bakterienkultur entstanden ist. In den letzten Stadien der Evolution dieser Kultur findet eine Bevölkerungsexplosion statt, die wie ein Krebsgeschwür auswuchert; die Entzündung des Wirtskörpers gleicht der Entdeckung der Atomkraft, und die fortschreitende Umwelterhitzung endet in einer Umweltkatastrophe. Die hohen Fiebertemperaturen, die mit bakteriellen Infektionskrankheiten einhergehen, bedeuten den Feuertod für die bakterielle Zivilisation. Kurz vor ihrem Untergang schickt die Bakteriengesellschaft einige bemannte Raumfähren in den Mikrokosmos, um in anderen Teilen des Universums nach geeigneten Wirtszellen zu suchen. Die Situation dürfte uns nicht unbekannt sein. Es ist durchaus möglich, daß die Vorgänge in den Mikrowelten identisch mit den Vorgängen in den makrokosmischen Welten sind.

Wir können nicht davon ausgehen, daß andere Galaxien unseren Größenverhältnissen entsprechen. Im Gegenteil, es ist eher wahrscheinlich, daß manche Galaxien unser Sonnensystem in sich enthalten, wie unsere Körper ein einziges Atom, oder daß sie winzig genug sind, um in unserem eigenen Inneren zu existieren. Wir müssen die Relativität der Größenverhältnisse im Universum berücksichtigen, wenn wir unseren Platz darin erkennen wollen.

Das Auftauchen von UFOs und die Idee von einer Befruchtung des Alls durch außerirdische Zivilisationen wird erklärlicher, wenn man von einem zyklisch wiederkehrenden Universum ausgeht. Eine brillante Science-Fiction-Geschichte von Ray Bradbury, ›*The Martian Chronicles*‹, beschreibt, wie der Mars von gestrandeten Erdenmenschen kolonisiert wird, die damit im Lauf der Zeit selbst zu den Marsmenschen werden, nach denen sie ursprünglich gesucht haben. Wenn man nun davon ausgeht, daß Weltzeitalter sich immer wiederholen, dann ist es auch denkbar, daß wir selbst uns dereinst (und in Zukunft) ins All hinausgeschickt haben, um ferne Planeten mit Lebenskeimen zu befruchten. Es ist noch nicht wissenschaftlich bewiesen worden, daß es Planeten in anderen Sonnensystemen als dem unsrigen gibt, aber die Wahrscheinlichkeit ist groß, und soweit wir wissen, kann Leben sich nur in der sauerstoffreichen Atmosphäre von Planeten entwickeln.

Wir leben im ›*Space Age*‹, einer Ära, in der Science-Fiction-Fantasien Wahrheit werden, und in der viele Menschen davon überzeugt sind, daß eine Übersiedlung auf andere Planeten die einzige Lösung für die überwältigenden globalen Probleme der Erdbevölkerung ist. Obwohl eine solche ›Endlösung‹ im Bereich des Möglichen liegt, ist sie eine Rationalisierung unserer Schwierigkeiten. Es ist ebenso denkbar, daß die fortgeschrittensten Zivilisationen des letzten untergegangenen Weltzeitalters die gleichen Space-Age-Fluchtgedanken hatten wie wir heute, und daß Fragmente alten Wissens im Unterbewußtsein der nächsten Menschheit zurückbleiben, vielleicht auch bruchstückhafte Erinnerungen an einstige technologische Errungenschaften, an sprachliche Überreste und an Bilder von höher entwickelten Lebewesen, die in Raumschiffen durch die Lüfte schweben. Bilder vom ersten Menschen des zwanzigsten Jahrhunderts beim Betreten der Mondoberfläche haben sich zutiefst in das Gedächtnis von Milliarden Fernsehzuschauern eingegraben, und so kann man genausogut auf die Idee kommen, daß wir von unseren eigenen prähistorischen, aber sehr viel weiter fortgeschrittenen Vorfahren abstammen und immer nur unseren eigenen Mythos perpetuieren.

Das strukturelle Grundprogramm, das die Form von Galaxien, Sonnensystemen und Lebewesen bestimmt, unterliegt dem kreisförmigen Mechanismus der Zeit. Das Leben entwikkelt sich in diesem letztendlichen Sinne nicht — es ist ewig. Wir waren immer hier und haben immer dieselbe Nische im universellen Mutterboden bewohnt. Wir können uns mit höheren oder niedrigeren Welten identifizieren, aber alle Welten sind Maya, eine durch Sinneseindrücke hevorgerufene Täuschung, die nichts mit der Realität zu tun hat.

Megalithen und Pyramiden

Die Frage nach der Herkunft von Monumenten wie die gigantische Steinformation von Stonehenge in England, von Macchu Picchu in Südamerika und die der großen Pyramide in Ägypten wird ebenfalls vom ›Göttlichen Plan‹ beantwortet. Das uralte, megalithische Stonehenge besteht aus prähistorischen Steinen, die über Hunderte von Seemeilen hinweg nach England transportiert wurden. Aber wie ist so etwas möglich, wenn es zu diesen Zeiten angeblich weder Schiffe noch Werkzeuge gab? Stonehenge muß eines der wenigen Monumentalbauten sein, die über eine Reihe von Weltzeitaltern hinweg auf Erden existiert haben und von jeder ›neuen‹ Menschheit wiederentdeckt werden. Die Steine werden immer wieder an einen prominenten Platz transportiert, vielleicht auch restauriert und mit zusätzlichen Steinringen versehen, und als die Überreste einer untergegangenen Zivilisation verehrt. Im Lauf der Weltzeitalter wurde Stonehenge über Hunderte von Meilen verschoben, und dementsprechend strahlen die Steine die Energien von verschiedenen Orten und historischen Entwicklungsphasen aus und gewähren uns auf magische Weise Einblick in das Wesen des Göttlichen Plans.

Das gleiche gilt für die große Pyramide von Gizeh. Sie wurde lange vor unserer Zeit bereits als Ruine wiederentdeckt, mit neuen Außenwänden aus Alabaster verkleidet, als magisches Denkmal verehrt, als allgemeine Grundlage für primitive Imitationen der Pyramidenbaukunst herangezogen, wieder dem Ruin anheimgestellt — und so weiter und so fort. Die vollkommene Glattheit der immensen Steinblöcke und die luftundurchlässige Bauweise dieser megalithischen Monumente spricht für eine Herkunft aus anderen Weltzeitaltern als dem unsrigen. Selbst die Beobachtungen von Schwaller de Lubicz, die auf eine wiederholte Verschiebung und Neuausrichtung der Pyramide verweisen, unterstützen diese These. Solche Bauwerke werden immer fälschlich als Grabmäler identifiziert, enthalten aber nichts, das eine solche Interpretation rechtfertigen würde, einfach, weil sie in Wahrheit anderen Zwecken dienten und weit eher als Botschaften an kommende Zivilisationen in kommenden Weltzeitaltern verstanden werden können. Die große Pyramide von Gizeh wurde astronomischen Gesichtspunkten entsprechend situiert, und die Orientation der aufsteigenden und absteigenden Gänge läßt darauf schließen, daß die Pyramide gebaut wurde, als Alpha Draconis der Polarstern war, was für die Zeit um 2170 vor Christus zutrifft. Aber da äquinoktische Zyklen sich ungefähr alle 25.000 Jahre erneut wiederholen, könnte der letzte Wiederaufbau der Pyramide ebensogut vor 29.000 Jahren oder vor 54.000 Jahren stattgefunden haben. Alle astronomisch situierten Monumente der Erde können diesem Irrtum unterliegen.

Subjektive Beweise für eine zyklische Wiederholung der Geschichte lassen sich auch aus den Aussagen vieler Propheten oder Seher ableiten. Wenn man davon ausgeht, daß ein Mensch sich tatsächlich an frühere Leben und sogar an Lebenszeiten in vergangenen Weltzeitaltern erinnern kann, ebenso wie die Zukunft in hellsichtigen Visionen sichtbar wird, dann werden auch die Schwierigkeiten verständlich, denen ein solcher Mensch gegenübersteht. Jeder Seher oder Prophet muß die allgemein verständliche Sprache seiner Mitmenschen benutzen, um ihnen von Dingen zu erzählen, die ihr Fassungsvermögen bei weitem übersteigen. Ein Prophet, der vor zweitausend Jahren versucht hätte, eine moderne Großstadt und ihr Massentransportsystem zu beschreiben, wäre sicherlich für absolut verrückt erklärt worden. Die Gefahren des Lebens in einer hochzivilisierten Großstadt könnten höchstens in Form von Gleichnissen und Mythen ausgedrückt werden, was die meisten Propheten verständlicherweise auch taten. Große Seher und Weltlehrer haben immer eines gemeinsam: die Fähigkeit, akkurate Voraussagen zu machen und ihre Lehren in eine Form zu kleiden, die im Lauf von Generationen nicht ihre Gültigkeit verliert. Ein ähnliches Erinnerungsvermögen an frühere Existenzen kennzeichnet die sogenannten Wunderkinder, obwohl die Tatsache, daß sie ständig auf Qualitäten zurückgreifen, die ihren Ursprung in früheren Lebenserfahrungen haben, kaum einem von ihnen bewußt ist. Mozart könnte nicht nur im letzten Leben ein hervorragender Komponist gewesen sein, sondern sich auch von Lebenszeit zu Lebenszeit immer früher an eigene Kompositionen erinnert haben, so daß er in seinem Dasein als Wolfgang Amadeus schließlich bereits im Alter von fünf Jahren Symphonien komponierte, noch bevor sich seine mentalen Verstandesfunktionen ausgebildet hatten! Die Implikationen einer zyklischen Zeitfolge auf unterschiedlichen Daseinsebenen sind weitreichend und ein großes Mysterium.

Das Ende der Zeit

»Mächtig ist das System des Pleroma;
klein ist das, was sich davon trennte und zur Welt wurde.
Aber das All ist das, was alles enthält. Es ist nicht
entstanden; es war existent.«

(›Traktat über die Auferstehung‹, *Nag Hammadi-Evangelien*)

Das Paradox des Göttlichen Plans ist, daß Leben nicht ohne Leben entstanden sein kann. Das Universum kann nicht geschaffen worden sein ohne ein bereits existierendes Universum.

Wir können nicht da sein, ohne schon dagewesen zu sein. Schöpfung, Leben und Tod sind Illusionen, wie die Inder sagen, Sinnestäuschungen, die wir für real halten, um uns Welten zu schaffen. Wir setzen uns aus Elektronen zusammen, die bei der Geburt des Universums vorhanden waren, und diese reinen Energien werden bestehen bleiben, bis das Universum in einer Ur-Implosion wieder zusammenfällt, um sich erneut zu formieren. Sobald man die Wesensnatur des göttlichen Plans durchschaut, in dem wir alle Schauspieler, Drehbuchautoren, Bühnenbildner, Produzenten, Regisseure und Zuschauer sind, kann man das Schauspiel laufenlassen, genießen und mit Hochachtung daran teilnehmen, so, wie es uns bestimmt war.

Wenn wir Nahrung zu uns nehmen, nehmen wir in erster Linie eine ursprüngliche, vor Urzeiten geschaffene Substanz und deren Botschaft in uns auf. Je näher dem Ursprung, desto ungetrübter und spiritueller die Botschaft. Wasser ist ein Echo der Zeiten, in denen unser Planet von Meeren bedeckt war; Seetang ist eines der ältesten Nahrungsmittel, das während der Jungfrauzeit des Zeitalters der Schöpfung entstand; Meeresfrüchte sind ein Echo der späteren Skorpionzeit, während Rindfleisch im noch späteren Zeitalter der Säugetiere entstand. Die pure Substanz aller Dinge, die wir atmen und zu uns nehmen, vermittelt uns Informationen aus vergangenen Epochen. Wir sind, was wir essen. Die gesamte Vergangenheit ist allgegenwärtig, wenn wir imstande sind, ein wenig tiefer in die Hintergründe unserer Realität hineinzuschauen. Die Menschheit ist göttlich, denn Göttlichkeit ist das ursprüngliche Wesen aller Dinge auf jeder Seinsebene.

In der Frühzeit unserer Entwicklung bemaß der Mensch die Zeit am Stand der Sonne und des Mondes. Manche Kulturen entwickelten Mondkalender, wie die Baumeister der megalithischen Denkmäler in Europa, wie die Chinesen, Inder, Juden, Muslims und die meisten agrarwirtschaftlichen Kulturen. Andere entwickelten Sonnenkalender, wie die Ägypter, Griechen, Römer und die westliche Zivilisation. Astrologisch gesehen, symbolisieren die lunaren Kulturen in erster Linie das Instinktive, Unbewußte, während die solaren Kulturen vom rationalen Verstand und von der Bewußtmachung geprägt sind. Auf mathematischer Ebene kann der Mondkalender nicht mit dem

Sonnenkalender vereinbart werden, weil die 27,3 Tage eines Mondumlaufs sich nicht ebenmäßig auf das Sonnenjahr von 365,24 Tagen verteilen lassen. Die Leben ★ Zeit Astrologie ist das einzige System, das die beiden Gegensatzhälften zum erstenmal miteinander verbindet: die solare mit der lunaren Hälfte, das Feminine mit dem Maskulinen, das Unbewußte mit dem Bewußten, die linke mit der rechten Gehirnhälfte, und beide Strahlen der holographischen Projektion. Die mathematische Konstante der Leben ★ Zeit Astrologie beruht auf der Bruchrechnung, die sich ergibt, wenn man den Mond über die Sonne stellt (Abbildung 50).

$$\text{Leben} \star \text{Zeit-Konstante} = \frac{\text{27,3 Tage in einem Mondumlauf}}{\text{365,24 Tage in einem Sonnenjahr}}$$

Die psychologischen Implikationen des alchemistischen Sinnbilds von der Konjunktion des Königs (Sol) mit der Königin (Luna) wurden vornehmlich von C. G. Jung analysiert, aber der Symbolismus ist extrem vielschichtig und auch auf anderen Ebenen relevant. Die Alchemisten wollten damit nicht nur eine Metapher über die Verwandlung von Blei in Gold und die alchemistische Vereinigung von Körper und Geist, Sonne und Mond darstellen, sondern auch eine mathematische Gleichung, die maskuline und feminine Qualitäten integriert. Das Mysterium der Fortpflanzung liegt allen individuellen und kollektiven Geschichten zugrunde und ist ein kreisförmiger, in Spiralen auf- und absteigender Prozeß, nicht anders als der geschichtliche Entwicklungslauf und die Evolution des Bewußtseins.

»Dann war es, als fielen wir in ein Labyrinth; wir dachten wir befänden uns am Ende, aber unser Weg krümmte sich vornweg, und wir fanden uns in der Tat am Anfang wieder, so fern, wie eh und je von dem, was wir am Anfang suchten.« (Aus den *Nag Hammadi-Texten*)

Das Mysterium der Zeit führt uns zum Ursprünglichen Selbst zurück, von dem wir schon immer ausgegangen sind. Nach der scheinbaren Loslösung aus der ursprünglichen Einheit, nach den endlosen Irrfahrten in den Welten der Vielheit, wird die Rückkehr in die Einheit zum einzig erstrebenswerten Ziel. Rückkehr ist das Leitmotiv aller Atome, Moleküle, Men-

Abbildung 50: Mysterium Coniunctionis
Die Konjunktion von König und Königin ist ein zentrales Sinnbild der Alchemie. Die Tatsache, daß die Königin über dem König liegt, verrät eine Symbolik, die über die offensichtliche Vereinigung der Gegensätze von weiblich und männlich hinausgeht. Das Bild ist auch ein Hinweis auf eine mathematische Formel, in der die Anzahl der Tage im lunaren Monat über die Anzahl der Tage im Sonnenjahr gestellt wird. Diese Formel liegt der Logarithmischen Zeitskala im ›Göttlichen Plan‹ zugrunde und ergibt ein Verhältnis von 0,074744.

schen, Monde, Sonnensysteme und Galaxien. In jeder Suche nach Wahrheit und Wirklichkeit findet das zentrale Thema der Rückkehr seinen Ausdruck, sei es verborgen und hintergründig, sei es bewußt und offenbar. Dieser rote Leitfaden hat uns in die Kohärenz der Zivilisiertheit geführt, führt uns aber auch durch die Phasen der Zerstörung und des chaotischen Zerfalls.

Die Sehnsucht nach Rückkehr verführt und illuminiert uns, sie läßt uns nach den Sternen greifen und in die Abgründe der Hölle stürzen, sie beflügelt und sie raubt uns unsere letzten Hoffnungen, sie läßt uns lieben und läßt uns fürchten und hassen. Die Wege des Seins sind unbeschreibbar, verschlungen, führen hinauf auf der kabbalistischen Jakobsleiter, im Kreis herum in der Kette der ewigen Ursachen, zu elliptischen Planetenbahnen und den Doppelspiralen des Erbmaterials, dem unser Körper entspringt. Jedes Lebewesen in der Zeit wird mit tausend Toden konfrontiert, auf dieser oder einer anderen Ebene. Ob wir es sehen, erfahren, hören, fühlen, ahnen, ignorieren, bejahen oder verneinen — der göttliche Plan verwickelt uns alle in sein ewiges Spiel.

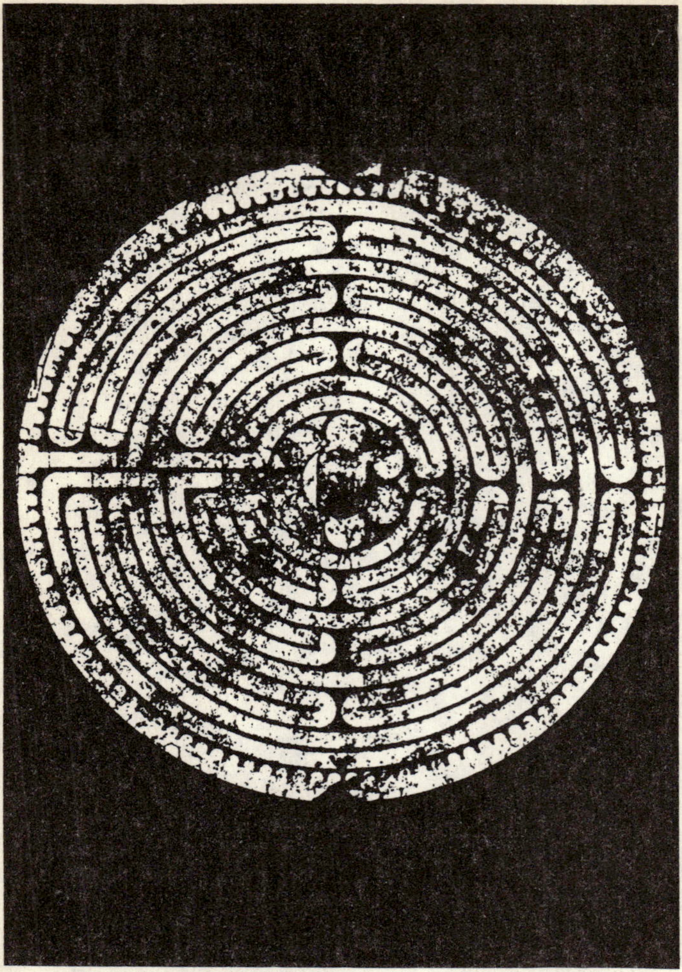

»Denn die Zeit
ist nur ein Wahn der Geschöpfe,
die die Ewigkeit
nicht ertragen können.«

Maurice Maeterlinck

★ Literaturverzeichnis ★

Arguelles, Jose: *Earth Ascending: An Illustrated Treatise on the Law Governing Whole Systems* (Shambhala, Boulder 1984)

Bateson, Gregory: *Mind and Nature* (Wildwood House, London 1979); dt. Ausg.: *Geist und Natur* (Suhrkamp, Frankfurt 1982)

Beard, Ruth M.: *An Outline of Piaget's Developmental Psychology* (RKP, London 1969)

Bellamy, H. S.: *The Atlantis Myth* (Faber and Faber, London 1948)

Bennett, J. G.: *The Dramatic Universe, Vol. IV: History* (Hodder and Stoughton, London 1966)

Bergier, Jacques: *Mysteries of the Earth* (Sidgwick and Jackson, London 1974)

Bergson, Henri: *Creative Evolution* (Macmillan, London 1913)

Berlitz, Charles: *Without a Trace: More Evidence from the Bermuda Triangle* (Souvenir, London 1977); dt. Ausg.: *Spurlos. Neues aus dem Bermuda-Dreieck* (Knaur, München 1980)

Blacker, Carmen, and Loewe, Michael: *Ancient Cosmologies* (Allen & Unwin, London 1975)

Blavatsky, Helena: *The Secret Doctrine* (Theosophical Society, Los Angeles 1947); dt. Ausg.: *Die Geheimlehre* (Etthofen, Berlin 1932)

Bohm, David: *Wholeness and the Implicate Order* (RKP, London 1980); dt. Ausg.: *Die implizite Ordnung* (Goldmann, München 1985)

Brennan, J. P.: *An Occult History of the World* (Futura, London 1976)

Calder, Nigel: *The Key to the Universe* (BBC, London 1977)

–: *Timescale: An Atlas of the Fourth Dimension* (Chatto & Windus/ The Hogarth Press, London 1984)

Campbell, Joseph: *Papers from the Eranos Yearbooks: Man and Time* (Bollingen, Princeton 1957)

Charon, Jean: *The Unknown Spirit* (Coventure, London 1984); dt. Ausg.: *Geist der Materie* (Ullstein, Berlin 1982)

Cheetham, Erika: *The Prophecies of Nostradamus* (Spearman, London 1973)

Cles-Reden, Sybille von: *The Realm of the Great Goddess* (Thames & Hudson, London 1961)

COLLIN, RODNEY: *The Theory of Celestial Influence* (Robinson and Watkins, London 1954)
–: *The Theory of Eternal Life* (Robinson and Watkins, London 1954); dt. Ausg.: *Vom Ewigen Leben* (Plejaden 1984)
COWEN, PAINTON: *Rose Windows* (Thames and Hudson, London 1979); dt. Ausg.: *Die Rosenfenster der gotischen Kathedralen* (Herder, Freiburg 1990)
DÄNIKEN, ERICH VON: *Erinnerungen an die Zukunft* (Bastei Lübbe, Bergisch Gladbach 1990)
DARWIN, CHARLES: *The Descent of Man* (John Murray, London 1901); dt. Ausg.: *Die Abstammung des Menschen* (Kröner, Stuttgart 1982)
–: *The Origin of Species* (John Murray, London 1892); dt. Ausg.: *Die Entstehung der Arten* (Reclam, Leipzig)
DAVIDSON und ALDERSMITH: *The Great Pyramid* (Williams and Norgate, London 1925)
DETHLEFSEN, THORWALD: *Schicksal als Chance* (Bertelsmann 1987)
DIVINE, DAVID: *The Opening of the World* (Collins, London 1973)
DONNELLY, IGNATIUS: *Atlantis: The Antediluvian World* (Sidgwick and Jackson, London 1950)
–: *Ragnarok: The Age of Fire and Gravel* (Steiner, New York 1971)
DUNNE, J. W.: *An Experiment with Time* (A & C Black, London 1927)
–: *The Serial Universe* (Faber and Faber, London 1934)
DUNOUY, PIERRE LECOMTE: *Biological Time* (Methuen, London 1936)
EISLER, ROBERT: *The Royal Art of Astrology* (H. Joseph, London 1946)
ELIADE, MIRCEA: *The Forge and the Crucible* (University of Chicago, Chicago 1978); dt. Ausg.: *Schmiede und Alchemisten* (Klett-Cotta, Stuttgart 1980)
–: *Images and Symbols* (Harvill Press, London 1961); dt. Ausg.: *Ewige Bilder und Sinnbilder* (Insel, Frankfurt 1986)
–: *Myth and Reality* (Allen & Unwin, London 1964; dt. Ausg.: *Mythos und Wirklichkeit* (Insel, Frankfurt 1988)
–: *Myths, Dreams and Reality* (Collins, London 1968); dt. Ausg.: *Mythen, Träume und Mysterien* (Otto Müller, Salzburg)
–: *The Myth of Eternal Return* (Bollingen, Princeton 1954); dt. Ausg.: *Kosmos und Geschichte. Der Mythos der ewigen Wiederkehr* (Suhrkamp, Frankfurt 1984)
–: *Shamanism: Arachaic Techniques of Ecstacy* (Bollingen, Princeton 1946); dt. Ausg.: *Schamanismus und archaische Ekstasetechnik* (Suhrkamp, Frankfurt 1975)
EVANS-WENTZ, W. Y.: *The Tibetan Book of the Dead* (Oxford, London 1960); dt. Ausg.: *Das Tibetanische Totenbuch* (Walter-Verlag, Solothurn 1972)
FRASER, J. T., ed.: *The Voices of Time* (Allen Lane/Penguin, London 1968)
FRAZER, JAMES: *The Golden Bough: A Study in Magic and Religion*

(Macmillan, London 1950); dt. Ausg.: *Der goldene Zweig* (Rowohlt, Reinbek 1989)

FREUD, SIGMUND: *Briefe 1873—1939* (S. Fischer, Frankfurt 1980)

GALANOPOULOS, A. G. und BACON, EDWARD: *Atlantis* (Nelson, London 1969)

Das Gilgamesch-Epos (Reclam, Leipzig)

GRAVES, ROBERT: *The Greek Myths,* I and II (Penguin, London 1955)

–: *The White Goddess* (Faber and Faber, London 1961)

HALL, MANLEY PALMER: *Secret Teachings of All Ages* (Philosophical Research Society, Los Angeles 1968 (1928))

HAWKES, JACQUETTA: *The Atlas of Early Man* (Macmillan, London 1976)

HEAD, JOSEPH, und CRANSTON, S. L.: *Reincarnation: An East-West Anthology* (Julian Press, New York 1961)

–: *Reincarnation: The Phoenix Fire Mystery* (Julian Press/Crown, New York 1977)

HICK, JOHN: *Death and Eternal Life* (Collins, London 1976)

HOMER: *Ilias* (Reclam, Leipzig)

–: *Odyssee* (Reclam, Leipzig)

HUNTLEY, H. E.: *The Divine Proportion* (Dover, New York 1970)

JACOB, FRANÇOIS: *The Logic of Living Systems* (Allen Lane, London 1974)

JONAS, DAVID, und KLEIN, DORIS: *Man-child: A Study of the Infantilization of Man* (McGraw-Hill, New York 1970)

JUNG, EMMA, und VON FRANZ, MARIE LOUISE: *Die Gralslegende in psychologischer Sicht* (Walter-Verlag, Solothurn 1987)

JUNG, CARL GUSTAV: *Gesammelte Werke* (Walter-Verlag, Solothurn, ab 1980)
Symbole der Wandlung. Bd. 5
Die Archetypen und das kollektive Unbewußte. Bd. 9/I
Aion. Bd. 9/II
Psychologie und Alchemie. Bd. 12
Studien über alchemistische Vorstellungen. Bd. 13
Mysterium Coniunctionis. Bd. 14

–: *Briefe in drei Bänden* (Walter-Verlag, Solothurn)

–: *Erinnerungen, Träume, Gedanken* (Walter-Verlag, Solothurn 1987)

–: und PAULI, WOLFGANG: *The Interpretation of Nature and the Psyche* (RKP, London 1955)

KAHN, HERMAN, und WIENER, ANTHONY, und das Hudson Institute: *The Year 2000* (Macmillan, London 1967)

KERENYI, CARL: *Dionysios: Archetypal Image of Indestructible Life* (RKP, London 1976)

–: *The Gods of the Greeks* (Thames and Hudson, London 1951); dt. Ausg.: *Die Mythologie der Griechen* (dtv, München 1987)

–: *Prometheus: Archetypal Image of Human Existence* (Thames and Hudson, London 1962)
–: *The Religion of the Greeks and Romans* (Thames and Hudson, London 1962)
Kollerstrom, Oscar: *The Actual and the Real: A Way of Thinking About Eternity* (Turnstone, London 1974)
Landscheit, Dr. Theodor: *Cosmic Cybernetics,* engl. Übers. Linda Kratsch; dt. Ausg.: *Kosmische Kybernetik* (Ebertin Verlag, Aalen 1973)
Leakey, Richard, und Lewin, Roger: *Origins* (MacDonald and Janes, London 1977); dt. Ausg.: *Wie der Mensch zum Menschen wurde* (Heyne, München 1985)
Leary, Timothy: *Exo-Psychology* (Starseed, Los Angeles 1977)
Levi, Eliphas: *The Key of the Mysteries* (Rider, London 1959)
Lockyer, Sir Norman: *The Dawn of Astronomy* (MIT-Press, Cambridge 1964)
Luce, Gay Gaer: *Body Time* (Temple Smith, London 1972)
Mann, A. T.: *Life ★ Time Astrology* (Allen & Unwin, London 1984)
–: *The Round Art: The Astrology of Time and Space* (Dragon's World, London 1979)
–: mit Sesti, Guiseppe, Cowen, Painton, und Flanagan, Mary: *The Phenomenon Book of Calendars 1979—1980* (Simon & Schuster, New York 1979)
Mann, Thomas: *Joseph und seine Brüder* (S. Fischer, Frankfurt)
–: *Lotte in Weimar* (S. Fischer, Frankfurt)
Marcus, Steven: *Freud and the Culture of Psychoanalysis* (Allen & Unwin, London 1983)
Marwick, Arthur: *The Nature of History* (Macmillan, London 1970)
McKenna, Dennis und Terence: *The Invisible Landscape: Mind, Hallucinogens and the I Ching* (Seaburg Press, New York 1975)
McNeill, William J.: *Plagues and People* (Basil Blackford, Oxford 1977)
Muck, Otto: *Alles über Atlantis* (Droemer Knaur, München 1978)
Neumann, Erich: *Die große Mutter* (Walter-Verlag, Solothurn 1989)
–: *Ursprungsgeschichte des Bewußtseins* (Fischer, Berlin)
Nicoll, Maurice: *Living Time* (Stuart and Watkins, London 1952)
Noorbergen, Rene: *Secrets of the Lost Races* (New English Library, London 1978)
O'Flaherty, W. O.: *Hindu Myths* (Penguin, London 1975)
Pagels, Elaine: *The Gnostic Gospels* (Penguin, London 1979); dt. Ausg.: *Versuchung durch Erkenntnis. Die gnostischen Evangelien* (Suhrkamp, Frankfurt 1987)
Pauwels, Louis, und Bergier, Jacques: *The Dawn of Magic,* Übers. Rollo Myers (Pantheon, London 1964)
Pfeiffer, John E.: *The Emergence of Man* (Nelson, London 1970)

PIAZZI-SMYTH, C.: *The Great Pyramid* (Isbister, London 1880)
PIEL, GERARD: *The Acceleration of History* (Knopf, New York 1972)
PLATON: *Werke, Bd. 7: Timaios, Kritias, Philebos* (Wissensch. Buchg., Darmstadt)
PLOTIN: *Schriften* (F. Meiner, Hamburg)
PRIGOGINE, ILYA, und STENGERS, ISABELLE: *Order Out of Chaos* (Shambhala, Boulder 1984)
PTOLEMÄUS: *Tetrabiblos,* Übers. und Lektorat von F. E. Robbins (Harvard University Press, Cambridge 1971)
RENFREW, COLIN: *Before Civilisation: The Radiocarbon Revolution and Prehistoric Europe* (Jonathan Cape, London 1973)
ROBINSON, JAMES M.: *The Nag Hammadi Library in English* (Brill, Leiden 1977)
ROBINSON, LYTLE: *Edgar Cayce's Story of the Origin and Destruction of Man* (Spearman, London 1972); dt. Ausg.: *Bericht von Ursprung und Bestimmung des Menschen*
–: *Is it True What They Say About Edgar Cayce?* (Spearman, London 1979)
RUSSELL, BERTRAND: *History of Western Philosophy* (Allen & Unwin, London 1946)
SAGAN, CARL: *The Dragons of Eden* (Random House, New York 1977); dt. Ausg.: *Die Drachen von Eden* (Droemer Knaur, München 1978)
SANTILLANA, GIORGIO DE, und DECHAND, HERTHA VON: *Hamlet's Mill: An Essay Investigating the Origins of Human Knowledge and its Transmission Through Myth* (Godine, Boston 1969); dt. Ausg.: *Die Mühle des Hamlet* (Kammerer & Unverzagt, Berlin 1992)
SCHOPENHAUER, ARTHUR: *The Living Thoughts of Schopenhauer,* Übers. R. B. Haldane und J. Kemp, vorgestellt von Thomas Mann (Cassell, London 1939)
SCHWALLER DE LUBICZ, R. A.: *Sacred Science* (Inner Traditions, New York 1982)
–: *Symbol and Symbolic: Egypt, Science and the Evolution of Consciousness* (Autumn Press, Brookline 1978)
–: *The Temple in Man: The Secrets of Ancient Egypt* (Autumn Press, Brookline 1977)
SCOTT-ELLIOT, W.: *The Story of Atlantis* (London, 1909); dt. Ausg.: *Atlantis nach aktuellen Quellen* (Uebersax, Zürich 1978)
SCHOLEM, GERSHOM: *Major Trends in Jewish Mysticism* (Thames and Hudson, London 1955); dt. Ausg.: *Die Jüdische Mystik in ihren Hauptströmungen* (Suhrkamp, Frankfurt 1988)
SHELDRAKE, RUPERT: *A New Science of Life* (Blond and Briggs, London 1981)
SPENCE, LEWIS: *Will Europe Follow Atlantis?* (London)

Spengler, Oswald: *Der Untergang des Abendlandes* (dtv, München 1972)
Talbot, Michael: *Mysticism and the New Physics* (RKP, London 1981); dt. Ausg.: *Mystik und neue Physik* (Heyne, München 1989)
Tansley, David: *Omens of Awareness* (Spearman, London 1977)
-: *Subtle Body* (Spearman, London 1977); dt. Ausg.: *Energiekörper* (Kösel, München 1985)
Tarling, D. H. und M. P.: *Continental Drift* (Bell & Sons, London 1971); dt. Ausg.: *Kontinental-Drift* (Borntraeger, Stuttgart 1985)
Taylor, Gordon Rattray: *The Doomsday Book* (Thames and Hudson, London 1970); dt. Ausg.: *Das Selbstmordprogramm* (Fischer, Frankfurt 1988)
Temple, Robert, K. G.: *The Sirius Mystery* (Sidgwick and Jackson, London 1976)
Thorndike, Lynn: *The History of Magic and Experimental Science* Vol. I—IX (Columbia University, New York 1941)
Toynbee, Arnold: *A Study of History* (Oxford University, London 1946); dt. Ausg.: *Gang der Weltgeschichte* (Europa-Verlag, Zürich 1979)
-: *Change and Habit* (Oxford Univ., London 1966)
-: *Mankind and Mother Earth* (Oxford Univ., London 1976); dt. Ausg.: *Menschheit und Mutter Erde* (Claassen, Hildesheim 1988)
Trinkus, Erik, und Howells, William: *The Neanderthals* (Scientific American, New York, Dezember 1979)
Turville-Petre, E. O. G.: *Myth and Religion of the North* (Weidenfeld and Nicholson, London 1964)
Velikovsky, Immanuel: *Earth in Upheaval* (Gollanz, London 1956); dt. Ausg.: *Erde in Aufruhr* (Ullstein, Berlin 1983)
-: *Worlds in Collison* (Gollanz, London 1950)
-, und Herausgeber: *Velikovsky Reconsidered* (Sidgwick and Jackson, London 1976)
Wilber, Ken: *The Atman Project: A Transpersonal View of Human Evolution* (Theosophical Publishing House, Wheaton 1980); dt. Ausg.: *Das Atman Projekt: Der Mensch in Transpersonaler Sicht* (Junfermann Verlag, Paderborn 1990)
-: *Up From Eden* (London, 1981); dt. Ausg.: *Halbzeit der Evolution* (Goldmann, München 1991)
Zukav, Gary: *The Dancing Wu Li Masters* (London, 1979); dt. Ausg.: *Die Tanzenden Wu Li Meister* (Rowohlt, Reinbek 1985)